JN069388

新版

雪に生きる

猪谷六合雄

新版　雪に生きる

猪谷 六合雄（いがや くにお）

一八九〇年五月五日、赤城山・猪谷旅館の長男として生まれる。一九一四年にスキーを始め、一九二九年には千島に移住。その後、雪山を求めて赤城山、番所（乗鞍）、土樽、浅虫と転居し、山小屋を作りながらスキー中心の生活を送る。息子・千春をオリンピックメダリストスキーヤーに育て上げたのち、七十一歳で自動車運転免許を取得。「トラベルカー」「ハウスカー」と名付け、車上生活をしながら各地を旅する。日本スキー界の先駆者として知られると同時に、独自の生活哲学を貫いた生き方も共感を呼ぶ。主な著書に、『雪に生きる』『雪に生きた八十年』『赤城の四季』『私達のスキー』『スキーはパラレルから』『私たちのスキーアルバム』など。一九八六年一月歿（享年九十五）。左頁の写真は一九四一年頃の著者。

自序

私は先日、徳川義親氏の『きのふの夢』という随筆集を、大変面白く読んだ。私のこの貧しい生活記録もまた、私にとって、昨日の夢であるかもしれない。これを今、時局下に振り返ってみると、我ながらその生活目標が、悠長かつ不徹底であったように思えるが、しかし、その時々に、一つひとつ事柄に対しては、まったく、工夫と精進の生活であったとも思える。

私たちは多くの場合、わずかな時間の無駄も惜しんでよく働いた。それはスキーばかりでなく、大工をしても、編み物をしても、畑を作っても、ほとんどいつも全人格的な情熱を打ち込んで精進を続けてきたと思う。

無論、その間には、多くの油断も隙間もあったに違いない。しかし、今は重大時局である。私たちはただいたずらに過去を歎くのをやめて、一切の力を国に捧げなければならない。

では今の私たちに何ができるだろう。どうせ、ろくなことはできないかもしれないが、私たちにはまだ多少の情熱がある。採るに足るほどのものでなくとも、まだ、工夫と精進を続けていく力は残っているはずだ。

これをどこへ集中したら、一番役に立ち得るか。

私はこの稿の後半に至って、この重要問題を解決し、生活目標をより明確にしておいて一倍の努力をもって、新しく発足したいと念願した。

しかし、貧しい智慧（ちえ）を絞ってみても、それはなかなかやさしいことではなかった。だが、いろいろと思案した挙げ句、腰の浮かない自らの足元を掘るに如かずと気がついて、ようやく、ひとまず結論に到達した。私自身としては、その結論に信念を持っているつもりだが、万一間違っていたらどうしよう。

その時は、私たちの使い残した唯一の財産、工夫と精進する生活を持ってどこへでも出ていこう。

猪谷六合雄

昭和十八［一九四三］年十月

目次

第一篇

第二篇

第四篇

第五篇

第一篇　赤城山時代

一　スキー揺籃（ようらん）時代

スキーを作る　私がスキーというものを初めて知ったのは、今からおよそ三十年も前のある正月のことだった。それはレルヒ中佐が雪の高田［新潟県］で、日本最初のスキーをやり始めてからまだ間もない頃のことで、場所は私の生まれ故郷、上州赤城山だった。

何でも、気の早い一高あたりの学生が、どこかで手に入れたスキーを、早速赤城山へ担ぎ上げてきて、外輪山の中の平地を主として歩き回っていたように思う。前橋道の粉雪の上に、二本のシュプールが鮮やかに残っていたことを覚えている。

そこで私も早速真似をしてみようと思ったが、当時はまだ本格的のスキーや、靴を売っている店など無論なかったので、仕方がないから家にあった一センチ半くらいの厚さの栗の木の板を削って形だけこしらえてみた。しかし先端の反（そ）りを、どうしてつけるものかわからないので、何でも水分と熱を与えたらいいだろうと思って、お風呂の中へ突っ込んだり、石油の空罐（あきかん）で茹でたりして、苦心惨憺（さんたん）のすえともかくもスキーらしいものを作った。でも、乗ってみると板が薄すぎて真ん中から折れそうになるので、また同じ板を削って、中央だけ二枚重ねて釘づけにした。

バッケンは、太い針金とトタン板で作り、細引きのビンディング〔固定具〕で編み上げ靴へ結わいつけ、手頃な物干し竿を杖に突いて、さっそうと粉雪の山へ出かけていった。思えばこれが私のスキーというものに病みつく第一歩であった。もちろん、当時はまだワックス等のあろうはずもなく、ろうそくのろうを塗ることさえ知らなかったのだが、雪がよかったおかげで滑走面に雪のつくようなこともなく、どうやら無事に歩くことはできた。そして歩くだけでも大きな魅力だった。

それからは、珍しいので毎日毎日出歩いていたが、そのうちに、だんだんスキーが足に慣れてくると、それまでは「輪かんじき」で埋まりながら重い足を一歩一歩運んでいたところを、割合楽に、スウスウと渡っていけるようになったものだから、すっかり有頂天になってしまった。今までは何となく出るのがおっくうだった雪の山が、この時から急に楽園のような気がしてきた。そのうちに、冬になってから毎日自分の部屋の窓から見上げてばかりいた山の尾根へも出てみられたり、ひと冬に一度か二度も行くかどうかわからなかった小沼辺りへも、粉雪の上へ二本のシュプールをつけながら、気軽に出かけられるようにもなった。こうなると、もううれしくってたまらなくなり、家へ帰るとビンディングを直したり、竿の先へ金具を取りつけたり、また新しいスキーを作ってみたり、もう寝ても覚めてもスキーだった。

　だが雪の山は、いつもそう安易な楽園ばかりではなく、しばしばはなはだ辛い楽園でもあった。斜面へかかって滑ろうとしてもスキーが悪かったせいか、緩い所ではなかなか動き出そうともしないでいて、急な所へ来ると、いきなり滑り出すので、ものの一メートルも行かないうちに尻もちをついてしまうようなこともあった。教わろうにも教えてくれる人はなく、読もうとしても本もなかった。今ならば二、三時間か半日くらいで誰でも覚えられる程度の直滑降が、どうにかできるようになったのは一カ月もたってからのことだったと思う。それでも一二、三度の斜面が、二、三〇メートルも転ばないで滑れるようになるとその味が忘れられず、痛い思いをしながら夢中になって練習した。

　そのうちに、いつの間にか、キックターンらしい向きの変え方も覚え、ジグザグに登るコースの採り方の見当もついてきたので、だんだん遠出して山へも行けるようになった。しかし山には木がたくさんあるから、どうしても滑りながら曲がらなければならない必要に迫られることが多かったのに、スキーは、ちっともいうことを聞かないで、何としても曲がってくれなかった。今思えばゾンメルシーに毛の生えたくらいの短い軽いスキーだったのだが、まったく手におえないもののような気がした。強いて曲がろうと思えば必ず倒れ、頑張って行けば、きまって立ち木に抱きついた。そのようにして最初の一シーズンは、さんざん苦労をしたが、結局滑走しながら方向を変えることは不可能に近いことかと、半ば諦(あきら)めたかたちだった。

やがて迫い追いと春が近づいてくると雪の質が変わってきて、朝登る時はまだよかったのが、下る頃には温度が上がってきて、ワックスを塗らないスキーの裏には遠慮なく雪がくっつき、滑ることはおろか、歩くことさえできなくなってしまって、泣き出したいような思いもしばしば経験した。思えば憐(あわ)れな、しかし懐かしい最初の一シーズンであった。

スキーの実用化　大いに意気込んでいたのだったが、その次のシーズンからは、召集されたり、暖かい地方へ絵を描きに出かけたりして、赤城山にいる時間が短かったものだから、最初の年ほど熱心には滑らなくなった。しかし何といっても、輪かんじきより軽快で気持ちがよかったので、赤城山へ帰るたびに実用的にも使うようになった。

やがてしばらくすると、前の年にはどうしてもできなかったものが、誰に聞くということもなしに、怪しげながら制動することも覚え、ボーゲン系統の曲がり方もいくらかできるようになった。そのうちに少しくらいなら荷物を背負っても滑れるようになったので、家にいた男たちにも稽古させて、ともかくも実用時代に入った。とはいうものの、まだ歩き方が拙(つたな)いので荷が少し重いとはなはだ辛かった。輪かんじき組を追い越して得意になって歩いているうちに、一度尻もちでもつくと大騒ぎだった。重い荷を背負ったままでは起き上がれないし、立ってからでは背負うことができないし、兜を脱いで輪かんじき組に起こしてもらうようなこともあった。こんな時、輪かんじき組のニヤニヤ笑う顔が癪だったが、何ともしようがなかった。

その後、北海道へ兵隊に行っていた友人から、初めてリリエンフェルト［金属締め具］のついている本式のスキーをもらったので、大いに感激して前のスプリングをがちゃつかせながら得意になって滑り回っていたこともあった。

それから何年かたった年の春早くのことだったが、東京辺の中学生が二人前橋道を登ってきて、外輪山の中まで入ってから濃霧のために雪の道を踏み迷い、ついに行方不明になってしまったことがあった。村中でその捜索に出ていった時、輪かんじき組よりもスキー部隊の方がはるかに行動軽快で、大いに活躍して山の人たちを感心させたことがあった。

この頃になるとスキーでよく夕方の散歩にも出るようになった。日の落ちてしまったあとの山の尾根から、灰色に暮れていく雑木林の谷の間を見下ろしながら、ゆったりと足を運ぶ自分自身の姿を、巨人の歩みのようだなどと思ったこともあった。

日本最初のスキー倶楽部

それから数年ののち、たぶん大正七［一九一八］年頃のことだったと思う。東京駅のツーリスト・ビューローの二階にスキーの展覧会があるというので、わざわざ見に行ったことがあった。数はそんなにたくさんもなかったようだったが、何でもスイス辺りから持って帰ったという途方もない長いスキーが片方だけ立てかけてあって、脇に、その片方はどことかの山へ登った時岩に打ちつけて折ってしまった、というような説明がついていたと思う。そのほか、まだ見たこともないようなきれいなスキーが、ずらっと並べてあったので、それを見るだけでも楽しい気がして私は何度も見に行った。あんまりたびたび通っていったので、とうとう係の人と懇意になってしまって、展覧会が終わってから、六、七人の仲間が集まってスキー倶楽部を作ろうということになった時、私もその末席に加えてもらった。その時のメンバーが誰々であったかは、もうあらまし忘れてしまったが、のちにスキー聯盟の会長をしていられた稲田さんが、当時まだ北大の学生だったか、それとも卒業されたばかりくらいだったか、真っ黒な顔をして元気いっぱいに話していたのを覚えている。

その時の会の名は、たしか「東京スキー倶楽部」だったと思う。T、S、Cを図案化して、バッジを作ろうという相談まで話が進んだので、山出しの私は、ただもうびっくりして聞いていた。おそらくこれが日本最初のスキー倶楽部だったことと思うが、その後私がジャワ辺りへ渡っていって、およそスキーとは縁のない常夏の海で、さんざん暴れ回って帰ってきた頃は、もう解散していたようだった。

スキー復活　南洋から帰るとまた赤城山の生活が始まったので、再び私のスキーも復活した。しかしこんどは以前のようにひとりぼっちではなく、画家のMさんや、その他何人かの滑り友達もできてきた。

この頃はもう、『初歩のスキー術』というような本も出版されていたので、私たちはそれを買ってきては、みんなして炉端（ろばた）へ集まって読んだものだ。しかし滑降中の回転法等の段になると、いくら読んでもなかなか理解ができなかった。雪の上へ出て自己流でやれば、まだどうにか曲がれるのに、本に書いてあるようにしようとすると、ほとんどみんな転倒した。読む方の頭も悪かったかもしれないが、説明の方も相当怪しげなものが多かった。ある本などは、著者自身あまり滑れないらしい人が、向こうの本を翻訳して出しているのなどもあった。それがまたひどく生硬（せいこう）な直訳ぶりで、読めば読むほどわからなくなるようなのもあった。

その頃私たちの間で、一時流行（はやり）言葉にまでなったのでいまだに覚えているが、例えば「もしも諸君が、滑走中に転倒することを欲しないならば」という調子で書いてあるので、どんないい秘訣でもあるのかと思って次を待っていると、「あまり速い速力を出さないことである」という文句なのだった。一生懸命聞いていた連中が呆気（あっけ）にとられて、教えられてるのか、からかわれてるのかわからない気がして、互いに顔を見合わせているようなこともあった。

ことにクリスチャニヤの説明なんか、「その時、そこにある椅子にでも腰かけるようなつもりで、腰を落とす」とか、また「自分のスキーのテールにあるマークを、振り返るようにして見るといい」とかいう要領の教え方もあった。今なら「ハハア、あのことの説明をするつもりだったな」と理解もつくが、当時の私たちには、それらの言葉は何としても不可解そのものとしか思えなかった。スキーをはいて前の斜面へ出て、いくら一生懸命腰かけてみても、テールのマークを振り返ってみても、なかなかそんなことくらいでスキーは回らなかったし、無理に頑張ってやろうとすれば確実に転倒するだけだった。そしてその時の私たちの結論は、クリスチャニヤやテレマークは到底我々の手の届くところにある地上のものではないということだった。

それでもみんな雪ずれだけは相当にしてきて、山を歩き回ることはだんだん達者になってきたし、写生に行くのにも、大きなキャンバスを持って器用な足取りで滑っていくようになった。

赤倉行　その後「あんまり赤城にばかりいるのでできないのかもしれないから、ひとつ他所（よそ）へも行って様子を見てこよう」というわけで、Mさんと二人で赤倉へ出かけていった。

赤倉は、さすがに早くから開けた有名なスキー地だっただけあって、宿の前の広いスロープには、スマートな恰好（かっこう）をしたスキーヤーが大勢集まって練習していた。見ていると、中にはテレマークをするものや、クリスチャニヤらしいものをしているのもあった。そこでこちらも早速斜面の端の方でコソコソ相談しながらそれを真似して終日猛練習をしてみたが、なかなかうまくいくはずもなかった。それから次の朝はお天気もよかったので、勇敢にも前山から燕へ越すつもりで出かけていった。すると昨日ゲレンデで懇意になったテレマーク党の一人が、私たちと一緒に行こうという。少なくともこちらよりはだいぶうまそうだと思ったから、喜んで連れていってもらうことにした。私たちがそう思っただけでなく事実うまいに違いなかったのだが、だんだん奥へ進んでいくにしたがって山の様子は険しくなり、斜面も急になってきて、深い谷底のところどころには時々雪崩の跡が見えるようになった。そのうちに雪の割れ目の上へ出てしまって、いやでもそれを越さなければならないような所へさしかかると、山に慣れないその人は急に怖気づいてしまって、テレマークどころではなく、ほんの簡単な斜滑降もできなくなってしまった。

こちらはもともと山男なので、下手は下手なりに、転んでもずり落ちても何とかしてがむしゃらに進んでいくが、里のゲレンデだけに育った都会人には、スキーがうまくも身体に馬力がなく、そのうえ山にのまれてしまって精神的にも参ってきたらしかった。手伝ってあげようにも、こっちもすでに怪しいのだから、先へ下りていて声援するくらいよりほか手の出しようもなかった。しかしこちらには、まだ燕から関へ出て、その晩の夜行で東京へ帰る予定があったので、気はせくのだが、一人だけ山の中へ残して、自分たちが先へ行くわけにもいかず、気の毒でもあるし、時間のことが心配にもなるし、閉口したことがあった。だがともあれこのスキー行の収穫は、いろいろな意味で大きかった。

二　スキー行脚

大鰐の大会　赤倉行で味をしめた私は、翌大正十三［一九二四］年の冬には、思いきって一人でスキー行脚に出かけてみることにした。目的地は北海道から樺太へ、それから都合によってはカムチャッカへでも渡りかねない意気込みだった。

愛用のリリエンフェルト・ビンディングのついた欅のスキーを担いで、飄然と赤城山を出たのは一月の中旬だった。途中五色温泉をふり出しに、一、二カ所寄り道をしただけで青森まで行ったが、駅のポスターで大鰐にスキー大会があることを知り、わざわざあと戻りして見学に出かけた。何しろ生まれて初めて見るスキー大会なので何もかもただ珍しく、ひたすらに感激してその盛況を眺めていた。

何でも四キロくらい上の山の方から、同時スタートの滑降レースがあったり、杖なしのテレマークの、それこそテレグラムばかりのスラロームがあったりして、最後にジャンプ競技が始まった。シャンツェは、会場の右手の小さいスロープにあったように思うが、台の端には赤地に白く、A、S、Cと鮮やかにマークの入った幕を張りめぐらしてあった。高さは一メートルあまりもあったろうか、スタートの辺りには俵を積んでアプローチを長くしてあった。

そこを乗馬ズボンの選手たちが、リリエンフェルトのついたスキーで飛び出してきて、ガチャンと大きな音を立てて着地すると、大概尻もちをついてそのまま滑り落ちてきた。その中で元気のいいのは、エイッとばかりかけ声もろとも飛び出すのもあったし、気の早いのは台の上で尻もちをついて横倒しに台から転がり落ちてきたのもあった。そして結局その日の優勝者が、何と九メートル何十センチかの最長不倒距離を出したというので、皆驚きの目をみはっていたのだから、他はおして知るべしであるが、しかし今それを思うと、その後日本のスキージャンプが、よくも短時日の間に急速な進歩をしたものだとしみじみ頼もしい気がする。

だが実をいうと、私もその日の大ジャンプには度肝を抜かれた組だったが、それでも何となく怖いもの見たさの魅力を感じ、せめてそのスロープの直滑降でもしてみたかったので、競技の済むのを待って係の人に「ここで滑ってもいいですか」と聞いてみたら、「ここは急で危ないから、あっちの緩い方でお滑りなさい」といわれた。

北海道見学　大会が終わるとすぐ引き返して、青森から北海道へ渡り、小樽のスキー場をひとわたり見学してから札幌へ出た。三角（さんかく）山辺りのスロープではさすがに滑っている人たちのレベルが高く、クリスチャニヤのほかに、ジャンプストップの稽古をしてる人もあった。なお斜面のところどころに女学生の姿等だいぶ交じって見えたので、なるほど雪の都は大したものだと感心した。しかしまた中にはマドロスパイプをくわえたまま大いに余裕を見せて、というより少々きざな恰好をしながら、得意然と同じ所でテレマークを繰り返していた若い男もあったので、スキーのようなものでもだんだん発達して普及してくるとこの種の不純な気分も出てくるものかと、その時はちょっと暗い気持ちにさせられた。

帰りには山の方を回って、シルバーシャンツェの上に立ってみて、人間業（わざ）でこんな所が飛べるものかと思って怖気をふるった。北海道へ渡ってからは、小樽でも札幌でも時々フィットフェルトを見かけた。それにフィンランド辺りのレース用の細いスキーをはいているのもたまにはあった。

なおよくしたもので、この頃は見よう見真似で、自分でもいくらかクリスチャニヤらしいものができかかってきた。やはり旅へは出るものだとつくづく思った。

樺太へ渡る　札幌での見学もひと通り済んだので、樺太へ渡るつもりで稚内（わっかない）へ出た。途中では吹雪のため案じられていた船の便にも際どいところで間に合った。時間がなかったので切符も買わずに艀（はしけ）へ飛び乗り、真っ暗な港の中を雪混じりの波に揺られて、やっと出発間際の連絡船に乗り移った。

夜が明けると船の周囲は一面の流氷で、慣れない目には珍しかったが、それを縫って進む船足はのろかった。手すりに寄りかかってじっと足下の海を見下ろしていると、船べりを流れる氷の群れが、何かの模様のように美しかった。

船は予定よりもだいぶ遅れて大泊（おおどまり）へ着いたが、結氷がかたくって岸へ近寄れず、はるか沖合の氷原に深く船体を突っ込んだまま止まってしまった。やがて客も荷物も氷の上に降ろされた。見渡す限りの雪野原には、弱々しい冬の日差しが照ったり陰ったりしていたが、遠い水平線の彼方は暗かった。黒いマントをかぶった女の人や、大きな毛皮のチョッキを着た人たちが一列につながっていく間に、米俵を積んだ橇（そり）をひいていくたくましい樺太犬の姿もまじっていた。岸に近づくと町はずれの漁師の小屋が寒そうに雪の中へ埋まっていた。

豊原へ着いてからは不思議と気分が明るくなった。ゲレンデは町から少し遠かったが、雪もよく、追い追いと滑り友達もできてきて、毎日愉快な練習をした。しまいには八十人もの一行に加わって旭岳へも登ってみた。その頃はまだ全山一様の椴松（とどまつ）林で、登る途中、森林の中の雪景色は目の覚めるほど美しかった。それにお天気もよかったたし、雪質もまことに申し分なかった。ただ申し分のあったのは下りの時のコースだった。いや、コースではない、コースを下る自分の技法の未熟さ加減だった。しかしありがたいことには、未熟なのはあながち私だけではないようだった。見ていると景気よく雪煙を立てるのは、ほとんどみんなスキーからではなくって尻からだった。雪煙の沈んだあとには必ず大きな穴が出来た。登る時にはいいコースだと思っていたのに、帰りに見るとまるで穴の連続で、その穴に引っかかってはまたその先へ穴があく。これでは原因になり結果になって限りがない。大勢のスキー登山には、いいところもあるが困ることもあるものだと、つくづく思った。しかし何といっても面白い山登りだった。

豊原の数日間は、まことに滞在の仕甲斐があったような気がした。旧市街で見た、ロシア人の作ったログキャビンの教会の建物等も珍しかったたし、昔からこの辺の土人が使っていたという、裏一面にアザラシの皮の貼ってあるストーというものを見せてもらって感心したこともあった。このストーはあんまりよくスキーに似ているので、今のスキーとその源を一つにするのか、それとも別々に発達したものが、必要から偶然に似た形を備えてきたものか、つくづく見ていると不思議な気がしてならなかった。

交番と極楽　変な題だが、私は本当にこんな感じを経験したことがあった。少し間の抜けた話だが、あったままを書いておく。

たぶん二月の十一日、紀元節の日だったと思う。名残惜しい豊原ではあったが、そういつまでもいるわけにいかなかったので、いい加減に切り上げて、西海岸の真岡へ出てみようと思った。もちろんまだ汽車のなかった頃で、途中四、五〇〇メートルの峠を三つばかり越えて、八〇キロほどの道のりであると聞いた。しかし元気いっぱいの向こう見ずの頃だったから、「なあに、八〇キロくらい朝少し早めに出れば、暗くなる時分には着けるだろう」と思ってたかをくくっていた。

話は少し戻るが私が泊まっていた宿屋に、親類から手伝いに来てるという若いおとなしい娘さんがいて、女中さんたちに交じって立ち働いていたが、滞在中ずっとなぜか私を大変親切にしてくれた。

私も非常にありがたいことに思って感謝していたが、いよいよ出発という朝、何と思ったかそっと家を出てきて、たぶん三キロくらいもあったと思う雪の中を、わざわざ追分（おいわけ）という道の分かれる所まで見送ってきてくれた。私はその絶大な厚意に対し心からのお礼をいって、別れ際に写真を撮らせてもらった。火の見櫓（やぐら）の下の農家のそばに男ものの黒いマントを着て立っているその人の写真が、今でもどこかにとってあると思うが、その時は万一何かご本人の迷惑になってはいけないと思って送るのを差し控えておいた。

それから教えられた道を西北へ、まっしぐらに滑っていくと、何しろお天気はいいし、道は申し分のない粉雪だし、それに今見送ってきてくれた人の親切が無性にうれしかったものとみえて、すっかりいい気持ちになり、四貫目［一貫は三・七五キログラム］に余る背中のリュックも何のその、長距離レースにでも出たような歩き方をして滑っていった。途中で材木を満載して山から下りてくる馬橇が、カーブの所で横滑りをしながら器用に曲がっていくのを見ると、「アッ、馬橇がクリスチャニヤをしていったな」などと思う。何を見てもうれしかった。まるで何か賞められた中学生みたいに、一人ではしゃぎながら、フウフウ息を切らして登っていった。この分でいったら八〇キロくらい日のあるうちに着けそうな気がした。そして有頂天とはまさにこんな時の気持ちをいうのだろうと思った。

だがその有頂天は、ものの二時間とは続かなかった。やがて道が追い追いと急な登りにかかってくると、踵の辺りが、変に熱っぽくムズ痒いような感じがしてきた。「しまった」と思ったがもう遅かった。日当たりのいい道端に休んで靴を脱いでみると、案の定、両足とも踵の上が少し赤くなり始まっていた。朝出がけに、薄いからいいと思って新しいスコッチの靴下を中にはいてきたのが悪かったのだ。早速ホウ酸軟膏を塗って柔らかい毛の靴下とはきかえてみたが、そんなことくらいでは間に合わず、そっと靴をはいて歩き出してみるともうかすかに痛みさえ感じた。まだやっと一五、六キロくらいしか来ていないのだから、前途は遼遠だった。もう少し注意して落ち着いて歩いてくればよかったと、悔やんでみても今さら何ともしようがない。別に急ぐ旅でもないからもう一度豊原へ帰りたくも思ったが、先刻あんなにしてまで壮図？を見送ってもらった手前、まめが出来たからといって、おめおめ帰るのは恥ずかしい。

「ままよ、何とかなる所まで行け」と思って歩き出した。

しかし、もう先刻までの張りきった元気はどこへやら、踵をかばいながら登る道はまた意地悪くだんだんと急になっていく。気にならなかった背中のリュックも重くなってくる。にわかに惨めな姿になったものだと心細くなる。それでもまた、はるばる雪の道を見送ってきてくれた人の激励の言葉？を思い出して、時々気がついたようにから元気を出してみる。だがそれも長くは続かず、もうコンディション恢復の望みは絶対になかった。だんだん悪化していく足の手入れを繰り返しては、のろのろと歩を運んでいくが、時間ばかりたって道はさっぱりはかどらない。これから先はまったくの難行苦行だった。昼前に越すはずだった春日峠へ着いた時はもう午後二時を過ぎていた。

やがて、日足の短い北国の空は、行程半ばにして暮れかかってきた。途中には何軒かの民家もあった。頼めば泊めてもくれたろうに、どうしても真岡まで行ってみたかった。もう若気の至りともいえないほどのいい年配なのに、我ながら悪い癖だと思いながら歩いた。しかし一つには、今途中で泊まってしまえば、明日から二、三日は歩けなくなることがわかっていたからでもあった。

ついに日は、とっぷりと暮れてしまった。温度はみるみる下がっていく。行く先はもちろん知らない道だ。それでも初めのうちは、昼間の上天気に引き続いて、大空一面に凍りつくような星が美しく瞬（またた）いていたが、やがて北国特有の間歇（かんけつ）的な猛吹雪が襲ってきた。毛の手袋を三枚も重ねてその上へ布製の二本指をはめていて、まだ指先が凍りそうに冷たかった。頭は厚い毛糸の帽子の上から用意のシュスの二枚重ねの大風呂敷を厳重にかぶって、目と鼻だけしか出しておかなかったのだが、鼻の穴の中が凍ってこわばってきた。しまいには鼻も隠してしまったが、目まで覆うわけにはいかず、あとになってみたら、両方とも目の下の頬（ほお）の部分が凍傷にかかっていた。

日暮れ以後は、もちろん足の手入れもできようはずはなく、痛い足を引きずって頑張っていった。そして何のために、こんな辛い頑張りをしなければならないのかと思ったりしながら、それでも今はただ歩き続けるよりほかなかった。だがしまいにはもう、道を踏み迷わないようにと注意するだけで、あとはあまり何も考えなくなった。というより、考える気力もなくなっていた。

無我夢中で歩きながらただ早く真岡へ着きたいと、ひたすらに思った。真岡へ着いてもまだ暗いだろう、だがきっとどこかの町角の交番だけが起きてるに違いない、そしてそこには真っ赤な火が暖かそうにおこっていることだろう、早くその火にあたりたいと思った。今の望みは何よりもまずそれだけだった。疲れてきてるので、歩きながらうとうとする。暗い町の中に灯火(あかり)が一つ見える。近寄るとそれが交番だった。中には暖かそうな火も見える。やれやれと思う途端に、真っ暗な雪道に歩き悩んでいる自分に気がつく。すると「ああ、交番はまだだったのか」とがっかりする。

この時は、世の中の楽園は交番である、と本当にそう思った。私は元来、交番やお巡りさんは、あんまり好きな方ではなかった。私の頭の中で、交番と極楽が完全に一致したのは、あとにもさきにもこれが一度だった。

やっと最後の熊笹峠(くまざさ)を登りつめたのは、朝の三時過ぎだった。うれしかった。かすかながら山の端の曇った空がボーッと明るく、真岡の位置がそれと認められた。そして、あの空の下には交番がある、そう思うと幾分元気も出た。しかしこの頃はもう心身ともに随分疲れきっていたが、自分ながらよく来たものだと感心した。そしてもうこれで道を踏み迷う心配もないと思った。

いよいよ道が下り坂になると、踵の痛みもいくらか楽になり、斜面も割合に緩いので、どうにか落ち着いて滑り続けられるようになった。するとこんどは、ついまた眠くなってきて、うとうととする。スキーが速くなると暗いので、すぐ目の前の雪の線と、谷の向こうの山の斜面との見分けがまるでつかなくなるし、道の高低もよくわからない。しかし傾斜が急になると足がひとりでに制動している。ハッと気がつくと、道のカーブに沿って、足とスキーがボーゲンを描いて曲がっている。「ああ道はこっちだったのだな」と思ってついていく。

こうなると、目で道を見て頭がそれを判断して、足に命じて動作するという順序でなく、おぼろ気に網膜に映ったものが、じかに足の神経に反射して勝手に行動し、頭はお客さんのようにその上へ乗せてもらっていくような感じがする。それでも「はて、こんなふうで、もしもカーブを真っすぐに行って谷へでも落っこちると、この疲れた身体では這い上がるのが大変だな」というようなことを考えてみるが、またすぐに居眠りを始めてしまう。そしてまた曲がり目に来ると、申し訳みたいに目を覚まして「危ないな」と思う。しあわせに橇が通れるほどの道幅があるのでどうにか無事に進む。雪質のいいおかげでもある。

こんなにしてジグザグな道が谷へ下りきるまで、何度それを繰り返したことか、もうおしまいには、滑ることは足とスキーに任せておいて、頭は交番の幻ばかり見ていた。

こうして、ようやく真岡の町へ辿り着いたのは朝の五時半で、豊原を出てからまさに二十二時間、その間ほとんど雪の中を歩き通したわけだった。たしかにこれは、この区間における遅い方の最高記録だったろうと思う。

しかもいよいよ町へ入ってみると、なかなか待望の交番は見当たらない。しばらく行くと町の左側に一軒だけ煙突から煙の出ている家があった。何をする家か、もう見定める余裕もなく、遠慮も忘れて内へ入り込んだ。豊原から夜通し歩いてきたといったら、それを聞いて呆(あき)れてる家の人の顔が見えたような気がした。が、それっきりストーブのそばに、犬のように寝込んでしまった。

目を覚ました時はもう昼だった。不躾(ぶしつけ)な闖入者(ちんにゅうしゃ)を親切に寝かせておいてくれた家は、起きてみたら納豆屋さんだった。一晩中極楽の同義語だと思っていたのは交番ではなく、現実には納豆屋さんだった。

まめが破れて赤肌になってしまった踵の手入れをしながら、もうもうこんな無茶な頑張りはするものでないと思った。

青山温泉　二、三日宿屋で休養してみたが、踵の痛みはなかなか治らなかったので、便船のあったのを幸い船で小樽へ帰ってきた。小樽でも二、三日いて運動具店へスキーの註文(ちゅうもん)をしたり、少しはまたゲレンデへも出てみたが、踵も痛かったし、あらましは見学もできたと思ったので、間もなく帰途についた。

それでもまだせっかく北海道へ来たついでに、青山温泉附近のゲレンデが見ておきたいと思ったので、昆布駅で途中下車した。駅を出てみたらもう日も暮れかけていたし、吹雪いてもいた。それに、ついこの間樺太でひどい目に遭ってきたばかりだから、夜登ろうというような考えは毛頭なかった。

それなのにいきがかりというものは変なもので、またしても知らない雪の夜道を、一人で出かけることになってしまった。というのは、私が駅前へ出て宿屋を見つけようと思っていたら、ちょうどそこに宮川温泉（青山温泉の少し先）のご主人氏がいて、「青山温泉へ行くのなら、自分も今から山へ帰るから一緒に連れてってやろう」というのだった。それではという気になって、駅前の茶店で充分に腹ごしらえもし、すっかり身仕度も整えて待っていた。ところがいくら待ってもやってこないので、店の人がわざわざ迎えに行ってみてくれると、「今朝下りがけにスキーを折ってしまったので、どこかで借りようと思ったけど、借りられないから今晩は帰れない」というご挨拶だった。「何だ、それならそうと早く知らせてくれればいいのに」と思うと、せっかく腹ごしらえから厳重な身仕度までしてしまったことが馬鹿らしくなり、むらむらと謀叛気を起こすと、またしても「面倒くさい、一人で行け」という気になってしまった。そして吹雪いてるから危ないと止められるのも聞かず、あらましの道順を教わっただけで飛び出してしまった。

　こんなことはもう決してしないつもりだったから、あらかじめ地図を調べてもおかなかった。村のはずれで鉄道線路の踏切を越して、橋を渡って向こう側の岡へ取りついたら、もう道跡がなくなってしまった。吹雪いてるのだからあたりまえのことだが、一本のシュプールもない。何でもいいからと思って登っていくとだんだん斜面が急になって、とうとう雪庇の下へ出てしまった。しようがないのでそれを大きく左手へ迂廻して、やっと上のほぼ平らな所へ出た。向こうを見ると何か動いているので、近寄っていったら真新しいお墓だった。まだ一日か二日しかたっていないらしい新しい提灯が、風に煽られて吹きちぎれそうに揺らいでいた。そのそばには夜目にもそれとわかる白木のままのいろいろなお道具が取り散らされて、半分雪に埋まっていた。あまりいい気持ちもしなかったが、そのそばを通って少し登っていくと疎林へ入った。

辺りを見回しながら行くうちに、木の隙間の形で道がわかった。林を出抜けると耕地と思われる広い所へ出て、農家らしい真っ黒な塊（かたまり）がいくつか目についた。

吹雪はやはり間歇的なもので、樺太の時ほど猛烈なものではなかったが、行き先の見当が皆目つかないのでこれにはまったく閉口した。やがて、稀（まれ）に頭のない大木が立っていたりするくらいで、ほかにろくな木もない原っぱへ出た。そこは一面の畑か何かだろうと思うが、いくら考えても道らしい場所がわからない。星でも見えればまだいいのだがその望みもなく、あまりあてにならない吹雪の風で、いくらかでも方角の見当をつけるくらいだったので、何とも心細い限りだった。

こうなると、もうまったく勘にたよるよりほか方法がないのだが、しかも時々その勘も怪しくなって自信が持てなくなってくる。本当に困った時は、頭の中で、白紙の上へコンパスと定規で線でも引くようなつもりになって歩いてみた。まずある地点に覚えをしておいて、そこから一〇〇メートルなり二〇〇メートルなり直線に前進する。そして第二の地点に覚えをして、そこで右向け右をする。そこから新しい方向へ五〇メートルなり一〇〇メートルなり直線に行ってみる。それでも道らしい感じの所がないと引き返して、第二の地点から反対の方へ歩いてみる。それでもわからないと、再び第二の地点へ引き返し、さらに第一の地点へ戻ってくる、というようなことまでしてみたことがあった。

そのようにして歩きながら、無理に出かけてきてまたこんな羽目（はめ）になったことを後悔したが、それでも帰る気にもなれなかった。三時間ほどは、身体にこそ大した骨折りではなかったが、まったく非常に緊張した努力の連続だった。風の方向にも油断なく注意したし、斜面の向きも常に意識していた。風当たりの強いために、古い雪の露出してる個所などがあると丹念に調べてもみた。小さな一本の木の形にも何かの手がかりを求めようとした。そんなにして、どこをどう歩いていったかわからないが、真夜中の二時頃になって、ちょっとした尾根のような所からすぐ目の下に、青山温泉の電灯を見つけた時は、まったく躍り上がるほどうれしかった。

上手の方の入口へ行って声をかけてみたが、なかなか返事がないので、下の川べりの方へ回ってみた。すると果たしてそこにも玄関があった。家の前の流れには手すりのついた小さな橋があった。越そうと思って戸口へ立つと、後ろに何かものの気配を感じたので、振り向いてみると、橋の向こう側に熊がいる。ギョッとしたが、落ち着いて見ると、そのおとなしい鈍重な動作から、どうやら橋の袂（たもと）へ鎖でつながれているものらしいことがわかった。しかし電灯の反射を受けて時々目玉が鋭く光る。いずれにしても暗闇の熊なんていうものはあまり気味のいいものではない。

やっと起こして泊めてもらったが、もう重ね重ねの失敗に、翌日も吹雪いていたのを幸い、ゲレンデの見物もそこそこにして、さっさと引き上げて帰ってきてしまった。

三　スキージャンプ入門

薪の山を飛ぶ　その次の年の冬だったと思う。赤城の家の前のスロープで練習中、斜面の中途に薪が積んだままになっていたその上に、雪のかぶっていたのを気がつかないで滑っていくと、それが自然のジャンプ台になっていて、不意に身体が空に浮いた。「おやっ」と思ったらもう下で転がっていたが、そのちょっと浮いた瞬間に何ともいえない魅力を感じた。それでもう一度登って、こんどはわざと飛んでみた。また転がったが面白いのでまた登った。そうして何度か繰り返しているうちに、立って滑走が続けられるようになった。するといよいよ面白くなってきたので、少しずつアプローチを延ばしていった。そしたらだんだん慣れてきて四メートルくらいは飛べるようになった。

そうなるとだんだん欲が出て、もっと余計に飛んでみたくなったので、附近のよさそうな斜面を選んでは、いくつも小さな雪の台をこしらえてみた。こんどはこれが私のスキージャンプ病みつきの始まりで、以後十年近くの間、膝関節の習慣性半脱臼でいよいよジャンプのできなくなるまで、ほとんどそれに没頭しきって離れることができなかった。

しかし当時はまだ、前年大鰐の大会で見たジャンプくらいよりほか何の予備知識もなかったので、短い軽いスキーにリリエンフェルトをつけて飛んだのだから、うまくゆくはずもなく、少し飛ぶ距離がのびてくるともうまったく不安定で駄目だった。

第三シャンツェを作る　でもしあわせなことに、その後北大の広田氏の『スキージヤムピング』という本が手に入ったので、それを唯一の参考資料として、こんどは夏のうちに合理的なシャンツェを作り、スキーもビンディングもジャンプ用のものを用意しておくことにした。

それからシーズンが終わるとすぐ、シャンツェのできそうな場所の選定に取りかかり、心当たりの斜面を根気よく探して歩いた。そのうちに幸い近くの山に、よさそうな斜面が見出せたので、自分たちの手で測量をしてみた。別に機械があるわけではなかったから、傾斜の角度等は大型の分度器に重りを取りつけて苦心して測った。でもその結果大体よさそうな見当がついたので、設計に取りかかり、何十枚とも知れないシャンツェのプロフィールを描いてみた。でもその仕事は、私に高等数学の知識があるわけでもなく、また指導してもらえるような人もなかったので、ひと通りな苦心ではなかった。いくら描いてもなかなかこれならばという自信の持てるようなのが出来ないので、眺めては描き、描いては眺めた。食事の時はテーブルの脇に置き、寝る時は枕元に置いた。そしてそんなことだけが日課のような日がだいぶ続いた。

その挙げ句ようやくどうやら自信の持てるものが出来たので、その夏は自分で鍬（くわ）を担いでいって高い所を掘ったり、シャベルや畚（もっこ）〔網状の運搬道具〕で土を運んだりしながら、家の男たちを相手に大小三つのシャンツェをこしらえた。しかもそのうちの一つの、私たちが第三シャンツェと呼んでいたものは、当時としてはまだ類のないほど大きく、五〇メートルのジャンプも可能なものであった。私はいよいよ出来上がったその台の上へ立ってみて、これを飛べる日が自分に来るだろうかと思った。それは前年札幌で怖気をふるって見てきた北大のシルバーシャンツェよりも、さらに大きかった。

やがてその仕事があらまし済むと、暇を見て信州へ出かけていって、飯山のスキー屋で長いジャンプスキーを作り、ビンディングもみんなフィットフェルトに取り換えた。

間食を絶つ　なおジャンプには、まず身体のコンディションをよくしておかなければいけないと考えたので、大いに摂生（せっせい）もし、トレーニングもする気になった。私は酒は前から飲まなかったし、煙草（たばこ）もすでにやめてしまっていたが、甘いものが好きだったので、間食が多くなりすぎるといけないと思ってそれもやめてしまった。そのうえお茶を飲むと、ついお菓子も欲しくなるからと思ったので、ついでにお茶もやめてしまった。その他夜ふかしの原因になりそうなトランプとか、カルタというような類いのものも一切手にしないことにした。

そうしているうちにまた、待ちに待った冬が来た。こんどは今までの遊び半分のスキーとは違って、真剣な練習が始まった。それは大正十五［一九二六］年、私が三十七になった時だった。大概の人なら、ジャンプどころか山スキーだってもうそろそろ切り上げようとするかもしれない年配なのに、狂気の沙汰と一部の人に思われたのも無理はなかった。でも私はそんな人の言葉には一切構わないで、一生懸命に稽古を始めた。しかし始めてみるとつくづくむずかしいものだと感じた。いろいろと予期しなかった問題が、あとからあとからと出てきて、そのたびに何かしら苦い経験を舐めさせられるのであった。

初めて大シャンツェを飛ぶ　小さいシャンツェでどうにか七、八メートルぐらい無事に飛べるようになったので、思いきって大きい台へ行ってみた。アウトランに立って見上げると、真っ白に雪のついたシャンツェは、実に雄大な感じがした。見ただけで威圧されてしまいそうになる。でもあまり見ていると怖くなりそうだから、もう見ないことにしておいて、まず半日は丹念に斜面の手入れをした。あとから考えてみれば、五〇メートルも飛べようという台を二人か三人で半日くらい手入れしたって、どうせろくなことはできないはずだったが、知らないということは人を大胆にするものだった。

午後になると再び行って、いよいよスタートに立ってみた。見下ろすと台の端が見えるだけで、その先は遠景だ。滑っていってそのまま空へ飛び出したら、垂直に向こうの谷まで墜落しそうな気がする。癪だけど何としても怖い。ややしばらくは躊躇（ちゅうちょ）していたが、それでもついに観念の目を閉じてスタートした。

「ああ台のそばへ来た」と思った。「とうとう台から離れた」と思った。だがそれっきりあとは一切夢中だった。どしんと強いショックを全身に感じて気がついた時は、辺り一面の雪煙で目も開けず、身体はすごい速さで着陸斜面を滑り落ちていた。やっと下へ来て止まったので、立ち上がって台の方を見上げると、ほとんど上から下までずり落ちた跡だけだった。その跡で判断すると、飛んだのはほんの六、七メートルで、あとの七、八〇メートルは、ただ身体で滑り落ちたのだった。何とも情けない初飛びではあったが、これでやっと安心できた。まず命だけは大丈夫だという見当がついたので、急に気が大きくなった。見ていた者も安心したらしい。すごい勢いだったといっていた。

身体についた雪を払い落とすと、スキーを担いでまた元気で登っていった。こんどこそは、と思って飛んだがまた転がってずり落ちた。しかし何度かそれを繰り返してるうちに、やっと立つことができた。しかもこの日の最後には、今まで一〇メートルを飛んだ経験もなかったのに、二一メートルあまりのスタンディング・ジャンプに成功してしまった。それこそ鬼の首でも取った気持ちといおうか、何と形容しても及ばないようなうれしさだった。見ている者も喜んだが、帰りはまさに凱旋将軍のような足取りだった。

それからはお天気さえよければ毎日大きい台の練習に行った。無論立ったり転がったりだったが、それでもいくらかずつは飛躍距離ものびていった。そのうちにだんだん台にも慣れてくると、もう初めの時のような怖さはなくなった。

しかしジャンプが怖くなくなると、こんどは不完全なアウトランが怖くなってきた。ジャンプの怖かったのは、まったく意味のないことで、自分の業の未熟さからであったが、アウトランの怖いのは本当のことだった。それは今考えても、よく命が無事だったと思うくらいで、まったく現在の常識では想像もできないほど無茶なものだった。夏の工事の時の労力不足と無知だったこととの結果だが、何しろ五〇メートル級のシャンツェのアウトランが、クニック「斜度の変わり目」の少し先から幅三メートルぐらいで、しかも終わりの方は同じ幅でカーブしていた。そのうえその両側には大きな楢の根株や、岩石が点々とあったのだから、その間を時速六、七〇キロの速さで滑り抜けることは、当時の技術ではまったく容易なことではなかった。一度でもやりそこなえばそれっきりだ。今もしこんなシャンツェがあったとしたら、誰も飛びもしないだろうし、また飛ばせもしない。ある時は猛烈に転がり込んでいって放り出され、顔を上げてみたら目の前一メートル半くらいな所に切り株の出ていたこともあった。片輪にもならずに、こうして済んできたことは、まったく私の運がよかったのだと思う。

番人を置く　ある時、私はこの大きい台を一人きりで飛んでいて、手首をひどく捻挫（ねんざ）してしまって医者へ行ったことがあった。これが手だからまだよかったが、足でも折って雪の上に寝ていれば、ジャンプ姿の薄着のままでは凍（こご）えてしまう心配があった。それから必ず一人は番をしてることになった。ことに大きい台は、スタートから下が見えないので、もしもほかの人でもいると危ないからその合図をする必要もあった。そしてこの役目は大概の場合、妻が引き受けてやった。妻は私の二度目の妻で、まだ若くって元気だった。

それから妻の仕事にはもう一つ大事なものがあった。それは側面から私のフライト（空中姿勢）の写真を撮ることであった。帰ってから毎晩それを現像しては、そのネガで自分の飛んでいる時の姿勢を調べるのだ。コーチしてくれる人のない練習では、こうでもするよりほかなかったのである。

そのうちに、妻にもだんだんジャンプというものの概念がつかめるようになり、見ていて参考になる注意がいえるようになったので、その点非常に都合がよくなった。しかし、もっとよく本質的にのみ込んでもらえば、一層工合がいいと思った。それには妻自身でジャンプをしてみることが一番早道だったから、そのことを話して勧めてみた。すると妻も毎日私の飛ぶ番をしていて面白いと感じていたのだったろう、間もなく自分でもジャンプスキーをはいて小さい台を飛ぶようになった。

そのほかにもう一人、私たちのジャンプになくてならない人間がいた。それは以前から私の家にいた男で、紋ちゃんという名だった。よくみんなから少しおめでたいといわれていたようだったが、なかなかよいところのある男で、意気に感じては水火も辞さないという質だった。だからシャンツェの手入れ等には絶好なはまり役で「俺の番をしてる台で、バーンの手入れ不足から怪我をさせたとあっては、だいいち自分の気が済まない」といって、まったく献身的な努力を続けて働いてくれた。ある時は風邪をひいて熱があるのに、いくら止めても聞き入れず、無理に手伝いに出ていって、頭から湯気を立てながら雪運びをしたり、着陸斜面の踏み固めをしていたこともあった。初めの頃は自分でも小さい台を飛んでいたが、ジャンプをしてると手入れの方がおろそかになるからといって、のちにはやめてしまったほどだった。

こんなにして、みんな力を合わせて努力してみたが、コーチャーなしの練習はなかなか効果が上がらなかった。でもこのシーズンの最長不倒距離二八メートル六〇は、同じ年の豊原にあった全日本選手権大会の最長不倒距離二五メートル一〇に比べればいくらか多かった。もちろん発表されない記録には、どこにどんな立派なものがあったかそれはわからなかった。

ブランコ　シーズンが終わるとシャンツェの改造を始めた。第三シャンツェの命がけのアウトランだけは、何としてでも直さなければならなかったので、この夏は主としてそれに労力を集中した。

スキーも結局、買ったものではもの足りなかったので、大工を連れてきて自分でも一緒になって、思うような寸法に作ってみた。服装も転倒の際、背中や脇腹に雪の入らないようにいろいろと工夫して上着をこしらえてみたり、手袋も手首で締めただけでは、猛烈に転がると脱げて飛んでしまうので特別に長いのを作り、肱（ひじ）のずっと上まではめて強いゴムで締めるようにしてみた。

このようにして、来たるべきシーズンに対して準備を進めながら、一方摂生とトレーニングに専念した。しかし何でもやる気だけはあるのだが、どんなことをしたら一番いいのかそれがわからなかった。だからただ湖では舟を漕いだり、泳いだり、山へ行っては崖を飛んだり、走ったりしていた。また家の中では、布団をたくさん積んでおいて、サッツ［踏みきり動作］の練習から、フォアラーゲ［前傾姿勢］して、積んだ布団に飛びついたりしていた。

でも何とかして、空中を浮いて少しでも飛んでみたかったので、前の斜面の立ち木に高いブランコを作り、うんと振っておいて、腰かけて前へ飛ぶ稽古を始めた。その場所は一二、三度くらいの下り斜面だったので、飛ぶ距離は木の根元から七、八メートルにすぎなかったが、一度斜め上に放り上げられてから落ちていくので、相当時間もかかったし、飛んだような感じもした。しかし下はただの土の斜面で小石なども混じっていたし、ランディングしてもスキーのように滑り出してくれないので、よく転がって、手や足をすりむいていた。

無論当時でもそれを賢明なトレーニングだとは思っていなかったが、そのこと自体面白くもあったし、瞬間的な意識の把握、というような意味ではまんざら無駄でもなかったという気がした。

だが雨が降るとブランコにも乗れないので、畳の敷いてある広間でいろいろなことをした。そのうちに、提灯蹴りという愉快なことが始まった。それは最初敷居の上に立っていて「上の鴨居が蹴れるか」といって始めたら、しばらくするうちにみんな蹴れるようになってしまった。それでは、というので、今度は高い梁から紐で提灯を吊るして「これが蹴れるか」ということになった。それも初めの頃は、蹴らない方の足を畳の上に置いて蹴っていたのが、だんだん提灯が上がるとそれでは間に合わなくなってきて、両足とも畳から離すようになり、しまいには助走してきて踏みきって、身体を仰向け（あおむけ）に倒しながら飛び上がり、上がりきったところでさらに片足を上げて提灯を蹴った。こうすると、かなり高くまで足が届いたが、落ちる時は大抵頭からだった。でもみんな無意識のうちに身体を捻（ひね）って、柔道の受け身のようなことはしていたが、随分乱暴なやり方で、これは少し野蛮な感じもあった。

しかし、また落ちる時のことなんか初めから度外視してかかり、捨て身な気持ちで上がれるだけ上がって蹴って、「あとのことは、俺は知らない」というようなところに、何か面白い気持ちもあると思った。

四　スキージャンプ練習時代

目を突く　朝起きて庭の白い霜を見たり、山の上から上越国境に来る（きた）早い初雪を眺めては、ひたすらにシャンツェに雪の積もる日を待ち焦がれていた。するとその希（ねが）いが天に通じたものか、この年は思いのほか早く雪が来て、十二月の半ばにはもう大きいシャンツェが飛べるようになった。

幸先よしと喜んだ私は、今年こそはという意気込みで真剣な練習を始めた。妻も紋ちゃんも張りきって去年にも増して熱心な協力をしてくれた。アウトランも夏の手入れのおかげで、怖い根株はなくなって美しい一面の雪野原となっていた。それに手製のジャンプスキーのはき心地もよかったので、間もなく三〇メートルも越せるようになった。しかし慣れてきて飛び方が乱暴にでもなったのか、痛い目に遭う割合も多くなってきた。

そのうちに、赤城山としては珍しく深い新雪があった。台が大きいので短い時間に二人や三人の力で充分な手入れをすることは、とても無理だったのだが、経験の足りない私たちにはそれがよくわからなかった。でもその日は朝から自分でもジャンプスキーをはいて、一生懸命着陸斜面の踏み固めをした。そして昼頃になってほぼ手入れができたと思った。事実見かけは非常にきれいになったので、つい一本飛んでみたくなった。無論この場合、一度家へ帰ってスキーの手入れをして、昼でも食べてゆっくりと休み、それから出てきて飛ぶべきであったので、あとから考えるとまったく軽率の限りだった。スキーの滑走面は半日のバーンの踏み固めですっかりろうも落ちてしまっていたし、斜面のかたさもまだ不充分だった。紋ちゃんは一通り手入れが終わったので一足先へ家へ帰っていった。

私がスキーを担いでアプローチを登りかけると、妻が心配して「今はやめて、ご飯を食べてからにしたら」と注意した。私もそうしようかと思わないでもなかったが、「なあに、少し飛んでおけば大丈夫だろう」と考えて、それでもいつもよりは下からスタートした。出てみると昨日までの古い凍った雪と違って感触はいいがスピードが出ない。慣れていれば何とかなるのだが、初心者の悲しさにその加減ができなかった。どうやら踏みきって出るには出たが、着陸した途端に前方へのめり込み、何か非常に大きなショックを受けたと思ったら、スキーと身体がバラバラになって、もんどり打って落ちていった。クニックまで行ってやっと止まったので、ふらふらと立ち上がってみたら、足下の雪の上が点々と血で赤くなっていた。そしてなお顔の辺りから血がポタポタと流れ落ちて、見る見る赤い斑点が拡がっていった。自分の気持ちでは最初頭をガンとなぐりつけられたような感じがしただけで、あとは痺れてしまってよくわからなかったが、何でも額の辺りに穴があいてるような気がした。妻がびっくりして飛んできたが、血を見てすっかり慌ててしまって、「どこに疵がある」と聞いても、「そこだ、そこだ」と私の顔を指差すばかりで、こっちにはちっとものみ込めない。そこで、「自分の顔としたら、どこの辺に疵があるのか」と再三尋ねて、やっと左の目の上だということがわかった。そのうちにだんだん両眼とも霞んで見えなくなってくるような気がしたので、わずかに見える右の目だけで見当をつけて制動しながら家まで滑って帰った。

それから鏡を出して見てようやくはっきりと疵の様子がわかった。疵は左の目の上まぶただった。それも実に際どいところでまつげのある端からやっと三ミリくらい上で、長さは横に二〇ミリあまりもあった。眼球がどうなっているかと心配だったので、手で上下に開けてみようとするのだが、腫(は)れ上がった上まぶたに、目ぐらいの疵口が開いてしまって、どうしても目まで開けてみることができなかった。

放ってはおけないので、瓶にホウ酸の薄い溶液を用意して疵口を乾かさないようにし、三里［一里は約四キロメートル］の山道を妻に手を引かれながら水沼の駅まで下りた。私は途中で幾度か軽い脳貧血を起こしそうになったので、そのたびに休んではまた歩いた。それから前橋まで汽車で二時間、やっと親戚の家へ辿り着いた時はもうすっかり日が暮れていた。

早速心当たりの眼科医へ電話してみたが、どこもここもみんな不在だという。よく聞いてみると、運の悪い時はしようのないもので、ちょうどその晩は町中の眼のお医者さんの会合だったのだそうだ。でもやっと最後に「お爺さんならいるから、来てごらんなさい」というのがあったので、すぐ行ってみると、もう中風でとっくに現役を退いている、隠居株のご老体の眼医者さんだった。

まんざら知らない人でもなかったので、早速手術に取りかかってもらったのだが、運悪く看護婦まで銭湯へ行ったとかでみんな留守だった。仕方がないのでちょうど帰省していた女子大へ行っている娘さんが電灯持ちをして手伝ってくれた。しかし真っ黒に日焼けのした顔の、大きな生疵は、よほど凄惨な感じであったのだろう、たちまちその娘さんの方が卒倒しそうになって引っ込んでしまった。そのあとは誰もいないので、やむなく妻が電灯持ちの役目を引き受けるよりほかなかった。

やっとひと通り疵の手当てが済むと道具を集めてきて縫いにかかった。一昔前なら腕に覚えのある名医でもあったろう。しかし今は中風のため手先が震えるので、針が思うところへなかなかうまく刺さらない。それに手先ばかりではなく、目の方も相当怪しくなってきてるらしい。「まぶたと一緒に目の玉まで縫われやしないかと思って、ハラハラしていた」と、あとで妻がいっていた。なお「危なっかしいその様子を見てはいられないのだが、脇を向いてしまえば電灯持ちの役が務まらないし、どうしたらいいのか胸が詰まって泣き出したいような気がした」ともいっていた。

そのうちに縫い始めてから三針目くらいのところで、どうも同じ側の糸を結ぶらしいのだが、横から口出しもできず、妻が心配しながら見ていると、やはり案じた通りで引っ張ったらせっかく縫った糸が抜けてしまって、また縫い直しをしていたそうだ。私も一生懸命我慢してはいたが、かなり痛かった。結局縫ったのは四針だったが随分長い間のように思った。でもやっと縫い終わってから上まぶたを引き上げたら、かすかに目が開いて新鮮な電灯の光が見えたので、眼球に異常のないことがわかり、やっと安堵(あんど)の胸をなで下ろした。

思えば軽率なジャンプの一本だった。まぶたを切ったのはスキーの先端だと思う。そしてももしあの場合、その先端の位置がもうほんの五ミリか一〇ミリ違っていたとしたら、片目を失うくらいはまだしも、運が悪ければ即死であったかもしれない。夜なんか一人で目を覚ましてそう思うとあまりいい気持ちもしなかった。

でもまた、ものは考えようだとも思った。あの場合、その五ミリか一〇ミリを何の力がよけさせたのか、それは決して自分の力ではなかったし、その他の何の力でもなかった。ただもののはずみであり、運であったのであろう。果たして運であったとすれば今後も自分のかかわり得るところではない。やめてしまうのならそれまでだが、やるとすれば別に恐れる理由はない。無論最善を尽くして軽率な行動は避けなければならないが、そのうえでのことなら大いに勇敢にやってもよろしいと考えた。

だから五日目に糸を抜いてもらうと、その足で山へ帰り、翌日からまた小さい台を飛び始めた。なお幾日かは眼帯をしていたので、飛ぶ時だけそれをはずしておいた。二、三日するうちに眼帯もいらなくなったので、また大きい台を飛ぶようになった。それは目を突いてからちょうど十日目だった。シーズン中の一番雪のいい時だったので、惜しい十日間だと思った。

頤（あご）を突く

それからも雪のコンディションは申し分なかった。しばらく休養したので身体の調子もかえってよくなっていて、毎日のように記録は伸びていった。そしてもう目を突いたことなんか忘れてることが多かった。でも、こんどは前に比べると大いに慎重に練習をしたつもりだったが、まだ油断があったのだろう、しばらくするとこんどはまた頤（あご）を突いてしまった。また雪の上に赤い斑点が出来た。その時は顔が少し、ひん曲がったような気がしたが、前の目の時ほどの怪我ではなかった。家へ帰ってきて疵の手当てをしながら、なぜこうしばしば怪我をするのだろうと考えてみた。ここにいればどうせまたすぐ飛び出すに違いないし、飛べばまたどうも怪我をしそうな気がする。何か大きい原因があるように思われるので、これはひとつ赤城山を離れて、台のない所で落ち着いて考えてこようとそう思った。

　そこで早速仕度をしておいて次の朝出かけていった。峠の手前で振り返ると、大きいシャンツェがよく見えた。雲一つない紺碧（こんぺき）の空にクッキリと上も下もいっぱいに雪がついていていい恰好をしていた。じっと見ていると、人を惹きつけないではおかないような魅力があった。すると「お前は、この台とこの雪を置いて、どこへ行こうとするのか」という声が心の隅から聞こえてくる。すぐにも引き返してジャンプスキーを担ぎ出そうか、という衝動を感じて、しばしためらったが、まあまあと思い直して峠を越えて山を下りた。

さて駅まで来てみたが、どこへ行こうというはっきりしたあてもなかった。真っ黒な顔に大げさな繃帯（ほうたい）をしているので、あまり人中へ出るのもいやだった。それでともかくも信州か、越後辺りの山へ行ってみようかと思ったが、切符を買おうとして聞いてみると雪のため信越線が不通だった。それでとりあえず渋川から草津へ入った。二、三日湯に入りながら近所の山を歩いているうちに汽車も開通したので軽井沢へ出て関温泉へ行ってみた。そこで前から噂を聞いていた笹川の英さんの家へ泊まって、初めて他所の人といろいろジャンプの話をした。当時はまだ内地でジャンプをする人ははなはだ稀だったので、飛ぶ人はみんなお互いに仲間くらいに考えていた時代だった。そこでまた二、三日温泉に浸（つ）かりながら、軽い山スキーをはいて裏のゲレンデでクリスチャニヤの稽古をしたり、神奈（かんな）〔山（さん）〕へ登ったりしていた。

そして考えるともなく、今後の練習の方針についていろいろと思案してるうちに、やっと一つ気がついたことがあった。それは今まで飛んでいた程度の台は、初心者の練習には大きすぎるということだった。考えようによってはまことに馬鹿馬鹿しい話だが、これは大きな問題だった。しかし家の前の小さい方の台ではあまりに小さすぎるから、もう一つ中くらいな台を作らなければいけないと考えた。

第四シャンツェを作る　そう気がついたので急いで赤城へ帰ってきた。帰りの汽車の中でも中くらいのシャンツェの出来そうな所を、いろいろと考えながら来たが、帰るとすぐまた心当たりの斜面を探して回った。あいにく山の方には思わしい所もなかったが、いいあんばいに大沼（おの）の西側の湖畔に適当な場所が見つかったので、早速台を作り始めた。雪の深い中の仕事はだいぶ余計な労力を要したが、出来てみると思いのほかいい台になった。斜面の向こうが東北なので日光の直射も避けられたし、大きな楢林の中だったので風の影響も少なかった。そのうえアウトランが広々とした湖水の上の雪野原だったので、初めて伸び伸びとした気持ちで練習することができるようになった。この台は初めから勘定して四つ目だったので、私たちは第四シャンツェとも呼び、また着陸斜面のすぐそばにきれいな清水（しみず）が湧き出していたので、清水の台ともいっていた。

台の大きさも手頃だった。小さいといってものちには三〇メートルは楽に越せた。ずっとあとの話だが、私が三五メートル飛んで、幾分無理な着陸をして、もうこれがこの台のレコードだろうと思っていたら、コルテルードが来てもう半メートル、三五メートル半あっさり飛んでバッケンレコードを作っていった。

やがてこの台は妻も飛ぶようになったし、ほかの人たちも幾人か飛んだ。その後関温泉の英さんも飛んだことがあったし、今は亡くなられたが近衛さんの下の弟さんもよく来て飛んだ。それから当時麓の村の学校へ行っていた私の子どもも時々は帰ってくると飛んでいた。今まではほとんど一人きりでやっていた練習がようやく軌道に乗り始めた。

前に第三シャンツェの命がけのアウトランのことを書いたから、今度は世にも珍しい朗らかなアウトランの情景をひとつ話してみよう。先にもちょっと書いたが、この第四シャンツェのアウトランは広々とした湖水だった。湖や池がアウトランになってる例はほかにもあろうが、ここは結氷時期や積雪の関係で、ジャンプができるようになっても、湖はまだ一面の鏡のような油氷のことがあった。油氷はスケートには絶好だが、スキーには苦手だ。私たちも初めのうちはしばらく敬遠していたが、せっかく台の雪がいいのに飛ばないのはいかにも惜しいので、何とかならないものかと思って着陸斜面の途中から恐る恐る滑り出してみた。最初はクニックから、いきなり氷の上へ飛び出してしまうので勝手が違って慌てたが、たびたび稽古してるうちにだんだん要領をのみ込んできた。

まずクニックの先だけは、そのままではどうしても困るから、岸から一五メートルか、二〇メートルぐらいの間、水を撒きながら橇で雪を運んできて氷の上へ付着させて、ともかくも着陸斜面と油氷の連絡をつけた。こうしておいて少しずつ工夫していったら、しまいにはどうやら不安なしに使えるようになった。でも最初の頃はちょっと面喰らった。上からジャンプしてきた勢いでここを越して氷の上へ出たら最後で、どこまで行ってもスピードが落ちない。何しろ五、六〇キロの速さでジャンプスキーのまま油氷の上へ走り出すのだからたまったものではない。それに氷の上ではスキーのエッジが絶対に効かないから曲がるわけにもいかない。うっかり変な動き方をしたら足をすくわれて、それこそひどい目に遭う。といっておとなしく立っていればきりがない。どこまで行ったって行きは構わないが帰りが困る。そこでいろいろと考えた挙げ句、いい方法を発見した。それは氷の上へ出て少し行ったら機を見て、そっと氷の上へ寝てしまうのである。すると背中のセーターや、お尻のズボンの摩擦はスキーの滑走面よりはなはだ大きいから、寝てから三、四〇メートルも滑れば大概止まってしまう。油氷の上へ楽々と寝転んだまま滑走していく気持ちは、駄々っ子の昔にかえったような何か楽しいものがあった。滑っている方も愉快だが、見ている方もまた何ともいえない朗らかな気分になるのだった。

氷に親しんだことのある人なら誰でも知っていることだが、氷の上で何かちょっと音をたてると、その場ではただ平凡な摩擦音でも、少し離れて聞くと微妙な美しい音色になって聞こえてくる。だからジャンパーが氷の上へ出ると、途端に軽快ないい音をたてて滑っていく。そして転がるとまた転がる時のいい音がする。それが湖水を囲む外輪山にこだまして余韻を残して響いていく。

だが寝て滑っていって止まっても、その恰好ではまだ帰ることはできない。だからアプローチにいるジャンパーがみんな飛んでしまうまで、そのままの位置で見物しながら待っている。そうすると一通り飛んでしまったあとから、台のところで番をしていた人が、全部の人の杖を持って直滑降で下りてきて、みんなに杖を分配してくれる。杖をもらうとやっと自由がきくようになって、みんなそろって杖で漕ぎながらスキーを滑らせて帰っていく。それがお天気のいい静かな日ででもあると、みんな不思議なほど和やかな気分になるのだった。

足首の曲がり　練習はほぼ順調に進んでいった。写真もどうやら飛んでいるらしい恰好のものが、たまにはできるようになった。しかしその後といえども無論幾多の難関は続いた。

この話もそのうちの一つだが、私が台を離れて空中へ出ると不思議にスキーの先が開く。初めはスキーのくるいか、バッケンの取りつけ方が悪いのかと思って調べてみたが、どうもそうでもないらしかった。それではリュックラーゲ［後傾姿勢］のせいか、それとも踏みきってからの膝の伸び方が足りないので開くのかと思って、ある時思いきって真っすぐに膝を伸ばして飛んでみた。するとフライトでなおはっきりとスキーの先が開いた。それでやっと気がついた、「これはきっと自分の膝の向きと足首の向きが違ってるのかもしれない」。そう思ったので、片足ずつスキーをはいて木の枝へぶら下がり、目を閉じて、膝を真っすぐに伸ばしておいては、そっと目を開いてみた。果たして、左足の場合はいつもほぼスキーが真っすぐだったが、右足でやると必ず八、九度爪先が外へ向いていることがわかった。そこで早速バッケンを直して、ほんのわずか右の靴だけスキーの上に斜めに取りつけてみた。そうしたら、それ以来フライトで先の開く癖がほとんど直ってしまった。老練なコーチャーでもいたら、こんなことはたちどころに発見してもらえるのだろうに、何事も一人で進むものは余計な苦労と時間がいるものだと思った。

　こうして話してくると、ついどうも悪いことや、失敗したことばかり多くなるので、素人にスキージャンプとは危険なもの、むずかしいものと思い違えられる心配がありはしないかと思う。しかしスキージャンプというものは、順序を踏んでいきさえすれば、決して特に危険なものでもなければ、そんなにむずかしいものでもない。私の今までの乏しい経験から考えると、ジャンプの怪我の大半はシャンツェの手入れ不足にあったように思う。その次はスキーの手入れ不足、不合理な形の台、スキーのくるい、締め具の不完全、天候の不良、自分の実力を無視した大ジャンプ等で、その他の場合の怪我というものは、もしあったとしても実に稀なものだったと思う。なお私たちはいつも、あまり人のいない所ばかりで稽古していたからそんな心配はなかったが、私の友人には着陸してアウトランへ出てから、ふらふらと脇から滑ってきた人をよけようとして転がって足を折ったのがあった。

要するに、「いいコーチャーさえあれば」ということになるので、ひとりぼっちの練習や、素人同士の研究は、まず思いとどまった方が無事だと思う。なおついでだからもう二つ三つジャンプについて思い出す話を記してみよう。

女のジャンプ　妻がこの清水の台を飛び始めた時のことだが、二日間に連続転倒十六回、十七回目にやっと立てたという記録がある。これがまったく初めてジャンプするものなら珍しくないかもしれないが、すでに小さい台なら無事に飛んでいたのだから、記録といってもいい価値があると思う。随分根気もいいと思ったが、しかも妻はこの間に一度の捻挫もしなければ、大して痛い目にも遭わなかった。だからジャンプで転んだってそんなに心配するほどのものでもないと思った。しかし妻のジャンプについてはもう少し大きい意味の記録がある。それは妻の目は片方だけしか視力がないということだった。お医者さんによく調べてもらったら、右の目だけは人並みだったが、左は暗室へ入って強力な電灯をつけても感じ得ないまったくの無視力だった。片目では左右のものの区別はつくが、遠近の感じははなはだしく鈍くなる。しかもそれがスキージャンプのようなスピードの速いものには、一層不自由が大きくなることもちろんであった。だからこれは随分大きなハンディキャップだと思う。なおそのうえ妻は根気のない質ではあるが、人並みより臆病な性質だった。牛も怖い、犬も怖い、高い所も怖い、暗闇も怖いといった調子である。それでも妻は、しまいにこのシャンツェで二五メートルくらいまで飛んでいた。二五メートルという距離は短いに違いない。けれどもそのわずか二、三年前の全日本の最長不倒距離がほぼそれくらいだった当時の女の飛ぶ距離としては、まずそんなところで相当だったのではないかと思う。そこで私たちの小さい一つの経験は、スキージャンプというものは、女、片目、臆病と、こんな条件のもとにでも、やる気さえあればこの程度にはできるものだということであった。

もう一つこれはさらにむずかしい問題で、軽々しくはいえないが、大概のスキーの本を見ると「女も大いにスキーをやる方がいいが、ジャンプだけはしてはいけない」と書いてある。シュナイダー等もかつて女の人にジャンプを教えて、あとで何か身体に異常でもあったかして、恨まれたことがある、というような自分の経験の一例を話したことがあったそうだが、私は逆に、女がジャンプをしても何ら認められるような故障はなかった、という反対の一例を報告しておきたいと思う。

後頭部を打つ話　余談にわたるようだが、これもジャンプで経験した面白い話である。他の運動等の場合にも、これと同じようなことが起こるものだかどうか知らないが、ジャンプで着陸して転んだ時、どうも後頭部辺りを雪の斜面に打ちつけた場合に起こる現象らしい。それは近い過去のことだけを、すっかり忘れてしまう不思議な精神状態である。それでいて判断力や、その他のことは大体普通に近いのだから、はたで見ているとまことに変なものである。

これは私の子どもや、友人も三人ほどやったし、しまいに私自身もとうとう一度経験したが、その場合はこんなふうだった――。

ある時、清水の台の着陸斜面の下の端に転んでいたので起き上がってみた。別にどこも痛くはないが、様子が少し変てこだ。気がつくとジャンプスキーをはいている。そして身体中雪だらけだ。するとどうもおかしい。「今この台を飛んで転がったのかな」と思う。しかしそれにしてはちっとも飛んだ覚えがない。「変だなあ」と思って着陸斜面を見ると、ちゃんと三〇メートルの印を少し越して着陸したばかりの跡がある。たしかにどうも自分のらしい着陸の跡である。台のところを見上げると妻が少し心配そうな様子をして、何か話しかけてるようだがよくわからない。

それから湖の反対側の山を見ると、黒檜山にも、駒ヶ岳にも、一面に日が当たっている。だから「今はたしかに午後だ」と思う。すると「今日の午前中、自分は何をしていたろう」と考えてみてもまったく記憶がない（本当は午前中もこの台で練習していたのだった）。こんどは「自分はこのシーズンに入ってから、この台を飛んだろうか」と思ってみるが、それもまるで覚えがない（もちろん毎日のように飛んでいた）。だがこの積雪の状態を見ると、「今はたしかに真冬に違いない」「ではどうしてジャンプの練習をした覚えがないのだろう」「それとも覚えがないのだから、まだやらなかったのだろうか」「いやそんなはずはない」「自分のこの服装はちゃんと練習の時の仕度だ」といった調子で、自分では一生懸命考えをまとめようと努力するのだが、さっぱりまとまらないで、また同じことを繰り返して考えている。いくら考えてもきりがないから、いつもするようにスキーを担いで台の方へ登っていく。途中で着陸の跡を見て「ちょうど二三メートルくらいだな、先へ行って開いてるからリュックラーゲだったのだな」などと思う。

それから妻のところへ行って、大真面目で今下でさんざん考えてわからなかった自分の疑問とするところを聞いてみる。返事をしてはくれるのだが、その返事を聞いた瞬間にまた忘れてしまう。聞いたということさえも忘れてしまうのだから、いつまでたっても疑問は解決されない。だからまた五秒か十秒たつと前と同じ質問をする。そしてこれを何十回でも繰り返すのだった。妻はもう以前に、ほかの人の場合で経験済みだったものだから、苦笑いしながらあしらっている。しかしその苦笑いが理解できるほどの判断力はないものらしかった。私のは軽かったとみえて二時間くらいで治ったが、長い人は半日くらいかかった。はたで見ていると本人が真面目でいるだけ随分と滑稽（こっけい）なものだった。ある人は「今日は何日です」と聞くから、「××日です」と返事すると、「では今日が火曜日、明日が水曜日と……」といって少し考え始めるかと思うとまたすぐ「今日は何日です」と始めて、それを人の顔さえ見れば繰り返し、ついに寝床へ入るまでやめなかったのもあった。それから着陸斜面を転がり落ちてきて、立ち上がった途端に「数字がわかりません」と呶鳴（どな）って、夢遊病者のようにふらふら歩き回っていたのもあった。

めまい　なおこれは私がやっただけで、果たしてジャンプと関係があるかどうかわからないが、シーズン中のある朝、寝床の中で目を覚まして天井を見上げたら、急にグラグラッとめまいがした。それ以来寝ていても起きていても、上さえ見れば目が回った。多少いやな気持ちだったが起きている時は自分の目の高さより上を見なければ大丈夫だったので、ジャンプには大して差し支えなかった（飛ぶ時はいつも下さえ見つめていればいいのだから）。でも飛んでから、どんな着陸をしたろうなどと思って、うっかり斜面を見上げると、すぐグラグラときた。

どうも不便でもあり、不安でもあったので、シーズンが終わるとすぐ東京へ出て、知人の紹介で大学病院へ行って診てもらった。でもなかなか原因がわからなかったので、幾日もかかって根気よくあらゆる科を回ってみた。そうしてしまいには飛行家の資格テストのようなことまでしてもらってみたが、ついにその原因が不明で、したがって療法もわからないでしまった。ただこの夏のトレーニングには、ダイビングを計画していたのだったが、それだけはよせと注意されたのでとどまった。

この頃は町へ出て、トラックの荷物の上へ仰向けになって気持ちよさそうに寝転んでいく人夫などを見ると、たまらなくうらやましかった。その後赤城へ帰ったが、どう養生していいのかわからなかったのでそのままにしておいたら、二、三年たつうちにいつの間にか治ってしまった。

迷信の始まり　私は小さい時から迷信の類いは嫌いだった。「日」とか「方角」とかいうものを、およそいっぺんでも気にしたことはなかった。
スキージャンプをする人たちの間に、迷信があるか、ないか、それは知らないが、私自身「これが迷信の始まりかな」と思うようなことを経験したことはあった。

私の叔父の一人は軍人だった。日清戦争、北清事変、日露戦争と三度戦争に行った。歩兵の将校だったので幾度となく前線へ出て白兵戦をやったが、運がよかったとみえてついに一度も負傷しなかった。その叔父の思い出ばなしにこんなことを聞いた。

前線にいて、いざ出発という時に、「今日は相当手ごわい戦いになりそうだな」と思うと、つい以前の激戦の時着て出た服を着ていきたくなる。つまりそれは、「前の激戦にこの服を着て戦って無事だったのだから、こんどもこの服を着ていれば無事に戦えるだろう」というような気がする。そして「馬鹿なこと」と思いながらも、ついその服を着ていくことが多かったといって、「あれが迷信というものの始まりかと思ったことがある」と述懐していた。

日本で最初の頃の飛行家が、よくお守りを持って飛ぶとか、誰々は姓名判断で改名したとか、また×の数字のつく日を嫌ったとかいう話を聞いて、別にそれが悪いとも思わなかったが、もしも自分が飛行機に乗るようになっても、それはやらないだろうと思ったことはある。

しかし前の叔父の話を聞いた時は、いかにもありそうなことだと同感できた。事実私もジャンプがうまくいって、いい距離の出た時着ていたセーターや手袋なんかを不思議と覚えていて、同じような気持ちを経験したこともあるし、また反対に、ひどい目に遭った時着ていたものは、何とはなしに敬遠したくなるような気持ちもあった。そればかりでなく、ジャンプスキーを担いで登っていく途中、何の気なしにある木の枝へスキーを立てかけておいて小便をしながら、「この前転んでひどい目に遭った時も、この枝にスキーを立てかけて小便をしたっけ」というようなことまで覚えていて思い出すことがあった。

さらにそれがだんだん高じてくると、他人のことまで気になって「この前ここでこうやって見ていた時妻がひどく転んだっけ」等と思うと、つい少し別な場所へ移って見ていたいような気もした。初めのうちは、これも人間らしい心の弱さで、かえって何か潤いのある気持ちだくらいに思っていたが、しかししまいには、そんな気持ちを放っておくと、だんだん着るセーターや手袋の数が減っていったり、小便する場所に制限されたりするし、それよりも精神的に不純な雑念の跳梁（ちょうりょう）する心配もあったので、「これは今のうちに直さなければいけない」と思うようになった。それからこんどはことさらに、一番ひどい目に遭った時の着物を着たり、わざわざこの前痛い思いをした時と同じ場所まで行って小便したりするようにした。ところがどうせそのために何事もあろうはずもないのだから、いつの間にかまた気にかからないようになってしまった。

しかしこれがジャンプであったからできたので、戦争の場合ならどうだったろうということになると、私にはまだその経験がないのだから何ともいえないが、今からなら一度ジャンプで経験済みになっているからたぶん大丈夫だろうと思う。人間の心の弱さというものにもまた美しい方面もあると思うが、こんな場合にそれを甘やかしてはいけないと思う。

それからこれはただ単に癖であって、迷信とは性質が違うような気がするが、私は靴下や、特に靴をはく時、どうも左の足から先へはかないと逆なような気がするので、ちょっと手を出して取り上げた靴が、もしも右のだと、もう一度取り直して左からはくことがある。これは別に今のところジャンプと関係もなさそうだし、大して精神的な影響もないようだからそのままにしておくが、こんなことでも、もしも癖以上になりそうだったら、やはり矯正しておく必要があると思う。

これはほんのちょっとしたことだが、いくらか私たちのジャンプに関係があったと思うから書いておいてみる。なお靴下のことについてはのちに詳しく話すつもりだが、私はその頃スキー用の靴下の研究にも没頭していた。それでジャンプの練習から帰ると地下室のストーブのある部屋でよく編み物をしていた。あんまり私が熱心に編んでいたものだから、女も男もみんなつられて編み始めた。

豪壮な、見方によれば荒々しいともいえるスキージャンプの練習のあとで、優しい、綿密な（私たちの靴下は本当に綿密なものだった）編み物などをすることは、結果として心を落ち着けるうえにも多少の効果のあるものだと思った。

烈しい練習で疲れて帰ってきて、みんな暖かい部屋へ集まってくる。そして真っ黒な顔をした男たちが朗らかに、今日のジャンプの話などしながら編み物を始める。するとそのそばでこれも黒い顔の女の人たちが紅茶をいれてくれたり、いいレコードをかけてくれたりする、こんな風景は、ちょっと浮世離れのした、楽しい、和やかな気分を醸し出すものだった。

第五シャンツェを作る　中くらいな第四シャンツェで、落ち着いて練習するようになってからは、あまり怪我もしないようになった。台や斜面を手入れする時のこつもようやくのみ込みかけてきた。大きい台の春の練習の時など、慣れてきてその急所だけを丹念にやるようになった。労力が足りないからということもあったが、着陸斜面の雪がだんだん消えてきても、台に近い辺りはもう放っておくようになった。しまいには台から下二五メートルくらいは土のこともあった。踏みきってフライトへ出ると足の下は土で、向こうの方に着陸斜面の雪が見えている。というとちっと大げさな言葉のようだが、本当にそんな感じのこともあった。でもこの頃はもうそんなことぐらい、あまり不安も感じないようになっていた。決して加減して練習していたわけでもなかったのに（毎日飛んだ回数も距離等も記録していた）百数十回、半月以上にわたって一度も転がらないというようなこともあった。

飛び始めてから三年目の昭和三［一九二八］年には、待望の四〇メートルを越せるようになったので、さらに第五シャンツェの設計を思い立った。なお当時、ほかでまだ四〇メートルを越す練習をしているという話は私の耳へ入らなかった。

それから雪が消えると、また新しく測量をし直して設計を始めた。また長いことかかって設計ができ上がると、思い出の多い第三シャンツェを取り崩して、その近くに新しく第五シャンツェの工事に取りかかった。これは第三シャンツェよりは一層規模も大きく、六〇メートルのジャンプも可能なものになると予想された。

ちょっと話は戻るが、まだ雪のたくさんあったこの年の三月頃だったと思う。県の学務部長の岡本さんと、体育協会長をしていたお医者さんの桑原さんが、スキーを担いで遊びに来たことがあった。家へ入ると、地下室のテーブルの上に置いてあったシュナイダーの『スキーの驚異』の時のジャンプ篇の表紙を見て、ドイツ語のうまい桑原さんが「あ、靴屋の広告か」といったのでみんな笑い出した。そして靴の意味ではないと、大いにジャンプの効能書きを述べ立てると、それでは行ってみようということになり、早速清水の台へ出かけて練習を始めた。ところがたぶん三〇メートル前後のジャンプだったろうと思うが、スキージャンプというものを初めて見たご両人は、すっかり感心してしまったことがあった。

この時以来、県庁でもスキージャンプということに関心を持ち始め、この第五シャンツェの工事に着手する頃は、私の新しい計画を認めて経済的にまで大きな援助をしてくれるようになっていた。そのおかげで、今度は五十人ほどの人夫を集めて工事を進め、霜の来る頃には、当時としては珍しい大きさの赤城シャンツェができ上がったのだった。

第六シャンツェを作る　なおこの計画の途中、大きい台の練習をしている時でも、お天気の悪い日やちょっとした時間に踏みきりの稽古ぐらい近い所でできるといいと思ったので、家の庭へも小さい台を作ることにした。ところがどう工夫しても斜面が短すぎるので、ありったけの斜面の長さを着陸だけに使うことにして、その上へ細長い家を作り、その屋根をアプローチにして庭へ飛び下りるようにした。これはマキシマム一六、七メートルの小さな台だったが、便利な位置だったので、その後かなりみんなに喜ばれた。

アプローチにした家はスタートの辺りでは充分三階になる高さがあったので、中にいくつかの客間を作り、ベランダや、バルコニーをつけて面白く利用することができた。私たちはこれを第六シャンツェと呼んでいた。

五　二つのジャンプ大会

ジャンプ大会　やがてまた第四シーズン目の雪が近づいてくる頃、私たちは天来の吉報を耳にした。それは大倉さんの招聘でノルウェーの選手が来朝するということだった。そのうえ、ことによったらその選手たちが赤城山へも来るかもしれないという耳よりな話だった。

十二月になると、そのための下検分というわけだかどうだったたか、前年、サンモリッツのオリムピヤシャンツェや、オスローのホルメンコーレンで活躍していた麻生さんが、第五シャンツェを見に来た。同氏にはたぶん前にも一度くらい会ったことはあったと思うが、また改めてあちらのいろいろと参考になる話をゆっくりと聞くことができてだいぶ元気づけられた。

いよいよ雪が来て、真っ白になった第五シャンツェの手入れをしてみると、我ながら見惚れるほど立派なものになった。八分の自信はあったが、飛んでみると予想通り工合がよかったので涙の出るほどうれしかった。

そのうちにいよいよ赤城へもノルウェーの選手たちが来るということがほぼ確実な話になってきた。そのうえ、この年の高田の全日本選手権大会に出場した一流選手が一緒に来て、赤城山でジャンプ大会をやるということになった。何でも朝日新聞社後援、県体育協会主催というようなことだったと思う。

私たちは躍り上がって喜んだ。だがそれからというものは、練習と大会の準備のために目の回るような忙しい日が続いた。

やがて大会間際になると、主催者側の県の人たちも登ってきたし、前日には日本の選手たちも集まってきた。麻生さんはこの時もまた少し早くから来て、まだ実際を知らなかった私たちを指導して、シャンツェの手入れそのほか、何くれとなく骨を折ってくれた。大会に際して幸いに大過なかったのもそのおかげが大きかったと思う。

いよいよ大会の当日になると、驚くほど大勢の見物人が集まってきた。どこからどう聞き伝えてこんなに来たものか、雪の赤城にこれだけの人が集まったのは、開闢（かいびゃく）以来初めてのことに違いなかった。私たちが台の手入れを終えたところへ、大勢の人たちと一緒に、ノルウェーの選手三人が登ってきた。

ヘルセットがひと目見て満足していたという話を聞いて私たちもうれしかった。

間もなく準備も整ったので大会は開始された。お天気は曇っていていい方ではなかったがみんな元気でよく飛んだ。私もシャンツェの設計者だというので最初に飛ばされた。しかし私の何よりも楽しみにしていたのは、ルードたち二人のジャンプだった。一番いい場所から見るつもりで、私は台の横の少し離れた所に陣取って待ち構えていた。ついに番がきて二人が飛んだ。たしかによく見ていたつもりだった。何でも私たちのジャンプとは少しものが違うという気がした。素晴らしく張りのあるジャンプだと思って感心した。だがそれだけだった。

あんなに楽しみにしていて、果たしてこの二人の技法の、何を見届けることができたろうかと、私はあとで考えてみた。だが、何もはっきりしたものが印象に残ってはいなかった。よく覚えていたのはたった一つ、コルテルードがアプローチを口を開いて滑ってきた、ということだけであった。

これではあまりに情けないと思ったが、どこへ尻の持っていきようもなく、自分の腑甲斐なさを諦めるよりほか何とも仕方がなかった。しかしそれよりも同じようなお仲間だと思って、楽な目で見ていたせいか、北大の元気な学生たちや、樺太の若い選手たちの飛び方の方が、かえっていい参考になったような気がした。

ヘルセットたちと飛ぶ　あっけなく大会も済んで、山はまたもとの静かさにかえった。私たちが面白かったいろいろな思い出話を繰り返しながら練習を始めたところへ、またさらに思いもかけない吉報がもたらされた。今度は近日中に秩父宮（ちちぶのみや）、高松宮（たかまつのみや）両殿下の台臨（たいりん）を仰いで、台覧ジャンプをするという知らせであった。

私たち一同、身に余る光栄に感激したことはもちろんだった。両殿下おそろいで赤城山へお成りになるというようなことも また開闢以来初めてのことだった。私たちのスキージャンプがこんな結果を生み出そうとは、まったく夢想もできないことだった。私は生前、心配ばかりかけていた七年前に亡くなった母に、せめて今日まで生きていてもらいたかった、としみじみ思った。そしたら、あの生真面目な母が何といって喜んだことだろうと、それを想像すると残念でならなかった。

しかし私たちの喜びはまだそれだけではなかった。この前の大会の時には日帰りにしたノルウェーの選手たちが、今度は一両日の余裕を持って泊まりがけに来るということであった。

私たちは待ちわびたその日の夕方、練習が済んでからヘルセットたちを迎えに、みんなして峠の下まで下りていった。もう前に顔なじみでもあったし、こんどは日本の選手の数もわずか三、四人だったので、もう大会などという気分ではなく、言葉こそ通じないがお互いにすっかり親しい気持ちになって、みんなニコニコしながら坂を登って暗くなる頃家へ帰った。

私はスキージャンプを始めて以来、この三、四日ほど楽しかった思い出は、まえにもあとにもなかった。翌日はいいお天気だったので、朝から出てみんなして庭の第六を飛んだ。二人のルードはさすがにうまかった。各々かなり違った感じのジャンプをしていたが、同じように見事だった。私はそれを見て、いつになったら日本人もこの程度のレベルに達しられるものかと思ったが、事実はこの日一緒にいた秋野さんの、その後の献身的な努力によって、あまりにも早くその日の来たことはこのうえもない欣びでもあり、日本人としてまことに力強い限りである。なおこのことは、ジャンプ以外の一般のスキー技法にも大きな示唆を与えるものだと思った。

そのうちに、すっかり機嫌をよくしたヘルセットが、コルテルードのジャンプスキーをはいて飛び出した。あまり背が高いのでシャンツェが小さく見えた。大してうまいというほどでもなかったが、みんなも喜んで思わず喝采した。何でもヘルセットは、これが日本へ来て初めてのジャンプであったばかりでなく、ノルウェーにいても、もう五年くらい一度も飛んだことはなかったのだということだった。

しばらくしてこんどは第四シャンツェへ行った。ルードたちのジャンプは台が大きくなるほど冴えて見えた。前の大会には心の落ち着きがなくて見てもわからなかった二人のジャンプの細かいところも、私はこんどこそよく見ることができた。そのうちにコルテルードが、クニックの近くまで飛んで、前を用心しながら特別に大きなテレマーク姿勢で、安定な着陸をしていったので私たちは感心した。

夜は、地下室のテーブルの上で代わるがわる腕押しをしたり、レコードをかけて遊んだりした。スネルスルードが、グリーヒのソナタをかけて、懐かしそうにして聴いていた姿もまだ目に残っている。

台覧ジャンプの前日の午後、みんなして小沼の方へ出かけていった。私たちが血の池辺りで遊んでいる間に、麻生さんとコルテルードが、地蔵岳の南側の急な斜面へ登っていった。私たちが峠の上へ帰ってきた時は、二人ともほとんど斜面を登りきる辺りに見えた。何気なく見ていると、突然二人の立ってる足元辺りから、雪が横に割れて滑り出した。すると見る間にそれが拡がって、幅広い大きな雪崩になってしまった。ものすごい勢いで落下してくる雪の塊の動きは、遠くから見ていると、流動する水のような滑らかさが感じられて、あの猛烈な破壊力などとは、むしろ縁遠いほどの美しささえあった。

しかしみんな驚いてしまった。上にいた二人はなお驚いたことだろう。斜面を登ってしまってからだからよかったが、もしも途中にいた時だったらと思うとゾッとする。でもまだまったく安心というわけにはいかなかった。今のは幸い二人の下から出たのだったが、二人のいる上にはまだ大きな雪庇がある。もちろん二人だってそれに気のつかないはずはない。固唾をのんで見ていると、ひと通り雪崩の動きが静まるのを待って、凹凸(おうとつ)の烈しいデブリの上を、コルテルードが矢のような速さで斜めに南側の安全地帯へ滑っていった。麻生さんもすぐあとを追って飛ばした。

あとで聞いたのだが、麻生さんが行った時、コルテルードは内ポケットから許婚者(いいなずけ)の写真を取り出していて、それを片手に麻生さんと握手して、お互いの無事を祝し合ったという話だった。

台覧ジャンプ　いよいよ今日は、両殿下がお登りになられるという日の朝、飛び起きて窓を開けてみたら、空には雲の子一つなく、地蔵岳の頂(いただき)に美しい朝日が差していた。

一同前橋道の峠の上でお元気な両殿下をお迎えし、予定の時間に第五シャンツェへご案内申し上げた。

この日は前の大会の時とは違って風もなくまったくの日本晴れで絶好なジャンプ日和(びより)だった。ノルウェーの選手が二人、麻生、秋野、伴(ばん)の三氏と私で四人、合わせてたった六人で、飛ぶ人の数こそ少なかったが、みんな張りのあるいいジャンプをした。あまりお天気がよすぎたので、雪の滑りは充分でなかったが、それにもかかわらずみんないい距離を出した。ルードたちは五〇メートルを越し、私たちも五〇メートルに迫った。それはレコードから見ても、今までの日本にかつて前例のない大ジャンプだった。それなのに誰一人として転ぶ者もなかった。三回ずつ飛ぶことになっていて、三回飛んでしまったのに、誰からともなく、またみんなスキーを担いでシャンツェへ登っていった。

時間のご予定もおありになったので、お付きの方がその趣(おもむき)を申し上げたところ、殿下にはジャンプを見に来たのだからもっと見ようと仰せられ、なお来年は日本でも五〇メートルだね、とも仰せられたよし、あとで伺って感激したのだった。それから私たちのジャンプが終わってしまうと、秩父宮殿下には、その朝ヘルセットが献上したばかりの、まだ足におなじみにならないスキーをおはきになられて、あの大きなランディングバーンの上にお立ちになられた。お付きの方が心配して駈け出してきて何事か申し上げようとした時には、もう、飛ぶような速さで着陸斜面を滑り始めていかれた。なお、高松宮様もそのすぐあとへお続きになって、バーンの途中からお滑りになられた。お二方ともお見事な直滑降でアウトランへ出られ、逆斜面へ滑り上がって悠々とお止まりになられた時は、一同驚いて感歎した。

午後は一同そろって小沼へご案内申し上げたのだったが、両殿下には終始ご機嫌よく、そのため私たちのような野人も伸び伸びとした気持ちで、お供申し上げることができたのはまことに幸いであった。なおここにもう一つ、私たちが生涯忘れることのできないのは、当時十二、三の小学生だった私の次男が、両殿下の間で、いろいろとありがたいお言葉をいただきながらお供申し上げたことだった。当人の光栄は申すまでもなく、私たち一同感激申し上げたのだった。

なお、秩父宮殿下のご健脚には驚歎申し上げるほかなかった。お帰りの時も家を出て半キロも行くか行かないうちに、お付きの方々もみんな遅れてしまって、殿下のあとへおつきできたのは、麻生さんと私と二人だけだった。やがて新坂（しんさか）へ着いたが、あとはまだしばらく間がありそうだったので、そこからさらに姥子（うばこ）峠へ登ってみた。

この日は珍しく、午後になってもしあわせとよく晴れ渡っていたので、峠の上からの眺めは素晴らしかった。日はすでに西に傾きかけていて、斜めに差してくる光線は、附近の雪に飾られた山肌を生き生きと浮き上がらせていた。はるか麓の雪のない、夜のように暗く見える関東平野には、利根川の流れがひと筋白く光っていた。

私たちはそこから坂を下りて、一里ほど下の箕輪（みのわ）部落までお見送り申し上げて山へ帰り、これでとどこおりなくこの晴れの大会も終了したのだった。

私たちはこの思いもかけなかった光栄に心から感激したのだったが、そのあとはなぜか寂しかった。あるいはあまりにも恵まれすぎた幾日かのあとだったせいかもしれないが。

過ぎたるもの　私はジャンプについてこの数日間に、非常に有益な幾多の貴重な経験を得られたが、そのほかにさらにもう一つ大きな、やや苦い現実的な教訓を体験した。それは誰でも知っている「過ぎたるはなお及ばざるが如し」ということに平凡な事実だった。

当時の私の商売が、山の宿屋であったのだから、もしもゲレンデの設備もせず、自分たちもろくに滑らないでいて、ただスキー客を集めようとばかり考えていたとすれば、それは「及ばざるもの」であったろう。

しかしまた実質的な内容の充実ばかり考えて、あんまり熱心になりすぎると、真面目なスキーヤーは心から歓迎するが、そうでない分子はつい疎んずる傾向になってくる。こうなると「過ぎたるもの」になる。

このことは少し以前から感じていたのだったが、同じことの一層深刻な体験をしたのは、こんどの最初の大会の時だった。私の考えでは、ノルウェーの選手たちは日本の国のお客様であると思った。その遠来のお客様を迎えての大会だから、私たちは及ばないながらも、誠意を尽くして少しでも手落ちのないように、またその大会に活躍する日本の選手たちにも静かに休息させて、できるだけ純一な気持ちで競技に臨めるようにと思った。それで当日は大会関係の選手だけしか私の家へは泊めないで、あとの人には事情を話して、全部ほかの宿へ行ってもらうことにした。

だから自然、県のお役人も断わったし、営林署の人たちも断わった。警察から来た人も断わった。私の考えでは、これらの人たちは、日本の国のお客様に対してはまったく内々の人だと思ったからだった。したがってこの私の考えは、どこからもまったく文句なしに理解もせられ、協力してもらえるものと簡単にきめてかかっていた。

なお単に私の宿屋という商売からだけ考えれば、こんな際にはせっかく集まってきた人たちだから、誰彼構わずに一人でも多く泊まらせれば、それだけ利益もあるわけだった。それをしないで、空いたままの部屋を放っておいても、大会の気分を尊重したことは、むしろお役所あたりからは賞められてもよさそうなものとさえ思っていたくらいだった。しかし、現実の世の中はそう簡単な理論通りにはいかなかった。この辺一帯の官林を受け持っている営林署の分担区員が、ジャンプ大会があるというので大勢の上役を案内してきた。また、村の駐在巡査が署長さんや部長さんのお供をしてきた。そして自分の管轄内の宿屋で断わられたとあっては、案内役の面目は丸潰れとなり、自尊心が台なしにされてしまうことになる。まことにお気の毒な立場の人たちをこしらえてしまったものだった。私にそこまで気がつく賢明さがあればよかったのだが、結局、人の感情を害したことは、私の考えの至らなかったというよりほかなかった。

なおこれで私たちのささやかな誠意が、この大会に果たしてどれだけ役立ったか立たなかったか、それはわからないが、私としては自分の気のついた範囲において、一番いいと信じるところにしたがってやったのであった。しかしその結果はこれもまた明らかに「過ぎたるもの」であったと思う。世の中の義理人情はジャンプよりもむずかしいものだと思った。

五〇メートルを目ざして　その後もまだ雪がよかったので、前にも増して猛練習をした。ルードが五〇メートルを越したのだから、自分にだって越せそうなものだと思った。それに、秩父宮様が、せっかく、日本でも来年は五〇メートルだとおっしゃったのだから、来年なんかを待たずに、今年のうちにぜひ越しておきたいという気持ちになった。あとで思えば、その気持ちに腰の浮いたところがあったような気がする。

それから数日後の練習中ひどく不安定な着陸をしてしまった。むしろ素直に転んでしまえばよかったのかもしれないが、それを強引に頑張って無理に立っていった。しかしすでに大きく崩れてしまった姿勢は、年をとって身体のきかなくなってる私の力ではついに持ち直しきれなかった。そのまま怪しげな腰つきでクニックを越してアウトランへ出てから、しどろもどろになって前へのめり込んでいった。それはもうほとんど平地のような緩斜面だったのに、三、四回もんどり打ったようだった。実に下手な、そして猛烈な転がり方だった。

みんなが心配するといけないと思って、痛いのを我慢して「大丈夫だ」といいながら立ち上がってみた。しかし自分にもやっと聞こえるくらいなしわがれた声しか出なかった。立ってはみたもののあんまり痛いのでまた雪の上へ寝ようと思った。だがもうちょっとでも身動きすると身体中に耐えられないほどの激痛を感じるので、転ぶことさえできないで進退きわまって立ち往生してしまった。それからみんな心配して駈けつけてきてくれた人の手を借りて、やっと雪の上へ寝かせてもらった。

あとで家へ帰ってから数えてみたら、このひと転がりで捻挫と打撲で痛むところが九カ所あった。まだ骨折をしなかったのがせめてものしあわせだったと思う。だがこれで取り返しのつかないことをしてしまった。というのは、愛用の二貫五百匁［一匁は三・七五グラム］近くもあった手製の大事なスキーが両方とも折れてしまった。バッケンは曲がり、フィットフェルトの革は切れ、頑丈なオーストリー製のエレフゼンの尾錠［バックル］も一つは折れて飛んでしまっていた。

やっと家まで連れられて帰って、エキホスや、サロメチールを塗って床についた。しばらくはレコードをかけてもらったり、またこの間中の面白かった話を聞いたりしながら、痛さをこらえて、雪の反射で明るい天井を眺めていたが、連日雪の上へ出る癖のついている身体には、いくら痛くも昼間寝床の中に我慢しているのは辛かった。それで、さんざみんなに止められるのも聞かず、ほんのちょっとだけだからといって、痛い足にやっとの思いで靴をはかせてもらい、軽い山スキーをはいて、妻と紋ちゃんに両側から支えられながら、虫の這うようにして湖水の上へ出ていった。

非常に静かな夕方だった。空気は澄み、空は冴えて、沼向こうの外輪山は斜陽に深い襞(ひだ)を見せていた。黒檜山は身体いっぱいに夕日を浴びて慈父のような温容で、小さな私たちを見守っているように見えた。私は子どもの時から黒檜山が大好きだった。今までにも何度キャンバスの上にその肖像を描き、何十ぺんカメラのレンズを向けたかわからなかった。ことに秋の終わりになって、木の葉の散ってしまったあとの落ち着いた灰色の姿と、冬の雪に覆われた時の素朴な恰好は私の心を強く惹いた。

それなのにその黒檜山を、冬も終わりに近づこうとする今、しかも毎日どこのシャンツェからも見えていたはずのその顔を、「この冬になって初めて見た」という気がした。すると急に何か昔懐かしい気持ちが湧いてきて、次から次へと子どもの頃のことまで思い出された。やがて亡くなった母の面影もありありと頭に浮かんできて、甘い涙が頰を伝って流れ落ちると、身体中の痛みが快くうずいてきた。

妻が心配して「もう帰りましょう」と促したので、惜しかったが帰途についた。家の近くまで来て振り返ってみたら、黒檜山の胸の辺りに、色あせた夕映えの光がさむざむと残っていた。

大島行　これでこのシーズンは、身体の方が早く恢復したとしても、もう五〇メートルを越す望みはなくなった。それは自分の身体によく合った、重いスキーをなくしたからだった。私は早くまたいいスキーが欲しいと思った。それから二、三日はおとなしく家で我慢していたが、妻の肩につかまって散歩に出るくらいがせいぜいで、当分は小さいジャンプもできそうな望みもなかった。どうせなら、この間にいいスキーでも探したいと思ったので、跛を引きながら妻と一緒に東京へ出てみた。

痛い足を引きずって心当たりの運動具屋を回ってみたが、もうシーズンも終わりなので思うようなスキーは得られなかった。

この身体ではまだ赤城山へ帰っても飛べないし、ほかのスキー場へ行ったところで山スキーも駄目そうだった。それで仕方がないからもう締めて、方向を変えて久しぶりで大島へ渡ってみた。雪の気もない三月の大島は、すっかりもう春めいていて、どこか遠い国へ渡ってきたような気持ちがした。磯臭い浜の匂いも久しぶりだと思った。十四、五年前まだ母が在世の頃、子どもたちと一緒にひと冬借りていた、泉津（せんづ）の家へ行ってみたら、人の住んでいる気配はなかったが、家の様子も、前の畑も、その周囲の柵もまだその時のままの姿だった。懐かしさに辺りを見回していると、裏の崖の上の松林に当たる風の音も、その崖下から聞こえてくる砕ける波のかん高い響きも、胸に応えてくる聴き覚えがあった。私は思わず耳を澄まして、じっとその音に聴き入っていたら、そこらの物蔭からひょっこりと母が出てきそうな気さえしてきた。

しばらくは妻を相手に、思い出の昔ばなしをしていたが、ふと思い出して、昔時々買い物に行ったこの村で唯一の雑貨屋へ寄ってみた。あの頃いつも親切によく世話をしてくれた、いい娘さんがいたはずだと思ってみたら、たしかに昔の面影はあるが、もうすっかり、おばさんらしい感じに落ち着いてしまったその人が出てきて、向こうでもまだ覚えていた。しばらく、と挨拶をすると、お母さんは、と聞くから、あの時はさんざお世話になったが母はもう亡くなったと話したら、まあ、と驚いて寂しそうな顔をした。この頃は私もなぜか妙に感傷的な気持ちになるようになっていた。

三原山　私は大島へ来ると、どうしても一度は三原山へ登らないと気が済まなかった。それに妻はまだ初めてだったので、二、三日してから、跛を引きながらゆっくりと、湯場まで登っていった。この日もよく晴れていたので、広々とした海の向こうの伊豆半島から、富士へかけての景色は、雪ばかり見ていた私たちの目には珍しかった。

湯場の噴気孔を利用した蒸し風呂も、昔はただ岩穴へ格子を敷いただけの簡単なもので、中へ入って入口の鉄の扉を閉めると、いやに荘重な、があんという音がして急に真っ暗になるので、何だかもうこれで、永久に閉じ込められてしまうような心細い気がしたものだったが、もうすっかり改造されてそんな凄味はなくなっていた。

翌朝は早く湯場を出て登っていった。外輪山の尾根から中をのぞいてみると、私の好きな頂上附近一帯の沙漠(さばく)の眺めは、昔と変わらず懐かしいものだった。しかし火口丘の上へ出てみると、まるで様子が違っていた。私は昔のことを思い出して、見覚えのある個所を探し当てようとして辺りを見回したが駄目だった。

私がまだスキーを知らない前だったから、もう随分古い時の話だが、私は二、三人の画家の友達と一緒に、大風の吹く日にここへ来たことがあった。それはやはり冬だった。ここまでやっと登ってきたが、寒いのと砂が飛ぶのでお弁当も拡げられなかった。それで私は内輪の崩れかけてる壁を伝って、風の当たらない所がありはしないかと思って、少し下りていった。見ると途中に大きな岩穴があった。最初見た時は崩れやしないかと何となく不安な気がしたが、入っていって調べてみるとそんな心配もなく、思いのほか落ち着いたいい所だった。穴の中は風もなくって暖かだったし、砂埃(ぼこり)もここまでは飛んでこなかった。怖がるものもあったが、無理にみんなを連れてきてそこで握り飯を食べた。しかし食べ終わる頃には、みんなも慣れてきて平気になっていた。

私はまた何の気もなしにその壁の割れ目を伝って少しずつ降りていってみたら、とうとう内輪の壁を下りきって火口底まで出てしまった。周囲の断崖を見上げるとちょっと凄味があると思った。でも何となくいい気持ちだったので下から「面白いぞう」と呶鳴ったら、そのうちにみんなも下りてきた。そして初めは左右を見回しながら恐る恐る火口底へ踏み込んでいったが、だんだんずうずうしくなってきて遊び出してしまった。そこからつい一〇〇メートルほど先の、またちょっと盛り上がったような小山の上からは、猛烈な勢いで噴気していた。その噴気孔のまわりには焼けただれたような黄褐色の硫黄が付着していて、ものすごい形相を呈していた。私はその硫黄の塊が一つ欲しいと思った。

小さい噴気孔は足下のいたるところにあった。冷たい手をそこへかざすと、ほんのりと暖かくっていい気持ちだった。誰かがそれをマントで蔽(おお)ってこたつだなんていっていた。私にはその火口底の生々しいありさまは一〇〇パーセントの魅力があった。辺りは色こそ黒褐色だが、ちょうどこねたての粉のお団子か、つきたての餅でも引きちぎって、そこへ叩きつけたような恰好の巨大な熔岩でいっぱいだった。ちょっと触ったらまだ指の跡がつきそうなので、つい突っついてみると硬いので驚いた。

みんないい気になってしばらくそのお団子のような石の上を飛び回っていると、風の吹き回しで急に噴煙がこちらへ、大げさに覆いかぶさってなびいてきた。みんなそれにむせて咳が出たので、誰かが窒息しやしないかといい出した。すると火山の煙なんかについて、何の予備知識もない私たちは、にわかに怖気がついてきて慌てて逃げ出した。私もみんなのあとについていったん駈け出したのだったが、走り出すと、先刻見たあの焼けただれた硫黄がまた欲しくなった。別に硫黄が欲しいわけではないのだが、ただその場所から採ってきてみたい興味なのだ。だからその場の事情が困難になればなるほど、一層興味は大きくなるわけだ。そこでまた取って返して逆な方へ向かって走っていった。足場の悪い石の上の、煙の下を掻き潜るようにして噴気孔へ辿り着き、夢中でひとかたまりの硫黄をつかみ取ると、機関車の安全弁が百も一度に噴き出したような烈しい音に追いかけられながら、死にものぐるいで逃げ出した。

でも結局崩れかけた内輪の壁の下へ来た時には一番遅れた一人に追いついたし、頂上へ出てみたら私が一番先だった。しかも右の手にはちゃんと硫黄のひとかたまりを持っていた。

私はその晩床についてから、「なぜあんな馬鹿なことをしたのだろう」と考えた。いつか母に、「お前は畳の上では死ねないよ」といわれた言葉などを思い出した。「今日の行動はきっと、別に何の危険でもなかったのであろう」「だがそんな気持ちを持ち続けている限り、いつ本当の馬鹿馬鹿しい危険に曝(さら)されるかしれない」「なおそうした気持ちは、単に一時的なこの種の問題だけでなく、自分の将来の社会生活にだって、同じような危険な結果をもたらすかもしれない」、そう思いながらその時は大いに悟ったような気持ちになって、眠りについたことがあった。

そんなことを思い出して妻に話しながら、また執念深く辺りを見回してみたが、どこがどうなっていたのやら、さっぱり見当もつかなかった。ただ以前よりずっとものすごい感じになっていて、もう壁を伝って下りるどころではなかった。その後いつも新聞で、ここの火口へ飛び込んで自殺するという話を読んで、どこからどう入るのだろうと考えていたが、なるほどこれではやりいいはずだと思った。

それでもまだ中が一目見たいのだが、危なくって思うほどふちまで出られなかった。そこでリュックから縄を出して腰のバンドを縛り、後ろで引っ張っていてもらって、這い出していって火口の中をのぞいてみた。その日は煙が渦巻いていて底までは見えなかったが、いかめしい垂直な断崖のはるか下の方が煙の中へ消えてしまってるのはかえって凄味があると思った。妻はひと目のぞきかけてみたが、足の裏がムズムズして駄目だといってよしてしまった。

私たちはそこから波浮（はぶ）へ下りて泊まり、また浜伝いに元村へ戻ってきた。二、三日すると身体もだいぶよくなってきたので、郵便船で伊東へ渡って赤城山へ帰った。

六　赤城山を出る

立山行　大島から帰るとまたしばらくの間、清水の台で練習した。しかし身体もまだ本当に恢復していなかったし、それにスキーの軽いのが気になって思うようには飛べなかった。そのうちに、いくらかスキーにも慣れて、元気が出てきた頃にはもう雪が消えてしまった。

何かの手紙のついでに、麻生さんへ、もう少しジャンプの練習がしたい、と書いたら、それでは立山へ入ろうかということになって、たちまち相談がまとまり、五月の上旬に妻と三人で弥陀（みだ）ヶ原へジャンプスキーを担ぎ上げた。まだこの辺りには豊富な雪があったので、私たちは弘法（こうぼう）の小屋の裏の谷へシャンツェを作って、半月ばかり飛んでいた。その終わり頃にとても暖かい日があって、雪の滑りが悪かったものだから、急に思い立って、昼から山へ登ろうという相談をした。人夫たちは今からではとても無理だから、「明朝早く出て登った方がいい」と再三勧めていたが、私たちが、駄目なら途中から引き返してもいいが、「このお天気を逃す手はない」といって聞かなかったものだから、ついに仕度して出かけることになった。

麻生さんは駄ばきの山スキーも、アイゼンも用意していたので、一人の人夫を連れて剱へ行くことにした。私と妻はもう一人の人夫と一緒に雄山へ向かった。スケールの大きい弥陀ヶ原の緩い斜面を登りきって、今の天狗［原］の小屋の辺りで両方へ別れた。

出る時は自分でも少々無理な時間かな、と案じていたが、お天気がよかったのと、春の日長のおかげで、ちょうど夕映えの色の美しい頃雄山の頂上へ着いた。頂上からの雄大な展望は非常に立派だった。見ているとあまり美しいので凄味さえ感じた。妻は山の大きさに威圧されて怖いといっていた。ことに足元の急斜面から続く黒部の谷を見下ろした時は、いいようもない感激に打たれた。どこを見てもとても真昼では見られない眺めだったので、私たちは遅く出かけてきた僥倖を喜んだ。いつまで見ていても飽きない景色ではあったが、もう日暮れが迫ってきているので、そう長くはとどまっていられなかった。帰ろうとして仕度をしていると人夫が、「女で雪の雄山へ登ったのはあなたが初めてだ」といった。私は、「それよりも一ノ越まで、ヒッコリーの三本溝のジャンプスキーを、夫婦してはき上げたやつはまだないだろうし、これからもきっとそんな馬鹿はないに違いない」といって笑った。

しかしそのジャンプスキーのおかげで帰りはとても楽だった。室堂へちょっと寄って、軽い夕食をしてまた出かけた時はもう暗かった。

斜面は広いし、大して急でもないし、そこをジャンプスキーで飛ばすのだからまったく快適な下りだった。途中まで行くと月が出かかってきて、大日岳の頭が美しく輝き始めた。国見の肩も明るくなりかかってきたと思ってると、見る見る、かすかな月の光が斜めに長く浮き出してきた。

凍りかかったザラメ雪は申し分なくよく滑る。どうせ暗いのだから足元は見ようとしたって見えない。でもスキーが大きいおかげでまったく安定だ。左右の山の景色を眺めながら、大船に乗ったような気やすさで滑っていった。

こちらはそれでよかったが、人夫のスキーが滑らないので弱った。出かけて五分も滑るともう見えなくなってしまう。そして寒くなるほど話しながら待っていると、一生懸命杖で漕ぎながら息を切ってやってくる。気の毒でならなかったがどうしようもなかった。

その人夫は八郎といった。その時もう相当な年配だったがおとなしくって親切な、実にいい人間だった。麻生さんと剱へ行ったのは福松だった。これも少し、のんびりしていたがとても気のいい男だった。

ずっとあとの話だが、私が千島から帰って、また立山へ行った時に聞いたら、気の毒に福松は人を助けようとして地獄谷の毒ガスの中へ落ち込んで死んだが、八郎の方はまだ丈夫でいるという話だった。昔さんざ世話になったのだから、会っていきたいと思ったが、時間の都合でついそのまま帰ってきてしまった。それからその翌年の春また行ったので、こんどこそはと聞いてみたら、その年の冬、雪の谷間へ滑り落ちて惜しくも死んでしまったということだった。私は何だか取り返しのつかない、悪いことをしてしまったような気がしてならなかった。

追分の近所まで来ると月が高く昇って明るくなった。スキーもよかったが、ラックがうまくきいていたので妻のスキーが一番よく滑った。小屋の近くまで行ったら先へ行った妻が、あたふたと慌てて引き返してきた。精を切っているので、「どうしたの」と聞いてみると「熊らしいものがいた」という。「そんなはずはなかろう」といいながら行ってみたら、それは福松についてきていた、少し間の抜けた大きな犬だった。

翌日になって帰ってきた麻生さんたちは、剱もとてもよかったといっていた。

五月も末になったら弘法の裏の台もだんだん雪が滑らなくなったので、諦めて山を下りることにした。途中称名（しょうみょう）の滝の向こう側辺りで、ほいほいという人声がするので、あれは何だと聞いたら、熊を追ってるのだろうといっていた。その晩、下の村へ泊まったら夕食に肉をご馳走してくれた。卵などかけてあって、おいしかったが、あんまりその量が多いので、何の肉だろう、と話してるところへちょうどおかみさんが上がってきたので、聞いてみたら熊だといった。それを聞いて妻はびっくりして「あれどうしよう」といったが、もうその時は半分くらい食べてしまったあとだった。それから追分の下で犬を熊と間違えた話が出てみんなで笑った。

妙高へ登る　それから和倉温泉へ寄って二、三日休んでから高田へ出てみた。だがまだ私たちは赤城山へ帰る気になれなかった。それでジャンプスキーだけ先へ送り返しておいて、ゾンメルシー［短いスキー板］を買って関温泉の速雄さんとこへ行ってみた。その翌日速雄さんに案内していただいて妙高へ登った。帰りの雪渓でゾンメルをはいて滑ってみたが、ジャンプスキーに慣れた足にはまるで張り合いがなかった。そのせいか私たちはそれ以来一度もまだゾンメルを使おうと思ったことがない。

関山の駅まで下りて麻生さんとお別れした。だがまだ私たちの足は赤城山へ向かおうとしなかった。それでまたゾンメルも先へ送り返しておいて、一度日本海の海岸へ出てから、栃尾(とちお)岐(ちまた)の温泉へ行った。行く時はそこから銀山平(ぎんざんだいら)へ出て、尾瀬を回って赤城山へ帰ろうか、と話していたのだったが、いざとなるとまだ出かけるのがおっくうだったのでそこに二、三日滞在していた。

ここの宿の庭に、この春、銀山平からつかまえてきたという熊の子が一匹つながれていた。

まだやっと猫くらいしかない小さな身体をしているくせに、真っ赤な口を開いて湯治客の女たちを追いかけて、キャアキャアいわせていた。時々そこへ自分の身体の七、八倍もある大きな犬がそばへ来るのだが、「何だ犬どもか」といったような顔をして鷹揚な態度をとっていた。この場合、もしも犬の方に積極的な敵意があったとすれば、一撃のもとに自分の命はなくなってしまうのに違いないのだが、見ている私がハラハラするほど傲然と構えていた。それは生まれながらの気位とでもいうか、伝統的な性質の遺伝とでもいうか、何の力がそうさせるのかと思いながら、私は二階の窓の手すりに寄りかかっていつまでも眺めていた。

祖父母　私はそのうちに、ふと、こんなことを思い出して考えていた。

私の祖父は四国の伊予の産で、祖母は岐阜の人だった。その二人がどこでどうして知り合ったかはわからないが、ともかくも一緒になって東の方へ歩き出した。何をしながら、どのくらいの時日を費やしていったかも聞かなかったが、途中いくつかのお関所を越して北へ北へと旅を続けていった。汽車も何もないその頃の旅は、いろいろと不便もあったに違いないが、またさぞ楽しかったことだろうと、私はいつもそのことを想うたびにうらやましい気がした。そして何かしら祖父母に対して朗らかな親しみが感じられるのだった。

祖父母たちは、やがて長いことかかって秋田まで行った時、「国を出て何百里とか来た」「もうこの辺りでそろそろ戻ろうか」といって帰途についたが、上州の前橋まで帰ってきたら蓄えの路銀がなくなってしまった。そこで祖父は漢学者で俳諧(はいかい)師だったし、祖母も漢学をやっていたので、とりあえず小さな塾を開いた。しばらくそうしているうちに、だんだん知られて前橋藩の殿様に仕えるようになり、明治の初年の頃には赤城神社の神主になって、赤城山へ登った。それが始まりでとうとうそれ以来上州の住人になってしまったのだということを、私は子どもの時よく母から聞かされた。

当時の新婚旅行としては、どうも少し大げさすぎる気がするし、何のためにはるばる秋田辺りまで行ったか、今はもう聞くわけにもいかないが、ともかくも私はいつも愉快な話だと思って聞いていた。祖父母とも丈夫で長命の方で、どちらも七十を越して、私が十三か十四の時、同じ年の秋、第二の故郷の前橋で亡くなったが、今にして想えば、その二人の亡くなり方もよかったと思う。祖母の方はその数年前から少し弱って床につきがちだったが、祖父の方はとても丈夫で、亡くなる年の夏、飄然として足駄ばきで赤城山へ登ってきた。そして翌朝湖水へ行くというから、顔でも洗いに行くのだろうと思って、私もあとをついていったら、いきなり裸になって、ジャブジャブと冷たい湖水の中へ入っていったので驚いたことがあった。

それから祖父は山を下って、麓の村や、町や、東京辺りに散在していたお弟子さんのところを、ひと渡り片っ端から丹念に回り終わって前橋へ帰り、帰ると間もなく風邪気味だといって床についたが、幾日もたたないで、本当に眠るようにして息を引き取ってしまった。すると祖母もそれに力を落としてか、半月もたたない同じ月のうちに、老木の枯れていくようにして祖父のあとを追った。二人とも善良な質の人だったし、しあわせな人生を送った人たちだったと思う。

祖父の道楽は俳諧と行脚だったという。してみると私の血の中にも祖父母からの隔世遺伝があるのかもしれない。私は学者でもないし、俳句も作れない。けれど行脚というものの気持ちだけはわかるような気がする。

何も今さら祖父母たちの真似ではないが、自分たちも秋田の方へ行ってみたくなった。そこで銀山平行きはやめにしてまた日本海の方へ出た。それから裏日本をだんだんと北上して、いつの間にか秋田も通り過ぎて青森へ出てしまった。これがずっと歩いたのなら素晴らしいのだが、俳句も作れない私たちは、俗人らしく、車窓から外の景色を眺めて、あの斜面に台を作ったらいいシャンツェが出来るだろうなあ、などと思いながら、汽車へ乗ったり下りたりして行ったのにすぎなかった。

七　北海道へ渡る

駒ヶ岳へ登る　ここまで来るともう赤城山のことは忘れがちだった。私たちは海を越えて北海道へ渡った。先を急ぐ旅でもないので、まず大沼の岸の宿へ落ち着いて駒ヶ岳へ登ってみた。私は活火山が大好きだった。たびたび大島へ行ったのも三原山の魅力が大きかったのかもしれない。かつて阿蘇の火口壁の美しさに魅せられて、いつまでもいつまでも一人でそのふちに立ちつくし、雨が降りかかってもまだ帰ろうとしなかったこともあった。だから駒ヶ岳の上もすっかり気に入った。釘のない滑りがちなスキー靴で、砂礫(されき)の急斜面に足場を切りながら、煙の吹き出す穴の中を一つひとつ丹念にのぞいて歩いた。そして「これっぱかりしか煙が出ていないのに、なんて底力のある音がするのだろう」などと話していた。そのうちに昼になったので、その中で最もいい音のする穴の前で腰を下ろしてお弁当を食べた。お天気はよかったし、面白かったので、帰ろう帰ろうといいながら、つい四時間ほど遊んでいた。

ところがそれからちょうど十日目の朝だった。私たちが札幌の駅で汽車を待っていたら号外が出た。買ってみると、駒ヶ岳の大爆発と書いてあったので、私たちはびっくりして顔を見合わせた。そして「あの時空へ吹き上げられたらどうだったろう」「そうしたら上で手を回したろうか」（スキージャンプでは、安定を保って飛ぶために空中姿勢で手を回す）などと話しながら笑っていた。

だが考えてみると火山という巨大な活物（いきもの）にとっての十日間は、私たちの時間にしたらほんの一瞬というくらいのことになるのかもしれない。「もしもあの時私たちがその道の学者だったら、爆発することが予知できたろうか」「だからあんなに底力のある音がしていたのだろう」こんな話も出たが、無論私たちに解決のできる問題ではなかった。そしてその時は、そんな話をしただけで、大して怖いとも思わないで済んでしまった。

それから一年ほどたってからのことだった。私は友人の家で偶然ある科学雑誌の口絵に、この時の写真が大きく出ているのを見た。ムクムクと天に沖（ちゅう）して湧き上がる巨大な煙の塊の中に、岩石の墜落しているらしい垂直な線が、はっきりと認められた。初めはきれいな写真だと思っていたが、その線を見つめているうちに私は急に怖くなって、お尻の辺りがムズムズするような気がしてきた。もちろん満足な身体で空へ吹き上げられて、この岩石のように落ちてこられる気づかいはないのだから、あながちその怖さではなかったと思う。たぶんその写真に鋭い実感が溢れていたためであったろうと思う。

私はこのことについていつも考えるのだが、写真の生命は実にこういうところにあるのだと思う。私も拙いながら写真もやるし、絵も描いた。それで大概の場合は、いわゆる芸術写真というものよりも絵の方が、表現する力が強いものだと思っている。だがしかし記録というような分野になると、写真の方が勝っている場合が多いと思う。早い話が、例えばいかに立派な前傾をして飛んでいるジャンプの空中姿勢でも、それが描かれたものであっては、私たちに何の感銘も与えはしない。

あの十日目に札幌で号外を見た時、もしこの写真を一緒に見ていたら「上で手を回したろうか」なんて冗談は出なかったろうと思う。そんなことを考えながらなお写真を見ていると、だんだん実感的な想像が次々とたくましく湧き上がってきた。

もしも私たちがあの時、秋田辺りにもう十日ほどいたとして、ちょうどその爆発した日に登っていって、噴気孔の穴をのぞいている時、突然、素人の私たちにもそれとわかるような、爆発の前兆があったらどうしたろう。もちろん私たちはびっくりして逃げ出したに違いないと思う。すると足場の悪い砂礫の間を、スキー靴で転んだり起きたりしながら一生懸命に走る自分たちの姿が目に浮かんでくる。どうせ足が長いだけ私の方が速いだろう。そしたらまた取って返して、妻の手を引いて走り出すことだろう。そうしてるうちにも刻々と鳴動は烈しくなり、大地は揺り動き、目の前の崖が崩れ出したりして、すさまじい情景になるだろう。やがて私たちの足は疲れ、呼吸は迫り、絶望的な顔を見合わせて、それからどうするだろう。そんなことまでつい考えてきた。そして笑っていた自分たちの態度が不遜であったように思えて悔やまれた。

鎖を切る　駒ヶ岳での思い出はまだ一つある。私たちはさんざん煙の出る穴をのぞいて歩いた挙げ句、こんどは外輪山の西端にそびえている、一番高い尖った峰の頭へ登っていった。ここは人の登る所ではないらしい。途中まで行くと軽い石ころの急斜面で、あと滑りがして登れなくなった。それこそしまいには、一足登れば完全に一足ずり落ちた。仕方がないからスキー靴のまま右へトラバースして尾根の岩場へ取りついた。岩場にも少しは面倒な所もあったが、どうにか先端までよじ登った。お天気はよかったし、相当に風もあった。それなのに、岩の途中から虫がうるさくって困った。頂上へ出たらいなくなるだろうと思って行ったところが、案に相違して頂上はさらにおびただしい虫だった。蠅のお化けみたいなのや、蚊の大きいようなものが、何種類かいたようだった。別に刺す様子もなかったが、あまりの大群なのに恐れをなして、こんどは行者の登るという裏側の崖を下りることにした。

だが頂上の見晴らしはとてもよかった。先刻歩き回った火口原は目の下にあって、白い噴煙が点々と可愛らしく動いていた。南には箱庭のような感じのする大沼が、たくさんな小島を浮かべて午後の陽に光っていた。はるか東北の方、噴火湾の向こう側には室蘭辺りの山が雲のように霞んで見えていた。

私たちは虫さえいなければもっと見ていたかったのだが、諦めて下り始めた。狭い岩の割れ目のところへ来ると鎖が下がっていた。私は何の気なしにそれにつかまって、二足三足下りていくうちに、ぐっと体重がかかると私の身体が重かったせいか、どこかでその鎖が切れてしまった。「しまった」と思う途端に、鎖がガラガラッと胸元へ集まってきた。上体は完全にリュックラーゲになった。とっさに身を沈めながら夢中で両手を拡げたら、しあわせなことに岩の割れ目が狭かったおかげでどうにか身体を支えることができた。そこへ青くなって駈けつけてきた妻に手を借りて辛うじて事なきを得た。私もびっくりしたが、見ていた妻の方が余計に驚きもしたし、恐怖も感じたらしかった。緊張した二人の顔に薄笑いが浮かび上がってくる頃になって、ヒリヒリ痛いので気がついてみたら、両肱とも夏シャツが破れて皮が赤くすりむけていた。それから鎖がなくなって困るかと思ったが、下りてみたら大してむずかしい所ではなかった。自分の不注意はいうまでもないが、こんな所に鎖なんかない方がいいと思った。

大沼の宿へ帰ってから、詰るつもりで番頭に「あんな鎖をかけておいては危ないじゃないか」といったら、何と思ったか、その返事はこうだった。「三、四年前ここの家の親類のものも、あそこで落ちて死んだそうですよ」。私はそれっきり言葉を継ぐ気になれなかった。

ヘルベチュアへ　私たちはそれから小樽へ行って、冬のジャンプ大会で懇意になった秋野さんを訪ねた。初めて伺ったのに、あまりいろいろと家中で親切にお世話していただいたので恐縮してしまった。小樽に数日間滞在してゲレンデや町の見物をしたうえ、朝里(あさり)の小屋へも案内していただいたし、ヘルベチュアへも連れていってもらった。ヘルベチュアへ行く時、私がしばらくもうレコードも聴かないといったら、秋野さんがどんなものが好きかと聞くから、山で聴くのは荘重なものがいいと答えた。そうしたら、ベートーヴェンのミサ・ソレムニス第八と、それにコロムビアのポータブルを借りてきてくれた。私は欲張ってそれを全部自分のリュックへ入れた。私のリュックがいっぱいになってしまったので、食料品はほとんど、秋野さんと、妻に押しつける結果になってしまったが、私はそれでも荷が重くってやっと二人のあとについて登った。しかしそのおかげで小屋では楽しかった。代わるがわる当番になって、昼も夜もかけて聴いた。私はその後もミサを聴くとヘルベチュアを思い出した。この小屋は実によく設計されていた。北大の先生をしていたスイス人が作ったという話だったが、わずか七坪半ほどの小さい面積なのに驚くべき収容力を持っていた。それでいてなかなか居心地もよかった。一方の屋根裏みたいな高いところのベッドを指して、あそこに、秩父宮様が一晩お休みになったことがある、と秋野さんが話していた。小屋のまわりの白樺の林も実にきれいだった。裏を流れる小川の水はまだ冷たかったが、それで身体を拭いたりした。

三晩ほど泊まって帰りは定山渓へ下りた。秋野さんと私は万一熊でも出たらと思って、銘々短刀を用意していた。途中のいかにも熊の出そうな谷川のそばへ来た時、秋野さんが、「去年の春はここへ熊が出たそうだ」といいながら、リュックを下ろして短刀を出した。私も出した。そうしたら人のよい妻が自分のリュックを探して大形なパンを切るナイフを取り出した。「それでどうするの」と聞いたら「みんなに手伝うの」と真顔で答えた。すると秋野さんが「あんたがそれを振り上げたら熊が笑い出すだろう」といったので、ナイフを振り上げている妻の恰好と、その前へ立ち上がって笑ってる熊を想像してみんな笑いこけてしまった。

私たちは山を下りてから札幌へ出た。そして大倉シャンツェの出来るという場所へも行ってみた。

八　阿寒附近

アトサヌプリ　秋野さんに厚くお礼を述べて、私たちは阿寒の方へ行くことにした。私たちの間には、この頃はもう、赤城山へ帰る話はあまり出なくなっていた。むしろ慣性の法則によって、だんだんと遠くへ離れていくのが私たちの常態であるような気がしてきた。

札幌を出たのは朝だったが、汽車が狩勝峠（かりかち）へ近づく頃はもう夕方近くなっていた。車窓から見る外の景色は、だんだん北海道の山奥らしい素朴な感じになってきた。新しい開墾地のところどころに枝を払い落とされて幹だけになった根の焼け焦げた大木が立っていた。時たま目に入る山あいの小さい部落には、追い追いと豊かな感じが少なくなり、目につく人影も稀になってきた。駅から駅の間は遠く、汽車の速力はのろかった。その気で見るせいか、乗客の顔にも寂しげな色が濃くなってきた。谷あいの停車場を出る時、汽笛の音が両側の山に高々とこだまを交わして消えた。何もかもが旅愁を誘うような景色だった。私たちは何ということなしにそれに心を惹かれて、狩勝峠のすぐ手前の小さな駅に下車してしまった。石ころだらけな往還（おうかん）の向こう側にただ一軒だけあった、暗い感じのする宿屋に入って、二階の窓から、暮れていく山の景色を眺めていたら、いかにも自分たちが、永久に流浪の旅を続けていく哀れな人間であるような気がしてきた。

翌朝はまた汽車に乗った。汽車は同じような地形の所を、右に左にカーブしながらあえぎあえぎ登っていった。しばらくすると、やがて追い追い両側の山が狭まってきて、ついに狩勝国境のトンネルへ入った。石炭の煙にむせびながら、長い長いトンネルをやっと出抜けると、みんな先を争って窓を落とした。すると、いきなり眼前に広漠とした景色が開けてきて、急に目の覚めたような気がした。トンネルへ入る前と、あんまり景色の変わり方が大きいので私たちの視線は戸惑いした。ここの辺りの車窓からの展望はさすがに雄大で立派だった。汽車は開豁（かいかつ）な帯広の平野へ向かって、スラロームしながら下りていった。

釧路から山へ入って最初に落ち着いたのは、屈斜路（くっしゃろ）湖に近い川湯温泉だった。そこには目の前にアトサヌプリの活火山があった。宿からは二キロくらい離れているのに、風の工合で蒸気機関の安全弁が噴き出してるような音をたてていた。私たちはリュックを下ろすと早速また行ってみた。噴気孔はいくつもあったが、その大きいのに近寄ると吸鳴っても話のできないほど烈しい音だった。「この山は破裂しないでしょうね」と妻がいい出した。私は「まさか」といって打ち消して、そんなことはありっこないと思いながら、あまりに猛烈なその勢いに圧倒されて、そわそわした気持ちがなかなか収まらなかった。それでも私たちは歩きにくい岩角につかまってよじ登ったり、硫黄混じりの土の急斜面で滑ったりしながら、大きい魅力に惹きつけられてなかなか帰る気になれなかった。

ここの温泉はとても強くって、劇烈なとでもいいたいような感じのする泉質だった。川湯という名の通り、湯が川になって流れていたが、湯槽に浸かってちょっと口へ含んでみたら、酸っぱくって、渋くって口が歪みそうだった。出る時も立ち上がってから手早く身体を拭かないと、皮膚がヒリヒリしてくるのだった。何だか劇薬の薬湯にでも入ってるような気がした。その代わり蚊やブユに刺された痕なんかいっぺんに治ってしまう。この辺りの小学校の児童にはトラホーム［伝染性結膜炎］がないという話だった。

宿の人が「湯槽が出来ないで困ります」といっていた。木では駄目、鉄でも駄目、コンクリートでももたないのだそうだ。それで川床の岩盤に穴を掘って使っていたが、それももう周囲が腐蝕してとげとげになっていた。

斜里から阿寒へ　ここで四、五日の間附近の山を歩いてから、重い荷物は宿に預けておいて、北の方の峠を越して斜里へ出てみた。ちょうどまだ途中の山の中で鉄道の敷設工事をしてるところだった。峠の向こうからはバスがあった。

ここへ来たのは、今すぐ行くつもりもなかったが、知床半島の山が面白いと聞いていたので、その様子も調べてみたいためでもあった。斜里も寂しい感じのする町だった。

狩勝峠附近の山あいを通る時、車窓から見た村落の景色は、時間の関係もあったかもしれないが暗い滅入るような寂しさだった。だがここの北海に面した漁村的な町の風景は、明るい白けたような寂しさであると思った。

鄙（ひな）びた宿の中庭に、アザラシが一匹つながれていた。私たちは、その皮には、毎度冬山へ登る時スキーの裏へ貼ってご厄介になるのだったが、こうして親しく生きて動いている姿を、目の前で見るのは初めてだった。あるいは動物園で見たことがあったのかもしれないが忘れてしまっていた。私たちは仲よしになろうと思ってしばらくそばで眺めていたが、犬や猫とは少し勝手が違って、なかなかどうも親しめそうにもなかった。それに何か特に気に食わないことでもあったのか、しきりに憤慨したような様子をしていた。

私たちは斜里から網走（あばしり）へ出て、ここの海岸にも一両日滞在していたが、裏の方から回って阿寒へ入った。その頃の北海道の、汽車の出る回数は少なかったが、途中美幌（びほろ）から分かれて入る線などは、一日に二回しか発車しないということだった。

雌（め）阿寒へ登る

阿寒湖畔の温泉宿へ着いたのは昼過ぎだった。これから雌（め）阿寒へ登りたいといったら、もう今日は時間が遅いから駄目だといわれたが、それでもせっかくお天気はいいし、地図で見ると大したこともなさそうなので軽装して出かけてみた。道は思った通り山としては楽な方だった。でも楽に来られた割合に、山上の風物はとても立派だった。もちろんこれも堂々たる活火山だ。いたるところ噴気孔があったが、一番上の火口の中のは凄味もあり、魅力も大きかった。

山の高さは一五〇〇メートルにすぎないのだが、眺望は実に雄大だった。南の方の目の前に阿寒富士の端麗な姿が夕日を浴びて立っていたが、そのほかには目を遮（さえぎ）る何ものもなかった。足下から西方へ長く展（の）びていく裾野の樹海は実に美しかった。振り返ると目の下に阿寒湖が拡がり、その向こう側に雄（お）阿寒岳がそびえていた。

いかにも広々とした北海道の山の景色は見ているものの気持ちまでのんびりとさせて、いつまで立っていても飽きないような眺めだった。それにまた日没近い夕方の光線は実にきれいだった。私はよく定石（じょうせき）はずれというか、時間はずれの山登りをするが、一つはこの夕暮れ時の山頂の眺めが好きだったからでもあった。

やがて、惜しい山上の景色に別れを告げて途中まで下りてくると、登りには気がつかないで通ったが、とある山あいの小さな沢の落ち口に、大きな四角な風呂桶（おけ）が置いてあった。そして左の方の沢から引いた樋（とい）には温泉が、右の沢からの樋には水が、湯槽の中へ流し込んであった。どちらも量が充分で、そのどちらの樋にも、湯槽に近い手の届く辺りに手頃な石が一つずつ入れてあった。これがこの風呂の湯加減の調節バルブなのだった。私たちはこの原始的で、簡単明瞭な調節装置が気に入った。感心して見ていると急に入ってみたくなったので、早速裸になって飛び込んだ。

暮れかかる、辺りの山の景色を眺めながら、谷川の流れの音を聴きながら、私たちはいい気持ちで湯槽の中で伸びていた。そして「こんなふうに湯と水の湧いている所に自分たちの住いが欲しいものだ」などと話していたが、ふと目を落とすと、湯の中に、チラッと一つ星影を見た。気がつくと私たちは、まだ山をいくらも下りてはいなかったのだ。

大急ぎで仕度をして、駈け出すようにして下りていったが、森林の中でとうとう暗くなってしまった。しかし私たちは赤城山にいて、幾度も暗い山道を歩く練習をしていたから、大して困りもしなかった。ことに先刻登った道でもあるし、暗くなるにしたがって落ち着いて歩度を緩めていった（この暗闇の歩き方についてはあとでやや詳しく書くつもりだ）。

真っ暗になってから宿へ帰ったら、宿の人たちは案じていたが、山の上で野天風呂へ入ってきたといったら呆れていた。

ここの温泉はいいお湯だった。ちょうど井戸水を沸かしたような湯で、そのままやかんへ入れてきて火鉢にかけておけばお茶も入れられたし、このお湯でご飯も炊けるのだった。お勝手へ入ってみたら大きな流しへお湯が滝のように引き込んであった。見ているとそれがいかにも豊かな感じがしてうらやましくなってきた。私たちは別に病気でもないのだから何にも効かなくってもいいが、こんな温泉が欲しいと思った。

雄阿寒へ登る　翌日もお天気がよかったので雄阿寒岳へ登った。途中までは、国立公園になったためか弟子屈（てしかが）の方へ通じる広い新道が出来かかっていた。その道の上に暖かい日を浴びて、とてもたくさんな蛇が出ていた。これくらいたくさんな数の蛇を見たのは私も初めてだった。その種類は青大将と、黒い身体の少し小柄な蛇の二通りだけだったが、それが一カ所にかたまっているのではなく、ずっと道の向こうを見渡すと木の枝か杖でも放り出してあるようにひと目でいくつも数えられるほどだった。近寄ると、まだ穴から出たばかりなのか、のろのろとしていて、みんな非常なスローモーションで渋々と逃げていった。妻は蛇が大嫌いなので私のあとについてきて、そばへ来ると右へ寄ったり、左へ避けたりして弱っていた。私は「その代わり、尺取虫（しゃくとり）がいると、こっちが困るのだからお互いさまだ」といって笑ったが、私も決して蛇が好きなわけではなかった。ただ見つけても目の敵（かたき）にするほどでもないという程度だった。だからこの日はずっと私が、道の先払い役を引き受けていった。

あんまりしばしば目の前へ出てくるものだからつい注意して見ることもあった。その見事な斑紋（はんもん）に飾られた細長い身体は、周囲の土や石ころに対して驚くばかり水々しく、しなやかで、弾力に富み、生命という感じが満ち溢れているような気がした。少し変なたとえだが、南京豆（なんきん）

や、軽焼きせんべいの間に、艶々(つやつや)とした黒ようかんが置いてあるような感じだと思った。

雄阿寒岳は真昼のせいか、雌阿寒ほどの印象は残らなかった。ただ頂上から裏側の方の足下に見下ろした樹海の中のパンケ、ペンケの両湖はとても魅力的だと思った。西南の空には昨日登った雌阿寒岳が阿寒湖の向こう側にいい恰好をしてそびえていた。お天気もよく、時間も早かったので、私たちはゆっくり休みながら夕方宿へ帰ってきた。

湖はきれいだったし湯はいいし、気持ちがよかったので、私たちはここに四、五日滞在していた。宿の女中さんのうちに、他人の空似というのか、赤城山の家にいる子と非常によく、それこそ声から話し方から、歩き方までそっくりなのがいたので懐かしい気がした。それがちょうど私たちの部屋の係だったから、大事にしてやったら、向こうでもよく懐いて、とても親切に世話をしてくれた。いよいよ帰る日の朝、門口まで見送って出ていたから、「さようなら」といったらいっぱい目に涙をためていた。

屈斜路湖へ越す　この日は少し無理な道かと思ったが、二、三日前、雄阿寒岳から見下ろしたパンケ、ペンケの湖水のそばが通ってみたかったので、ついでに、そこから山を越して屈斜路湖へ出てみようと思った。五万分の一の地図には途中までしか道の記入がしてなかったが、宿の人に聞いてみたらどうにか行けるだろうという話だった。

宿を出ると、前の晩から話しておいた、アウトモーターのボートを頼んで湖水を横断した。岸を離れるとすぐかじを任せてもらって、島を回ってみたり、寄り道をして、有名な毬藻（まりも）のある岸に舟を止めて水底をのぞいてみたりした。爽やかな朝の湖の上は気持ちがよかった。

ペンケ湖から流れてくるイベシベツ川の、川口近くに舟をつけて岸へ上がった。いよいよ山へ入ろうとする手前に農家が一軒あった。庭に人がいたので、また道の様子を聞いてみた。「行けないことはないが、とても藪（やぶ）がひどいだろう」といって岐（わか）れ道の様子などいろいろと親切に教えてくれた。「熊はいるだろうか」と重ねて聞いたら「それはどうせいるさ。ついこの間もこの裏の山で馬を取りやがった」と事もなげにいっていた。私はその無造作な調子に驚いたが、それはつまり「雷が鳴ったって落ちるとはきまらない。注意はいるが恐れるにも及ばない」というくらいの意味のように思えた。

厚くお礼を述べて、しばらく入っていくと道跡こそあるがなるほどひどい藪だった。無論刈り払いも何もしてないので朝露で頭から濡れてしまった。それに蜘蛛（くも）の巣は顔に引っかかるし、足下の道はじめじめしているし、あまり気持ちのいい所ではなかった。そのうちに恐ろしく大きな蕗（ふき）のある所へ出た。秋田の蕗というのもこんなのだろう。葉の差し渡しが七、八〇センチから一メートル近くもあって、背は人よりも高い。その中へ入ると先の見通しもつかなくなってしまう。でもそれを通り越すとだんだん道端に熊笹が見え始めてきて、ようやく山の路らしくなった。

ほっとする間もなく、こんどは大変な藪蚊の群れに襲われた。初めのうちはハンカチで追い払いながら行ったが、行くにしたがってますますその数が増えてきて、しまいには、どうにもこうにもならなくなった。大体東北地方から北の方は、北海道でも、樺太でも、千島でも、山へ入れば大概の所には蚊がいる。それは覚悟のうえだったが、いるといっても程度がある。いくら蚊だってこんなにたくさんいられては、何とも手におえない。前に歩いていく妻のリュックの下に、数えきれないほどの蚊の群れがもやもやと沸き立っている。それがみんな大きな藪蚊で、たかったと思うとたちどころに刺す。妻のリュックの外のポケットに「モスキトン」［かゆみ止め・蚊よけ］があるのだが、それを出すだけの隙がない。何度か出しにかかったのだがついに成功しなかった。ポケットの蓋の尾錠をはずそうとしているうちに、もう手も刺されるし、顔も刺される。気がいらいらしてきて神経衰弱になりそうだった。空はいつの間にか曇って、辺りは急に暗くなってきた。

やがて左手から谷がきている気味の悪い地勢の所へ出た。藪蚊も困るが先刻「どうせいるさ」といわれた熊に出られてはなお困る。それで腰に用意の豆腐屋さんのラッパを吹きながら行く。自分たちのいる位置がわからなくなるといけないから地図からも目が離せないし、たまには磁石も見なければならない。それに絶え間のない蚊の襲撃だ。随分と忙しかった。

間もなくペンケ湖の西北岸へ出た。湖はやや明るい緑色系統の美しい水だった。うっそうとした原始林に囲まれて幽邃（ゆうすい）な感じがした。向こう岸の雄阿寒岳の麓の辺りは凄味さえあるように思った。しかしあれほど憧れてきたペンケ湖であったが、猛烈な蚊軍に攻め立てられてもうそれ以上見ている余裕がなかった。「一日こんなだったらどうしよう」と妻が心配していった。「これじゃ腹が減ってもお弁当も食べられないね」と私もあいづちを打ったが、また思い直して「でも尾根まで出たら何とかなりそうなものだ」と附け足しといた。

ここから先はもう地図の上にも道がなかったが、およその地点は図上でも見失わないようにしながら、かすかな踏み跡をたよりに熊笹を分けて登っていった。そのうちにだんだんと針葉樹が減って、水楢（みずなら）が多くなってきた。高くなるにしたがっていくらか空気の肌触りもよくなったが、それでもまだ蚊の攻撃は依然として続いた。途中でラッパ係を妻に頼んでから少しは楽になったが、それでもまだ手も足もなかなか忙しい道中だった。

こうして私たちは休む暇もなく四時間くらい歩いた頃、やっと峠の尾根筋へ出た。曇っていたので遠望はきかなかったが、晴れていたらさぞいい眺めだろうと思った。しばらくやせ尾根を伝わっていく中に、芝というほどでもないが、道端にいい草原があったので腰を下ろした。何ということもなしに極めて自然に腰を下ろしたのだったが、何かもの足りないような、忘れ物でもしてきたような気がした。それは気がついてみたらいつの間にか蚊がいなくなってしまったのだった。あんまり長い間ハンカチを振り続けて癖になっていた手が、急に暇になったので、いやに静かになったような気がした。ちょうどカチカチと動いていた柱時計が急に止まった時のような感じだった。でも私たちは安心してのびのびとした。おかげさまでゆっくりとお弁当も食べられたし、甘いものも頬張れた。大体、下る道の谷の見当もついたので、すっかり気持ちにゆとりもできた。もうこれで登りもないし、ゆっくりのんきに行けばいいと思った。するすると突然妻が「大変だ」といいながら慌てて立ち上がって、自分のシャツやズボンを両手でバタバタと払い出した。見るとこんどはダニの襲撃だった。蚊がいなくなったと思って油断していたらまた新手が出てきた。足の方を見るとニッカーの下の靴下から列を作って登ってくる。早いやつはもう襟首(えりくび)の近くまで進出してきていた。私たちは代わるがわる後ろを向いて銘々の背中にいるやつを捕って捨てたが、そうしているうちにも後続部隊が登ってくる。気持ちは無論よくないが、しかしこやつはいくらいても蚊ほどの強敵ではなかった。なぜならばたちどころに食いつくようなことはなかったからだ。

二人とも気がつかなかったおかげでゆっくりとお弁当が食べられたが、もしも最初から気がついたら休むこともできなかったろう。「ぼんやりしてるのもよいことがあるものだ」と笑いながらまた歩き出した。それからも、いくら払い落としてもまた別なやつが登ってくるので、しまいにはもう襟首の近くをうろついてるやつだけ捕って、あとは放っておいた。

そのうちに谷へ入って下っていくと、小さな河原へ出たので、私たちは石の上へ腰を下ろした。そして何気なく膝の辺りを見たら面白いことを発見した。ダニというやつは登れるところまで登るという習性でもあるのか、せっかく股（もも）の辺りまで登ったやつが私が腰を下ろしたのでこんどは膝の方が高くなったものだから、これは道が違ったとでも思ったのか、みんな回れ右をして膝頭目がけて帰っていく。「こいつらも、あんまり頭のいいやつではないね」と話してまた笑った。

でも数は随分いた。山を下りきった所で妻がズボンのバンドを取ってみたら腰のまわりにだけ四十八匹いた。少し下ると山仕事に行くらしい二、三人連れの土地の人に会った。道を聞いたあとで「随分ダニがいますね」といったら、「心配ありませんよ、たくさんくっついたら駈け足するに限ります」と教えてくれた。ダニは塩分にはなはだ弱いもので、駈け足をして汗をかくと、それでみんな参ってしまうものだそうだ。

その晩は屈斜路湖畔へ出て、ポントの駅逓(えきてい)へ泊まった。夕方アイヌの丸木舟を借りて、和琴(わこと)半島へ遊びに行き、砂浜にある野天風呂みたいな温泉へ浸かってきた。

夜私たちが床に入ってから、向こうの方の部屋へ三、四人の山男らしいのが集まって酒を飲み始めた。困ったなあ、と思っていると、その中に歌の得意らしいのが一人いて、追分だの、そのほかのは何だか私にはわからなかったが、鄙びた歌を、哀調を帯びたいい声で歌い出した。ほかの仲間もおとなしくして聴いていたようだったし、少し間延びのしたような調子がかえってその場の気分に調和して、うつらうつらと快く聞きながら眠ってしまった。私は旅の宿で酒飲みの歌を快く聴いたのはこれが初めてだった。

湖畔の洗濯　次の日は朝から晴れて静かなお天気だった。宿を出ると間もなく周囲六〇キロあまりもあるという大きな屈斜路湖唯一の、表面排水口釧路川の出口を渡り、コタンというアイヌ人部落を通って、湖の東岸を北上した。空は青く、湖は紺色をして、相変わらずのんびりとしたのどかな景色だった。途中小さな農家らしいものを一、二軒見かけたが、そのほかはただ広々とした荒地だった。それから熊が湯治に出てくるという湯の池もあった。

愉快だったのは十時過ぎ頃になって、もうだいぶ歩いたような気がしたからというのできれいな小石の浜で休んだ。そしてたぶん手でも洗うつもりだったろうが湖水へ手を入れてみたらお湯だった。急に愉快な気持ちになって靴を脱いで入っていくと、だんだんぬるくなって、膝くらいの深さになるとほぼ水の感じだった。試みにせっけんを溶かしてみたらよく溶けた。川湯まで帰ると水がなくってお洗濯ができないから、ここで洗濯していこうか、というので、リュックに残っていた汚れ物や、昨日以来汗になった下着類を出して洗濯した。妻が岸で洗うと、私が沖の方でそれを濯いだ。そして石の上や、木の枝へかけておいて、河原の木の下で寝転んで遊んでいたら、そのうちにみんな乾いてしまった。

　川湯へ帰って二、三日したある晩、宿のおかみさんが、お話をしに来たいという人があるが、連れてきてもいいかと聞きに来た。どうぞといってやったら、やがておかみさんに案内されて年配の温厚な紳士が入ってきた。先刻宿の入口に脱いであった私たちのスキー靴を見て、話してみたくなって来たのだという。しばらくスキーや山の話をしたあとで、自分はエトロフの紗名の測候所長をしていたことがある、といっていろいろ珍しい島の話をしてくれた。そして私たちにも暇があったらぜひ一度は行ってみるようにと熱心に勧めてくれた。

　その話を聞いたので、私たちも、では行ってみようかな、という気になった。今は名も忘れてしまったが、もしもこの晩この人が来て千島行きを勧めてくれなかったら、あるいは私たちの生涯に六年あまりという千島の生活は入らなかったかもしれない。

九　摩周湖

摩周湖を見る　それから間もなく私たちは、川湯から二〇キロほど南の、弟子屈温泉のちょっと先の当別温泉へ移った。弟子屈は、先日札幌から来て川湯へ入る途中一晩泊まった所だった。弟子屈もいい温泉だったが、少し賑やかなので奥まって静かな当別へ入った。

その翌朝、起きてみると快晴だったので、私たちはこの間から行ってみようと話していた摩周湖へ出かけた。村を離れると、麓の濶葉樹（かつようじゅ）の間に、緩いだらだら登りの道が続いていた。登るにつれてだんだん視野は開けてきたが、相変わらずのんびりとした眺めだった。この辺りの山にも熊が多いと聞いていたので、私たちはラッパを吹き鳴らしながらゆっくりと登っていった。

やがて二時間あまりも歩いてから、幾分道が急になってきたと思うと、そこはもう摩周湖南岸の尾根だった。尾根を伝ってなお少し行くと、湖水を俯瞰（ふかん）できる高い岸の上へ出た。

私たちは湖をひと目見て、その堂々たる姿と、ものすごいありさまに驚いてしまった。「これは素晴らしい」といって、私たちは声を上げて感歎した。それにしても、外側のむしろ平凡すぎる風物とは、何という相違だろう。私はこの間、雄阿寒岳へ登る途中の道で見た時の蛇を思い出した。摩周湖はまさに、砂礫の間の蛇、南京豆の中の黒ようかんのような存在だと思った。

私はまだこれほど迫力のある湖を見たことがない。その周囲を、ぐるっと取り囲む山の内側は、二、三〇〇メートルから四、五〇〇メートルの高さの、全部削り立ったような急傾斜だった。そしてその底に淀むよど巨大な湖水は、満々と濃紺色の水をたたえていて、あくまでも清澄せいちょうな感じだった。尾根の上からはるかにさざなみの動くその水面を、じっと見つめていると、摩周湖は生き物だというような気がしてきた。

しかもその周囲二十数キロに及ぶという大きな湖の真ん中には、神話にでもありそうな、小さな島がたった一つそびえ立っていた。

私はしばらく見ているうちに「これはどうもただの湖じゃない。面白い相手だ」と思うようになった。それから私たちは林の間のかすかな踏み跡を伝って湖畔へ下りていった。だんだん水際に近づくにしたがって辺りはいよいよ凄味を増してくる。やがて林の間から岸をのぞき込むと、水の中へ陽が差し込んで底の小石がギラギラと光っている。岸から倒れ込んだ白骨を追想させるような枯木の先が、波の下で不気味に揺らいでいる。非常にまだ若い湖水だということは素人の私にもわかった。波打ち際に立って試みに手を入れてみたら、びっくりするほど冷たかった。

ここには妥協的な感じなどは薬にしたくもない。はつらつとしていて挑みかかってきそうな気さえする。アイヌたちが、神の住む湖と怖れているのももっともだと思えた。私たちはなぜもっと早く来てみなかったかと後悔した。

しばらく辺りの生々とした景色に見惚れて立っていたが、向こうに見える島の様子がもっと知りたかったので、また下りてきた道を戻って尾根の上へ出た。そしてその尾根を西へ伝っていって、できるだけ近い距離から島の様子を観察した。

見れば見るほど不思議な島だった。小さなくせに周囲はほとんど断崖らしい。そして中ほどから上にだけ樹木が茂っている。その中には相当大きい針葉樹もありそうだ。それからよく見ると南に面した崖下に、ほんのわずかな小石の浜が発達している。

私はすっかり感心してしまって、長いこと眺めていたが、見ているうちに、何だかその島へ渡っていってみたくなってきた。

「あの島へ行ってみたいね」と私は妻を顧みていった。

「本当にね。だけど行けるかしら」と、妻はとてもそのあてはなさそうだという調子だった。

「そりゃ、これから考えて工夫してみるさ」私はそういって、なおそれからもいろいろな話をしながらしばらく見ていたが、本当にいつまでたっても見飽きることはなかった。

湖には舟は無論のこと、筏(いかだ)もなかった。しかし考えているといろいろな案が私の頭に浮かんできた。真っすぐな枯木二本と、空気枕二十で特殊な筏を作っては、というようなことも考えられた。それから、小さい丸木舟をいくつか作ってそれを横に並べてつないだらどうかとも思った。

私は山を下りて宿へ帰ると、どうしたらあの島へ渡れるかということについて、二日ばかり案を練ってみた。私は何か思いつくたびに妻に話して相談した。すると妻もつられてだんだん熱心になっていった。

準備　そうしているうちに、どうやらほぼ自信の持てる計画が立ったので、準備に取りかかることにした。

それから私たちは釧路の町へ買い物に出た。そして鉈(なた)、鋸(のこぎり)、マニラロープ等をはじめ、やかん、鍋、飯ごう、細かい食器、それに三畳用の蚊帳(かや)、木綿の布、油紙等と、相当量のパン、バター、罐詰、菓子、砂糖等々の食料品を仕入れてきた。まだそのほかに丈夫なテントも欲しかったのだが、それはとても持ちきれないと思ってやめにした。

これで大体材料はそろった。そこで今度は島で露営するためのテント代用品を作ることにした。しかもそれは代用品といっても、テントよりずっと快適なものになるはずだった。もしも島に適当な岩穴でもあってくれればこのうえもないのだが、それはとても望めないことだった。それで今までの経験をもとにしていろいろと考えてみた。

この辺りで露営するのにどうしても避けたいものは、蚊、アブ、ブユ、ダニ、それから蛇、尺取虫等であった。なお一番敬遠したいのは熊だったが、これは戦車のようなものでもこしらえない限り、望みはないので諦めることにした。

まず買ってきた三畳用の蚊帳の裾（すそ）を適当な長さに切り、立山以来持って歩いていた毛布を、その下端へ厳重に縫いつけてしまった。そして縦の一方の中央へ出入口を設け、その出入口には切り取った蚊帳の布を利用して、大きい筒ようの底なしの袋をこしらえて縫いつけ、出入りの際は簡単に開閉できるように工夫した。それから綱と油紙で屋根だけ作ったが、それは雨に風が伴えばとても保てない程度のものだった。どうせ完全は期し得ない場合なのだから、あとは現地で臨機応変の処置をとろうということにした。しかしこれで、もしも雨さえ降らなかったら、普通のテントに比べて、箱型自動車とオープンのような差があるばかりでなく、蚊や、その他の虫類を完全に防げる点においてははるかに快適なものであるだろうと思った。そして私たちはあの島の頂上で、夜寝ながら星を眺めたり、真昼木の蔭の洩（も）れ日の当たる青い蚊帳の中で、のんびりとくつろぐ様子を想像して楽しい夢を描いていた。

これでひと通り準備はできたわけだが、もう一つむずかしい大事なものがあった。それは南風だった。あの湖畔へ下りる道は南側に一カ所あるだけだった。まだほかにも下りられる地形はあったとしても、熊の巣だといわれてるあの辺りの山の中を歩く気にはなれないし、せっかく下りてみても浜が悪ければ筏が作れないから、それは問題にならなかった。

出発予定地の南岸から島までの距離はおよそ三キロ半くらいと思われた。あの辺りの浜にある白骨のような枯木を集めて鈍重な筏を作ろうというのだから、風に逆らって漕いでいくことはとてもできない相談だ。だから行きには南風が、そして帰りには北風がぜひとも必要なわけだった。

それから二日ばかり雨が続いた。妻が時たま思い出して「うまくいくでしょうか」という。そういわれると私もうまくいきそうな気もするし、なかなかむずかしそうな気もする。「心配しないでともかくもやってみよう」というわけで静かに天候の恢復を待った。

カムイッシュへ渡る　間もなく天候は恢復した。いよいよ明日は大丈夫と見当をつけた晩、私たちは早めに床へ入った。

翌朝起きてみると予定通りの上天気で、風も、ちゃんと南だった。宿の人にはこの計画は内証でしばらくまた山を歩いてくるからといって、早めに出発して山へ登った。この日は二人とも荷が重かったので多少手間どったが、十時半頃には湖畔へ着いた。私たちは着くとすぐ予定の仕事に取りかかった。浜を伝って手頃な枯木を切っては、水の中へ引き込んで一カ所へ寄せ集めた。二人だけでは相当骨の折れる仕事だったが、四時間あまりの不休の労働でやっと筏が出来上がった。試験してみると浮力も充分だったし、ちゃんとリュックを載せる台まで出来て思いのほか立派なものになった。荒削りながら櫂も出来た。

これでいいと思ったら、二人とも腹がペコペコになっていた。大急ぎでむさぼるようにしてパンをかじり、風向きのいいうちにと思って猶予なく漕ぎ出した。先へ荷物と妻を乗せておいて、力任せに筏を押し出して飛び乗った時は、大きいシャンツェのアプローチをスタートした時のような、ちょっと捨て身な、さっぱりとしたいい気持ちがした。この風に一度乗り出したらもうあとへは帰れない。

しかし万事は順調にいった。岸を離れて少しの間は吹き返しの逆風もあったが、沖へ出るにしたがって安定な南風が快く効いてきた。でも一つ驚いたのはその水の透明度だった。筏の真ん中へそのつもりで作っておいた穴からのぞいてみると、もうどんなにしたって二〇メートルはこしている深さに違いないのだが、まだ明瞭と水底の小石まで見えている。赤城の湖だって岸に立ってみれば、きれいな水に見えるが、その透明度はたった六メートルあまりしかない。

金精峠の下の菅沼の水も随分深いところまで底が見えたがこれほどのことはなかった。のぞいてるうちにそれが何か、あり得ない不可思議なことのような気がしてきて、その点少々気味が悪くなった。妻に話すとまた怖がるから、なるべく下を見ないようにして、早くもっと深くなって底が見えなくなってくれればいいと思った。ずっとあとで何かの本で読んだのだが、この水の透明度は四十何メートルとかで、湖水では世界一だということだった。

行くにしたがって風はますます強く筏の足はなかなか速かった。今はもう漕ぐ必要はなくただかじをとっていさえすればよかった。周囲の神秘的な景色を眺めながら私たちは得意そのものだった。妻もリュックを開けてお菓子を探し出すくらい落ち着いていた。

一時間あまり行くと島が近づいてきて、追い追いと細かいところも見えてきた。案じていた南側からの崖もどうやら登れそうだった。一つ気がかりなのはもしも熊でもいたらという心配だった。こんな小さな島の中で熊と同居はやりきれないと思った。たとえ熊がいたからといっても今さら風に逆らってあとへ帰ることはできないし、向こう岸の断崖にはなおさら漕ぎつけるわけにはいかない。これも口に出すと妻が心配するから、私は黙ってできるだけ島の様子に注意していた。

やがて刻々と島が目の前に迫ってきた。私はいい島だ、すごい感じだと思った。島だけ見ていると、とても湖の中の島だなんとは思えない。私はかつてジャワの東部南海岸の無人境を小さい帆船で伝わったことがあった。そしてある日の夕方一人でカヌーへ乗って、ある湾の奥へ漕いでいったら、深い海の底から立ち上がっているような怪異な小島があった。近寄っていくとそこの水底に赤い色の不気味な暗礁（あんしょう）が見えたので怖気をふるって逃げて帰ったことがあったが、その島を思い出した。遠くから見ても高いとは思ったが、そばへ来てみると見上げるばかりにそびえ立っている。北側だけは見えないが、東側も西側も断崖がほとんど水中から直立している感じだった。高さは五、六〇メートルくらいもあろうか、島の長さよりもその背の方が高そうに見えた。

崖下の小石の浜は来てみると思ったより狭い。その浜の小石を噛む波の音が、後ろの崖にこだまして、かん高い反響が耳を打ってくる。何とはなしに身体中の神経が緊張してきて、私たちはいつの間にか口数も少なくなってしまった。

無意識のうちに正確なかじをとって、ついにその石浜の真ん中へ着いた。筏の先が、ガリガリッと小石の上へ乗り上げて、ぐんと止まった。時計を見ると、南の岸を出てから一時間三十五分、この種の筏としては稀な速さだったと思う。

明るいうちに島の中の様子を調べておかなければ安心がならないので、私たちは短刀や、鉈だけ持って正面の崖をよじ登った。そしてくさむらを掻き分けて注意深く、足跡らしいものはないか、フン等はないかと思って見て回ったが、幸いそれらしいものは見当たらなかった。中を歩いてみると島は思ったより狭く急斜面ばかりで、ほとんど平らな所はなかった。頂上はやせ細った東西に長い稜線で、裏側はほとんど直立した断崖だった。でもその稜線の西寄りの端にやっと一坪ほどの緩斜面を見つけて、草を刈り松の枝を組み合わせて敷いて、どうやらテントを張るくらいな場所をこしらえた。落ち着いてみると、この島の狭さではとても大きな動物などのすめるはずはないと思ったので私たちは安心した。

嵐の一夜　筏の所から荷物を運び上げて、テントを張って用意ができた時にはもう辺りは暗くなりかかってしまった。炊事する暇がなくなったのでパンで夕食を済ませた。七月も中旬だというのに暗くなると寒かった。私たちはありったけの着物を出して着て毛布に包(くる)まって横になった。三畳敷きの蚊帳のテントは、二つのリュックを中へ入れてもまだ充分な広さがあった。椴松の枝のスプリングに、厚く草を敷いた上の毛布の床はなかなか工合がよかった。その上へ楽々と疲れた足を伸ばして寝転ぶととてもいい気持ちだった。だが私は何となく目が冴えて眠りにくかった。思い通りうまくやったという気持ちと、何かまだ不安な気持ちが残って、ごっちゃになっていた。空は晴れていたので屋根は作らず、蚊帳だけだったからよく星が見えていた。私たちはなぜかあまり話もしなかった。そのうちに昼の疲れでしばらく眠ったようだった。

烈しい風の音に目を覚ましてみると、多少暴(あ)れ模様になった様子で、お星様もところどころに一つ二つ見えるだけだった。風はだいぶ強くなってきたらしく、時々島中を揺るがすような突風が来る。木の下のテントが今にも吹き飛ばされそうに揺れ動く。蚊帳の目から吹き込む風が頬に当たって冷たい。崖下の波の音もすごいほど荒々しく聞こえてくる。妻も目を覚ましているらしいが、この場合人間の話し声などたてない方が自然であるような気がした。しばらくは黙っていたが、それでもしまいに低い声で「ひどい風になってきたね」「雨は大丈夫でしょうか」「寒くはない？」「いえ大丈夫」というような短い言葉を交わしたが、それだけでまた黙ってしまった。

暗い空に大きな塊のようになって揺れる真っ黒な松の梢(こずえ)を見上げながら、私は考えるともなく考えていた。この島の名は「カムイッシュ」という。よくはわからないが、神様の島とでもいう意味らしい。湖の東側にそびえてる一番高い山（死火山のようだった）を「カムイヌプリ」という。これはつまり神の山の意だろう。昔から土着のアイヌ人たちがこの湖を畏怖(いふ)してそんな名をつけたのだと思う。ともかくもこの辺り一帯を昔の人が神域と見たのはいかにも自然なことと思われる。かつて元気のいいアイヌがカヌーを漕ぎ出して、吹き流されて死んだ例もあるという話も聞いた。なおいい伝えによるとこの摩周湖は女が岸まで登っても山が怒って暴れるということだった。それなのに筏で渡ってこの島まで女がやってきたのでは暴れる方が当然かもしれない。と、そんなことを思っていた。そしてそれが理屈に合ってるとも、だから怖いともいうわけではなかったが、そんなことを考えながら風の音が甚(いた)いのでなかなか眠れなかった。

　明け方近くなってから、ぐっすりと寝込んでしまったらしい。目を覚ました時はもうテントの中へ朝日が差し込んでいた。風もいつの間にか静まって、裏の崖の方で小鳥の声が聞こえていた。夜中に考えたことなんか遠い夢のような気がした。そして、完全に島の王様になってしまったような、鷹揚な軽い気分になって、私たちは朗らかだった。この朝もいいお天気だったし、蚊帳製テントの居心地は満点だった。島には無論藪蚊もいたのだが中へは一匹も入らなかった。見上げると蚊帳の天井の角を緑色の尺取虫が這っていた。私は勇を鼓(こ)して中から爪で弾(はじ)いてやると、二、三メートルも先へ抛物線(ほうぶつせん)を描いて飛んでいった。私は「ざまを見ろ」と思った。別にこれといって急ぐ用もないので、しばらくはいい気持ちになって話していたが「顔でも洗ってきて、今朝はおいしいご飯を炊きましょう」といって、妻はテントを出てひと足先に崖の方へ下りていった。

途中まで行ったと思ったら妻が大形な声で「大変だ、大変だ」と呶鳴り出した。どうしたのかと思ったら筏がこわされてしまったのだという。私もすぐ駈け下りて見たら、昨夜の風で波に揉まれて枯木を縛り合わせておいた綱が切れて、筏はバラバラになり、木も大半は流されてしまっていた。「これは手ごわいぞ」と思ったが、私は強いて落ち着いて、水際に立って驚いてぼんやりしている妻に「早くご馳走でもこしらえて食べようよ」といった。妻が「大丈夫」と聞くから「心配ないよ」といったら、妻はやっと安心したらしく炊事の仕度をし始めた。

再準備　私は密かに流れ残った枯木がどれだけあるかを調べてみた。それから切れた細引きを丁寧に拾い集めたり、なおこの島のうちに立ってる枯木が何本くらいあるかと思って見て回った。無論充分とは思えなかったが、石浜を伝って西側近くへ行くと小石に半分埋まっていつか流れ着いたものらしいやや大きい枯木が二本あった。念のため鉈を持ってきて木口を大きく削り取って、水の中へ放り込んでみたらともかくも浮いたので、これも乾かせば役に立つと思った。そして「何とかなるよ」と独言して自分にも安心させようとした。

それからまた毎日働いた。まず小石の中の木を一生懸命掘り出してよく乾くようにしておいて、崖の上の枯木を切っては引き下ろした。二人で三日ほどその仕事を続けたらどうにか材料が集まった。また波で流されるといけないから一本ずつ石浜の奥へ引き上げておいた。綱も充分ではないが、テントに使っているのまで集めればほぼ足りそうに思えた。

こんどは来る時とは逆に北の風を待つばかりとなった。この間中、一度夕立があったきりで、しあわせとずっとお天気はよかった。でも風は南ばかりだった。働いてるうちにいつとはなしに島ともなじんできて、初めほど珍しいとも思わなくなった代わりには居心地のいい落ち着いた場所になった。ここへ着いた時緊張して短刀を持って島中を回って歩いたことを考えると不思議な気がした。

私たちは風のことを気にしない時間は楽しかった。出歩く時のほかはテントの中で本を読んだり、編み物などをしていた。

それからまた三日待ったがまだ北風は吹かなかった。食糧もそろそろ心細くなってきたし、それにお天気もどうやら崩れかけてくるように見えた。しまいの日の午後には、もう周囲の山の頭は霧に隠れがちになり、暗雲低迷というような穏やかならない感じになってきた。私たちはこのまま嵐にでもなられてはやりきれないと思った。

逆風を突いて出る　それでついに私たちは意を決して七日目の朝、暗いうちに起きて腹ごしらえして、空模様は怪しかったが筏を作って漕ぎ出した。
これはしかし相当冒険的な企（くわだ）てだった。筏も来る時のようなしっかりしたものは無論出来なかった。風に逆らって南へは、とても行けないことはわかりきっていたから、斜めに東のカムイヌプリの麓へ向かった。出かける頃には雲は濃くなり、風も幾分強くなってきた。途中まで行くと波も高くなってきて、妻が漕ぎながら転がったほど筏が揺れてきた。ここでもし筏がこわれたら、十中八九、まず助かるあてはない。私たちはもう運を天に任せておいて夢中になって漕いでいた。だが重い筏はなかなか思うようには進まない。そのうちには腕も疲れるし、息も切れてくる。しまいには二人とも、口をきこうともしないで黙ったまま、ただ機械的に手だけ動かして頑張っていた。

筏の進みの遅いのだけならまだいいのだが、いくら風に対して、最もいいと思う角度に筏を向けて進んでも、少しずつ北へ北へと流されている。一番心配なのはカムイヌプリの北麓（ほくろく）の岬をはずれてしまうことだった。それをはずれて、もしも北へ流されたら、そのあとのことが、たとえいくらうまくいったとしても、事態は何倍か悪化するにきまっている。それにもしちょっとでもつまづきがあれば、遭難する危険が多分にあった。

だんだん山へ近づいてからは、吹き返しの突風が真正面から襲いかかって、漕いでも漕いでも筏があとずさりすることもあった。

しかし私たちの命がけの努力はついに報いられた。強風に弄（もてあそ）ばれて一進一退の難航ののち、辛うじて岬の手前の崖の下へ、筏をこわされもしないで着くことができた。島を出てから三時間あまり、まったく一瞬の休みもなく漕ぎ続けたのだった。思えば我ながら意外な気のするほどの頑張りだった。

だがこれでまだ済んだわけではなかった。ここからもと出た南側の岸までは八キロくらいもあった。しかしもしこの岸を伝って東へ回り込めば一キロも行くと上陸できる地点がありそうだった。そこからカムイヌプリの裏へ登れば、やがて道へも出られるだろうと思った。そっちへ出たらきっと熊はたくさんいるだろうが、もういてもやむを得ないと思った。それで岬の岩の鼻を回って、東側の岸へ取りつこうとして苦心したが、岩にも手がかりがないし、棹を使おうにも岸から深いので突くこともできない。そこで風の合間を見ては漕ぎ出したのだが、二度試みて三度とも回りきれない前に、突風に吹き返されてしまった。そのうえうっかりするとそのまま沖へ吹き出されそうな危険もあったので、東行きはついに断念して引き返し、カムイヌプリの裾を回って遠い岸を南へ向かうことにした。

難行苦行　それからは歩ける岸は綱で引っ張り、岸の浅い所は棒で棹さして行った。棹も届かなくなるとやむを得ない所だけを櫂で漕いだ。そうして私たちは逆風に向かって力限りの努力を続けた。

途中には岸から倒れ込んでる大木があって、筏はどうしてもその先を回さなければならない所が幾度かあった。私が岸で綱を引き、妻が筏の上で、棒で倒木の先を突きながらそれを除けて通っていた。するとちょうどそこへ猛烈な煽り風が来て、筏を沖へ吹き流そうとする。細い綱は縒りが戻りそうなほどぴんと張った。私にその筏を引き止める力はあるが、もしもここでこの綱がポツンと切れたらどうだろうと思う。

筏は妻の力では絶対に漕ぎ返せない。私は無論すぐ飛び込んで筏へ泳ぎ着こうとするだろうが、ズボンをはいたままのこの疲れた身体で、もしも筏の流れ方が速くって、泳ぎ着けなかったらどうだろうと思う。そのうちに私は力尽きて溺れてしまうだろう。そして妻一人だけ乗った筏は加速度がついて西北の断崖へ向かって流されていくだろう。それを思うと溺れる自分よりも流されていく妻の気持ちの方が痛ましい。言葉にするとだいぶ長いが、瞬間にそんな想像をすると、ハラハラして綱を持つ手の力が抜けてしまいそうになることがあった。あとで考えて、あれはたしかに横に延びた命の綱だったと思った。まだ幾度かそんなことがあった。

それからさらに四時間の難行苦行を続けて、やっと前に出た南の岸へ辿り着いた。朝、島を出た時から実に七時間あまりの猛烈極まる労働だった。私たちの両手の皮は薄くなり、まめは剝げてヒリヒリと痛んだ。途中で腹も減るし、ムキになって漕ぐと胸が悪くなってきて、嘔吐しそうになったことも二、三度はあった。

上陸して、いよいよこれで済んだと思ったら、私たちはそこの石河原へ寝たっきり、がっかりしてしばらくは動けなかった。頭を冷たい石の上へ載せたままで沖の方を見ると、カムイッシュの島影が霧の間から見え隠れしていた。一週間あそこで生活していたと思うと懐かしい気もしてきた。湖はいつの間にか他人のような感じではなくなっていて、もう挑みかかってはこなかった。

私たちは精力の続く限り自然の力と闘って、どうやら無事に帰ってきた。しかしこんな場合、ともすれば使われることのある「征服してきた」という言葉を私は思い出して、これほど不似合いなものはないという気がした。なるほど私たちは摩周湖と四つに取り組んで頑張り抜いてきた。しかしそこにはお互いに微塵（みじん）の敵意があったわけではない。私たちは摩周湖の暖かい懐に抱かれながら、朗らかに腕押しをしてきたまでだ。私たちは摩周湖の歌う力強い歌の一節に、声張り上げて合唱してきたのだ。

だからもしもこの場合、私たちが力尽きて遭難したとしても、それは「征服」の反対ではなく、本当は偉大な自然の懐へ融合していくことになるのだろうという気がした。

そう思って見ると、岸に打ち寄せる小さい波は、私たちに向かって「さぞくたびれたろう」

とささやきかけているような感じがした。

我ながらよく行ってきたものだとも思った。また馬鹿なことをしたような気もしたし、相当なことをしてきたというような気もした。私たちは「人間の身体もよく続くものだね」と話し合って感心した。

しばらく休んでから私たちはそこで、わずかに残っていた米でお粥（かゆ）をこしらえて食べて、熊除けのラッパを吹きながらまた山を下りた。

当別の温泉宿へ帰ってからも、さすがに過労がたたって二、三日は二人とも半病人みたいだった。しかししあわせにこの日に帰ったからよかったが、そのあとはまた暴れ模様の雨降りで、もしもずっと島に残っていたらどうなったかわからなかったと思う。

やがて十日あまりして疲れた身体が恢復してくると、この間川湯の温泉宿で勧められたエトロフの話を思い出して、こんどは千島へ渡る相談をした。だが手元には地図も何もなかったし、私たちには何の予備知識もないので、どんな計画を立てたらいいのかさっぱり見当がつかなかった。それでともかくも根室まで行ったら、細かい様子が聞けるだろうというので、荷物をまとめて弟子屈を出た。

顧みると、初めてこの阿寒の山へ入ってから、もう二カ月近くの日がたっていた。

第二篇　千島時代

一　千島へ渡る

根室　山を下りてから私たちは、厚岸(あっけし)へ途中下車して二、三日いたが、間もなく根室へ行った。

根室の海岸へ出てみたら、東北の方角に島が三つ見えた。どれが国後島(くなしり)だろうと思って聞いてみたら、それは三つとも、みんな国後島の中の山で、つまりその高い所だけが見えているのだといわれた。私たちは、千島といえば小さい島の集まりのような気がしていたのに、あんまり大きいので、びっくりした。私たちは知らず知らずの間に、島というから、今までに自分たちの行ったことのある、伊豆の大島や、小笠原島のことを考えていたのだろうと思うが、自分では常に地図も見たり、ちっとはものを数字的に考えているような気がしていたくせに、随分迂闊(うかつ)な話だと思って恥ずかしい気がした。宿へ帰ってからその話をしたら、国後島の長さは一五〇キロをこしていると聞かされてなるほどと思った。さっぱり様子がわからないので地図が欲しいと思って、本屋を尋ねてみたが千島のものは何もなかった。仕方がないから、宿の人に話を聞きながら、どういう道順を採ろうかといろいろ計画を立ててみたが、誰からもあまり詳しい様子は聴けなかった。それで結局、国後島の一番近い端の泊村という港へ上がって、そこから島を縦断して、島の東北端まで歩き、そこで便船を求めてエトロフへ渡ろうということにした。

ところが待っていても泊村行きの船はなかなか出そうもない。でもその次の東沸という東海岸の小さい村へ行く船なら間もなく出るということだったので、泊村から東沸の間を歩くことだけ割愛してそれに乗ることにした。

船は夜中に出帆した。船といっても無論客船ではなく、五〇トン足らずの石油発動機のついた漁船に便乗させてもらうのだった。だから狭い船員たちの部屋へ、十二、三人の乗客がすし詰めにされていたので随分窮屈だった。話を聞いていると多くは島の人で、根室へ用足しや買い物に出た帰りらしかったが、中にはお医者さんへ行ってきたという、青い顔をしたおかみさんらしい病人もいた。

室内があんまり息苦しいので、私たちは毛布を一枚ずつ持ってデッキへ出ていった。空は一面に濃い雲が低く垂れて曇っていた。隅の方へうずくまって暗い海の上を見渡すと、港の出口の灯台の青白い灯が規則的に明滅していた。波が船べりにぶつかって砕けると、そのたびに底力のある震動が私たちの背中へ伝わってきた。湿気を含んだ夜の潮風が冷々と頬をなでていく。

船は暗い闇の中へ向かってぐんぐんと入っていった。私はだんだんと遠ざかっていく根室の町の電灯を眺めながら、いよいよ北海道を離れていくという気がした。私たちはしばらく話していたが、そのうちに単調な石油エンジンの爆音に子守られるような気持ちになっていつの間にか眠ってしまった。

明け方近くなって、寒いので目を覚ますと、身体がガタガタと震えて止まらなかった。船酔いというほどでもないが、続けざまに生あくびが出て少し胸が悪かった。深呼吸をしながら立ち上がってみたら、もう目の前に黒々と島が見えていた。眠ってる間に空はすっかり晴れて星がいっぱい光っていた。西方の水平線はるかに国後島の南端、ケラムイ岬の灯台の灯が明滅していた。

少し明るくなると長い長い岸の断崖が見えてきた。その崖の根一帯には、ひと筋の白波が立ったり消えたりしていた。一瞬の休みもなく打ち寄せる太平洋の荒波に、島は少しずつ蚕蝕(さんしょく)されていくのだろうかなどと思った。その崖の背がだんだん低くなってきて尽きる辺りから、東へずっと砂浜が続いていた。その砂浜の始まる所に東沸の村があった。

東沸へ上る　東沸は小さい、感じのいい漁村だった。立つと頭のつかえそうな宿の二階から、寝不足な眼でぼんやりと、打ち寄せてくる波頭を眺めていたら、まだ身体が舟で揺られてるような気がした。しばらくすると、私たちを乗せてきた船は、またポンポンと忙しそうな発動機の音を残してさらに東の方へ出ていった。私はいっぱいに日の照りつけてきたまぶしい広い砂浜へ目を移すと、急に裏海岸へも一度出てみたくなった。ここから山を越して一四、五キロ行くと、反対側の海岸に古丹消（こたんけし）という温泉のある部落があるはずだった。

　朝食を運んできた宿のおかみさんに聞いてみると割合楽に行けそうな話だった。いろいろ道順などを尋ねたあとで「古丹消は景色のいいところですか」と聞いたら、「さあ」といって黙って私の顔を見ていたが、その様子は、「景色が何かの役にでも立つのですか」といってるような感じだった。私はその時斜里の町を思い出して、古丹消もやはり白けた感じのする平凡な漁村だろうと想像していた。

　せっかくの機会だからともかくも行ってみようということにはなったが、荷物を半分この宿へ預けていこうか、どうしようかと相談したほど私たちは別に古丹消に期待は持っていなかった。それでも結局先へ行ってからまた、例によって予定を変えないとも限らないからというので、重いリュックを背負って出かけていった。

　山の様子は北海道とよく似ていた。湿地を越えて椴松（とどまつ）の森へ入ると、大きな木の幹に熊のよじ登った鋭い爪の跡があった。私たちはまた豆腐屋のラッパを出して吹きながら行った。島には、山を歩く時いつも持ち慣れた五万分の一の地図がないので、少々勝手が悪い気がしたが、その割りに道はわかりよかった。起伏する緩い坂道を登ったり下ったりしながら、三時間ほど歩くと、山の合間から北側の海がのぞいてきた。はるか水平線の彼方には北海道の知床半島の山が霞んでいた。附近に高い山こそないが相当な急斜面もあって、どことなくきりっとした感じの景色になってきた。

やがて海を背景に古丹消の背の低い家の屋根が見えかけてくると、思いのほか落ち着いた感じの部落だった。「これはなかなかいいところらしいね」と話しながら、私たちは感心して下りていった。でもまだこの時は、ここでそれからの六年あまりを暮らそうなどとは、二人とも夢にも思わなかった。

古丹消　温泉のあるという、この村でただ一軒の宿へ着いてみたら、最初は頼んでやっと泊めてもらうような恰好だった。私たちは今までと少し勝手が違う気がしたが、いよいよ座敷へ上がってみると家内中して、とても親切に扱ってくれたし、温泉もごく穏やかな硫黄泉で入り心地もよかった。

夕方になって、すぐ裏の浜辺へ散歩に出てみたら、南側の海と違ってどことなく引き締まったいい感じがあった。この村の位置は、後ろに低い山を背負って左右に岬の出た、しかもその間に充分な平地を持つほどよい地形であった。海の向こう側を見ると、知床半島の山々が長く横たわっていて、ちょうどラウス岳の肩に赤い大きな太陽が沈んでいくところだった。夕暮れの海辺の景色は美しかった。温泉はあるし静かだし、私たちは「いいとこだね」と繰り返して感心した。でも北海道にいる時はまだ別に何とも思わなかったが、古丹消の浜に立って夕日の沈む景色を眺めていると、何だか遠いところへ来たような感じがした。

部屋へ帰ると、何かコソコソとした話し声がするような気がしたが、宿帳を書いた時やっとそのわけがわかった。宿の人たちには髪の毛を短く切って完全な男装をしている妻が、女か、男の子か、どうしてもわからなかったのだった。

そういえばたぶん二度目に川湯温泉に滞在していた時だったと思う。ある朝私たちが庭へ出てそこに積んであった材木に腰かけて話していたら、近所の小さい子どもが来て「オジチャン、オジチャン」と呼びかけた。ほかに誰もいないようだったので、私のことかな、と思って振向く途端に妻が笑いながら「ハイ」と返事した。子どもは小さな草花を一つ手に持っていて、北海道弁の片言で妻に何か言っていた。私はまた間違えたな、と思って笑い出すと、そばで洗濯物を乾かしていた宿のおかみさんも一緒になって笑い出したことがあった。よっぽどゴツい顔でもしているのか妻はよく男の子と間違えられていた。

なお、これはずっと半年もあとで懇意になってから聞いた話だが、この日私たちが通るのを見ていた村の人たちは、「あれは何だろう」「行商人だろうか、浪花節語りだろうか」「どうも荷物が少ないから浪花節語りだろう」ということにきまって、その晩はみんな楽しみにしていたのだったという。今までこの村へ入ってくるものは、大概行商人か、浪花節語りの二通りだけだったのだそうだ。私も時々いろいろなものに間違われるが、浪花節語りと思われたのは初めてだった。

丸山の断崖　翌朝になると宿の若主人が、面白い所があるからといって、村から二キロほど離れた東北側の丸山の岬へ案内してくれた。そこは丸山の見事な高い断崖の下に続く、岩石の大きな段丘のような所だった。行くにしたがって、非常に変化に富んだ巨大な岩石の群れが、目の届く限り続いていた。雨風に腐蝕されて、カルメ焼きのように穴だらけになっているもの、大きな丸石を一つ抱いて、その石が絶えず波に揉まれるために、石臼のような穴の掘れているもの、海へ向かって大砲のように突き出しているもの、重なり合っている岩の下がのぞき眼鏡のような隧道になっているもの等々、そうした数限りのない形相の岩石が、オホーツク海の荒波の洗礼を受けて、タワシで洗い清められたようにきれいになっていた。その岩石の間をよじ登ったり、飛んだり、潜ったりしていくコースの面白さは、私たちをすっかり狂喜させてしまった。その摩擦の大きい、さっぱりとした岩肌の感触は、手でなで回したくらいでは足りないで、身体をすりつけて横に転んで歩きたいような気がした。私たちはこんな愉快な所があるだろうかと思った。それから三人で随分しばらくの間、岩虫のように岩の上を這い回っていたが、帰りには、その断崖の東端の相当な岩場をよじて丸山へ登り、昨日来た道の途中へ出て宿へ戻った。私たちはこれでいっぺんに古丹消が好きになってしまった。

小屋　私たちがあんまり喜んでいたものだから、当分この村で遊んでいかないかと宿の人がいい出した。その上、ちょうど宿のすぐそばに、こしらえたばかりの空いてる小屋があるから、なんならそれを使ってもいいという耳寄りな話だった。万事がお誂え向きだったので、私たちはもうエトロフへ行くことなんかどうでもよくなってしまって、早速その小屋を借りることにした。

小屋は古材木を集めて作った、八坪ほどの小さい粗末なものだったが、まだ完成しきっていなかったのを幸い、自分たちの住みよいように直し始めた。私たちは厚い板を持ってきて急造の寝台をこしらえた。空き箱と板を集めて、テーブルや、腰かけを作った。海の方の壁へ窓をあけてガラス戸を入れた。入口近くに流し場をこしらえてお勝手も出来た。そうして一つひとつ片がついていくと、だんだん人の住まいらしい恰好がついてきた。

それから大きい道具、例えばストーブ、畳、寝具等々、いるものは宿で何でも気前よく貸してくれた。そのうえ、家族総がかりで手伝ってくれたので、私たちの新しい住居はみるみるうちに出来上がってしまった。そこですぐさま、リュックサック二つだけを担いで引っ越してきた。私たちがリュックから、鍋、やかん、飯ごう、そのほか鋸、鉈等々、摩周湖以来の山のお道具を拡げ出すと、宿の人たちは呆れて見ていた。

こうしてたちどころに私たちの新世帯は出来た。思いがけなくも、北海の荒磯の新居に納まった私たちは、夢の続きを地でいっているような気がしてならなかった。わずか二日前の朝、千島へ渡ってきて、同じ日の夕方にやっと頼んで泊めてもらった宿の人たちが、今は十年の知己のような気がする。流浪するものの生活が、何か人生の運命を暗示しているような気がした。

私のいるすぐ後ろは海だった。初めての土地の、極端に単純化された小屋の生活は新鮮で楽しかった。しかしまたいい知れない寂しさもあった。摩周湖の島のテント生活を、小屋の中へ持ち込んだもののような気もした。夜、寝床へ入ってランプを消すと、急に波の音が耳についた。心なしか北海の波の音というようなものがあるような気がした。

いつも朝目を覚ますと裏で鷗の声がしていた。鷗という鳥は、すっきりとしたいい形をしてる割合に鳴き方が鈍重なので、私は裏の浜へ出てそれを見るたびに、何ということもなくそれが気の毒なような気がした。

そのほかこの辺りにはたくさんな烏がいた。それが毎日毎日小屋の周囲へ集まってきては鳴いていた。私たちはしばらくたつうちに、姿ではわからないのだが、その鳴き声に個性的な特色があるので、聴き覚えができてきた。やがてそのうちのいくつかの声は、特にはっきりと聴き分けられるようになった。

ある朝そのうちの一羽が来て鳴いたら、妻が「あれは×さんに似ていますね」といい出した。そういわれてみると、私も本当にそんな気がした。よく聴いてると声からの感じで、その名の人物を想像することができた。それからまたほかのがやってきて鳴くと、こんどは二人で「あれは×ちゃんだ」「今のは××さんだ」と、烏の声を自分たち二人とも知っている人のうちの誰かになぞらえて名をつけていった。大概の場合その感じは、極めてよく二人の意見が一致した。そして一度名をつけてしまってから、その鳴き声が聞こえると、不思議にその人柄から、肥ったりやせたりしている恰好や、ものごしまでその人を連想するようになった。

朝などよく「××ちゃんがもう起こしに来たよ」などと、私たちは床の中でいうことがあった。それからまた散歩に出て、村からかなり離れた場所の山や、海岸を歩いていながら、思いもよらない所でその声を聞いて、「おや、こんな所へ×ちゃんが来てるよ」というようなこともあって、その頃はまるで鳥が自分たちの友達みたいな気がしていた。しかし私たちは声だけでおなじみになっていたので、鳴きさえすればちゃんと区別がついたのだが、姿ではまるっきりわからなかった。

それからもうずっとあとのことだったが、「あれは×さんの声とそっくりだが、少し違うような気がしませんか」とまた妻がいい出した。「風邪でもひいたのじゃないだろうか」と私はいってみたが、なるほど注意して聴くとちょっと違うような気もした。だがその時はそれだけでよくはわからなかった。するとそのうちに、こんどは二匹一緒に来て鳴き出したことがあるので、やっと気がついたが、それは親子に違いなかった。それからなお気をつけて聴いていると、兄弟らしい子どもの声も聴き分けられることがあった。

筋子を埋める　小屋へ移ってから二、三日すると、もう近所の人とも親しくなって、逢えば挨拶を交わし、時々は立ち話くらいするようになった。同じ日本人だから大概のことはわかったが、言葉が違うので困ることもあった。それでも私たちに向かって話す時は、気をつけているらしいのでまだよかったが、村のお婆さん同士の話などは、そばで聞いていてもまったく何の意味かわからないことがあった。

ある時、近所のおかみさんに「あんた方はお酒を食べないか」と聞かれてびっくりしたが、島ではお酒を飲むとはいわなかった。それからまた「あんた方はマカナイがいいから、山へ入って蚊やアブがいても大丈夫だ」といわれた時も、どういう意味かわからなかった。マカナイを賄いだと思ったから、ご馳走を食べてるということかと考えてみたが、ご馳走と蚊やアブに刺されることと何の関係もあるわけはなかった。あとでよく聞いてみたらマカナウということは、厳重に身仕度をするということで、妻の男装を指していっていたものとわかった。

だんだん懇意になると、海鼠（なまこ）や、筋子を持ってきてくれる人もあったし、大きな鱒（ます）を一尾ぶら下げてきてくれた人もあった。だが私たちは二人とも山の中育ちだったから、生きている魚の作り方なんか知らなかった。鱒の大きなやつを持て余して、流しの中じゅう転がし回ってやっと首を切り落としてしまったら、「首を取ってしまっては駄目ですよ」と笑いながら手際よく切っていってくれた。やがてその話が伝わったものとみえて親切な村の人たちは、それからいつも、ちゃんと細かくしてすぐ煮たり焼いたりできるようにして持ってきてくれた。その後ホッキ貝の生きてるのをもらった時もとうとう持て余して、しまいにナイフの先を挟まれて折ってしまったことなどもあった。

困ったのは、筋子や海鼠を時々もらうので、今考えればもったいない話だったが、私たちには磯臭いのが気味が悪くって食べられなかった。筋子が生臭いから煮たら直るかと思って、野菜物と一緒に煮てみたら、硬くなってしまって食べられなかった。たとえ困ってもせっかく親切に私たちを喜ばそうとして、持ってきてくれることを思うと、聞かれても嫌いだとはいいにくかった。あとになってからは、最初に嫌いだといってしまえばよかったと後悔したが、途中からではなおいい出しにくかった。でもそのまま置いといて腐らせても困るし、さりとて人の目につく塵(ごみ)捨て場へも捨てられず、仕方がないから夜中にそっと起きていって、砂の中へ穴を掘って埋めてしまうことにした。

しかし、こんな私たちを親に持った子どもでありながら、その後島で生まれた子どもたちは、みんな海鼠も筋子も好きだった。海岸でウニを採ってやると、その場で潰して海水で洗って喜んで食べていた。私たちはそれを見て、生まれというか、育ちというか、争われないものだと感心したことがあった。

散歩　海岸で散歩していると、アザラシが砂浜へ上がって日向ぼっこをしてるのをよく見かけた。アザラシの無愛想な顔は、この間斜里の宿屋の庭でもうおなじみだったが、ただこうしてホームグラウンドにいるやつはとても元気がよかった。私たちがいち早く海の方へ先回りしてしまうと、逃げ場を失ってまごまごしながら、例によって憤慨しているが、そのうちに両肩を前へすぼめるようにして、不器用に居坐(いすわ)りながら妻の方へ寄っていく。すると妻は悲鳴を上げて逃げ出してしまう。やっと一方に血路が開くとそのまま慌てて海へのめり込むが、いったん水へ入ったら最後、今までの不恰好さとはおよそ似ても似つかない柔軟なたくましさをもって、泳ぐというよりは水中を滑り抜けていってしまうように見える。まったく驚くべき奔放な運動の美しさだ。陸に上がっては田舎者のような、気のきかない醜男のアザラシではあるが、所を得れば恐ろしくスマートに見えてくる。

　私はかつて動物の本の写真でサイを見て、よくもこんな不恰好な動物がいるものだと思ったが、その後映画でアフリカ辺りの曠野を疾走するサイを見た時、それが波濤を蹴って進む戦闘艦のような、堂々たる迫力を持っているのに驚歎したことがあった。私たちもせめてジャンプスキーをはいた時ぐらい、ちっとは迫力を持ちたいものだなどと思った。

　私たちは、珍しいものが多いので、飽きずによく散歩した。海岸を行くと温泉もいたるところに出ていた。砂浜に湧いてるのもあったし、岩の間から吹き出してるのもあった。海の中から出て、空中まで噴き上げてるようなのもあった。そして誰にも、何にも利用されずに、ただ海へ流れ込んでるのを見つけるともったいないような気がした。

　波打ち際を歩いていくと、古い難破船などを見つけることがあった。すると私たちは不思議に惹きつけられて、その船のへりを渡ってみたり、日に曝されて白くなってる船体の継ぎ目を、コッコツと石を拾って叩いてみたりして、いつ頃、どんなふうにして難破したものだろう等と想像して話しながら、何か感慨深いものがあるのだった。

私たちは半月もこうしているうちに、だんだんと小屋の生活の安易さと、便利さが身についてきて、そこに合理的な、数々の長所のあることに気がついた。そして、「一生涯この種の生活がしたいね」とよく話し合った。考えてみると、私たちの性格には、賑やかな宿屋の経営というようなことは、似合わしくないと思えた。

しかし、その時の望みが叶ったというのか、結局宿屋もやめてしまうことになったし、なお、それ以来すでに十五年、現在に至るまで、私たちは小屋に住み続けて、ついにいわゆる家らしい家に住んだことはなかった。そして今はもう、すっかり小屋住みの単純で、便利な生活様式に慣れてしまって、とても普通の家に住む気にはなれなくなってしまった。

小屋は靴ばきのままどこまででも入れて、気軽に何でもできる。居間のストーブのそばには万力がある。グラインダーもあれば、蓄音機もある。私たちの小屋はみんな坪数が少なくって周囲が広いから、採光も、換気も思うようにできる。構造が簡単だから、煖房にも都合がいいし、体裁を構わないから、お勝手でも、お風呂場でも、都合のいいところへおける。小屋には磨き抜いて光ってるようなところはないが、また、隅の方が薄暗くって、じめじめしてるというような感じのとこもない。ひと口にいえば、小屋の生活は明るくって、乾いていて、あっさりしてる生活だ。美しくはないが、衛生的で、できるだけ単純化された、正味だけの生活だと思う。

みんな靴をはいてるから、夏でも冬でも、家の中と、外の連絡がいいし、家族全員が、気軽に家の仕事に協力できる。そのうえ、小屋は、掃除の手数が普通の家の半分も四分の一もかからない。雑巾をかける板の間などは無論ない。だから女中さんがいなくも、冬になれば家中して朝から晩までも、滑る気なら滑ってもいられるし、何か仕事を始めると、家事に煩わされる割合が少ないから、思いきって、一つのことに力を合わせて没頭できる。それに生活費の安く済むこともいうまでもない。誰にでもいいかどうかということはわからないが、私たちにとっては、まことに都合のいい生活様式だと思っている。

移住の決心　私は春以来、宿屋から宿屋へと移って歩いてる間は、別に気にもならなかったが、こうして一軒の小屋に落ち着いて生活してみると、立山以来の、少々無軌道的な生活が省みられてきた。幸いに、赤城の家の方は、姉が見ていてくれたからいいようなものの、「お前たちはこれからどうしようというのだ」と自問してみる。「まだまだスキーの研究が続けていきたい」と思う。すると「それならまた早く、冬の準備に取りかからなければいけないじゃないか」と考えてみるが、何かそこにまだ釈然としないものを感じる。そしてどうせ、今までだって自分たちだけで研究してきたのだから、できることなら、千島のようなところで落ち着いてやってみたいものだと思う。しかしまたせっかく長い間かかって苦心惨憺、心血を注いで建設してきた赤城山のシャンツェのことを思うと、さすがに愛惜の念に堪えないものがあった。なお生計ということや、そのほかの問題もあったが、いろいろなことを綜合して考えてみると、島の生活の方により多く心を惹かれるものがあった。

そう思い始めると、私は散歩に出た時でも、それとなく附近のスロープを注意して見て歩くようになった。近い所にあまり大きいシャンツェをこしらえることはむずかしそうだったが、開拓さえすれば練習くらいできるあては充分にあった。それでだんだんと自分だけの腹がきまってきたので、ある日妻に相談してみたところ、妻もまったく同じようなことを考えていたといって非常に喜んだ。それからこんどは、私たちの計画を宿の人に話したら、これもまたとても喜んで、何でも便宜を計ってやるからといって、一も二もなく賛成してくれた。

たちまちそう事がきまって、抽象的な考えから、具体的な話になってくると、こんどはまた新しい建設の案を練るのに忙しい日が、毎日続くようになった。附近の山へ藪を分けて入って、ゲレンデにする斜面の見当をつけたり、小屋を建てる場所を選んだり、また新しい小屋の設計もしなければならなかった。それから私たちは、晴れれば出て歩き、家にいる時は、テーブルを挟んで、細かいことまで書き記しながらいろいろと相談した。新しい建設というものは、むずかしいものでもある代わり、非常に楽しいものでもあった。さまざまな微笑ましい計画は、時々寝床の中へまで持ち込まれ、夢にまで延長されることがあった。

やがて間もなくひと通りの計画が出来上がると、私たちは、便船を待って赤城山へ帰り、改めて姉に後事を託したうえ、懐かしいいくつかのシャンツェや、永い間一緒に暮らしてきた人たちにも、しばしの別れを告げて、大急ぎで、こんどは、スキー、大工道具、写真機、蓄音機等々を持って、再び新しい希望に満ちた千島へ向かって出発した。

二　古丹消へ移住する

第一の小屋　再び千島へ着いた時は、もう村を囲む岬も、山も、美しい紅葉に飾られていた。私たちは喜んで迎えてくれた村の人たちに手伝ってもらって、早速小屋の建設に取りかかった。すでにもう時期が遅れていたので心配したが、小屋が小さかったのと、設計が細部にまでわたって出来ていたのと、村の人たちの協力が得られたのとで、思いのほか早く仕上げることがでてうれしかった。

でも最初、いよいよ註文(ちゅうもん)しておいた材料を集めた時、柱は全部二寸角だったし、一本も貫(ぬき)を使わない小屋の設計だったので、みんな風の強い所だからといって心配してくれた。建て始めてからでも、床を先へこしらえてしまったり、地ならしらしいものがなかったりするので、見に来ては危ぶんでいた年寄りもあった。

しかし、あらまし恰好がついてくると、みんな珍しがった。私たちの苦心して設計した小屋は、土地の家とはだいぶ違うところが多かった。窓が非常にたくさんあって、家の中が明るかったし、小屋中、床が板張りで靴ばきのままどこでも歩けるようになっていた。小さな小屋なのに、万力などのある仕事場があったり、写真の暗室まであった。それに小屋不相応に大きな流しのついたお勝手も変わっていたし、風呂場はまわりがほとんどガラス張りだった。そのうえお便所が腰かけ式だったことなども、島の人の目にはよほど珍しいらしかった。

それから、この辺では家の海の方へ面した壁の外側へみんな大げさな風除けをしていたのに、私たちは風当たりの強い海の方へ、一番たくさんの窓をつけて、別に風除けを作ろうともしなかった。すると村の人が気にして、なぜ早く風除けを作らないかと聞くから、せっかく海の方の景色がいいのにもったいないからだというと、みんな感心していたが、その後二、三年たつうちに、村の人の家にもだんだんガラス窓が増えてゆくようになった。

間もなく初雪が来て、強い北風が吹いたら、その朝早く、宿のお爺さんが新聞紙をひと抱え持って見回りに来てくれた。そして小屋へ入ってくると、少し見当違いをしたような顔をしながら、部屋の中を見回していた。お爺さんの経験によると、新しく建てた小さな小屋は、初雪が来ると、必ずその細かい粉雪が室内まで吹き込むのが、あたりまえだと思っていたのだった。だからその吹き込む穴へ新聞紙を詰めるために、わざわざ朝早く起きて持ってきてくれたのだとわかった。無論その親切な厚意には、大いに感謝したが、しかし小屋には、羽目(はめ)にも、桁(けた)の上にも、床にも、雪の入る穴はなかった。

私たちはこうして本格的に、古丹消の住人になってしまったが、村の人たちがみんな親切にしてくれたので、本当に居心地がよかった。古丹消の宿の名は、伊東さんというのだった。何でも水戸辺りの出の人だと聞いたが、随分早くから、千島へ渡っていたような話だった。家中みんないい人だったが、伊東さんのお婆さん等は、親類が一軒増えたような気がするといって、親類よりもよく世話をしてくれた。私たちが小屋を建てた土地も、伊東さんとこのだったし、温泉も伊東さんの樋(とい)から分けてもらった。おかげで風呂場も快適なものが出来た。

温泉は本当にありがたかった。この年はよく温泉宿へ泊まったが、私は元来、いわゆる温泉場というものの気分をあまり好まなかった。なぜというほどはっきりとした考えを持っていたわけでもないが、いつの頃からか、温泉場は贅沢屋さんか、さもなければ青い顔をした病人の集まり場所みたいに思い込んでいたからでもあった。しかし、小屋の温泉は無論そのいずれでもなかったのでとても工合がよかった。冬が来て、滑れるようになった時、私たちは夕方までゲレンデにいて、帰ってくるとストーブに火をつけておいて温泉へ飛び込んだ。ゆっくりと温まって出てきて、部屋着に着がえる頃には、もう部屋も暖まっていた。朝も起きると、またすぐ裸になって風呂場へ行った。そこには楊子も、歯磨も一切整頓してあった。私は自分の小屋へ引いてみて、初めて温泉のありがたみを知った。妻もお勝手で湯がふんだんに使えたり、洗濯物が楽なので、とても大満悦だった。なお私たちは、この小屋にいる間中、ほとんど洗面器を使わなかった。わざわざ湯を汲んで顔を洗うより、身体ごと飛び込む方が気持ちがよかった。

どうやら小屋が出来ると、私たちはゲレンデの手入れにかかった。だがもう時間がなかったので、村の人もだいぶ手伝ってくれたのだったが、充分にはできなかった。それでも私たちは秋のうちに、小さい山スキーの練習場と、三つの小さいシャンツェをこしらえた。地形によって、あるものは材木と板で、またあるものは土を積んで一生懸命土方をした。するとその、私の土塊の積み方を見て、村のある老人が、あれは素人ではないといっていたそうだ。私は、本職の土方と見られたとすれば光栄の至りだと思った。

越年（おつねん）　毎日毎日、海の方から寒い北風が吹き上げてくる日が続くようになるとカムチャッカ辺りから、潮流に乗って沖合いを通る流氷の群れを見かけるようになった。そのうちに、ある朝目を覚ますと、辺りがとても静かだった。世界中の音がみんななくなってしまったような気がして、少し変だった。不思議に思って起き上がって窓をのぞいてみると、海は一夜のうちに、流氷に鎖（とざ）されてしまって、見渡す限りの雪野原と化していた。私たちは、二、三年たつうちに、冬が来て、やがてこの静かさがくると、初めて本格的なシーズンに入ったという感じがするようになった。

北海道へ来たことのある人は知っているが、島でも冬のことを「越年（おつねん）」といっていた。私たちは初め年越しのことかと思ったら、もっと広い意味で、雪に埋もれて暮らす間中のこと、つまり、三月頃までも含む冬期間全部を指していうのだった。越年になって浜へ流氷が着くと「シバレル」ようになる、とよく村の人がいっていた。この「シバレル」も北海道以北の言葉で、内地にはない、実に便利な言葉だと思った。凍るという意味ともなるし、はなはだ寒いという意味にも使われる。「シバレ芋」といえば凍らせた芋のことになり、「今日はシバレル」といえば、今日は寒さが厳しい、ということになる。

この辺の越年のご馳走に、「ルイベ」というものがあった。初め聞いた時はドイツ語みたいな名だなと思ったが、アイヌ語かもしれない。それは鮭の片身を外気で心(しん)までシバラせたものを、そのまま薄く切り、お刺身のようにして、凍ったのがとけないうちにお醤油につけて、温かいご飯に載せて食べるのである。とてもおいしいものだが、ストーブで部屋をあんまり暖めすぎては、食べないうちに凍ったのがとけてしまうから駄目だった。

もう一つ、これは凍らせたものではないが「焼漬(やきづけ)」というものがあった。それは秋になって、湖水へ一度入った鮭の身を大きく厚く切って遠火でよく焼き、それを生醤油の中へ浸(ひた)して漬けたものである。これは非常にうまい、しゃれた味のあるもので、そのうえとても便利な食物だった。湯さえ沸いていれば即座に使うこともできる。つまり、その肉のひと切れを茶碗に入れて、葱(ねぎ)でも切り込み、それに熱い湯を差しただけで立派な汁ができる。しかも、そのまま樽の中へ入れておいても、越年中はいたむ心配はなかった。

村人のスキー熱　私たちが行った時、この村にスキーと名のつくようなものが二、三台はあった。そのうちの一つは、難破船からでも流れ着いたものか、この浜で拾ったものだそうだ。イタヤ材にリリエンフェルトのついた、北海道産のものらしかった。あとのはみんな子どもので、その流れ着いていたスキーの真似をしてこしらえたものだったが、その締め具には感心させられるものがあった。私もその頃ずっと締め具の改良に腐心していた時なので、余計面白いことに思った。それは、塵捨て場辺りで、手頃な大きさの、つまり自分のゴム靴の上へちょうどはけるくらいな大人の古ゴム靴を探し出し、それを適当な深さに切り縮めたうえ、中側から厚い革などを当てて、爪先の方だけスキーの上へ釘づけにしておく。はく時は、まずそのスキーについてる靴へ、靴をはいたままの足を突っ込んでおいて、綱で自分の靴もろとも縛るのである。誰が考えたかこれは相当うまい考案だと思った。

この村に器用な素人の大工さんがいた。ある日私の小屋へスキーの寸法を聞きに来たから、身長とスキーの長さ、スキーの長さとその幅や厚さ等々を詳しく教えてやった。そして吹雪の日にでも、子どもたちのスキーを安くこしらえてやらないかと勧めてみたら、快く引き受けていった。その大工さんはお酒が好きだった。それでいつの間にどうして定まったものか、スキー一台の削り賃が、焼酎の四合瓶一本ということになった。これは便利な方法だったと思う。子どもたちは自分で山へ行って、楢(なら)か桜の手頃なのを切ってきて、それに焼酎一本添えて大工さんのとこへ持っていっておけば、その数日後にはスキーが出来上がるのだった。どうせ吹雪けば何もろくな仕事はできないのだから、内地の田舎でも、この種のやり方が便利な地方もあるのだろうと思う。

私たちも連れができていいと思ったので、秋のうちから、村の人たちにも、滑ることを勧めておいた。ところがいよいよ私たちが滑り始めてしばらくすると、子どもたちはもちろんのこと、しまいには大人から、娘さんたちにまでスキー熱が高くなった。それも、ゲレンデだけでなく、裏のちょっとした畑の斜面等にも、子どもたちの滑る姿を見かけるようになり、大人は山へ行くのに、早速実用的にも使うようになった。そのうちに六十になる伊東さんのお爺さんまで、滑り始めたので私たちは感心した。

それでも、中には、秋、私たちが材木を組んで高いシャンツェをこしらえていたら、それを見て、自分のところの子どもがそれを飛ぶようになると大変だから、今に雪が降ったら着陸斜面に湯を撒いてやるなんて力んでいたという元気なお婆さんもあったが、それがいよいよみんなが飛ぶようになったら、すっかり面白がってしまって、お湯を撒くどころか、寒いのに襟巻をして根気よく見に来ていた。

やがて、シャンツェも使えるようになって、いよいよ私たちが小さい台で練習を始めると、村の人たちはみんな珍しがって、女たちまで、わざわざゲレンデへ見に来た。子どもたちや元気な若者は、じきに真似して飛びたがったので、怪我をするといけないから雪で小さい台を作ってやった。一番大きいのでも、赤城山の中ぐらいの清水の台と同じ程度のものだったが、シーズンの半ばには、大小合わせて七つの台が飛べるようになっていた。

話は前後するが、この古丹消という部落は、昔、鱈の漁場の一つだったのだそうだ。それが潮流の関係か何かで、魚の群れが他所へ移ってしまったので、本来ならば解消してしまうはずなのが、この土地が千島としては非常に恵まれた場所なので、漁場でなくなってからも、なお去りきれない人たちがここに住み着いて、現在の永久的な部落が出来たのだということだった。

本当にこの村は、島中の楽園といってもいいようなところで、夏の間の千島特有の猛烈な濃霧も、ここだけは敬遠して通り、極端な時は、村の後方四キロほどの、この島の背骨に当たる山の尾根までは霧が押し寄せていて、そこからそれが左右に分かれて、村の両側面から北の海上へ流れ出し、さらに沖合いで一緒になっていくという。つまり、濃霧に、この村を中心として方一〇キロくらいの穴が出来て、ほかは暗いのに、その中だけは太陽の光が燦々と降り注いでいることがある。そんな工合で、天候には恵まれているし、そのうえいたるところ温泉が出るくらいだから、地熱でもあるためか、太平洋の表海岸の方よりも、春の若草の萌え出るのが、平均一カ月も早く、したがってほかの海岸では思いもよらないような種類の野菜物や草花までここでは出来る。そんなわけだから、漁場としての仕事の少なくなった今では、この村にあまりはっきりとした定業というものがない。山仕事もすれば馬も飼う。海岸だから多少の漁もするし、畑も作る。そして若い者は表海岸の罐詰工場へ出稼ぎにも行く、という調子の家が多かった。

それで冬の間も、男たちは、積雪を利用して橇で山から木を切り出したり、海の氷に穴をあけて魚を釣ったりしているが、女たちはお勝手でもする以外、あまり用事はないらしかった。それにどういうわけか、ここの人は不思議なほど、みんな妻君を大切にして、いたわる習慣があった。それでいて別にいわゆるかかあ天下というわけではなく、その点は見ていても気持ちがよかった。

娘さんのスキー　そのうちに、そういう暇な娘さんや、若い妻君も、二人、三人私たちの滑り仲間に入ってきた。スキーを始めると、着物はボロでもいいが、靴下だけはどうしても毛の厚いものが欲しくなる。ちょうど、私はその頃もまだ靴下の研究に没頭していた時なので、ついでに教えてやろうといったら、夜小屋へ習いに来るものもできてきた。そのうちの一番よく来た娘さんはだんだん慣れてきて、吹雪いたりすると、小屋へ泊まっていくようになったが、しまいには本当に私たちのところへ来てしまってひと冬小屋で一緒に暮らしていた。その娘さんは文ちゃんという名で、当時十八くらいだったと思う。伊東さんの妻君の末の妹で、大柄な、気立ての優しい、きれいな娘さんだった。あとで私たちに子どもがあるようになってからも、本当に親身になってよく世話をしてくれたが、その時も妻にはいい連れだったし、そのために小屋の生活も賑やかだった。

その娘ともう一人、営林署の役人の妻君が、妻が飛ぶものだから釣り込まれて、とうとうジャンプを始めてしまった。二人ともシーズンの終わり頃には、七、八メートルくらい飛ぶようになっていた。ある日、隣村で勤めているその営林署の役人が帰ってきて、一緒にゲレンデへ出たら、すっかり妻君に押さえられてしまって、悲観していたことがあった。

どこでも同じだが、元気な村の子どもたちはみんなすぐうまくなった。無論ジャンプも始めたが、その飛ぶのを見ていると、とても面白かった。みんななかなか勇敢で、小さい台ならすぐ立つようになった。多くはゴム靴に麻縄の締め具なのだが、それでも感心に器用に滑っていた。でもその連中がジャンプで転がると、大概スキーが脱げてしまった。それで余計に怪我もなかったのかもしれないが、何しろ元気がよかった。愉快なのは着陸でとんぼ返りを打つと、斜面にスキーが二本ちゃんと突き刺さって、人間だけ下へ転がり落ちていくようなのがあった。こんなのを十六ミリででも撮っておいたらさぞ面白かろうと思った。

また中には、初めの頃スキーをはいて歩く恰好のすこぶる変なのがいて私はなぜだろうと思っていたが、よく見ると歩く時、足と手と同じ側を前に出していたので、操り人形みたいに変なのだとわかったが、そんな愛嬌者もいた。

私たちはこのシーズンは、シャンツェが小さかったので、主として踏みきりの練習に専念した。ジャンプの最長距離は三五メートルくらいだった。こんなことで大体一シーズンは終えてしまった。面白いひと冬だったが私たちのジャンプは思うほど伸びないでしまった。

雪のなくなる頃になって、樺太庁から電報で、豊原に大きいシャンツェを作るから見に来るようにといってきた。差し出し人の名を見ると、前年私が赤城山で第五シャンツェをこしらえた時、いろいろと手伝ってくれた、当時群馬県の学務部長をしていた岡本さんだった。何でもまだ、転任されてきてから間もないような話だったが、シャンツェを作ることが面白くなったのかもしれない。

間もなく豊原へ行って、台の位置を見に旭岳へ登ったら、前に来た時森林だった山がすっかり坊主になっていた。そこで大きい台を一つと、中くらいな練習台を一つ設計しておいてから、昔、二十二時間スキーで歩き通した時のことを思い出して、真岡へ行ってみた。しかしこんどは、往復とも汽車だったのと、雪のない時期だったせいか、至極平凡で、樺太へ来るなら冬に限ると思った。

前年の冬の朝お世話になった納豆屋さんのことを思い出して、訪ねてみたが、どうしたわけかついに見当たらなかった。

三　畑を作る

虫眼鏡　島へ帰るとまた、私たちはゲレンデの手入れを始めた。

畑を作ることもこの春初めて覚えた。私たちがとっくにやりそうでいて、今までその機会に恵まれなかったこの仕事は、予想していたよりはるかに楽しいものだった。こんなに面白いものを、なぜ今までやらなかったかと悔やまれた。しかしどうせ百坪に足りない畑を、起こしたり、借りたりして、簡単な野菜物を作っただけだったが、慣れない私たちには大仕事のように思えた。いよいよ種を播いてから二、三日するともう待ちきれないで、朝に晩に畑に出てみた。やがて土の間から、ようやく緑色の小さい芽が頭をもたげてきたが、私たちにはそれが種から出てきたものか、雑草の芽か、しばらくの間は見分けがつかなかった。でも近所の人に見てもらうと、慣れた目にはそれがひと目でわかるので、私たちはうらやましいと思った。そして自分たちだけになかなかわからないのが癪だったので、しまいには虫眼鏡を持ち出して、一つひとつのぞいて回ったら、ようやく区別がつくようになった。

それでもみんな芽が出そろって、子葉の間から本葉の出てくる頃は、何ともいえない楽しさがあった。一カ所に数が多すぎるところを減らさなければいけないと思って、間引こうとして手を出すと、もったいない気がしてその選択に困った。私たちは毎日畑を回りながら、畑作りを始めると、家を空けることが惜しくって旅行なんかできなくなりそうな気がした。

それからは、近所の人に教えてもらっては、毎日毎日丹念に手入れをしたが、あんまり畑へ入るものだから、そんなに回って歩くと、作の間の土が固まってしまって駄目だ、といわれたこともあった。それでも手入れのおかげかどうかわからなかったが、なかなか成績のいいものもあって、春播きの結球白菜などが、教えてくれた先生たちのより、ずっとよく巻いたこともあった。

それから、これは僥倖だったのだが、この年の春遅くなってから霜が降ったので、村中のきゅうりが全滅してしまったことがあった。その時、私が面白半分に、温泉の流れの脇の軒下に植えといたのが、湯気のために五本だけ助かったので、それを丁寧にお守りして育てたら、大小取りまぜて六十何本か育ったことがあった。

移植器　初めの頃、種の播き方が下手だったせいか、砂地だったためか、白菜や大根の種を入れても、それが平均に出ないところが出来たので、ほかの混んでいるところから採ってきては移植してみた。随分丁寧にやるつもりなのだが、慣れないで要領が悪いのか、どうも結果が思わしくなかった。日でも照りつけると、じきに砂地が焼けてきてしぼんでしまう。それで日除けをしたり、水を撒いたりしてやってみたが、なかなかうまくはいかなかった。

どうも残念でたまらないので、何とか方法はないものかといろいろ考えた挙げ句、移植器を作ってみた。早速それを使ってやってみると、思いのほか工合がよかったので、面白くなってだんだん改良していったら、しまいには、この時の目的に対しては、ほぼ完全と思えるものが出来上がった。それを使うと、私たちのような素人がやっても、気楽に移植ができて、その結果はほとんど失敗することはなかった。しまいにはどの程度まで移植できるものかと思って、必要のないのに移植してみたり、移植するものではないという豆類の移植をしてみたが大体成功した。その構造はごく簡単なもので、丸い底なしの小さい罐の中へ、上下に遊動し得る針金の輪を作り、それに柄をつけて、罐の上から操作できるようにしただけのものだった。なお罐の上部にも大きい穴をあけておき、移植する時、中がのぞいて見られるようにしておいた。

移植する場所の近い場合には、まず移植しようとするところの土の中へ、その罐を、欲しいだけの深さに差し込んで持ち上げると、その跡に丸いきれいな穴が出来る。罐の中の土は、遊動する中の輪を押し下げて捨ててしまい、こんどは、移植しようとする芽にその罐をかぶせて、前の穴と同じほどの深さにまで差し込み、土ごと抜き取って、そっくり前の穴へ入れてから、遊動する中の輪で土を押さえながら罐だけそっと抜き出すのである。

こうすると、相当多量の土が根を包んだまま、少しも動かずにそっくり移植されるので、たとえ日が照りつけても、滅多にしぼむようなことはなかった。なおその場合、最初の穴の方をやや深くしておいて、その深さだけの薄い肥料を入れておいたり、また時にはその穴の中へ水を注いでおいたりしたこともあったが、それらもたしかにいい方法だと思えた。

私たちは素人だから、これが果たして実用になり得るものかどうかわからないが、近距離で丁寧に移植したいというような場合には、役に立つものではないかと今でも思っている。厄介なのは移植しようとする芽の大きさによって、大小数個のものがいることだった。

その後、越後のある農学校を出て小学校の先生をしていた人が、村の学校へ転任してこられた時、この移植器を出して見せたら、感心して持っていって、とても工合がいいといいながら、学校の畑で使っていたことがあった。

畑と蝶々　近所の人の畑を見て歩いたら、人間の目の形を一つ、墨で黒々と描いた小さな板片が畑のところどころにおいてあった。何だろうと思って聞いてみたら、それは豆畑の鳩除けだといっていた。これを果たして鳩が怖がるかどうかは別問題として、私たちは今まで、鳩ポッポは可愛い鳥だとばかり思っていたのに、なるほど、そんなふうに人を困らせることもあるのかな、と少し意外な気がした。

だがその後、私も同じようなことで、畑を作り始めたために、新たにしみじみとものを考えさせられることがあった。それは、春の野山をのどかに飛び回って万人に愛される、あの美しい姿の蝶々だった。私はそれまで蝶々を見ると、どんな場合でも、ただ美しいもの、可憐なものということだけしか感じなかった。「蝶々蝶々菜の葉にとまれ」という、あの歌のような意味でだけ、蝶々というものを見ていたのだった。ところが、自分でその菜を作ってみて、何のために蝶々が菜の葉にとまるかを知ってきてから、私は蝶々を見る目が急に変わってきてしまった。白や黄色の可愛い蝶々が楽しそうに舞ってきて、裏の畑のキャベツの葉にとまったあとには、たくさんなあの大嫌いな青虫が湧いて、せっかくの葉を穴だらけにしてしまうということを知ってから、しばしば憎らしい気さえして、箒(ほうき)などで追い回すことがあるようになった。そして追い回しながら、私は今まで可愛いとばかり思っていた蝶々を、憎むようになった自分の気持ちの変化を寂しいと思った。無論蝶々は、人間に悪意を持ってそうしているわけではなく、ただ私たちと同じように、当然のことをしているのが、たまたま人間の生活に都合の悪いことになるというだけのことで、決して憎むほどの理由はないはずだと思う。しかし、どう思っても私はそれ以来、畑の蝶々ばかりでなく、山へ入って全然別な、畑の作物とは恐らく関係のないような蝶々を見ても、昔と同じような美しさは感じられなくなってしまった。

畑と烏　だがまだもう一つ同じようなことがあった。ある時親烏が、子烏を二、三羽、前の畑へ連れてきて騒がしく鳴きたてていたことがあった。私はその時、部屋で書きものをしながら、その声を聞いて知っていたのだが、ただ何の気もなく、烏が親子で来て、畑の辺りで遊んでいるものとばかり思っていた。ところがあとで気がついてみると、私たちが、その数日前に播いておいて、やっと芽の出かかったばかりの唐きびをみんな掘って食べていってしまったのだ。私は自分の間抜けさ加減を、馬鹿馬鹿しくも思ったが、それ以来、どの烏を見ても以前のように好意が持てなくなってしまった。

　その後も、時々繰り返してやられるので、私はついに業（ごう）を煮やして、伊東さんのところから空気銃を借りてきて、畑へ来るのを小屋の窓から狙って撃ってやった。時々はたしかに手応えがあるのだが、背中へ丸（たま）が当たったくらいでは平気な顔をして飛んでいってしまって、またすぐ来た。癪にさわるから、こんどは庭へ出て、棹（さお）に掛けてあった洗濯物の蔭に隠れていて、柵にとまったやつの前から狙って撃った。するとそれが、見事に烏の胸の辺りへ命中したので、柵から転がり落ちてバタバタしていた。私はすぐに駈けつけて、その頭をば靴で踏みつけてしまった。じっと踏んでいると、ゴムの長靴の底を通して、瀕死の鳥のもがきが足の裏に感じられた。しばらくすると気のせいか、その温かみまで伝わってくるような気がしてきた。私は立ったまま、目をつぶったり開いたりして、足の裏の感覚に注意を集めていた。

私が小鳥に向かって鉄砲を撃ったのは、これが二十何年目だった。今でもまだ、ちゃんとその場所まで覚えているが、私が十八の年の秋だった。赤城山の大沼の西側の楢林の中で、夕方、木の梢に止まっていた鵙を鉄砲で撃ち落としたことがあった。無論空気銃ではなく本当の鉄砲だった。落ちるには落ちたが、当たりどころが悪かったとみえて死にきれず、それでも、もう飛び立つことはできないで、目から血を流しながら、地上を走って逃げ回っていた。可哀そうだから、追いかけて捕らえて早く死なせようと思うのだが、慌ててるので、首を捻ってもみたが駄目だった。それからそばの楢の大木の根へ叩きつけたがそれでもまだ死なないで逃げて歩いたので、どうしたらいいかわからなくなってきた。私は困ってしまって、これがもし元の姿に生かして返してやれるものなら、どんな犠牲を払ってもいいと思った。本当に取り返しのつかないことをしてしまったという気がした。それでもまだ、目の前で苦しむのを見るのが辛いので、二度も三度も、追いかけて捕らえては、木の根へ叩きつけてやっとのことで殺してしまった。そしていよいよ死にきったことがわかると安心と、後悔とで、足下の鵙の死骸を眺めたまま、しばらくは茫然としていたことがあった。私はそれ以来小鳥に鉄砲を向けたことはいっぺんもなかった。

そんなことを思い出しながら、しばらく靴で踏みつけていたら、動かなくなってしまった。しかし、こんどはその死骸を見ても、その仲間が畑を荒らしたという、わずかな理由があったためか、それとも二十年の間に私の神経の働きが鈍くなってきていたせいか、それでも無論いい気持ちはしなかったが、昔の鶸の時ほどの感じは起こらなかった。それからその死んだ鳥を小屋の前まで持ってきて、庭へ放り出しておいたら、隣の学校の先生が来て見て、その死骸を紐(ひも)で縛って畑のそばの木に下げておくといいと教えてくれた。あまり気乗りもしなかったが、その通りにしておいてみたら、本当にそれから二カ月くらいはその畑へ一羽も鳥が寄りつかなかった。

こんなことがあってからは、島へ来たてには友達みたいな気がしていた鳥ともだんだん疎遠(そえん)な気持ちになってしまった。そして私たちの気持ちに興味がなくなってきたことにもよるのだろうが、もうその個々の鳴き声を聴き分けるだけの勘も、なくなってしまったような気がした。今後、もしも私たちが、カムチャッカかアラスカ辺りの海岸で、小屋の生活を始めるようなことがあったとしても、もうあの声は×さんに似ているなどということは、いわないだろうと思う。そう考えると、やはりこの気持ちの変化も少し寂しいと思った。

だがその後、烏という鳥を、厚意のない目で見ていくと、実に横着な感じのするところもあった。たまにここの浜へ発動機船が着くと、村の人たちがみんな賑やかに集まって、根室へ頼んでやった買い物を船頭さんから受け取ったり、その代金を払ったりする。そんな時にお菓子の入った風呂敷包みなどを、うっかり岩の上にでも置いたまま油断していると、たちまちあの鋭いくちばしで布を突き破って、包みをバラバラにしてしまう。置いた人が怒って追い払いに行くと、ちゃんとそれを知りながら、いよいよ危険区域に人が接近するまで図々しく食べていて、それから最後の一つをくわえて、しゃあしゃあと飛び立っていく。それからよちよち歩くような子どもの持っているお菓子を横取りして泣かせることもあるし、手当たり次第の悪戯をする。なお烏は、人間の男と女の区別をはっきりと認識して知っている。男が畑を耕していても、決して近くへ寄りつかないのに、それが女の人だと、すぐ後ろまで平気でついて歩いて、土の中から何か拾って食べている。

また烏は非常にめざといやつで、家のそばの塵捨て場辺りにいるのを、羽目板の節穴からでもそっとのぞくと、すぐぱっと飛び立って逃げてしまう。

それから、私たちが道を歩いていくと、牧場の柵の上などにたくさん並んでとまっていることとがある。知らん顔をして前を向いて歩いていると、みんなモジモジしながらともかくもそのままでいる。だがちょっとでも烏の方を振り向くと、一度に飛び立って逃げていく。しかし、こんどは顔だけ前を向けて、目を細くして横目で見ながら行ってみると、やはり、逃げたものか、どうしようかというように、モジモジしてはいるが、それでもじっとしている。結局烏の智慧(ちえ)では、人間の横目まではわからないものとみえる。

　島には普通二種類の烏がいた。一つは普通内地で見るようなのと、もう一つは嘴太(はしぶと)とかいう、身体に比べて馬鹿馬鹿しいくらいくちばしの大きい、そして先の曲がっているのがいた。それから冬、流氷が押し寄せてきて「こまい」（魚）取りが始まると、色丹烏(しこたん)というのが色丹島から出稼ぎにやってきて、主として網場の近所に集まっていた。それは普通の烏より身体もずっと大きく、あまり人のいるそばへは来なかったようだ。名は同じ烏でも、この方が何か少し位が上のような気がした。鳴き方も烏と鳶(とび)の合いの子みたいで、その声を遠くから聞くと、ガアガアとは似てもつかない、コロンコロンと張りのあるいい声で鳴いていた。それに、翼の力も強いらしく、時々翼を止めて滑空もしていたようだった。

　白皚々(はくがいがい)とでも形容したい、見渡す限りの氷と雪の海原に、高々と余韻(よいん)を曳(ひ)いて響き渡る色丹烏の鳴き声は、何かしら凄壮(せいそう)な感じを持っていた。その色や形はたしかに烏に似ていても、こんな時の感じは、どうしても別な島としか思えなかった。

四　島の魚

鱒と鮭　私たちが最初に古丹消へ来て、まだ間もない頃のこと、浜辺を散歩していたら、向こうの方の川口で遊んでいた子どもが三人ばかり、いきなり海へ飛び込んで、何か追い回し始めた。何だろうと思って急ぎ足で行ってみると、大きな鱒を一尾、岸へ追い上げて捕らまえていた。そばへ行ってから「たくさんいたの」と聞いてみたら「うんいたよ」といっていた。こうして、こんな子どもたちに空手で捕れるところを見ると、相当な数いたものだろうと思った。

なおこれは見たのではないが、昔はこの辺の川に、秋になると、とてもたくさんな鮭の集団が溯上（そじょう）していて、川を徒渉（としょう）しようとしても魚が邪魔になって歩けないので、まず岸から石や木の枝を放り込んで追い散らしておいて、それから人間が渡ったものだといっていた。それを初めて聞いた時は、少し大げさな話だと思ったが、昔は本当に、それに近いくらいの事実はあったのだろうと思う。

島の魚のうちで、何といっても一番味のいいのは鮭だったように思う。有名な根室の鮭というのは、みんなこの辺の島で捕れるものだと聞いた。鮭は前にもちょっと書いたが、ルイベや、焼漬のような内地の人の知らない食べ方もあるし、島でも一番上等な魚のうちに数えられていた。島の人は鮭とはいわないで、アキアジといっていた。そして時期はずれの夏頃の網にかかって捕れるのを、ただ単に「時知らず」と呼んで相当珍重していた。したがってその値段なんかも、鱒の方はほとんど価のないようなもので、もし買ったとして一尾五銭か六銭くらいだったろうと思うが、鮭の方はその十倍も二十倍もしていた。

島の魚は概して大味だったが、鮭のほかにオヒョウというヒラメのお化けみたいな魚もいて、とてもうまいと思った。オヒョウの大きいのは畳一枚くらいのまであるといっていた。

冬、流氷が来て、海が一面凍ってしまった時、氷に穴をあけてその下へ網を張って、魚を捕ってるのを見に行ったことがあった。この氷の下から捕れる魚は「こまい」という鱈に似たもっと小さい魚だったが、氷の上へ山ほど引き上げられて積んであるのを、馬橇で岸へ運んでいた。土地の人はこれを食べられるだけ食べて、そのあとは肥料に作っていた。この「こまい」が不漁な年は、お米が余計にいるとまでいわれるほど、みんなよく食べていた。それも煮たり焼いたりするのは面倒だからといって、茹でて食べてる人もあった。しかし、この魚はたくさん捕れはしたが、島の魚のうちでもまずい方だった。

チップカムイ　海岸を歩きながら網を曳いてるところへ行くと、時たま見かけることがあったが、珍しい魚でチップカムイという気味の悪い大きな魚がいた。その名は、神様の使いの魚とでもいう意味のように思われるが、身長は八、九〇センチもあったろうか、肌は褐色で、目に見えるような鱗はなく、身体を曲げると豚の肌のような皺が寄った。顔の感じも獰猛で、とてもものすごい歯を持っていた。これを陸上の動物にすれば、差し当たりサイのような格ものだろうと思った。見るからにそのグロテスクな恰好は、私でも気持ちがよくなかったが、妻は怖がって、そばへも寄りつかなかった。これが岸近くの網にかかると海が暴れると、島の漁師たちはいっていた。

滑稽な感じのする魚にゴッコというのがいた。変な恰好の長さ二〇センチあまりくらいのものだったが、私たちは、これを初めて潮の引いたあとの岸の水たまりで見つけた時は驚いた。ゴッコを正面から見ると、その顔はどう見ても髭面のアイヌのような感じで、しかも少し低能な中年男という気がした。ふだんからスローモーションだが、じきに怒るやつで、怒ると河豚みたいに腹がふくれて、空気枕のように水の表面へ浮き上がってしまう。こんなにふくれて見せても、それで仲間を威嚇することはできるかもしれないが、人間にその手を使うのは少し無理だろうと思った。そのためにかえって浮きすぎて、自分で泳ぐことも逃げることもできなくなって身をもがいている。私たちは最初お目にかかった時、その一人芝居を呆れて見ていたことがあった。

蛸と蟹　潮の引いたあとの蛸捕りも面白かった。しかしその蛸を捕る道具がまたあまりに原始的なものなので、私たちは意外に思った。それはただ普通の五寸釘を鉤に曲げて、棒の先へつけただけのものだった。それを持っていって、水の少なくなった岩の下を、そっとのぞいて歩くと、吸盤のある赤い足（茹でないうちからかなり赤かった）を出している。それをその五寸釘の鉤で引っかけるのだが、引っかけてからあとがむずかしかった。慣れた人は一度少し引っ張ってからまたちょっと緩めてやる。ここにコツがあるらしかった。そうすると蛸が、もっと奥へ逃げ込むつもりで手足を浮かす。その機を巧みに捉えて一挙に引き出してしまう。だから素人が、初めから強引に引き出そうとすると、かえって蛸も強引に岩へ吸いついてしまって、身体が八つ裂きになっても、なかなか出てこないということだった。私はそれぞれの要領があるものだと思って感心した。しかし、この要領はまだのみ込みやすかったが、引き出してしまってからも、まだむずかしい要領があった。それは頭の部分の袋のようなところを巧みに手早く、ひっくり返してしまうことだった。そうするとそのまま浜へ放り出しておいても大丈夫で、帰りにそれを拾い集めてくるのだった。一度頭部を裏返しにされた蛸は、さすがにもう歩くことはできないで、八本の足を揉み合わせてもがいている。この動き続けていることが、また必要なので、もしも殺して動かなくすると、すぐ烏に突っつかれてしまうのだそうだ。でもこの頭をひっくり返す芸当は到底私たちの及ぶところではなかった。私たちはこんなのを一匹持って帰ると、あまり量が多すぎて持て余した。吸盤も皮も削り落としてしまって中身だけにするのだが、それでも二度や三度にはとても食べきれなかった。

蟹（かに）はもらって食べただけで、自分たちで捕りに行ったことはなかったが、島にはさすがに立派なのがいた。ある時、夕方遅くなって、ゲレンデからスキーで帰ってみると、小屋の入口に大きなやつがぶら下がっていたので、びっくりしたことがあった。それは一人で足の二本ずつも食べるとたくさんになってしまうほど大きなものだった。こんな大きな蟹のはさみの中には、とても豊富な肉があって、それがまた実においしかった。

貝では帆立貝とホッキ貝がおいしかった。

鰊（にしん）もかなり捕れたが、その初物はうまかった。でもいい気になって食べすぎると、じきに飽きてしまうのだった。

それからメイセンなどという反物（たんもの）のような名の魚も濃厚な味でうまかった。なおキウリという魚もいた。それは魚のくせに、生の時、野菜物のきゅうりそっくりの匂いがした。

まだまだ、そのほかにもたくさんいたし、釣りもやればできるのだったが、私たちは自分の仕事が忙しかったのでほとんど行かなかった。

五　鼠の話

頭上の煉瓦　二年目の秋の末、また寒い北風が吹き始めて、もうそろそろ地面が凍りかけてくる頃、山に食物が少なくなってでもきたのか、鼠が小屋へ入ろうとして、夜になると、入口の戸をガリガリかじってしようがなかった。

元来この小屋には、鼠の入ってこられるようなところもなかったし、もし入ったとしても、安全に隠れていられるような場所はなかった。上は屋根下地を二重に張って、水平の天井を作らなかったし、下は砂地で湿けたり、凍り上がったりする心配がなかったから、根太を埋め込んで、風の入らないように厚い板を砂に密着させて張って、小屋の周囲は厳重に囲って埋めといたので、縁の下もなかった。そんなわけで私たちは、今まであまり鼠の来訪を受けたことがなかったせいか、余計気になっていけなかった。放っておいたって、戸に穴をあけて鼠が中へ入ってくるまでは、容易なことではないと思ったが、やはりかじる音が耳について、眠ろうとしても邪魔だった。寝床の中から、「しっ」というと、一時はやめるがまたやってきてガリガリ始める。それもたび重なると、鼠のやつが図々しくなってしまって、効き目がなくなってしまった。

私は、いまいましいやつだと思いながら、その音を聞いてると、ふと、ある考えが浮かんだので、思わず一人で吹き出してしまった。そばにいた妻が、びっくりして、どうしたと聞くから、鼠のやつがうるさいから、ひとつ驚かしてやろうと思う、といって起き出してしまった。それから仕事場で煉瓦を一つ見つけてきて紐で縛り、ご苦労にも戸に錐で穴をあけて糸を通し、縛った煉瓦を戸の外側へ吊るしておいて、その糸のほかの端を持って寝床へ入っていた。この私の子どもみたいな思いつきに妻も面白がった。

それから私は一人で考えていた。鼠が今までのつもりで戸口へ来て、ガリガリとかじっていると、思いもよらぬ頭の上から、いきなり煉瓦が落ちてくる。どうせ敏捷な鼠のことだから、下敷きになるようなことはあるまいが、その瞬間、どんなふうに驚いて飛びのくだろうと、その時の恰好を想像して、紐の端を持っていながらおかしくってたまらなかった。

待っていると、そんなこととは夢にも知らない鼠は、間もなくまた出てきて、ガリガリとやり始めた。頃合いを見計らって、紐の端を放してやると、大変な音をたてて煉瓦が落ちていった。計略が図に当たったので、鼠のやつさぞびっくりしたことだろうと思って、私は一人で悦(えつ)に入っていた。そしてまたかじったら落としてやろうと思って用意しておいたが、鼠はもうそれっきり来なかった。しかも、その晩来なかっただけではなく、それからは、ほかの場所をかじりかけても、戸口だけは決してかじらなくなってしまった。しかし結局、鼠にとってかじりよかったのは戸口だけだったから、私たちはそれっきり眠りを妨げられるようなことはなくなった。私はうまくやったと思いながらも、また少し、あっけなさすぎるような気もした。そして鼠にも話ができるものだろうかと思った。当時たしかに何匹か仲間がいたろうと思われる。その鼠のうちで、「戸口をかじっていたら煉瓦が落ちてきた」という経験をしたのは、そばでそれを見てでもいない限り、一匹だけだったと思うのに、それらのいずれもが、戸口をかじらなくなったことをみると、何だか、鼠たちが集まった時「うっかり、あの小屋の戸口をかじると煉瓦が落ちてくるぞ」とでもいう話をしたような気がして、またおかしかった。

　事実、その後しばらくの間に、この時のお仲間と覚(おぼ)しき、同じような大きな鼠を四匹捕らえた。そしたらそのうちに、尾のつけ根のすぐ先に、大きい古疵(きず)のあったのがいたから、たぶんそれが最初戸口をかじったやつで、その疵跡は煉瓦の落ちた時のものだろうと想像した。

　しかしその四匹を捕まえるまでには、それ相当の経緯があった。私が鼠の頭上に煉瓦を落としてやってから間もなくのこと、こんどは小屋の中に、大きな鼠が一匹いるのを見つけた。小屋にはどうしたって、外から入れる穴はないはずだったから、きっと、私たちが戸を開けたまま、留守にしていた間にでも、こっそり入り込んできたものだろうと思った。それから入口の戸を閉めておいて、二人で追いかけてみたが、いくら狭い小屋の中でもさすがに敏捷で、寝台の下や流し場の辺りを巧みに逃げ回っていて、なかなか捕まえられなかった。しかし鼠の方もまた、どこの隅へ行ってみても逃げ出せる穴もなければ、落ち着いて隠れていられる場所もなかったので、雲隠れもできず、しばらくはそんな活劇が続いた。

鼠捕り箱　だが私はしまいに、いつまでもその相手になってるのが馬鹿馬鹿しくなってきたので、あり合わせの大きな箱で、即製の鼠捕りを作った。そして餌はお魚の片をバターで揚げて鉤に刺し、それをかじると蓋が落ちるようにして、寝しなに掛けておいた。

それから、私たちはもうそんなことは忘れて、いい気持ちで眠ってしまったが、夜中になってバタンと大きな音がしたので、びっくりして目を覚ました。起きていってみると、たしかに鼠は箱の中へ入っていた。私は鼠のやつ、ご馳走を発見してひと口かじると、その途端に大音響とともに蓋が落ちてきて、箱の中へ閉じ込められてしまったのだから、さぞまたびっくりしたことだろう。音のした瞬間は、きっと身体の何倍か飛び上がったに違いないなどと思った。

逃げ場を失った鼠は、箱の中を駈け回ってところ嫌わず板の隙間をガリガリかじっている。私はうまくいったのでちょっと得意だったが、じきに困ってしまった。先刻箱を作る時、鼠を捕らえることまでは考えていたが、うかつにもその先の始末には気がつかなかった。このままにしておけば、箱に穴をあけて出てしまうし、せっかく捕まえたのを、表へ出して逃がすという手もないと思ったので、さんざ持て余して相談した挙げ句、温泉で溺死させてやろうと思って、風呂場へその箱を持っていった。しかし、風呂場へ行くと、寝巻のままごまごしていて、寒くなったものだから、自分たちが先へ湯槽の中へ入ってしまった。鼠は相変わらず箱の中で暴れているが、まさか一緒に入れるわけにもいかないので、蓋の隙間から湯を注ぎ込んでみた。でもそんなことくらいでは、とてもらちが明かないから、ボート錐を持ってきて、蓋に穴をあけて、そこから湯を入れてみた。しかしそれでもまだ、板の隙間から漏ってしまう方が多いので、また穴の数を増やして、コップや洗い桶でどんどん注ぎ込んだ。箱の中の湯がだんだん深くなってくると、鼠はいよいよ暴れ回っていたが、しまいには苦しまぎれに、湯を入れてる穴にまで口先を出してきた。それを見ると可哀そうになったが、今さらやめる気にもなれず、早く死んでくれと思いながら、私たちは一生懸命この注水作業を続けた。

やっとのことで往生させてしまって、やれやれと思ったが、なぜあんな可哀そうな殺し方をしたかと思うと、私はまた自分のしたことの軽率さが悔やまれて、寝床へ帰ってからも長いこと、その気持ちが頭へしみ込んで離れなかった。

押し潰し鼠捕り　もうこれでいいと思っていたら、しばらくしてまた一匹入ってきた。こんどは前の時懲りていたから、自動的に短時間で溺死させてやろうと思って、大きな水甕の中へ、八分通り水を入れてその上側に橋を渡し、水に鋸屑をいっぱい浮かせて、その上へ小さな板きれに餌を載せておいてみた。鼠がそれを取りに下りたら水へ落ち込むだろうと思っていたのだが、これは鼠の方が利巧で、餌に手を出さなかった。

だがそのままにしておくのも癪だったから、また新しい別な装置を工夫した。こんどは大きい重い箱の蓋を持ってきて、その一端を革の蝶番で、流しの下の床へ取りつけた。そしてその下の真ん中頃の床の上へ餌を置いて、かじると蓋が落ちるようにした。なお蓋の目方を増すために、蓋の上側へ煉瓦を載せておいた。この方法はうまく成功した。翌朝起きていってみたら、蓋が落ちていたので持ち上げてみると、素晴らしく大きなやつが、ちょうど漫画によくあるスチームローラーにひかれた人間みたいに、一センチくらいの厚さの平らなお煎餅のようになって、もう硬くなっていた。これは別に血も出ていなかったし、蓋の落ちる時も、間に鼠がいるので、目の覚めるほど大きな音はしなかった。それにショックが大きいから、同じながら鼠の苦しみも、きっと少ないに違いなかろうと思った。それで以後千島にいる間は、ずっとこの方法を利用していた。

二十日鼠と蠅捕り紙　これはこの小屋の時ではなかったが、ひと冬留守にしておいたら、小さな二十日鼠がたくさん小屋へ入っていた。あんまり小さいので、捕ろうと思っても今までの鼠捕り装置では、どの方法でも駄目だった。だがやはり安全な隠れ場所のない小屋だったので、追い出すといくらでもチョロチョロと出てきて、部屋から部屋を走り回った。それから妻が追い出して、私が部屋の入口で待っていて棒で叩いてみたが、なかなかうまく当たらなかった。仕方がないから、金網の鼠捕りを借りてきて掛けてみたが、小さすぎて網の目から出たり入ったりしていた。そんなことで、二、三日は持て余していたが、どうも煩わしくって気になるので、何かいい方法はないものかと考えた挙げ句、やっといいことを思いついた。それは蠅取り紙を一枚持って、部屋の戸口で待ち伏せしていて、追われて、チョロチョロと走ってくるやつへ、いきなり、ヤッとかぶせてしまう。すると紙に塗ってある黐が、ちょっとでも鼠の毛につくと、もう逃げられなくなるので、それを手早く、くるくると包んで放り出しておくと、間もなく窒息して死んでしまうのだった。その二十日鼠の一群は、これでみんな退治してしまった。

鼠と湖　これは昔、赤城山にいた頃だったが、ある夏、地下室で金網の鼠捕りへ、大きなやつが入ったことがあった。それを二、三人で小舟へ乗せて、湖水の中へ持っていって、小島（幅三、四メートル、長さ一〇メートルあまりの小さい島）の岸から一二、三メートルのところで、籠(かご)を水面に近づけておいて、入口の蓋を開けてみた。どうするだろうと思って見ていると、鼠はちっとも躊躇(ちゅうちょ)しないで、いきなり水の中へ飛び込んでしまった。ボシャンと音をたてて入ったっきり、いつまで見ていてもなかなか浮いてこないので、さては溺(おぼ)れたのかなと思っていると、ややしばらくしてから、およそ六メートルほど先へ、方向も間違えずにポカリと浮き上がって、それから先は水面を器用に泳いでその小島へ辿り着き、たちまち石の間へ入ってしまった。すぐあとから行って、隠れた石の周囲をのぞいてみたが、もうどこにも鼠の姿は見えなかった。

水へ飛び込む前に、ひと目小島をにらんであらかじめ見当をつけておいたという様子も見えなかったし、それにふだんから泳ぐ稽古をしていたわけでもなかったろうに、うまくやってのけるものだと思って私は感心した。なお最初から水面を行かずに、息の続く限り、数メートルも先へ、しかもできるだけ深いところを、潜っていって、敵の追跡を免(まぬか)れようとするなどは、相当な頭の働きだと思った。

鼠と雪原　これは二度目の赤城山の小屋の時だった。ある冬、地下室へ掛けておいた金網の鼠捕りにまた大きなやつが一匹入っていた。手をかけて殺すのもいやだから、庭の雪に穴を掘って鼠捕りごとその中へ埋め、上から固く踏みつけて、こうしておいたら中で窒息するだろうと思っておいてみた。そして半日ほどたってから掘ってみたら、窒息するどころか素晴らしい元気だった。それから、一体鼠というやつは、広いところへ出したらどれくらい速いものだろうと思って、氷が張りつめて一面の雪野原となっている湖水の真ん中までスキーで持ち出して、籠の戸を開けてみた。雪の状態はウインドクラストでかたく締まっていて、鼠の走るのには絶好なコンディションだった。

鼠は籠の口から飛び出すと、いきなり走り出したが、それは走るというよりは、毬の弾むようにぽんぽんとバウンドしながら飛んでいった。その動作は非常に敏活だったが、見ていると最初から場所の広さに対して、調子が合わなかった。ちょうど大海の遠泳に抜き手を切っていくような感じだと思った。スケーチング（スキーを片足ずつ上げて雪を蹴りながら、スケートのような恰好をして走っていく滑り方）で追いかけてみると、たちまち追いつけた。するとまた鼠は方向を変えて、逆な方へバウンドしながら飛んでいった。近い方の岸までは二〇〇メートルくらいしかないのだが、鼠にはそれが遠くって、見極めがつかないらしかった。しばらく行ったが、見ていると追われもしないのにまた方向を変えて飛んでいった。そうして、しまいには、とうとう疲れきってしまったとみえて、私たちがそばへ行くと、スキーの先の反り上がってる蔭や、杖のリングの下へ隠れるようになった。そのうちに、いくら追っても動かなくなったから、私は厚い手袋をはめてるまま、手の上へ拾い上げてみたが、それでも鼠はもう往生して、じっとおとなしくしていた。厄介なやつだと思ったが、再び小屋の方へ来ないようにと思って湖の向こう側まで持っていってやった。そして岸の二〇メートルくらい手前で雪の上へ置いてみた。しばらく手の中で休息してもいたし、今度は岸も見えたらしく、真っすぐに飛んでいって、そこにあった木の根の雪の凹みへ入った。しかしその木の根には隠れる場所がなかったので、飛び出してまた次の木の根へ入った。そこにも穴はなかったのでまた次へ移った。だが四、五回そんなことをしているうちに、とうとう見えなくなってしまった。あとをついていって調べてみたが、どの木の根にも穴らしいものはなかった。だがやはり狭いところへ来ると、雲隠れの術が効くようになるものらしく、私たちは感心しながら帰ってきた。

鼠にかまれる　これも赤城の小屋にいる頃で、時期は夏だった。私たちがちょっと湖畔へ出ている間に、また大きな山鼠が一匹小屋へ入っていた。すぐ戸を閉めて、お勝手の棚の隅の逃げ場のないところへ追い詰めてしまって、ブリキ屋で使う釘抜きの大きいような道具を持っていって、後ろ足をしっかり挟んでしまった。キイキイ鳴いているやつをそのまま引っ張り出したが、小屋の中を持ち回ってみても、庭へ持ち出してみても、どうにもしようがなかったので、また溺らせてやろうと思って湖水へ持っていった。

いよいよ水際まで行って、私がしゃがみかけると、鼠が突然、今までと違った感じの動作をする気配が見えた。その瞬間、私は「あ、やられるな」と思った。「その手があったのか」という気もした。それが実に、時間にしたら十分の一秒よりも短かったろうと思う。鼠がその動作を起こす寸前に気がついていたのに、なぜか逃げる暇がなかった。やられるなと思っているうちに、もう釘抜きの柄に手をかけて、飛ぶように身体を伸ばしてきた鼠の口が、私の親指の根元へ深々とかみついていた。かみついたと思ったら指の中で、鼠の上歯と下歯が肉をかみ抜いて交叉するのがよくわかった。「痛いっ」と思ったが、事態がここまできてしまったので、しょうことなしにだったろうが、不思議に気持ちが落ち着いた。私はすぐ左手の親指と人差し指で鼠の首を力任せに絞めつけた。そうしていた時間は正確に覚えてはいないが、たぶん十秒か、十五秒くらいだったろうと思う。最初首を絞められて、手足を動かしてもがいていた鼠が、やっと動かなくなってしまったと思ったら、首を絞められていたせいだろうが、二、三秒すると自然に口が開いて、歯が上下へ分かれて疵口から抜けて出た。抜け出た鼠の歯を追うように親指の疵口から血が流れ出た。その後はほかの怪我と違って、何だか気持ちが悪かった。幾日も幾日もたって疵口がふさがってからも、まだ不安でいやな気がした。私の子どもの頃、家にいた男が鼠に足の親指をかまれて、それがひどくとがめて二カ月も医者へ通っていたことがあった。そんなことまで思い出して、何となく心配だった。しかしいいあんばいに、私の場合は別にとがめるようなこともなく、無事に済んでしまった。

でもその時小屋へ帰って疵口の手当てをしながら、なぜかまれるような持ち方をしていたかと考えてみた。あれが一番最初捕らえようとした時、すぐかみつきに来れば、私もきっと逃げられたような気がする。それが捕らえられてから、少なくも四、五分の間、一度もかみつきそうな素振りも見せなかったものだから、私はつい、鼠にはかみつく姿勢にはなれないもののような気がして、別にそれ以上考えようともしなかった。だから私には捕らえてしまった直後から、すでに大きな油断があったわけで、この勝負は、最初から軽率だった、私の負けだった。

しかし鼠の方にしてみれば、それまでに、いくらでもかみつく機会はあったのに、気がつかなかったのか、それとも知っていてやらずにおいたものか、その点はわからないが、もしこの場合鼠がもっと冷静沈着で、よく人間の心理をつかむことができたとしたらどうだったろう。

そうすれば、もっといい機会、例えば湖畔へ行く途中の藪のある辺りで、突然攻勢に出て身体を伸ばし、指にかみつき得る体勢を整えておいて「かむぞ」という恰好だけしてみせたら、私は必ず不意を打たれて、釘抜きごとそこへ放り出したに違いない。そうすれば鼠の寿命は、まだここでは終わらなかっただろうと思う。だからこの鼠は、チャンスのつかみ方の時期を失して、惜しいところでせっかくもう一度与えられていた幸運を取り逃して、勝てる勝負を捨ててしまったことにもなると思う。

そう考えてきてみると、このことは必ずしも、敵に捕らえられた時ばかりの問題ではなく、自分たちが山やスキーで、不幸にして窮地に陥ったような場合、冷静沈着に機会をつかむということの妙を考えなければいけないと、教えられたような気がした。

六　二年目の冬

長谷川氏来る　この年の暮れには、友人長谷川伝次郎氏が私たちの小屋へ遊びに来た。私たちの島の生活六年間を通じて、内地からのお客さんは長谷川さん一人だった。ほかにもまだ、私たちの話を聞いたり、島の写真を見たりして、ぜひ行きたいとか、来年はきっと行くとかいった人は何人かあったが、ついに来られなかったところをみると、やはり千島は不便な遠いところだったという気がする。

長谷川さんは数年間インドにいて、しまいには、インド人に化けてチベットへ入ったり、ヒマラヤへ登ったり、愉快な生活を続けていて、前の年あたり日本へ帰ってきたばかりだった。そしてこんどは、スキーを担いで千島へやってきて、私たちの小屋で一シーズンを滑り暮らそうというのだった。長谷川さんは、麻生さんにもらったといって、ジャンプスキーまで用意してきた。

小屋は元気な新手が加わったので、また賑やかになった。長谷川さんは、デンマーク体操の研究家でもあった。教わりたいと思っても、小屋の中が狭くって駄目だったが、のちには毎朝早く起きて隣の学校の教室へ通い、学校の先生等も交じって一緒にデンマーク体操の稽古をした。

やがてまた、雪のシーズンに入ったので、私たちの生活はいよいよ活気づいてきた。ゲレンデも、前シーズンよりは広くなっていたし、村の人たちのスキーも、ずっと進歩してきた。小さいシャンツェを飛ぶ人の数もだんだん多くなった。長谷川さんも、昔スキーをやっていたので、じきにうまくなって、間もなくジャンプもやり出した。長谷川さんは当時三十八だったと思う。私は三十七から本格的に飛び始めたのだったが、長谷川さんの方が、一つ遅くなってから始めたわけだった。どうも私が定石（じょうせき）はずれをやるものだから、類をもって集まるというか、この長谷川さんのジャンプ入門などもその一つで、恐らく、年をとってからやり始めた方のレコードだろうと思う。

私たちは連日ジャンプスキーを担いでは、シャンツェへ通っていた。そして熱心に練習を続けていたが、一つ私たちにとって張り合い抜けのしたことがあった。それは妻が妊娠して、ジャンプができなくなったことだった。それでも毎日、山スキーをはいて一緒に出かけて、私たちのジャンプの手伝いをしたり、自分でもその辺で軽い練習は続けていた。

インドの歌　小屋へ帰ると、私たちはよくストーブを囲んで編み物をした。長谷川さんも、間もなくそのお仲間入りをして、靴下などを編み始めた。暴れ日には代わるがわるレコードをかけたり、ヒマラヤの話を聞いたりして、愉快な話題は、それからそれへと尽きることがなかった。

夜中頃に、くたびれて眠っている私たちの耳へ、かすかに、緩やかな、美しい歌の旋律が流れ込んでくることがあった。すると初めのうちは、何か魂を子守られるような、いい気持ちになって聴いているが、だんだん夢、現(うつつ)の境から少しずつ浮かび上がるようにして、現実の世界へ目覚めてきた。見ると、青白い月の光が冴えて、昼間のように明るく、窓ガラスについた繊細なジャックフロストの絵のような模様を、美しく照らし出していた。

歌声の主は、月に誘われて一人でガラス張りの温泉へ浸かり、雪と氷に輝いている窓の光を眺めながら、いい気持ちになって口ずさんでいる長谷川さんで、古いインドの民謡だった。長谷川さんの歌は、氏がインドにいた時、タゴールの大学で音楽をやっていたというだけあって、さすがに素人離れのした奥行きを持っていた。暖かいインド大陸の土に、育まれて伝わってきたという歌の旋律が、北海の離れ島の雪の中で聴いても、不思議に、何の不自然さも感じられなかった。それは何か、地域の隔たりや、人種の別を超越して、人の心に触れてくるものがあるように思えた。

裸ジャンプ　やがて、シーズンも半ばを過ぎる頃になると、いつものように、身体のコンディションがよくなってきて、いくら猛練習をしても、ほとんど疲労を感じないようになった。長谷川さんのジャンプの進歩も著しく、毎日張りきってよく飛んでいたが、この頃はもう二〇メートルくらいの距離は出すようになっていた。

春が近づいてきて、朗らかな、暖かいお天気が続くようになったある日のこと、台は小さいし、アウトランには逆斜面があるし、安易な気持ちで飛べるので、私は上衣を脱いで飛んでいた。だがそれでも暖かいので、シャツまで脱いで裸になって飛んでみた。二、三日はそうしていたが裸がいい気持ちだったので、少しくらい寒い日でもシャツを脱いで飛ぶようになった。

そのうちにこんどはズボンも脱いでみた。次にはズボン下も脱いで飛んだ。しかし、もっと徹底してみたい気持ちになったので、とうとうサルマタまでも脱いでしまった。いくら何でも、靴下と靴だけは脱ぐわけにいかなかったが、それ以外には、完全に一糸もまとわない丸裸になって、まぶしいばかりに照り輝いている太陽の光を全身に浴びながら、真っ白い雪の上を、寒風を切って飛んでいった。馬鹿馬鹿しい話だと思う人もあるかもしれないが、本人はいい気持ちだった。

さすがに、最初はちょっと異様な感じがしないでもなかった。アプローチに立った時は、そんなでもなかったが、スタートしてスピードが出てくると、股から腰の辺りを、妙に冷たい風がスーッと吹き通していく。思わず緊張して踏みきって飛んだが、その緊張した感じが気に入ったので、それからは、第七シャンツェと呼んでいた村の方からは岡の蔭になっていて見えない台で、自分たちだけの時は、いつも裸になって飛んでいた。しまいには、長谷川さんまで上半身は裸で飛ぶようになった。

そのうちに、裸ジャンプで一つ面白い発見をしたことがある。その理由はついによくわからなかったが、裸になると、必ず飛躍距離がのびることだった。いつやってみても例外なしに、五パーセントないし一〇パーセントは余計に飛べた。例えば、最初に行った時、着物を着たままで一五メートル前後を飛んでいたものが、裸になると、たちどころに一六、七メートルは出るようになった。第七シャンツェは、最大限度二〇メートル近所［附近］の台だったから、空気の抵抗を云々するほどのスピードはなかったと思う。それから、裸になった結果、膝や腰の伸屈運動が楽になるためかとも思ってみたが、それだけで、これほどの差が出てこようとは考えられなかった。また内股辺りを吹き抜けていく風の冷たさに刺戟されて、つい緊張して踏みきるせいかとも考えてみたが、しかしこれもズボンをはいていたって緊張して飛ぶことが多いのだから、そればかりとも思えなかった。いつかはこの問題も解決してみたいと思いながら、まだそれっきりになっている。

しかし、ともかくも愉快な練習だった。自分で見られないのは惜しかったが、裸で飛ぶと踏みきる時の膝の伸び方などが、実によくわかったそうだ。私たちはその頃も、フライトの写真はずっと撮っていたから、途中の静止状態に見える姿勢だけは、自分でもよくわかった。

裸ジャンプも、続けて一週間もやってると、だんだん慣れて、あたりまえのような気持ちになってきた。そのために、つい始めた頃のような用心深さがなくなってきて、ある暖かい日の午後の練習の時、いきなり真っ裸になって、アプローチの頂上からスタートしてしまった。出てみたら、パラピン［パラフィンワックス］がよく雪に合って思いのほかスキーの滑りがよかった。これは出るな、と気がついたが、そのまま踏みきって飛び出した。出てみると案の定、フライトが高すぎたので、困ったと思ったがもう間に合わなかった。空中で制動するわけにもいかず、とうとう着陸斜面を越しかけて、クニックの間際へ下りてしまった。そして春の日の直射を受けて、幾分緩み加減になっていた雪の中へ、スキーが一〇センチあまり埋まった。別に姿勢も崩れてはいなかったし、随分用心して下りたつもりだったが、頑張りきれないで、とうとうザラメ雪の中へ真っ逆さまに転がり込んでしまった。もつれたスキーをそろえ直して起き上がってみたら、身体へついた雪が、体温でたちまちとけて流れ出したものだから、いっぺんに寒くなってきて震え上がってしまった。そして雪の中の裸はこんなにも寒いものかと、初めて知ったような気がした。そのうえ、背中や腰の辺りをザラメ雪でところどころすりむいたので、ほうほうの態（てい）で小屋へ逃げて帰ったようなことがあった。

氷原　春山の雪が、ザラメになってきてからは、三人でよく出て歩いた。弁当持参で遠い山の尾根を回ってくることもあったが、また時々は方向を換えて、流氷が流れ着いて一面の雪原と化した海の上を、ずっと沖の方まで出ていくこともあった。広い雪原のところどころには流れながら押されて盛り上がった、氷山ならぬ氷の山が出来ていた。累々（るいるい）と、不規則に積み重ねられた蒼（あお）い氷に日が差し込むと、胸のすくような華麗さがあった。こんな時に、色丹鳥が高い空を、コロンコロンと張りのある、冴えた声を響かせながら鳴いて通るのを聴くと、いかにも自分たちが、北海の冬の中に来ているという感じがした。

前年この村のある人が、沖の氷に穴をあけて魚を捕っていたところ、いつの間にか広い広い範囲の氷原が静かに移動し始めて、気のつかないうちに遠く岸を離れてしまったことがあった。しばらくしてそれに気がついたその人は、大いに驚いて、村の方へ向かって助けを求めて呶鳴(どな)ってみたが、どうせそんな時は風が逆なので、村の人の耳にまでその声は届かなかった。仕方がないから諦(あきら)めてその人は、その辺においてあった蓆(むしろ)や、空俵(からだわら)をみんなかぶって氷の上に寝ていた。氷原はそのまま漂流して、ぐんぐん沖へ出たが、二、三日して風が逆に変わったのでまた島の方へ戻ってきた。そしてそれが運よく隣村の海岸へ流れ着いたので、いいあんばいにその村の人たちに発見されて、危ない命を助けられたというような話も聞いた。

静かな日の夕方、この氷原の上で、はるかに知床半島の山の後ろへ沈んでいく大きな太陽を見ていると、何かひどく厳粛な感に打たれることがあった。

村の斜面に雪のなくなる頃、長谷川さんは、北千島へ行ってみるといって帰っていった。五月になって、千島でも、さすがに春の日差しがポカポカと暖かくなってきた頃、妻は男の子を産んだ。身体が丈夫だといっても、医者も産婆もいないところでお産するのは、多少の不安を感じないこともなかったが、島の人だってみんなこのままでするのだからと思い直して、気を大きく持っていた。ところがいざとなってみると、少しは不自由なこともあったが、近所の人たちも親切によく世話をしてくれたし、結局案ずるより産むがやすしで、別段の故障もなく、親子とも至って達者だった。その後日がたつにしたがってみんな元気になっていったので、ようやく安堵(あんど)の胸をなで下ろすことができた。

それから、子どもの名は何とつけたものかといろいろ相談してみたが、千島で春生まれたからというので、「千春」ということにした。

セルロイドエッジ　この一、二年私は、スキーのエッジの保護と、締め具の改良の必要とを痛切に感じていたので、思いつくたびにそれをいろいろと試作していた。締め具も、全金属製のものを幾通りか工夫して、不自由な工作道具で根気よくこしらえてみた。そのうちには、かなりに気に入ったものも出来て、現在でもまだ親子してずっと愛用し続けているものもある。今でこそいたるところで、カンダハー等の全金属製締め具を使用しているのを見かけるが、当時は幾多の欠点があるにもかかわらず、一般には革製締め具に対する信仰が厚く、金属性のものは不当に排斥(はいせき)されていた時代だった。

エッジの保護にもいろいろと苦心した。何か思いついても、島では材料が得られないので、その点でも苦労が多かった。セルロイドが欲しいので三角定規を切って使ったり、アルミニウムの板で試験してみたくなって、お勝手の洗い桶をこわしたりしたこともあった。それから、ベークライトに粉雪がつくかどうかと思って、ベークライト製のお椀を両手に持って、雪の斜面を這って歩いたりしたこともあった。

今となってみれば、硬度の不足その他で、あまり利用価値はなくなってきたが、当時ある運動具店へ勤めて、スキーのエッジや滑走面に、セルロイドを貼って、実用的に使用し始めたのも、この時の研究の結果だった。そのセルロイドを、スキーの滑走面に貼ってみる試験などは、島では充分にできないので、内地へ出てきた時にいろいろとやってみた。あとで考えると無駄な骨折りをしたような気のすることも多いが、当時は無論大真面目だった。スキーの裏いっぱいに、厚さ一ミリ半もあるセルロイドを貼りつけて、それを苦心して溝の中まで押し込んでみたら、材木みたいに硬いスキーになって、ちっとも弾力のないものになってしまったこともあった。それからセルロイドの厚さを減らして、溝だけ除けて貼ってみたら、弾力はよくなったが、こんどはそれを寒いところへ持っていってみる必要があると思った。だがそれはちょうど夏だったので、行く場所もなく、致し方ないので製氷会社の地下室へ持ち込んで、盛夏、マイナス一四度の寒さの中に、三十分も頑張っていて震え上がったこともあった。それから十一月にはぜひとも島へ帰らなければ、船の都合が悪くなるので、十月のうちに幾度か白馬（しろうま）［岳］の頂上までそんなスキーを担ぎ上げて試験してみたこともあった。しかし、いずれも木材と、セルロイドの膨脹係数の違いがスキーの形を一時的にくるわせるので、不結果に終わってしまった。白馬へ行った時などは、東京を出る時、両方合わせて二〇ミリでちょうどいい硬さだったアーチベンド［湾曲形状］が、頂上へ登るにしたがってだんだん増えていって、いよいよはく頃には約二倍半の四八ミリになってしまって、滑りながら曲がろうとしても、エッジが雪に引っかかってどうにもならなかったこともあった。

なおこの頃は、そのほかにも、スキーの杖の改良、耐寒服装の工夫等々、暇さえあれば、そうしたことに没頭していた。

七　靴下の表

靴下　この春は、赤城山以来数年にわたって編み続けてきたスキー用手編み靴下の研究がひと段落ついたので、その整理をすることにした。それはいろいろの目数や、寸法の表を作るのだが、この時の表が着手して以来八年目で、改良することとちょうど十回目のシステムだった。

何か改めたい点を思いつくと、計算尺を持ち出して厄介な目数の勘定をしたり、なお疑問の残ってる個所は、部分的に試作してみたりしながら、かなり長いことかかってようやく書き上げることができた。

私が靴下の自製を思い立ったのは、ちょうど赤城山にいてスキージャンプをやり始めようとした頃のことだった。当時は冬になると、普通市販の毛の靴下を、五足ずつ重ねてはいていた。その頃、町で売っていた靴下の大きさは、この頃のように、二五センチだの、二七センチ等という大型なものはなく、大人もので九インチ半、およそ二四センチと大概きまっていたので、足の大きい私はいつも困っていた。それでも一番下にはくのは、まだよかったのだけれども、上へ重ねるものほど無理に引き伸ばされるので、すぐに切れてしまうのだった。それに、買った時はいい恰好なのだが、はいてみると踵(かかと)の形が崩れやすくって、その点も工合が悪かった。それでスキーや山には、もう少し形も質も丈夫なものが欲しいと、つくづく思ったが、当時はどこの店にも、そういう特殊なものは売っていなかった。

そのうちに、真剣にスキーをやるようになると、いよいよ靴下に不便を感じてきたので、何とかして自分で編みたいものだと思っていた。だがまだ私は、編み物をした経験がまったくなかったのでおっくうにしていたが、ちょうど当時、京城(けいじょう)［ソウル］にいた姉のところへ、朝鮮の温突（オンドル）を見にいった時、姉が靴下を編んでいたものだから、その作り方を早速教えてもらった。しかし編み始めてみると、いわゆる在来の手編みの靴下では、まだ踵の形が充分とは思えなかったので、どうせやり始めるのなら、もっと理想的なものを考えてみようと思った。そこで表編みと、裏編みだけ覚えると、あとは一人で工夫していくことにして帰ってきた。でもいよいよ着手してみると、これもなかなか思ったほど容易なことではなかった。やればやるほどむずかしくなるような気がしたので、ついには、本当の目数と、同じだけの数の目のある図を描いてみたり、面倒なところへくるとそろばんを前において、一目編むごとに玉を一つずつ動かしたり、また鉛筆で一つずつ図上に印をつけていったりしながら、編んだこともあった。それから夜遅くまで編み続けてきて、いくら考えてもなかなかうまい案が浮かばないので、ああか、こうかと迷ってるうちに、胸が悪くなって吐きそうになってやめたことも、幾度かあった。またある時は、同じ踵を、編んだりこわしたり十七回続けたら、とうとう毛糸がボヤケてきて駄目になってしまったこともあった。

　やっとのことでこしらえて、ほぼこれでいいだろうと思ってはいてみると、踵の形が崩れてきたり、洗濯してみると足に合わなくなってしまったりして、悲観したこともあった。初めの頃はずっと、自分の足だけで試験してみていたのに、目のかけ方を次々と改良して三十何足目かまではことごとくわざと片跛なものばかり編んでみたような始末だった。無論私の頭の悪いせいもあったに違いないが、ともかくも予想外にむずかしいものだと思った。

そのようにして、しばらくこれならまあ大体いいと自信が持てる踵の出来上がったのは、編み始めてからまる八カ月を過ぎてからのことだった。この間は少しでも暇があれば、どこにいても編んでいた。旅行などをすると、汽車や船の中でも編んでいたし、宿屋の二階でも編んだ。自分の家にいる時はお便所の中へまで持ち込んで編んだこともあった。

その後、自分たちの靴下の寸法がほぼ仕上がると、ほかの人がはいたらどういうことになるかと思ったので、友人の足の寸法を計ってみて、よく合うようにこしらえて送り、なるべく乱暴にはいてみてくれるようにと頼んで、穴があくとまた送り返してもらって、参考にしてみたようなこともあった。

そのうちにだんだん進歩してきて、踵の形なども編んだ時よりも、はいてからいい形を保つことを考えるようになった。大きさも使用する糸によって、縮む割合を推定してあらましの表を作り、二、三回洗濯してから本当に足に合うように編むことにした。

それ以来、幾度かの階梯と、変遷を経て、現在は普通二月頃の極寒の時でも、私たちは一足だけで間に合わせることにしている。ただ特殊な場合、例えば真冬に高い山の頂上へ登るような時とか、厚い靴下にまだ慣れない人に勧める時だけ、やや薄いのを二足重ねてはくようにしている。ご参考のために大体の表をあとで書いておくつもりだから、興味のある人は見ていただきたい。なお以上のようなわけで、私の場合は初めから、慣れた人に教わったというわけではなかったから、目のとり方も、図の描き方も自然、婦人雑誌等に出てるものとは違ってきているので、ちょっと取りつきにくい感じを持つ人もあるかもしれないと思う。しかしすっかり規則的なものだから、最初にその図の見方をのみ込んでしまえば、あとはその図によって足の大小、編む針の太い細い、それから糸の多い少ないのも、表の通りにしていきさえすれば、間違いなく誰の足にでも、ぴったり合ったものが出来るはずだと思う。

その後、山の人にも都会の人にも相当大勢の人に勧めて、編み方を教えてあげたが、大体みんな満足して使っているように思う。

手袋　靴下がほぼ仕上がると、こんどは手袋にかかった。これも今までの経験によって設計を新たにしたり、いくつも試作をしてみたうえ、二本指のもの、五本指のものともにほぼ決定的な表を作ることができた。三本指もどうかと思っていくつか作ってみたが、これは中途半端でついに気に入ったものにならなかったのでやめにした。

それからよく聞かれる二本指の手袋と、五本指のものとの長短についてであるが、私たちは左記のような理由で、今はみんな二本指を使うようになった。もっとも市販の、町で用いるようなごく薄いものは、弱くって私たちのスキー用にはならないから、それは問題外にしておくことにする。

私たちは最初二本指を編んで使っていたが、春などの暖かい日になると、汗ばんだ指と指の触れ合う気持ちがいやだったので、五本指を編んで使うようになった。しかし、五本指は薄く編めば弱くって冷たいし、厚くすれば指と指の間が拡げられるので、杖がいうことを聞かないような気がして困った。なおごく温度の低い時に、その上へ重ねて、革や布の手袋をはめる時にも下でかさ張るので不便だった。そのうちに、ふと気がついてみたら、手が汗ばむような暖かい時にははめなければいいのだから、その問題も簡単に片づいて再び二本指になってしまった。なお二本指の長所を並べてみれば、四本の指が一緒になってるから、同じ厚さなら五本指よりも暖かいし、左右の別がないから片方だけはめたいような場合、腰に挟んでるのや、ポケットに入れてあるのを、右、左の別を見分ける必要なく、ただ無造作に取り出してどちらの手へでもはめられる。このことは、斜面をジグザグに登る時、風や、日光で片方の手だけ冷たくなるような場合や、写真機の操作をする時など、予想外に便利なものだと思う。そのうえ左右がないから裏表もない。したがって何十パーセントか丈夫なわけでもある。それに編むのも簡単だし、糸も少なくって済む。それから上へ重ねてはめる時もかさ張らず、杖もよくきき、大きさが手に合っていればはめる心地もいい。それなのになぜ市販の毛糸のスキー手袋には、五本指のものが多いのだろう。たまにはそう思うこともあるが私にはよくわらない。もしかしたら、親切に作られた二本指のはめ心地を知らない人が多いせいかもしれないとも思う。もしそうでもないとすれば、五本指の方が体裁がいいのだろうか。

その手袋もひと通り済んだので、ついでに、まだ一度も編んだことのなかったセーターもこしらえてみようと思ってやり始めた。無論大してスマートなものはできるはずもないが、すでにもう編むということに慣れていたので、靴下のような苦心はいらなかった。着てみては少しずつ改良しながら、私たちのセーターだけ三月ほどの間に十三枚編んでみた。

私は何かやり始めると凝る質なので、この時も、朝から夜まで編んで、食事その他の時間を除いて、毎日十四時間くらい編み通していたこともあった。近所の人が時々来てみて、よく肩が凝らないと感心していうから、私はちっと我田引水かもしれなかったが、それは毎年スキーで身体を鍛えてるから大丈夫なのだといったら、人の好い土地の人たちは感心していた。

八　島の思い出

ポント　古丹消から一二、三キロ南へ行った山の上に、ポントという湖があった。アイヌ語で「ポン」というのは「小さい」意味で、「トウ」は「湖」だから、ポントは、小さい湖とか、小沼とかいうことになるのだろうと思う。しかし実際は、広い外輪山にゆったりと取り囲まれた、美しい大きな湖だった。ここも活火山で、まだ湖の周囲には生々しい噴気孔や、温泉の湧いてる所が、いくつもあるくらいで、魚もすめず、その水は、人間にも無論飲めなかった。湖水の南側に、半島のように突き出た古い火口丘があって、その懐に抱かれてもう一つ小さい湖があった。たぶん、大きい方は火口原湖で、この方は火口湖だろうと思った。ポントという地名は、本当はこの小さい湖の方から出たものだろうと思う。

この岸に、さびれた感じのする、硫黄の精錬所があって、十人ほどの人が、静かに働いていた。でも小さな建物の前には、ビヤ樽のような恰好をした、派手な真っ黄色の硫黄が、たくさん並べてあった。何でも、この小さい方の湖の底から、土砂を汲み上げて、それを精錬して硫黄を製（つく）るのだという話だった。

何年か前のこと、この土砂を汲んでいた人夫が、あやまって舟から落ちたので、大騒ぎをして引き上げてみたら、もう骨ばかりになっていたというような、すごい話も聞いた。でも見たところ、それほど恐ろしげな様子もなく、小舟が一艘だけ出ていて、みんな鼻歌を歌いながらのんきそうに仕事をしていた。この礦山（こうざん）も、昔は非常に盛んだったこともあったとかで、まだ、そこここに、赤錆（さ）びになった金物や、焼き芋屋の釜みたいな、もっともっと大きいのがいくつも捨てられたままになっていた。その感じが、木のない辺りの景色と一緒になって、ひどく荒廃した姿に見えた。

でも一番盛んだった頃には、ここからほど遠くない山の中途に、女のいた茶屋料理屋のようなものまであったという。そういわれてみれば、ここへ来る道端に、たしかに、たくさん家のあったらしい敷地があって、くさむらの間に、朽ち果てた材木が、もう土になりかけていたのを見た。

おかみさん　番屋（働いてる人たちの泊まってる家のことで、海岸の漁場等で、大勢人夫の泊まってる家のこともいう）へ行ってみたら、元気そうな若いおかみさんと、その人の子どもらしいのが二人いた。下の子は二つくらいでもあったろうか、きっと、這い回って危ないからかもしれないが、お醬油の空樽の中へ入れられて、戸口の脇の日向ぼっこに、帽子もかぶせられずにおかれてあった。見ていると、子どもは時々、ふらふらと立ち上がっていたが、立ち上がるたびに樽が転がりそうに揺れた。もしもその樽が転べば、その辺りには大きな石がたくさんあったので、そのうちのどれかに頭を打ちつけそうに思われた。子どもが立ち上がるたびに、私の妻は「あっ」といって、手を出しかけた。だがそのおかみさんは、見ても別に気にもかからない様子で、私たちの連れの村の人と愛想よく話していた。

　そのうちに、家の後ろの方で、突然、子どものかん高い泣き声がした。それがただならない調子だったので、さすがのおかみさんも駈け出していった。私たちが驚いて顔を見合わせていると、おかみさんは、一番兄らしい四つか五つくらいの子どもを、小脇に抱えて入ってきた。子どもは抱かれたまま、お腹の辺りまで丸出しにして、手も足も、ばたばたさせながら泣き続けていた。おかみさんは小言をいってののしりながら、子どもを上がり口の低い床の蓆の上へ、横に寝かせた。見るとその子の左足の脛（すね）に、かなり大きな、火傷（やけど）の生々しい跡があった。私はぞっとして、自分のお尻がムズムズしてきた。妻はひと目見て私の後ろへ隠れるように引っ込んでしまった。おかみさんは奥の方へ行って、暗い棚から、燻（いぶ）った木の小箱を下ろしてきて、真っ赤な色の膏薬（こうやく）らしいものを出して、泣くのも構わず無造作に疵へ塗りつけて、まだ泣いてる子どもに、大きな声でもう一度小言をいった。子どもは泣きやんだが、でもまだ鼻をすすり上げながら起きて、向こう側の板壁の脇へ行くと、両足を投げ出して腰を下ろした。そして涙に潤んだ目で、珍客の私たち一行の顔を順々に見回していた。妻がリュックからドロップスを出して、三人の子どもに分けてやった。

それでひとまず落ち着いたが、私は、こんどは樽の子どもがひっくり返る番ではないかと思って、そこにいる間中気が気でなかった。その若いおかみさんは、日に焼けて色こそ黒かったが、きりっと引き締まった、整ったいい顔をしていた。

しばらくはみんなして話していたが、おかみさんはひと追い行ってくるといって、表へ出ていったが、馬を連れてきて、小屋の前にあった鈍重な感じのする馬車につないだ。それから精錬所の前へ行って、そこにあるビヤ樽のような硫黄を十ばかり車へ積むと、厳重に縄で縛り、それに蓆を掛けた。そして大きい子どもを二人連れていって、その上へ坐らせておいて、また帰ってきて、樽の中の子どもを出して、自分の背中へ上げて紐でおんぶした。それから、壁に掛けてあった大きな鋸と鉈を持ち出すと、私たちに、ちょっと浜へ行ってくるからと挨拶して、馬車を追って出かけていった。

そこから四キロほど下の浜まで、その硫黄を運んでいって、帰りには、また米や味噌等の食料品を馬車に積んで、しかも途中の山で薪を採ってくるのだという。それから家へ帰れば、すぐ夕げの仕度に取りかかるのだろう。そのうえ三人の子どもを守りして育てていくのだから、驚歎のほかないと思った。私は、そのおかみさんの健気（けなげ）な、きびきびした動作を見送って、何となく気の毒なような気もしたし、また何か、敬愛の念が湧いてくるのを覚えた。何でもその女の人の亭主というのは、仕事よりもお酒の方が好きな、あまり評判のよくない男だと聞いて一層その感を深くした。

板前　そこを出て少し行くと、ちょっとしたくさむらの蔭に、形も大きさも円錐（えんすい）形のテントそっくりな蓆の小屋があった。その屋根の突端は、器用に蓆が折り曲げられて、煙出しになっていたし、出入口にも、戸の代わりに蓆が下げられるようになっていた。そばへ行って中をのぞいてみると、半分は蓆敷きの床になって、半分は土間になっていたが、意外にも、小屋の中は実にきれいに掃除がしてあって塵（ちり）一つとどめないという感じだった。聞けばこの小屋の主は、お爺さんの一人住まいなのだそうだが、この人は昔、大阪で板前をしていたことがあるという話だった。私はそれを聞いて、小屋の掃除がよく行き届いている点なども、どうりでとうなずけるような気がした。そういえば、あの汚い番屋の建物の中にほかの人夫たちと一緒にいることができないで、一人で蓆のテントにいるわけもわかった。そして、こんな生活に入っても、まだそういう神経が残って、働いていることは面白いと思った。大阪の板前と、千島の硫黄礦山の人夫、ここまで流れてくるまでには、さぞ波瀾の多い生活を通ってきたことだろうと想像されて、会って話してみたいような気もしたが、ちょうど仕事に行っていたので、やめにして、その小屋の写真だけ撮って帰ることにした。

私は帰りの山道を下りながらも、この人たちの生活のことが、代わるがわる思い出されてならなかった。

菊地爺　私たちが古丹消へ来た時、最初に住んでいた海辺の小屋に、この春頃から、一人の老人が住むようになった。もう年は八十に近く、すっかり老いぼれてしまって、目もろくに見えないようなお爺さんで、名は菊地といった。

この小屋は元来、伊東さんのところでこの菊地爺の老後を養ってやるために、古材料を集めてこしらえたものだった。菊地爺は、昔、伊東さんが漁場をやっていた時分、その漁場で働いていたことがあった男で、今でこそ、見る影もなく尾羽打ち枯らして、惨めな姿になっているが、でも骨組みはがっちりとしていて、背も高く、昔はさぞ、力自慢な働き者であったろうことがうかがわれる。顔、容も必ずしもいやしからず、鼻の高い整った顔つきの男だった。

島には、今でもまだ、時々この種の老人がいるそうだ。つまり、若い血気盛りの間は、よく稼ぎよく使い、まったく景気のいい、渡り鳥みたいな生活を続けていただけで、煩わしい家庭など持とうとはせず、したがって、老後のための何の備えも考えようとしなかった人たちの、当然の末路なのだという。菊地爺も、そうした人間の代表的な一人なのだが、それでも爺は、愛すべき性質を持っていて、自分がいよいよ老境に入ったと気がついた時、最後に働いて得た金の何十金かを、この村のある雑貨屋へ預けて、俺が今に死んだ時の必要な費用に当ててくれるように、と頼んでおいたそうだ。そうしてその後、ともかくも、老いの身の自力で働いて、どうにか食べられる間は、そっちこっちの漁場などで、老人にできる仕事を引き受けて、自活してきたのだった。だが最近は、いよいよそれもできなくなったので、元の主人の伊東さんのところへ引き取られてきて、まったくの余生を、つまり、静かに死を待つばかりの生活とはいえない、ほんのただ命を長らえているというだけの生き方をしているのであった。きっと言葉でもよく通じて、ゆっくりと、この永い生活の思い出ばなしが聞けたら、さぞいろいろな珍しいことが多いのだろうと思った。

いつか、私たちが散歩の帰りにその小屋の前を通りかかると、ちょうど、表に出ていたので、立ち話したことがあったが、それからだんだん懇意になって、その後は散歩の途中、時々声をかけてみるようになった。しばらくしてから、誰かに、爺はお茶がとても好きだと聞いたものだから、妻が、小さい罐に入れて、家にあったお茶を持っていってやったことがあった。そうしたら、とても喜んで、それこそ妻が呆気にとられてしまうほど、不自由な目に涙をためてありがたがっていたそうだ。お茶もありがたかったのかもしれないが、きっと人の厚意が身にしみてうれしかったのだろうと思う。それからは、私たちも煮たものや、余計にあるもので爺の口に合いそうなものがあると、時々持っていってやるようになった。ウドンも好きだと聞いたので、「今日は少し余分に茹でて、爺のところへも持っていってやろうか」などということもあった。

伊東さんとこはもちろんだが、村の人もみんな昔なじみらしく、親切に世話をしてやっていた。親たちにでもいわれるのか、青年が二、三人集まって、よく小屋の前で薪を割ってやっているのを見かけることがあった。でもお天気のいい日などは、入口の蓆の上にしゃがみ込んで日向ぼっこをしながら、手探りで鋸の目をすっていたこともあったし、その鋸で、自分で薪を切っていたこともあった。お勝手の水等は、よく近所の娘やおかみさんが汲んでやっているのを見た。そんな時は、爺はいつも人懐っこい様子をして、丁寧にお礼をいっていた。

それでも、この菊地爺は素直な質だったので、みんなに大事にされていたが、去年まで同じようにして生きていた、隣村のある老人は、生来の頑固さが、年寄って身体の自由がきかなくなってしまってもまだ直らないで、村の人たちともついに親しむことができず、近所の子どもたちにまで馬鹿にされていた。ところがある雪の日の朝、それでも近所の人が、何か食べものを持って老人の小屋へ行ってみたら、前の日に誰かにもらったご飯を、半分食べかけて枕元においたまま、死んで冷たくなっていたそうだ。そしてそのご飯にも、死んだ老人の顔の上にも、戸の隙間から吹き込んだ粉雪が、薄く積もっていたという。その話をニュースとして村の人から聞いた時、私はいろいろな人生があるものだと思った。

菊地爺は、その後だんだん目が悪くなってきて、私たちが行ってもよくよく近くへ行って話しかけでもしないと、気がつかないようになった。それから、一年ごとに、老木が枯れるようにやせ細っていったが、それでも、私たちが島を引き上げてくる時はまだ生きていた。私たちは、赤城山へ帰ってからも、思い出して小包でお茶を送ってやったこともあったが、その翌年の夏、伊東さんからの便りに、菊地爺もとうとう死んだと書いてあった。

鮭　薄日こそ差していたが、晩秋のある寒い日だった。私たちは伊東さんに誘われて、四、五人連れで東沸湖へ遊びに行った。

その湖は、その後、リンドバークがアメリカから飛んできた時、濃霧のため根室の港へ下りられないで、ここまで引き返してきて着水したことがあったが、こんな島の中にあろうとは思えないほど、大きな湖だった。南は太平洋岸に近く、東沸村の裏山から、北はオホーツク海の間近まで、国後島の一番くびれたこの辺りいっぱいに拡がっていた。排水口は、東海岸の方へ流れて、東沸村の真ん中を通って海へ出ていた。秋になると、無数の鮭の大群が、産卵のためその川をさかのぼって湖水へ入るのだった。湖の西側「マンタロマ」という岸に孵化場があった。ここで、適当な時期に達した鮭を捕らまえて卵を絞り、人工的に孵化させていた。私たちは、この孵化場で、珍しいいろいろな装置を見せてもらって、それから湖畔へ出てみた。

広い湖の、岸に近いところどころに、網が張ってあるらしく、点々と浮木が見えていた。その間を一艘の舟が見巡っていたが、やがてその岸へ帰ってきた。舟には、今、湖水から上げられたばかりの鮭が、いっぱい積まれていた。

湖畔にも、孵化場の建物があった。その建物の裏に桟橋のようになって、広い大きな、板張りの床があった。

舟を、その桟橋の脇の棒杙に舫うと、捕ってきた鮭を、二、三人でその床板の上へ放り上げ始めた。鮭はまだみんな生きていて、投げ出されると床の上でパタパタと跳ね回っていた。ごく近いところのは、まだよかったが、舟の艫の方からは、床まで遠いので力いっぱい放られた。二、三メートルも空へ投げ上げられた鮭は、フライトで体をくねらせながら飛んできて、大きな音をたてて床の上へ着陸した。そのうちに、放られた拍子に逆立ちして、そのまま飛んでくるのがあった。それが床板の上へ、頭から真っすぐに着陸する時の、ゴツンというような音を聞いて、私は思わずハッとした。それは、含んだような、何ともいえない、いやな音だった。ちょうど、子どもの頭をげんこつでうんとなぐりつけでもするような音だと思った。見ているとまた逆立ちしたのが飛んでくる。それが頭を下にして着陸しそうになると、自分の身がすくむ思いがした。どういうモーションで投げられた時、逆立ち姿勢になるものか、また頭部が尾部より重いので自然にそうなりやすいのか、随分な割合で、頭からの着陸が多かった。あとからあとからと、頭を前下にして飛んでくる鮭を見て、私はとうとうそこに居たたまれなくなって、逃げ出してしまった。妻もすぐあとから一緒についてきたが、建物の蔭まで来て思わず顔を見合わせた。

私は何だか暗い気持ちになってきた。鮭を頭から着陸させることは、あたりまえなことなのだろう。そして、それを可哀そうだと感じる神経が変態的なのだろうか。私はまた、この割りきれない問題に、ぶつかってしまった。この日のお天気が、風もないのにひどく寒かったばかりでなく、私は落ち着かない、いらいらした気分になってしまって、それがなかなか直らなかった。

ところがいよいよ辞して帰ろうとした時、孵化場の人がこれはスキーの先生へのおみやげだといって、伊東さんとこの男の背負う荷の中へ、私の分として大きな鮭を入れてくれた。

兎

その翌年の春だった。ある静かな日の夕方、妻と二人でスキーをはいて、裏の山の方へ散歩に行った。小さい岡を越して向こう側へ出てみたら、突然足元から白い山兎が一匹飛び出した。私たちの方が、兎より高い位置にいたので、私は勢い込んで追いかけた。どうせ素早く逃げてしまうだろうと思っていた兎が、案外にのろく、それでもしばらくは右に左に逃げ回っていたが、とうとう二人のスキーに追い詰められて、椴松の根元へすくみ込んでしまった。変だなと思って、近寄って見ると、針金の輪に引っかかって首を絞められながら、小さな木の枝の折れたのを引きずってきていたのだった。よく見ると、目からも口元からも赤く血が滲み出ていた。そしてもう観念したもののように、私たちの前で、静かに目を開いたり閉じたりしていた。私たちに追われてここへ立ちすくむまでには、どれだけ辛い努力を続けて逃げてきたかと思うと、顔を背けずにはいられなかった。早く針金からはずして、逃がしてやりたい衝動を感じて、私たちは、その針金を取ってやろうか、どうしようかと相談した。しかし、せっかく誰かが、わざわざ仕掛けておいたものを、はずして逃がすのも変に気がとがめた。私たちは、またしても馬鹿なことをしたものだと思いながら、そのまま、そっとおいて逃げるようにしてその場を離れた。

もう散歩どころではなく、また暗い気持ちになって、後悔しながら小屋へ帰った。すると、その晩、村の青年が山兎の肉を持ってきてくれた。いつももらうと、平気で食べていた肉だったが、この晩だけは何としても食べる気になれなかった。

九　老漁夫の死

写真　この年の夏、長いこと懇意にしていた村のある老人が、突然訪ねてきて、改まった調子で、「自分が死んだ時、あとで仏壇へ飾る写真がないと困るから、一枚写しておいてもらえまいか」といった。年こそ六十いくつかだったが、とても元気なお爺さんだった。私は変なことをいってきたなと思ったが、「まだそんな心配はいらないが、それでもあまり年をとらないうちの方がいいだろうから、写真は写してあげよう」というと、大いに喜んで、それではこれから帰って仕度をし直してくる、といって出ていった。その時はもう午後だったので、遅くなると暗くなるから、なるべく早い方がいいといい添えてやったが、しばらく待ってるうちに、なんだか手間どりそうな気がしたので、散歩がてら、写真機を持って、こっちから出かけていってやった。途中で道が二本になっている所があるので、行き違いにならないようにと用心して、妻と別々な道を通っていってみた。

ところが、なんとまだ、お爺さんはだいぶ離れた家の温泉へ行ったきり、帰ってこないというこ とだった。仕方がないから、私たちはその辺の海岸で遊んでいて、お爺さんが温泉から帰ってきて悠々と仕度をするのを待って写してやった。それから、二、三日して出来た写真を持っていってやると、とても喜んで、もうこれでいつ死んでも安心だといっていた。

海鼠引き　それから、間もなく海鼠引きの時期に入った。海鼠を捕ってきて、茹でて干し上げると、小指くらいの大きさの、黒い金平糖（こんぺいとう）のようなものになった。それは、主にシナへ送るのだそうだが、なかなかいい値段になるので、この時期になると、村の元気な人たちはみんな海へ漁に出た。海鼠引きは夕方から出て夜通し働いて朝帰るので、いいお金になる代わり相当骨の折れる仕事でもあった。それに、ほんの小さな、一人乗りの笹舟でやる仕事だから、出し風（山から沖へ吹き出す風）の強い時は危険なので、慣れてる土地の人はよく知っていて、そんなお天気には誰も出ようとはしなかった。

それからしばらくしたある日の夕方、どうも出し風になりそうな空模様だったので、仕度はしたが、やめようとしてみんな諦めかけていた。そこへ「これくらいなら大丈夫だから、出ようじゃないか」といって、一人ひとり、誘って回った老人があった。すると、みんな「あの老人が出るのなら」ということになって、十何人かの人が、日暮れになるのを待って、用意の小舟で出かけていった。その誘って回った老人というのは、先日私のところへ写真を撮ってもらいに来たお爺さんだった。

やがて、賑やかに小舟の群れが沖へ出ていって、思い思いに仕事を始めると間もなく夜になって、案じられていた出し風が、にわかに強く吹き出してきた。村の人たちはみんな心配して浜へ出た。舟で漁をしていた人たちも慌てたが、年寄り連中は、あらかじめ用心して岸近くにいたし、若い人たちは腕が達者だったので、みんな暗い海の上で名を呼び合いながら、辛うじて危地を脱して帰ってきた。しかし、その老人の舟と、ほかに二人、三艘だけは、いくら待ってもついに帰らなかった。でも帰った人のうちには、その老人が元気なかけ声をしながら、岸へ向かって漕いでるのを見たというのもあった。

それから、村中の大騒ぎになって、隣村へ馬を飛ばしたり、他所の港へ電報を打ったりして、救援方を頼んだので、やっと明け方になって、五〇トンばかりの発動機船が村の沖へ到着した。それから、すぐ大捜索にかかったのだったが、その結果、いいあんばいに二艘だけは見つけられて救われたが、遠くへ流されてしまったものか、その老人の舟だけは、ついに発見されなかった。そのうちに、また日が暮れてしまったので、その発動機船も諦めて、引き上げて帰っていった。

逆風　その晩になって、やっと風が反対に変わった。この土地の人はよく「風に貸し借りはない」といっていたが、この頃の強い出し風のあとには、きっと強い逆な風が吹いた。それで次の日は朝からみんな手分けして、附近の浜一帯に注意していると、その日の夕方になって、村から四キロほど東の沖へ老人の舟が吹き寄せられてきたという知らせがあった。その浜は岩の浅瀬が遠くまである所だった。岸へ集まった人たちは老人の無事を祈りながら、舟の近寄るのを待っていた。

やがて、だんだん近づくにしたがって、それが老人の舟であることも、まだともかくも老人が舟の上で起きて坐っていることも、見えるようになった。それに元気づいた一同は、大いに喜んで、若い人たちは波と闘って大声で老人の名を呼びながら、岩の浅瀬へ迎えに出ていった。そのうちにいよいよ近づいて、老人の舟が浅瀬の上へ上がってきたと思うと、間もなく、どうしたことか舟はそこで、ぴたりと止まって動かなくなってしまった。みんなが驚いて危ないと騒いでいるうちに、大波が来て、あっという間に舟は顚覆（てんぷく）してしまった。それを見た人たちは、夢中になって救助にかかったが、次々と打ち寄せてくる波の勢いに妨げられて思うようには働けず、波の中へ放り出された老人には、無論もう泳ぐ力はなくなっていた。

哀れにも、ここまで来て舟と離れた老人は、間もなく死骸となって、驚き歎いているみんなの前へ打ち寄せられてきたが、その時はもう何とも、策の施しようがなかった。

翌日、波が静まってから舟を出して、老人の舟へ行ってみたら、錨が岩へ引っかかっていた。つまり、最初の晩いったん岸へ向かって逃げようとして漕いでみたが、力尽きてしまって、もう観念して流されていきながら、それでも風に流される舟足を遅くするために、錨を海へ投げ込んだものと想像される。それから二日目の晩に、風が逆に変わった時、それを引き上げておけばよかったものを、忘れたのか、それとも、もうその気力がなくなっていたものか、そのままになってあったのが、運悪く浅瀬の岩にがっちりと引っかかって舟を顚覆させる原因になったものらしいと、慣れた人が見てきて話していた。それから、その二日二晩の間、飲まず食わずで荒波と闘いながら、舟に入ってくる水を、同じ場所に坐って汲み出し続けていたものとみえて、そこの舟底の板が一センチあまりも減っていたという話だった。

家の人の悲歎に暮れるありさまは、まことに気の毒だった。しかし、いくら老人でも、ついこの間撮ったばかりの写真が、もう仏壇へ飾られてしまうとは、私は夢にも思わなかった。

その後、家の人たちの話によると、漁に出た一日おいて前の晩、よく私の小屋へも手伝いに来てくれたことのある娘の婿になる青年を呼んで、字の読めない老人は、他人との貸借関係や何か一切を、初めて細かく話して後事を託していたということだった。

見方によれば、よく死期を知って用意したともいえるかもしれないが、また、もうこれだけ用意ができれば、いつ死んでもいい、と思ったことが、老人の気持ちを、度を越えた勇敢さにして、あえて出し風に舟を出させて死期を早めたともいえると思う。

頤のはずれた女　もう秋も末近い頃の静かな朝だった。私たちがまだ起き出したばかりのところへ、「お願いしたいことができて伺ったのですが」といって、伊東さんの若主人が入ってきた。その様子が、いつになく落ち着かない感じだったので、変だと思っていると、その背後から、両手に持った手拭いで、自分の顔の下半分を押さえながら、女の人がついてきて、私を見ると、そのまま黙って丁寧に頭を下げた。

「どうしました」と私が訊ねると、「この人が今朝起きて大きなあくびをしたら、頤がはずれてしまったのだそうです」と、そういいながら、伊東さんは、少し目尻へ皺を寄せて、おかしそうな、困ったような顔をした。

それから話を聞くと、なんでも、初めはずれた時は、みんな驚いて家中で大騒ぎをしたが、どうも手のつけてみようがなかったので、兵隊に行っていた時、看護兵だったという、この村の木工場の息子のところへ連れていった。しかし、そこでも手がつけられないというので、青年会長の伊東さんとこへ連れてきてみたが、やはりなんともしようがなかった。そこで、みんなして相談した挙げ句、ともかくも一度スキーの先生（村の人たちは私のことをそういってい た）のところへ連れていってみたら、ということになって、こんどは、伊東さんが私の小屋へ連れてきたのだった。ひと通りの事情を話したあとで、伊東さんは「何とかならないでしょうか」といって、ちょっとしょげたような様子をしながら、女の人の方へ振り返ってみた。すると女の人は、もう一度、静かに頭を下げた。

私も「さあ」といったきり、どうしたらいいか、見当もつかなかった。昔から、頤のはずれるという言葉は何度も聞いた覚えはあるが、実際に見るのはこの日が初めてだった。そう思って見直すと、ちょっと想像も及ばないほど長い顔になっている。私は人間の顔がこんなにも長くなり得るものかと、意外な気さえした。つくづく見ていると、気の毒でもあるが、おかしくもある。

その女の人は、私たちも知っていた。よく小屋の裏を裸馬にまたがって飛ばしていったりするような、元気な若いおかみさんだった。どうしたらいいかわからないが、このまま放ってはおけないと私も思った。何しろ医者といっても、ここから一四、五キロも山を越えていった向こう海岸に、アルコール中毒のご老人が一人いるだけだった。それを今から迎えに行って、一日がかりで連れてきてみても、一杯お酒を引っかけてからでないと、手先が震えて、脈も診られないというお医者さんなので、果たして、どれほどたよりになるかという気もした。

妻は、最初から、びっくりして私の顔と、伊東さんの顔を、代わるがわる見ながら、心配そうな様子をしていたが、急に「先生を呼んできましょうか」といい出した。「ああ、それがいい」と私がいうと、妻はすぐ長靴をはいて駈け出していった。先生というのは、お隣の小学校の先生のことで、何でも実によく知っている、本当に生き字引きみたいな、島生まれの三十あまりの元気のいい人だった。

「まあ、ともかくもおかけください」といって、私は、女の人を壁際の肱(ひじ)かけ椅子へ腰かけさせた。気丈な女なので、おとなしく、じっと我慢をしてはいたが、上気したような赤い顔をして、あとからあとからと流れて出るよだれを手拭いに受けたまま、目をつぶって仰向(あおむ)いていた。私は、何とかいって、ひと言慰(なぐさ)めてやりたいと思ったが、何といっていいかわからないので黙っていた。

先生は、妻と一緒にすぐ飛んできた。そして小屋へ入ると、いきなり挨拶もしないで女の人の前へ立って、無造作に両手を除けさせてやしばらく見ていたが、さすがの先生も、手のつけようがないといったふうだった。

「どうにかなりませんか」と、こんどは私が先生に聞いてみた。「どうも困りましたね、これは」といっただけで、ふだんの能弁にも似ず、口数を多くきかなかった。

すると、また「あの本を見たら」と妻がいった。私はすっかり忘れていたが、誰か病気にでもなると、よく私が出して見てる、糸左近(いとさこん)著の、素人医学といったような題の本があった。私は、そんなことまで出てるだろうかと思いながらも、早速その本を棚から下ろして目次を繰(く)ってみると、ちゃんと書いてあった。指の押さえ方から、力の入れ方まで事細かに説明したあとで、いよいよ頤の入った途端に指をかまれることがあるから、あらかじめ指に手拭いでも巻いて用心してかかるようにという注意までしてあった。

私は、自信は持てなかったが、よく読んで、その通りにしてみようと思った。そして薄いタオルを親指に巻いて、いざ着手しようとしたが、念のためもう一度妻に読んでもらった。それから、女の人の手を除けさせて、いよいよ口の中へ両手の親指を突っ込む時、何かしら穏やかでない気持ちがした。急に生温かい息が手の方へかかってきたので、半ば不気味な半ば悪いような気がした。それでも、思いきって本に書いてある通りにして、手先へ力を入れてみたが、頤は動こうともしなかった。別に声もたてなかったが、女の人の額からは、たらたらと汗が流れた。そばで見守っていた三人も、一様に力を入れていたとみえて、みんなため息をついていた。しばらくして私は、もう一度やってみたが、とても駄目だと思った。

そばで先生が、その本を読んでいたから、こんどはひとつ代わってやってみてくれるようにと促してみたが、やはり、尻込みの態で、手を出そうとはいわなかった。私も、まったく持て余し気味になって、どうしたものかと思案していた。せっかく最後の望みを持って、わざわざここへ来たのだから、できることならなんとかしてやりたかったが、どう考えても私には、手に余る仕事だと思えた。そうしてみんな黙りこくってしまうと、時たま、女の人の吐く息がかすかに聞こえていた。

見ると女の人は椅子に寄りかかって、ぐったりと、気抜けのしたような恰好で、その無表情な長い顔を両手で押さえたまま、天井の方を眺めていた。そのいたいたしい様子をじっと見ているうちに、私はだんだん、これはぜひとも自分の力で何とかしてやらなければならない、という気が起こってきた。すると、今までただ困ってだけいた自分の気持ちのうちに、幾分悲壮な、何か荒々しいものの湧き上がってくるのを感じた。そして、「よし、こんどこそは」と思うと、妻に、女の人のそばへ寄って、よく見ていてくれるように、といいながら、私は女の人を椅子ごと抱きかかえるようにして、ぴったりと壁際へ押しつけた。それで、こんどはもう人間の顔だなんとは思わないことにして、両手の親指を遠慮なく深く口の中へ差し込み、それから下の奥歯を押さえるようにして、ぐっと頤をつかんだ。それから私は、よく見当をつけておいて、自分の目をつぶってしまった。そして土方でもする時のような気構えで、強いて自分の神経を押さえつけながら、逆モーションのようなはずみをつけて、思いきり手首に力を入れてみた。その時何か手応えがあったような気がした。と思うと、「あっ、入った」と妻が嗄鳴った。思わず目を開いてみると、もう普通の丸さに戻った女の人の顔が目の前にあって、その目には、いっぱい涙が溢れていた。

いいあんばいに指もかまれないで済んだ。私が静かに口の中から手を引くと、見ていた三人が、やっと笑い出した。女の人もかすかに笑った。小屋の中の空気が急に軽くなってきたような気がした。気がついてみると、私もびっしょり汗をかいていた。

それから、女の人を私たちの寝台の上へ連れていって、静かに寝かせておいたら、十分ほどですっかり元気になった。そして何べんも何べんも繰り返してお礼をいいながら喜んで帰っていった。

私は、朝っぱらから何か働いたような気がして朗らかだった。そしてもう、すっかり自信がついたような気になって、こんどは誰の頤でもはめてやるぞ、と思ったが、私はそれっきり、今に至るまでついにまだ頤のはずれた人に出逢わなかった。

馬を捕る熊　広い山の中へ放牧して馬を飼うことは、この村の人たちの重要な仕事の一つだった。その中で、いい馬だけは冬の間、舎飼い(しゃがい)をしていたが、大概は牧場に放りっぱなしで、雪が降ってもそのままにしておいた。そうすると、みんなよくしたもので、慣れた馬どもは、一メートルあまりも積もっている雪を前足で器用に掘っていって、笹を食べて生活していた。しかし雪の上に雨でも降って、その表面がクラスト［かたくなる］してくると、やはり困るらしかった。そんな時は村の人たちが、みんなして見回りに出かけて、弱った馬にはにんじんなどを食べさせていた。

その見回りに、今までは輪かんじきを使っていたのだが、スキーで歩くようになってからは時間も早くなったし、広い範囲にわたって、しかも楽しみながら回れるようになったというので、とてもスキーを便利がっていた。これはまったくの実用スキーで、中には、ゲレンデへなんか一度も出てきたことのない中年の女の人が、短いスキーをはいて、馬見に山を回ってるのを見たことがあった。なお隣村には八十三歳の老人で、馬見にスキーを使っているという、元気な人の話も聞いた。しかし、何といっても冬期間には、やはり時々弱る馬が出てきたようだった。そしてたまには、そのために死んだという話を聞いたこともあった。

しかし、馬にとって一番の強敵は、何といっても熊だった。真冬の間は、熊が穴ごもりしているから大丈夫だが、春になって、お腹の減った熊が穴から出始めると、そっちこっちで、馬が捕られたという話を聞くようになった。頭のいい熊は地形をよく見ておいて、一方から馬の群れを追いまくり、その出てくる方の谷へ先回りして、待ち伏せするというような、老巧なやり方をするのもあると聞いた。それから、熊は馬を捕っても、それをいっぺんには食べきれないので、自分の都合のいい所へ運んでおいて、お腹が減るとまた食べに出てくる。だから、そこを狙って、その近所のくさむらの蔭か、木の上へ鉄砲を持って隠れていて、出てくるやつを撃つのだという。そうして捕った熊の肉を、私たちも時々はもらって食べた。だが、ある年の春、とても利巧な熊が出てきて、その鉄砲を持って待っている所へは決して寄りつかずに、次々と隣の牧場へ渡って歩いたり、また間をおいて、前の牧場へ帰ってきたりして、一週間ほどに五つの馬を捕って新記録を作ったのがあったそうだ。

家にいて、ただ話だけ聞いてると、またかと思うくらいだったが、一度熊に追いかけられて重傷を負って、辛うじて逃げ帰った馬を実際に見て、なるほどすごいものだと思ったことがあった。その馬は逃げるところを、背後からお尻を一撃されたものらしく、お勝手で使う渋団扇くらいの大きさに、あの丈夫な皮が鮮やかにむけて、真っ赤な肉を表側へ見せてぶら下がっていた。私はそれを見てゾッとしたが、当の馬は案外平気で、別に大して痛そうな顔もしないで草を食べていた。

それから子どもの時、私たちはよく、熊は死んだものは食べないから、熊に遭って逃げる暇のない時は、死んだ真似をしていれば大丈夫だというような話を聞かされた覚えがあるが、それはどうかと思う。なぜといえば、冬、立ち木の間へ足を挟んで死んだ馬が、春になって腐りかけていたのを食べた熊があるという話を聞いたことがある。だから、うっかりその話を信用して死んだ真似でもしていれば、そんな熊なら、これは手数がかからないでいいと思って、大いに喜ぶかもしれない。

この島にいるのは、大部分ヒグマだという話だったが、少しは黒いのもいるし、稀(まれ)には、カムチャッカ辺りから流氷に乗って漂着したらしい、白いのもいることがあるそうだ。しかし、いずれもあまり追い回されたりしないせいか、みんなおとなしくって、馬こそ捕るけれども、人に危害を加えたという話はほとんど聞かなかった。

アイヌと熊　私たちが島にいた時、たったいっぺん、隣村のアイヌが、それも一度、鉄砲で撃った熊を追いかけながら、あんまり慣れすぎていたために、瀕死の重傷を負わされたという話があった。

それは、自分で手負いにした熊を追跡していく途中、熊が逃げていくと思われる向こう側の斜面ばかりに気を取られていたので、すぐ前の倒木の下に力尽きて倒れていたのを気づかずに、その木を乗り越えようとして、またいだところを、いきなり組みつかれてしまった。不意を打たれて、不利な態勢におかれながらも、勇敢なアイヌは、渾身の勇をふるって格闘したが、ついに片手片足は原形のなくなるまでかみ砕かれ、顔の半面は引き裂かれ、片目を掘り出されるという大げさな重傷を受けたが、幸いそこまでで熊の方が先へ息を引き取ってしまったので、危ない一命を辛うじて取り止めることができたという。それでもなお気丈なアイヌは、熊の体の下から抜け出して、山の麓まで這い下りたところを発見されて、助けられたのだそうだ。その後、そのアイヌは、無論片輪にはなったが、追い追いと疵も治って、元気になっているという話を聞いた。しばらくしてから、村の人が、そのアイヌのおかみさんに会った時、その話が出たら、「あれは熊が間違ってやったのだ。熊がアイヌと知って、そんなことをするはずはない」といっていたそうだ。私はそれを聞いて、アイヌと熊には、何か血縁のつながりでもあって、一種特別な親しみがあるような気がして面白いと思った。

桃太郎のおばさん　島の熊の話にはこんなのもあった。それは名からして愉快だが、この村に桃太郎さんという人がいた。しかし愉快なのは当の本人ではなくて、そのおかみさんだった。当時四十くらいの年恰好だったと思うが、何とも朗らかな、元気のいい働き手だった。

何でも、旦那さんの身体が弱かったので、家中の仕事を、何もかも一人で引き受けている様子だった。夏の間、このおばさんの主な仕事は、気候のいい古丹消で出来た野菜物を馬の背につけて、東海岸の罐詰工場のある村へ運んでいき、帰りには向こうの海岸で捕れた魚や、貝や蟹等を持ってきて、この村の人に売ることだった。だからその時の商売の都合で、帰りの山道で日が暮れてしまうこともあったし、時々は熊に遭うこともあったという。

ある年の秋、いつものように、荷をつけた馬を追って、朝早く古丹消を出てしばらく山を行くと、背後の藪から、ガサガサと何か出てきたものがある。振り返って見ると、それは熊だった。驚いて逃げて帰ろうと思ったが、逃げたい方に熊がいるので、いやでも遠い先の村の方へ行くよりほかなかった。恐る恐る振り返って見ると、熊は道へ出てのそのそと、あとをついてきている。駈け出してみたところで、一〇キロも一五キロも走れはしないし、向こうは空身なのだから、追いかけられたらとてもかなわない。仕方がないから立ちすくみそうな馬を自分の身体でかばいながら、急ぎ足で逃げていくと、熊はいつまでたっても、すぐ後ろについて歩いてきていた。そんなにしてしばらく行くうちに、熊もどうやらすぐには躍りかかってきそうな様子もないので、怖いながらもいくらかずつ落ち着きが出てきた。しかし黙り続けていてはかえって変なので、背後を振り返り振り返り、熊にお説教を始め出した。お前はこの馬が欲しいのだろうが、今この馬をお前にやってしまうと、私も桃太郎さんも明日からご飯が食べられなくなる。だから欲しいだろうけれども、お腹が減っていたら、帰って兎でも鮭でも捕って食べてくれ、といった。しかし熊は、それが聞こえたのか、聞こえないのか、黙ったまま相変わらずついてくる。それでこんどは、馬の背中の荷の間から唐きびを二、三本抜き出して、足下に置いて、それじゃ唐きびをやるから、これでも食べて帰ってくれというと、熊はちょっと首を下げて、匂いをかいでいたが、しばらくするとそのままにして、急ぎ足で追いかけてきた。こんどはもう駄目かと思ったから、近くへ来た時、どうか助けてくれといって、あとじさりしながら手を合わせて頼んだ。しかし、それでも熊は、帰りもしなければ、飛びかかりもしないで、おばさんの一人芝居を見ながら、とうとう一〇キロあまりの道を、東海岸の見える辺りまでついてきた。そしていよいよ村が近くなると、おとなしく帰っていったので、やっと命拾いの思いをした。「送り狼」という話は聞いたが、身をもって「送り熊」を体験したのは初めてだといった。

こう書いてくると、熊の話としては、いかにも呆気ないものになってしまうが、当の本人から、身振りおかしくこの話を聞くと、よく感じが出ていて、なかなか面白かった。

だが大体、この島の熊は、みんな人に対してはこの熊のようにおとなしいのが多いようだった。

なお私たちが山道を歩いてると、坂道のぬかるみに、自分たちのかぶってる帽子より大きいような爪を立てて滑った熊の足跡を見かけることがあったが、あまり気持ちのいいものではなかった。それから秋の夕方、近道をして村へ帰ろうと思って、山を越して藪の中へ入っていったら、熊笹の間に、たった今、したばかりの湯気の立ちそうな熊のフンを見たこともあった。村の人たちの話によると、そんな時は人間の方からは見えないが、熊の方ではちゃんと附近の椴松の蔭辺りで、私たちを見守っているのだといっていた。

狐　これは熊ではないが、いかにものんびりとした、千島らしい狐の話を聞いたことがあった。場所は、この村から二キロあまり先の丸山の裏で、ウエンシリという家の二、三軒しかない浜辺の部落から、少し山へ入った坂の上だった。その辺りは、いつも悪い狐がいて、通る人を化かすといわれていた。

話の主は、いつもよく顔を合わせるとんきょうなお爺さんだった。その人が、まだもう少し若い元気のいい頃、ある日の夕方、ウエンシリから、湖で捕れた鮭を二、三本背負って帰ってきて、薄暗くなる頃に、その坂へさしかかった。ふと向こうを見ると、坂の上に狐が一匹いる。お爺さんは「この野郎、こいつがいつも人を化かす狐だな。よし、今日はひとつ俺の方から化かしてやるぞ」そう考えると、何気ない顔で坂を登りつめて、狐のそばへ行くと、いきなり踊り出して見せてやった。

するど狐は、初めびっくりしたような顔をして、爺さんの踊りを見ていたが、やがて、釣り込まれて狐も踊り出した。してやったり、と喜んだお爺さんは、もともと踊りが好きだったので、得意になって、もっともっと狐を馬鹿にしてやるつもりで、一生懸命踊り続けていた。

ところが家の方では、晩に帰るはずの爺さんが、朝になってもまだ来ないので、心配して迎えに行ってみた。そしたらまだお爺さんは、ウエンシリの坂の上で、へとへとになって一人で踊っていたという。声をかけても返事もしないので、背中をひとつどやしつけてやると、やっと気がついたが、道の脇にはもう、鮭を縛ってきた蓆きれと、縄だけしかなかったそうだ。

内地でも、狐に騙された話はいろいろと聞いたが、本人をよく知っているせいか、これなどは島らしい朗らかな話だと思った。

十　小屋の火事

ガソリンランプの爆発　もうシーズンも終わりに近い四月の初めだった。ゲレンデから帰って夕食を済ませた私は、いつものように、その日の記録などを書くつもりで、屋根裏の狭い部屋へ上がっていった。妻は二人の子ども（この前の年の七月に、千春の弟が生まれた。こんどは夏だったので、千夏という名にした）と一緒に温泉へ入っていた。

　この島にはもちろん電灯はなかったので、夜、細かい表などを書くのに不便だったから、面倒な仕事をする時だけ、ガソリンランプを使っていた。そのランプは、台の部分がタンクになっていて、圧搾（あっさく）空気でガソリンを上部へ送り、マントルを白熱させて使用する式のもので、相当に明るかった。

　庭に消え残りの雪こそあったが、穏やかな春の宵（よい）だった。私はいつもするように、そのランプに点火しておいて、机に向かってしばらく仕事をしていた。すると、それが突然、まったく何の予告もなしに、拳銃を撃ったくらいの音を立てて爆発した。私はあっと驚いたが、爆発してから五分の一秒くらいの間しかなかったと思う次の瞬間に、ボンと幅の広い底力のある音がして、狭い部屋中いっぱいの火になった。机の上のランプからは五、六〇センチくらいの距離にいた私も、全身にガソリンを浴びて火だるまになった。最初に胸の辺りから燃え上がる焔（ほのお）で、頤の下が熱かった。とっさに身を翻（ひるがえ）して部屋から逃れ出た私は、燃え上がる身体の火を揉み消しながら、はしごから下へ飛び下りた。下りた時はまだ両股のズボンから盛んに焔が上がっていた。急いでそれを叩き消すと、再びはしごを登っていって部屋をのぞいたが、その時はもうまぶしくって熱くって、竈の中へ顔を突っ込んだような気がして、まったく手の出しようもなかった。それでも、ひと足踏み込んでみようとしたが、渦を巻いて吹き出してくる火焔に、たちまち追い返されてしまった。この部屋は、私の一番大事な記録等を置いてあったところだったのに、ついに紙一枚持ち出すことができないでしまった。

　私は観念して、再び下へ飛び下りると、「火事だよ」といって妻に注意した。すると、あとで妻がいったのだが、その「火事だよ」があまり静かな調子だったので、火事は他所の家かと思ったそうだ。だけど、最初爆発した時の音も耳に入っていて、変だと思っていたところだったので、窓からのぞいてみたら自分の小屋だった。大いに驚いて窓から飛び出し、真っ裸のまま怯える二人の子どもを両脇に抱きかかえて、雪の中を跣で、お隣の学校の住宅へ駈けつけ、泣き叫ぶ子どもを預けておいて引き返してきた。

　私はその間に、ストーブの前に脱ぎ捨ててあった妻や子どもたちの着物を集めて、庭の安全なところまで運び出しておいて、火を消しにかかった。まず火に近いところの板壁を破って、そこから水を注ぎかけようと思って、あり合わせの大きな材木を持ってきて羽目板を破ろうとしてみた。しかし、非常に細い柱しか使っていない小屋なのだが、風の入らないように特殊な羽目の張り方をしておいたので、少しくらいなことでは、丈夫でとてもこわれなかった。それから、その上の方のガソリンランプの載せてあった机の前のガラス窓を突っついたら、すぐに破れて猛烈な焔が噴き出した。引き返して水を汲みに行こうとしたら、もう近所の人も追い追いと駈けつけてきてくれたので、消す方はひとまずみんなに任せておいて、私はガソリンの罐や、ガソリンコンロのタンク、それから石油罐などの危険物を、裏の窓から順々に出して、ずっと遠方へ運んでは、雪の上へ離れればなれに置いてきた。その頃ちょうど屋根の一部が燃え抜けたので、離れて見ると、火の光が雪に反射してそこら一面昼のように明るくなっていた。かなりに遠い学校の建物の切妻の屋根が、真っ黒な空をバックに赤々と浮き出していたのが、チラと目に入った。

火事に湯をかける

帰ってきてみたら、みんな近所に水がないものだから、温泉を汲み出しては火に注いでいた。そのうちに、風呂場の湯を汲み出しきると、庭に埋めてあった温泉のタンクの蓋を開けて、そこからどんどん汲み出していた。燃えている火に熱い湯をかけるのだから、流れ落ちてくるのは、なお熱くなっていて近寄れなかった。

やがて、村の子どもたちも大勢集まってきた。そして、誰がやり出したのか庭の雪を握って火の中へ投げつけ始めた。春の雪なのでよく握れもしたし、握った雪の容量も多かった。それに数が多いので、これがなかなか馬鹿にできなかった。お勝手の食糧棚に集中したところなどは、その雪のおかげで、罐入りの食料品にはだいぶ助かったものもあった。厄介なのは、アミールや、アルコール、アセトンなどを並べておいた棚で、私もそれまで持ち出す余裕がなくてそのままにしておいたものだから、そこだけは、湯をかけても、雪を投げつけても、なお頑強に燃え上がっていた。

私は夜の空へ、大きく揺れて炎々と燃え上がる焔を見て、その唸（うな）る音を聴いて、小さな小屋なのに、火事はすごいものだと、つくづく思った。そして、今までにだって、火事を見たことはあるはずなのに、火事というものに、こんなにも大きな迫力のあるということを、初めて知ったような気がした。

しばらくすると、みんなの努力が功を奏して、だんだん下火になってきた。そうすると、いろいろな人から見舞いの挨拶や、「それでも、ひどい怪我がなくってようござんした」というような、慰めの言葉を聞いた。気がついてみると、この村にこんなにたくさんの人がいたのかと思われるほど、庭いっぱいに集まってきていた。そしてどの顔もみんな赤く生々としていた。火の方を向くと顔がヒリヒリするので、いくらか火傷したのだなと思った。

私は先刻から、妻の姿が見えないので、もしや度を失って悲しんでいはしないかと心配になったから、大きな声で呼んでみた。そうしたら、風呂場の蔭の方から思いのほか朗らかな返事をして、足取りも軽く元気よく出てきたので、急に楽な気持ちになった。子どものことを聞いてみたら、学校の奥さんに預けてきたから心配ないといっていた。

諦めの気持ち　入口をのぞいてみると、中に立てかけて並べてあったスキーの、テールだけ、みんな焦げているので惜しいなと思った。一番最初の頃、出がけに、妻の大事にしていたノルゲのスキーが目についたので、これだけはもったいないと思って持ち出しておいたので、それは無事だった。もっとみんな出しとけばよかったのにと後悔した。それから惜しいと思ったのは、レコードだった。永いことかかって集めたものを、あらまし駄目にしてしまった。しかしふだん大事にしていた割合には、気にならないとも思った。それはいっぺんに、失ったものの数が多かったので、かえって互いに打ち消し合って、ある一つのものだけに愛惜の念が集中していられなかったためであったかもしれない。例えばレコードにしても、もしもほかの場合に、大事にしていたシンフォニーなどの中の一枚だけ、あやまって踏み割りでもしたのなら、さぞもっと惜しんだかもしれないと、そんな気もした。蓄音器は、学校の先生が抱え出してくれたおかげで、外側は多少いたんだが、機械は大丈夫だった。写真機も最初目について自分で持ち出しといたので、どうやら無事だった。

困ったのは、寝具を全部失ったことだった。着物もその時着ていたもののほか、ほとんど焼いてしまった。厚い手編みの靴下や手袋も、編み方の試験をしながらこしらえたのがたまっていたので、生涯はいても大丈夫だろうなんていっていたのが一足も残らなかった。あとで見たら、ストーブの上の干し場に掛けてあって、黒焦げになっていた二人の靴下だけでも十二足あった。

それから一番惜しかったのは、統計や記録の表などだった。スキーやシャンツェの図面やら、靴下や手袋の細かい計算をした帳面や、随分と大勢の人の足の寸法を集めてあった紙挟み等々、ほとんどみんな燃してしまった。ジャワの南海岸の無人境で描いてきた数百枚のコンテのスケッチも、原住民に地名を聞きながら画(か)いたその辺の地図も、みんな燃えてしまった。

しかし、何もかも、非常に惜しいと思った半面に、まんざら負け惜しみからばかりでなく、「これでさっぱりした。大いにまた出直そう」というような気持ちもいくらかはあった。いつかは整理しようと思っていた手紙や書類等も、すっかり火事が始末してくれた結果になった。

なお落ち着いてから考えてみると、自分の怪我が、よくこれくらいで済んだものだと思った。半ガロン入りのランプのタンクに八分目ほどはガソリンがあったと思う。腰かけていた左側でランプが破裂したのに、右側の耳まで火傷していた。眼鏡のおかげで目は無事だったが、眉(まゆ)は焼けていたし、髪の毛もかなり焦げた。なおそのほかに、顔にも手にも数カ所の火傷の痕(あと)があった。しかししあわせにその程度で済んだのは運がよかったのだと思う。一番初め逃げ出す時に、何かちょっとした故障でもあって、ほんの何秒か、まごついていたら、どんな結果になったかわからなかったと思う。

もう一つ、よく大丈夫だったと思うのは、この小屋には、建て坪の小さい割りに、二重窓になっていたところもあったので、とてもたくさんなガラスが使ってあった。それがほとんど全部破れ落ちていた上を、私と妻は、しまいまで跣で駈け回っていたのに、ちっとも足を怪我しなかったことだった。たしかに踏んで歩いていたはずなのに、このことは今考えても、あり得ないことのような気がする。

私も昼のうちは、それでもいろいろなあと始末などに忙殺されて、あまり火事のことも考えなかったが、夜中に床の中で目を覚ましたりした時は、思い出して火の勢いの恐ろしかったことを痛感した。ことに最初一度飛び下りて、身体の火を揉み消してから再びはしごを登ってみた時の、部屋の中いっぱいに渦巻いて、生あるもののように燃え拡がっていく火焔のすさまじい形相は、最も深刻な印象になって眼底に焼きつけられて残った。

気づかわれたことは、いたいけな子どもたちの気持ちにどんな影響があったかということだったが、四、五日の間はさすがに怯えていたが、大したこともないらしく、間もなく元通りに直ってしまった。

ありがたいと思ったのは、村の人たちの心からの親切だった。こんなに何もかもなくなってしまったのに、翌日から別に生活に困るようなことはなかった。こんどもまた、伊東さんとこで大概のことはしてくれたし、そのほかの近所の人たちも実によく手伝ってくれた。最初の冬一緒に小屋にいて、スキーをしていた文ちゃんという娘さんなどは、その夜一晩寝ないで、子どもたちの綿入れの着物を縫って、翌朝持ってきてくれた。

私たちは、その夜は伊東さんのところへ泊まり、次の日から、焼け残った小屋の応急修理に着手して、間もなく雨露をしのげるようにだけして、またその小屋へ引っ越した。そしてすぐ、第二の小屋の設計に取りかかった。

失火でもう一つ、どうにも心残りでならないことができてしまった。それは、その少し前、私が千島へ来ているということが、何かの新聞に出たことがあった。その記事を読んで、久しく文通の絶えていた、古い昔の友人が、大変丁寧な便りをくれた。その友人というのは随分昔、赤城山で懇意になった人だった。当時は一高の学生で、その後数年間は互いにずっと文通していたが、環境にも、心境にも不幸な、しかし非常に真面目な、尊敬すべき性格の持ち主で、私は文通が絶えてしまってからでも常に思い出して忘れることのできない人だった。あんまり久しぶりだったので、少し落ち着いて、スキーの写真でも焼いてから、丁寧な返事を出そうと思ってるうちに、火事でその手紙も焼けてなくなったので、住所がわからなくなってしまった。国は奈良県の人だったが、その時の住所は京城だったと思ったから、一度京城の県人会宛てに出してみたら返送されてきたので、その次は京城の警察へ二重封筒にして依頼して出してみたが、ついにそれも届かないでしまったらしかった。名は加藤八十一という人だった。便りをもらった時、とりあえず葉書でも出しておけばよかったものをと、今でも思い出すたびに済まないことをしたと残念でならない。

十一　滝の下の小屋

第二の小屋　第二の小屋場は、焼けた小屋から西へ三〇〇〇メートルほど行ったところの崖の近くで、そのすぐ向こうには、小さい岬が突き出ていた。その辺の浜辺には岩石が多く、初めの小屋の時とはまた違った強い波の音の調子があった。小屋が出来てからそのバルコニーへ出てみると、附近一帯に何か荒削りな寂しい感じがみなぎっているように思った。

私はその景色が好きで、よく一人でバルコニーへ出ては眺めていたが、そのうちに、自分はなぜこういうところが好きなのだろう、北海の荒海に面したこの小部落は、すでに寂しいところであった。それなのに、なおそのうちでも、ことさらに寂しいこの荒磯を前にして、新しい小屋場を選んだのは、どういう気持ちからだったろうと、よくそう思うことがあった。

ともかくもそうした場所を選んで第二の小屋場もきまった。そこのすぐ裏の崖に、高さ一〇メートルほどの小さい滝があったので、私たちは、この小屋を、滝の下の小屋と呼んだ。

焼けた前の小屋の経験から、こんどはまただいぶ改良して相当綿密な設計をしてみた。用材は国有林から直接払い下げて、村の木工場で挽いてもらうことにした。少し非常識な話みたいだが、こんどの小屋の柱は、一寸六分［一寸は約三・〇三センチ、一寸＝十分］角のものを使うことにした。それを削り上げると、大体一寸五分角になる予定だった。どうして、そんなに柱を細くしたかというと、前の小屋が二寸角の柱だったのに、火事の時、私がいくらこわそうとしても、なかなか丈夫でこわれなかったから、もっと細くしてみたのだった。しかも、こんどは低いながらも、それで二階建てにした。そのうえ、そこは海から吹き上げてくる風の強い場所だったが、私は、それで大丈夫、持つと思えた。村の人たちも、前の小屋を二寸角の柱で建てた時は心配していたが、こんどの一寸五分角の柱は、もう誰も気にしなかった。

やがて、材料もほぼ集まったので、また久しぶりで大工仕事に没頭した。始めてみると面白いので、毎日朝早くから、晩は手元の見えなくなるまで精を出して働いた。こんどは日の長い時期でもあったし、よく働いたおかげで思いのほか仕事もはかどって夏の末にはもう新しい小屋へ引き移ることができた。建て前の時は、村の人たちがいろいろと世話をしながらお手伝いしてくれたが、それ以外は大概自分たちの手でこしらえてしまった。

こんどの小屋の敷き地も、小さい段丘の上で、まったくの砂地だった。地ならしの時、地下室を作る場所を掘っていたら、砂の中から、先住民族の使用していたらしい黒曜石(こくようせき)の鏃(やじり)や、素焼きの壺がいくつか出てきた。壺は小型なものが多くみんなもろくなっていたが、中には無疵のまま出てきたのもあった。私はその、いかにも素朴な感じのする、小さな壺の土を落としていじくり回しながら、これが何百年くらい前のものかわからないが、どんな人たちが、この中へ何を入れて使ったものだろうかなどと思いながら、つい匂いをかいでみた。無論、土以外の何の匂いもあるはずはなかったが、私は何か懐かしい気がしてきた。その頃でも、この浜の様子や、打ち寄せる波の音は、今とあまり変わってはいなかったろうが、ここに住んでいた人間の生活様式は、この壺から判断しても、現代とは随分隔りのある、さぞ原始的なものだろうなどと思った。すると、その壺の置いてあった部屋の様子や、そんな人たちの毎日の生活まで、いろいろと想像されるような気がした。そして、やはり今私たちのしているように、毎日ここの浜から知床半島の山の上へ沈んでいく夕日を見ては、明日の天気の判断もしたのであろうと、ついそんなことまで考えた。

阿寒の夢　私たちは、裏の崖にかかっている小さい滝から、樋で小屋まで水を引いた。またその続きの岡には温泉が湧いていたので、それを木管で土の中へ埋めて引いてきた。それらをお風呂にも、お勝手にも使い、なおその余りをお便所へも利用した。これで私たちはかつて四、五年前の夏の夕方、雌阿寒岳の上の野天風呂へ入って夢想した夢が実現したわけだった。

山小屋の詳しい話は、あとでまとめて書くつもりだが、相当な苦心を重ねてこしらえただけに、この小屋の住み心地はなかなかよかった。小屋が出来上がると、また、村の人たちが面白がって遊びに来た。こんどは前の小屋よりも、少し広かったので、近所の女の子が千春たちのお守りに来て、よく泊まっていった。この小屋の寝室は二階にあった。その寝室から、狭い廊下を越すと、跣のままで出られるバルコニーもあった。そのほかに、まだ上にも下にも狭いながら遊べる場所があったので、千春たちも喜んだ。

この小屋の風呂場は前の時よりもなお明るく、ぐるっと大きなガラス窓があったので、半ば野天風呂のような感じがあった。湯槽へ入っていて、自分の足の爪まではっきりと見えるほど、晴ればれとした感じだった。それで隣村から遊びに来ていた娘さんらは、恥ずかしがって昼間のうちは湯に入ろうとしなかった。

　お勝手と、お風呂と、お便所は、最も手数がかかったが、どれにも温泉と水が、ふんだんに使えたので、苦労の仕甲斐もあった。

　お便所は、一番景色のいい方へ持っていって、大きな窓をつけた。こんども腰かけ式にして、前に大きなテーブルを置き、下は絶え間なく水が流れているようにした。明るくって、気持ちがよかったので、私は中でよく本を読んだり、図を描いたりしていた。

　お勝手も都会のビルディングの中ででもあれば当然のことだろうが、山小屋の炊事場で、レバー一つ動かせば湯も水も出て、しかもそれが惜し気もなく使えるのは、ちょっと愉快なものだった。

　地下室も狭いながらやや整頓したものであって、野菜物の貯蔵、その他に便利だった。村にはまだこの種のものがなかったので、これもみんな珍しがっていた。

　小屋の附近には、山にも浜にも天然の山菜がなかなか豊富にあった。馬が畑へ入らないように、小屋の周囲五百坪ほどの場所に柵を作ったが、その中にあるだけのものを勘定してみたら、蕨(わらび)、蕗(ふき)、独活(うど)などをはじめ、ぼうふう・三つ葉・せり・アイヌ山葵(わさび)等々、十五種類もあった。

　それから、小屋のすぐ前に小さいスロープがあったので、私たちはそこを手入れしてゲレンデにした。

冬来る　やがてまた、新しい小屋に初めての冬が来た。でも妻は、二人の子どもの世話で滑る時間が減って気の毒だった。しかし、いろいろと工夫して、できるだけの暇は無論こしらえた。そして、ある時は背中へおんぶして滑り、またある時は、二階へ寝かせつけておいて、前のスロープで練習していた。そんな時、妻は、よく窓の下まで滑っていって、聞き耳を立てていたが、泣き声が聞こえないとうれしそうにして「まだ大丈夫」といいながら、足音のするはずのない粉雪の上を、スキーで、そっと抜き足をしながら帰ってくるのだった。

またある時は、近所の女の子や、お婆さんたちが、私たちの滑っている間、子どもたちのお守りをしていてくれたこともあったし、暖かい日などは、おんぶして一緒にゲレンデへ来て遊んでいることもあった。

そのうちに、下の子どもの方は、おんぶされて滑るのが好きになってしまった。初めは、スピードが出ると、息ができにくいので泣いたようなこともあったが、だんだん滑るのに慣れてくると、とても喜ぶようになって、しまいには登る間をもどかしがり、母親の背中にいて登りにも滑ってくれといって聞かないことがあった。

私たちは、シーズン中はもちろん、シーズン外でも、癖になっていて、よくジャンプの踏みきりの、蹴り方の真似をしていた。するといつかそれを見ていたのだろうが、千春が一人でその真似をしていたことがあった。私たちは笑いながらそれを見ていたが、そのうちに踏みきりの真似だけでは、つまらなくなってきたとみえて、ジャンプの真似を始め出した。ジャンプの真似といっても、まだスキーがはけないのだから、ただむやみに高いところから飛び下りて喜ぶようになった。そして、得意になってやってるうちに、ある時は、こたつ櫓の上から飛んで、向こう側にあった箱の隅へ額を打ちつけて、少し怪我をして泣いたこともあったが、それでもまだやめなかった。私たちはそんなことを見ていて、子どもは、何でも真似するから、うっかりしたことはできないと話し合ったことであった。

千春のスキー　千春も、もういつの間にか五つになっていた。満でいえばまだ三つと何カ月かの時だったが、一緒にスキーをはいて出たがるので、小さいのをこしらえて、ゴム靴へつけてやった。すると、それをはいて喜んでいたが、なかなか滑れるようにはならなかった。私たちも、まだ真面目で滑らせるつもりもなかったが、見ていると、いかにも滑りにくそうだったので、革のスキー靴を取り寄せて、やや大きめなスキーをこしらえてはかせてみた。ところが、思いがけなく、スキーと靴が変わったら、急に滑れるようになってきた。

その後、しばらくしてから、どんなことになるかと思って、千春を連れていって、やや長いスロープの上から滑らせてみた。すると、初め平気でスタートしたが、出てみると坂が急だったので、自分の予想していたよりはなはだ速くなってしまったのだろう、怖くなって、とうとう泣き出してしまった。しかし、泣いても姿勢の安定は崩れなかった。スキーはだんだん速くなるし、千春は泣きながら滑っていく。私たちは、そのあとを追いかけて滑りながら、腹を抱えて笑った。そんな状態がしばらく続いたがやがて平地へ移る所まで行って、とうとう転んだ。転んでも結局何事もなかったので、自分でもやっと安心ができたのだろう。起き上がって、あんまり私たちが笑ってるものだから、自分でも、目にいっぱい涙をためたまま渋々と笑い出した。

しかしこの時から、千春のスキーは割合早く進歩して、いつの間にか回れるようになり、シーズンの終わり頃には、怪しげながら、左右ともクリスチャニヤらしいものが、続けてできるようになった。その時撮った千春のクリスチャニヤの写真が、まだ残っているが、たった一枚だけしかないので、もっと写しておけばよかったと思った。でも毛糸の正(しょう)ちゃん帽をかぶって、私がこしらえた白いルパシカを着て、ともかくも、ホッケ姿勢で曲がってる恰好は、その後、何百枚撮ったかしれない千春のクリスチャニヤの写真の第一枚目として、今はいい記念になっている。

十二　膝関節の半脱臼

最初の脱臼　この二シーズンほど前から、私は、古丹消にも五〇メートル級の、第八シャンツェを作るつもりで、斜面の選定をしていた。ところがいいあんばいに、ゲレンデからあまり遠くない所の森林の間に、ほぼ予定の大きさの、いい斜面を発見することができた。私は喜んで、また測量をしたり、図を描いたりして、ようやく設計だけは完成した。

しかし、この頃になって、数年前から起こり始まっていた私の身体の故障が追い追い決定的なものとなってきてしまったので、せっかくの計画も、ついに諦めるよりほかはなくなった。しかもそれはただジャンプができないというだけでなく、スキー全部をやめてしまわなければならないような状態のものだった。というのは、私の右膝関節の常習的半脱臼が、この一、二年以来、ほとんど手のつけようのないほど、悪化してきたことだった。

話はだいぶ前にさかのぼるが、一番最初に脱臼したのは、初めて千島へ渡った年の二月で、まだ赤城山にいた時のことだった。ノルウェーの選手たちが来るというので、私たちは猛練習をしながらも、シャンツェの手入れも、みんなできるだけ立派にしておこうと思った。そして、その日も練習を済ませてから、家の前の第六シャンツェの着陸斜面に雪を運ばせながら、その指図をしていた。

そのうちに、雪をいっぱい積んだ紋ちゃんの橇が、私の立っている、すぐ後ろへ来たので、私は、「その辺へ置くように」といいながら、ひょっとその方へ身体をねじ向けた。するとそのはずみにボキッというかなり大きな音がして、右膝が折れたような激痛を感じた。そして私は、その場へ立ちすくんでしまった。私たちはいつも癖がついていて、足でも手でも痛くした次の瞬間、しかめ面をしながらも「この痛さでは、何日くらいスキーを休まなければならないか」という自己診断をするのだった。大抵の場合それが捻挫(ねんざ)などであると、長い経験で的中するのだったが、この時の自己診断の結果は、最小限度半月は駄目だと思うくらいの痛さだった。辛うじて、みんなの肩へつかまって、地下室まで連れて下りてもらったが、痛くって、とても一人では靴を脱ぐことさえできなかった。それからやっとのことで畳の上へ上がらせてもらうと、私は、壁に寄りかかって両足をそっと伸ばし、痛い膝を押さえながら一生懸命考えてみた。それが、滑っていてひどい転がり方でもした時ならともかく、立っていて後ろを振り向いたくらいで、膝をこんなに痛めようとは、どう考えても腑に落ちないことだった。

もう間もなくヘルセットたちも来るというのに、何という運の悪いことだろうと思うと、情けないやら癪にさわるやらで、腹立ちまぎれに、痛い膝を上からウンウンと押さえつけていた。すると、最初に押さえつけた時は、とても痛かったのが、幾度もやってるうちに、不思議と痛さが減ってきたような気がしてきた。それでそっと足を動かしてみたが、今までほどは痛くない。「変だな」と思って、壁をたよりに、こわごわ立ち上がってみたら、一人で立つこともできた。「おや」と思って、痛いはずの足を畳へ踏みつけてみても別に何ともない。まったく狐に化かされたような話だが、歩いてみても、もう大丈夫だった。妻たちも再び驚いたり喜んだりしたが、誰にも、どうしたのか、まるでわけがわからなかった。しかし、いずれにしても治ったことは確かだったから、また、喜んでスキーをはいて出て着陸斜面の仕事を続けた。

これが、そもそも脱臼の第一回目だったが、それからは、本当に無理をした時だけ、半月に一度か、一週間に一度ぐらい、時々脱臼することがあるようになった。だけどはずれても、もう最初の時ほどの激痛もなかったし、驚きもしなかった。雪の上でスキーを脱いで、膝を押さえつけながら自分で治すことも覚えた。

遠因　しかし一体、何でこんなことになったのだろうと、いろいろ古いことまで考えてみたら、やっとその原因らしいものを思い出した。

それは、さらにその六年ほど前のことだったが、大沼湖の蒼氷(そうひょう)の上で、年甲斐もなく、ある大学のスケートの選手たちのアイスホッケーの仲間入りをしたことがあった。その時、何でも三人ばかりで複雑な正面衝突をして、ひどく右膝の外側を氷の上へ叩きつけた。どうしたはずみだったか、随分無茶な衝突だった。そのうちの一人などは、後頭部を氷で打って、ふらふらになってしまったのもあった。私もその時、しばらくは動けなかったが、それでも少し休んでいたら、どうにか一人で家へ帰れるくらいにはなった。しかしその後半月ほどは、痛くって、お便所へ行ってしゃがむのにも困ったが、それでも、その時はその程度で治ってしまった。

思えば、たしかにそれが遠因をなしたものに違いなかったが、そう気がつくと、これがジャンプのためならまだやむを得ないとして、原因がほかのことだったのはいかにも残念な気がした。でもまだその時は、きっと春にでもなって、スキーをやめたら治るものだろうくらいに思っていたが、案に相違して、癖になってだんだん頻繁に脱臼するようになってしまった。そして次のシーズン、つまり千島へ行った年の冬あたりは、もう毎日一回くらい、必ずはずれるようになっていた。

ところが、それがいつの間にか、毎日四、五回ずつになり、十回になり、日とともに悪化して、第二の小屋を建てた頃には、嘘のような話だが、日に百回以上ははずれるようになっていた。朝、目を覚まして、床の中から起きようとすればはずれ、歩き出すとまたはずれ、風呂へ入ってもはずれた。椅子に腰かけてもはずれ、椅子から立ってもはずれ、どうにも手のつけようがなくなってしまった。しかしまた、何度はずれても、もうほとんど痛くもなかったし、すこぶる簡単に入りもした。その治し方も、最初の頃とは逆に、膝を深く折り曲げて、体重をかけただけで入るようになった。スキーで緩い斜面を滑っている途中、身体がよろけてはずれると、そのまま滑走を続けながら、しゃがんで治すこともできるくらいだった。

初めのうちは、ジャンプもずっと続けていたが、それもだんだん駄目になってしまった。着陸してからはずれるのは、まだそんなに怖くもなかったが、踏みきりではずれるようになると、実に何ともいえない不安を感じた。踏みきって空中へ出た瞬間「はずれたな」と思うと、全身の神経が極度に緊張して「この足でどうして着陸しよう」と思うのだった。そしてわずか一秒半か二秒くらいの飛行時間が、五倍にも、十倍にも長く感じた。だが、その緊張のおかげかもしれないが、二〇メートルや、二五メートルの飛距離なら、変な恰好をしながらも、大概は立っていけた。しかし、それもあまりたびたびになると、いかにもその一、二秒間ほどの、不安な気持ちがいやだったので、ついに飛ぶことを断念してしまった。そうなってからは、仕方がないので、普通のスキーをはいて、近い山を歩いたり、ゲレンデで楽な曲がり方を稽古したりして、自ら慰めていたが、ちょうど妻も、二人の子どもの世話で思うほど滑れる暇がなかったし、この頃が、スキーのために生きてきたような私たちの生活の、一番意気銷沈（しょうちん）した時代だったと思う。

病院へ　私は千島へ行ってからも、毎年一度か二度は東京へ出ていた。出る時は、こんど行ったら、この膝を、お医者さんに診てもらおうと、いつもそう思うのだが、行けばどうせ「この膝でジャンプをしてもよろしい」なんていわれる気づかいはないのだと思うと、つい二の足を踏んでしまうことになっていた。しかし、日に百回以上となってしまっては、さすがにもう兜（かぶと）を脱がざるを得なくなって、とうとう最初の脱臼から六年目の秋、思いきってお医者さんのところへ行ってみた。

この時分は、東京の町でちょっと近所へ行くのにも、しばしばはずれるので、大きな身体をして、人の家の軒先へ近寄っては、いちいちしゃがんで治しながらでなければ歩けないような惨めな姿だった。

お医者さんは、知人の紹介で斎藤博士にも診ていただき、東大病院の高木先生にも診ていただいた。まだそのほかの、専門の先生にも二人診ていただいた。病院では、縦横のレントゲン写真も撮ってみた。しかしみんな予想通り診るところは同じで、そのご意見も大同小異だった。無論誰一人として、滑ってもいいとはいわなかったし、そればかりか、もう年もとっているから、今となっては手術しても望みはない、大事にしないと関節炎になるとまでいわれた。私は悲観したが、その時、私がその前の冬、千島の山で、自分で作った木製の人工関節を、ズボンの上から取りつけて、スキーをはいてる写真を持っていたので、それを出して見せたら、「結局、そんなことでもするよりほか仕方がないだろう。一週間か、十日も入院すれば、どんな形のものを当てていいか、本式に調べてやろう」といわれた。

人工関節　しかしもう秋も遅かったので、そんなことをして時間がかかると、船の都合で島へ帰れなくなる心配があったから、早速その足で懇意な鉄工場へ行って、スキーのバッケンを作る、三ミリの厚さのジェラルミンの板を引っ張り出して、工場の親父さんと二人で相談しながら、人工関節を作ってしまった。この工場の親父さんというのは、天才的な実に勘のいい人で、どんなものでも、すぐものの核心をつかむことのできる珍しい質だった。それで、二人であっさりこしらえてしまって、それをズボンの中へはき込んでみたら、だいぶ工合がよさそうだったので、お医者さんを紹介してくれた友人に会った時、その話をした。するとまた、ぜひもう一度行って、その人工関節をお医者さんに見てもらえと勧められたので、また病院へ行ってみた。そしたら、レントゲンで見てくれて、素人の作ったものとしてははなはだよく足に合っていると、大変賞(ほ)められた。よほど感心したとみえて、そのお医者さんは、どこの工場でこしらえたとか、その工場はどこだとか、そんなことまで聞いていたが、それから親切に、使用に際しての心得など、詳しく注意してくれた。それでもう仕方がないから、今年はこんなことで諦めて、何とか自分で工夫してみようと思って、さらに新しいジェラルミンの板を用意して千島へ帰った。

しかし、そのせっかくの人工関節も、結局、大して役には立たなかった。しまいには、かえってそれを取りつけていて脱臼すると、そのままでは、元へ治りにくく、いちいち取ったりつけたりするのが厄介なので、ついに業を煮やしてやめてしまった。

やがてもうシーズンも近いというのに、滑れるあてもつかないし、スキーができないで雪を見てるのも辛いから、いっそ南洋辺りの島へ出かけていって、椰子（やし）の葉蔭にでも小屋を建てて、年中好きな裸で、ゴーガンがタヒチでしたような生活を、私たちもしようかなどという相談を、真面目でするようになった。

丸山の奇跡　そうこうしているうちに、とうとう初雪が降った。それを見て私が、あまりしょげていたので、妻が慰めるつもりで、二キロほど先の丸山へ、気晴らしに行ってみないかといい出した。こっちはもう、少し焼けくそ半分で、早速一緒に出かけていった。そしてことさらに道もない、三五度くらいの、熊笹の上に雪のかかってる急斜面を歩いて登ったのか、這って登ったのか、みんなして滑って転んだり、ずり落ちたりしながら、長い時間かかって、二〇〇メートルほどの高さの山の頂上まで、やっとのことで辿り着いた。

その日はよく晴れ渡っていて、辺りの眺めも美しかった。じき足下の崖の下から、すごいほど青く黒い北洋の海が、驚くほどの広さに拡がっていって、その水平線の果てには、麓まで白くお化粧された知床半島の山々が斜めに陽を受けて長く横たわっていた。私は写真機を出して、何枚かの景色を撮ったあとで、もうこんな初雪の尾根へ立つことも滅多にないかもしれないと思って、妻と子どもを並ばせて記念撮影をした。そして、五年前に初めて来て、ここへ登った時のことなどを思い出しながら、何か感傷的な気持ちになって、写真機をしまった。そして立ち上がって、ふと気がついてみると、いつもとはちっと違った感じで、右膝の関節がしっかりしているように思われた。そっと雪の中を、二足三足歩いてみると、どうにかはずれないで無事に歩けた。どうしたわけだかわからなかったが私は、無性にうれしかった。「あれ、歩けるよ」といいながら、歩いて見せたら、妻も不思議がって目をみはった。私は何だか夢のような気がした。大きく動くと目が覚めるのではないかと危ぶまれた。私たちは山頂の夕陽の景色を見回しながら、日が傾いて、キリッと引き締まってきた辺りの空気を肌に感じながら、何か奇跡が起こりつつあるというような気がした。

しかし、そう思ったら正直なもので、にわかに欲が出てきて、登る時の焼けくそ半分な気持ちとは、およそ正反対に、全身の注意力を右膝に集注して、それこそ、腫れ物に触る気持ちといおうか、薄氷を踏む気持ちとでもいおうか、一足一足、戦々兢々として馬鹿丁寧に下りてきた。途中で道が滑って足を取られそうな所へ来ると、子どもを背負っている妻に手を引いてもらいながら、虫の這うようにして、しかも傾斜の緩い道を遠回りして帰ってきた。道で人に逢っても、うっかり話なんかした途端に油断してはずすと大変だと思って用心したほど、慎重な歩き方をしてきた。小屋へ着いたらもう暗かったが、本当に不思議なことに、帰りは一度もはずれなかった。これくらいの長さの距離を、いっぺんもはずれないで歩けたことは、この一、二年以来、まったくないことだった。私も妻も、夢ではないかと喜んだ。それから私たちは、代わるがわる「不思議だ」「本当に不思議だ」という言葉を、何度繰り返したかわからなかった。私は、何しろうれしかった。私はありがたくって何かに感謝したいのだが、ありがたさの尻の持っていきどころがなかった。そして私は、結局妻の誠意が、何事かを直感して、私を丸山へ誘い出したのではないかというような気がした。妻は知的なところの全然欠けている人間だが、いつも誠意一点張りで、どうかすると、夢で何かを予感したりするようなところのある質だった。そういえば、私の母にもそういうところがあった。女には、あるいは知的でない誠意には、何か超自然的と思われるようなものを感じられるアンテナでもあるのだろうかと思った。

それからは妙な努力の日が続いた。「膝の脱臼が治る」、私には本当とは思えないようなしあわせだった。だが同時にまた、一瞬の油断もならないような心配でもあった。せっかくここまで治ってきたのに、もしも風呂場で滑りでもしたら大変だと思った。また眠ってる間に、もしも不注意な恰好をしてはずしたらどうしようと、そんなことまで気になった。

しかし、そうしているうちに、自分でもよくわかるほど、膝の関節が日に日にしっかりしていくのが感じられた。しばらくすると追い追いと自信も出てきて、あまり心配もしなくなり、今までは一段ずつ刻んで、やっと足を運んでいた階段も、とんとんと、人並みな登り方ができるようになった。

そのようにしてだんだんと恢復(かいふく)していって、雪のよくなる頃には、どうやら無事にスキーもはけるようになった。だがそれでもまだ用心して、雪の悪い時は、なるべく出ないようにしていたし、ジャンプだけは当分やらないことにした。

その後のこと　私が元気になって滑り始めたので、村の人たちもみんな不思議がって喜んでくれた。私は、世の中にはわからないこともできるものだと思った。何人かの専門のお医者さんに、レントゲンの写真まで撮って診てもらって、そのいうことを聞いて大事にしていても、だんだん悪くなっていったものが、焼けくそ半分に、雪の山へ這い上がった拍子に治ってしまうとは、どう考えてもわからない。しかもそれが、内臓的な抵抗療法の効きそうな、病気でもあればともかく、私たち素人には、ほとんど物理的とも考えられるような関節の習慣性脱臼等が、権威あるその道のお医者さんたちの診断に反して、こんなふうに治ろうとは、これは珍しい例外なのだろうか、それとも時々はあるものだろうか。その後、前に診ていただいたお医者さんたちに、一度ご報告ながら、将来の注意を伺いに行ってみようと思っているのだが、つい不自由を感じないものだから、いまだにおっくうにして行かないでいる。

しかし、これが私の場合は、しあわせに、「なぜかわからないが、よくなった」のだからいいけれども、反対に、これが「なぜかわからないが悪くなった」ということも、たくさんあり得るのだろうと思った。

また、こんなことも考えられた。私たちが雪の急斜面を這い上がった丸山の上には、別に神社もないからよかったが、もしも、そこに神社でもあって、そこへお参りでもしたあとで治ったとしたら、早速霊験（れいげん）あらたかな神社ということになるのだろう。また、もしもそれが、偶然に、お呪（まじな）いでもしてもらったという折りだったり、あるいは、いい加減な民間薬でも勧められて飲むとか、つけるとかした時ででもあったとしたら、また、それぞれな一つの例として、かえって人を惑わすような結果にもなったことであろうとも思った。

そのシーズンも無事に過ごし、その後、再び赤城山へ帰って三シーズンを送り、それからまた乗鞍（のりくら）へ来て、すでに四シーズンを滑り暮らした。だがいいあんばいに、その間ずっと一度もはずれたことはなかった。ジャンプも、もう大きいのはやらないが、千春を相手に、たまには二〇メートルくらい飛んでみることもあるし、この頃は乗鞍岳の頂上へ、二メートル二〇の重たいスキーをはき上げて、若い人たちと一緒に滑り回っていられるようにまでなったのだから、ほぼ完全に治ったとみてもいいだろうと思う。

十三　千島を去る

引き上げ準備　夏になってから、私たちは子どもの教育その他いろいろな都合で、一時千島を引き上げようということになった。

初めて千島へ渡った時、日帰りにするかもしれないつもりで、東海岸の東沸村から、山を越してきてみた古丹消に、私たちは、まる六年に余る月日を送った。顧（かえり）みると六年間は、ついこの間のような気もしたし、また、随分長い間だったような気もした。でも考えてみると六年といえば、人生を六十年とみてもその一割に相当する。長いと思う方が本当であったろう。この間には随分といろいろなことがあった。二人で渡ってきた私たちは、今四人となって帰ろうとしている。その間には、生まれて初めての火事も体験したし、小屋も二つ建ててみた。土の中から湧いて出る温泉というものの本当の味もしみじみと知った。来た時には、浪花節語りと間違えられた村の人たちとも懇意になって、親身も及ばないほどの世話にもなった。

今ここを去ろうとするに及んで、滑り回った数々の斜面や、歩いた場所の一つひとつを思い出してみると、何もかも懐かしい気がした。波の音にも、風の音にも、この場所だけの音色があるように思えた。私は荷造りをしていながら、うっかりすると過ぎ去った日の出来事を、次から次へと思い起こして、ぼんやりと手を休めてるようなことがありがちだった。私たちは仕度に忙しい暇々には、少しでも都合をつけて散歩に出た。浜へ出ると、毎日見慣れてきた景色の岩石にも、滝にも、牧柵にも心からのお礼を述べて別れを告げたい気持ちだった。今までは、大して気にも止めていなかったような風物も、改めて見直すと、みんな生命があるもののような気がしてならなかった。

村の人たちも、私たちが帰ると聞いて代わるがわる干し魚のおみやげなどを持って、別れを惜しみに来てくれた。

小屋と別れる　いよいよ明日は舟に乗り込むという前の日の夕方、荷物一切を馬車で運び出してしまって、私たちもその晩は、伊東さんの家へ引き上げることにした。

私は最後に残って、空き屋のようにガランとした感じの部屋から部屋を、ひと渡り見て回ったが、何となく去りがたい気持ちがした。一度閉めた戸を開けてバルコニーへ出てみたり、二階の階段を半分下りてから、また登っていって、もういっぺん窓の景色をのぞいたりした。そうしてしばらくはためらっていたが、ようやく思い直して自分のリュックを背負った。

私は小屋を出て、門を出て、五〇メートルほどで振り返ってみた。初秋の晴れた日の静かな夕方だった。小屋は、暗い岬の崖を背景に、弱い夕日を斜めに受けて、二階の窓ガラスが二枚だけ西の空を反射して光っていた。穏やかに暮れていく景色の中に、小屋は、しょんぼりと立って私たちを見送っているように見えた。

私はそれを見て、どうしても、そのわずかな部分かもしれないが、小屋はたしかに生きているという感じがした。そしてあの寂し気な様子は、今私たちの遠く去っていくのを悲しんでいる表情に違いないと思った。あれだけ私たちが心血を注いで、それこそ根柢(こんてい)から築き上げた小屋だった。どんな隅の方の小さい柱一本にだって、私たちの手の触れていないものはない。そうすれば私たちの血のどれだけかが、あの小屋のどこかにしみ込んで残っていると考えた方が、本当のように思えてきた。

私たちは、またいつか、ここへ帰ってくるかもしれない。だが、もう再び来られない方が多いだろう。私はそう思いながら手を上げて、小屋に向かってお別れをした。すると、自然に涙が込み上げてきて小屋の輪郭が、ぼやけてしまった。

私はその後、赤城山の小屋に別れを告げて乗鞍へ移った時でも、自分の生まれた家に別れようとした時でさえも、なぜかこの時ほど哀傷（あいしょう）の感を深く味わったことはなかった。

さらば古丹消　翌九月二日の朝七時頃、私たちを乗せた五〇トンほどの発動機船は、ポンポンと忙しそうな音をたてて船体を揺すぶりながら、静かに波の上を滑り出した。砂浜まで出てきた大勢の村の人たちは、手を振り動かしながら、口々に声を上げて私たちを見送ってくれた。その人たちのまわりにはたくさんな鳥もいたし、沖の方には鷗も鳴いていた。その声は、六年前に今、菊地爺のいる小屋へ入っていて、毎朝聞いた声だった。

お互いに手を振っているうちに、岸は刻々と遠ざかっていった。やがて晴れ渡った爽やかな朝の光の中に、何もかも溶け込んで、立ってる人の顔の見分けもつかなくなってしまった。

真っすぐに沖へ向かっていた船が、大きく西へ進路を変えた。すると、見慣れた村の家も斜面も、静かに、あとへあとへと流れていき始めた。その流れはのろい動きだったが、一瞬も止まらなかった。

昨夕、惜しい別れを告げて出てきた私たちの小屋が、今朝は反対の側に朝日を受けて光っていた。その屋根の上には、裏の崖の滝が糸のように白く垂れ下がっていた。だが、それもみんな、やがて岬の岩の蔭へ躊躇なく隠れて見えなくなってしまった。

それまで、じっと同じところに立ちつくしていた私は、やれやれと思った。これから生まれ故郷の赤城山へ帰っていくというのに、なぜか、知らぬ世界へ放浪の旅にでも出るような気がしてならなかった。

さらば古丹消、六年の長い間、私たちの生活を、その懐に暖かく抱いていてくれた寒村古丹消、また逢える日が来るかどうかわからないが、みんなしあわせであってくれるようにと思うと、また目頭が熱くなった。

振り返ると、妻も感慨深げに黙って立っていた。

おそろいの水兵服を着た子どもたちだけは、初めて乗った船が珍しいのか、手すりにつかまったまま波を見ながら何か話して、面白そうに遊んでいた。子どもたちにとっては、本当にこれが初旅であった。千春は生まれてから五年目、千夏は三年目で、初めて今日これから、千島以外の土を踏みに行くのだ。

第三篇　再び赤城山時代

一　再び赤城山へ

子どもの初旅　根室の港へ着いてみたら、汽船がたくさん碇泊していた。あまり賑やかだったので、弟の方は、ただ呆気にとられていたが、千春は怖がった。でもいよいよ上陸してみると、子どもたちの目には何もかも珍しいので、二人とも大満悦だった。今までは、絵本でしか知らなかった自転車や、自動車の本物を見るので、その知識の整理に一生懸命だった。根室の駅で、初めて汽車へ乗り込んで、やがて発車すると二人は歓声を上げて喜んだ。そして窓へ寄りかかって外を眺めながら、「汽車汽車速い」と、回らない口で合唱していた。

小樽へ着くと、秋野さんが、子どもたちを自動車に乗せて町を見物させてくれた。たぶん小樽商業の前だったと思うが、私たちが車から下りて話していると、千春が自動車を珍しがって、泥で汚れてるタイヤや泥除けをなで回すので弱った。

そのうちに、じき近い所で、突然昼のサイレンが鳴り出した。しかし、サイレンの音は子どもたちの絵本にはなかったので、生まれて初めて聞くその途方もなく大きい音に、子どもたちはびっくりして、ただ辺りをキョロキョロと見回していた。鳴りやんでから秋野さんが「あれは何だい」と聞いたら、千春はしばらく考えていたが「牛だろうか」といったので、みんな大笑いをした。

子どもたちは、秋野さんにすぐ懐いたが、その時、秋野さんが背広を着ていたものだから、赤城山へ来てからも当分の間は、背広姿の人をみんな秋野さんと呼んでいた。

子どもたちにとっては、本当に一切が新しい世界だった。函館で連絡船へ乗ったら、大きいので驚いたが、出帆するとちょうど湾内に、絵本でおなじみの軍艦がたくさんいたので大喜びだった。

内地へ帰ってから、一番先に赤城山の麓（ふもと）の妻の実家へ寄った。子どもたちは初のお目見えなので、みんなから大事にされて喜んでいたが、夕方になって、お台所の据え風呂へ入れようとしたら、千夏が「ねえ兄さん、あんな火の燃えてるお風呂なんか熱くって入れないね」といって、温泉よりほか知らない二人は、怖がってなかなか入ろうとはしなかった。それから食事の時腰かけられないとか、ここの家のお便所の下には水が流れていないとかいって、田舎の家の人たちを笑わせていた。

清水（しみず）の小屋場　私たちは赤城山へ帰っても、もう自分の家はなかった。しかし、大沼（おの）湖の西側の湖畔の非常に景色のいい所に少し自分たちの土地があったので、そこへ小屋を建てることにした。

こんどは、小屋場の近所に家がなかったので、前橋から少し登った所の、麓の村のお百姓家を借りて、そこへ材木を集めて切り組みにかかった。私たちはしばらくそこに住んでいて、そこで大体山へ持って登って組み立てさえすれば小屋になるようにしておいて、馬で山の上へ運び上げてもらった。

私たちは小屋場へ着くとすぐ、その脇へテントを二つ張って、一つに住んで一つは物置にした。

小屋場の脇の湖畔に、きれいな清水（しみず）が出ていたので、この辺の地名を清水といっていた。その辺一帯の湖畔は、樹齢百五十年から二百年くらいの楢（なら）の大木の林だった。小屋を建てる位置は、その中の湖に臨んだ小高い所で、正面に大沼を隔（へだ）てて黒檜山（くろびさん）を仰ぐ、私が赤城山中で一番好きな景色の所だった。

私たちが、湖畔へテントを張って仕事を始めた時はもう秋だった。風当たりの強い山の高いところの紅葉は、すでに色があせかかっていたが、湖畔はちょうど紅葉の真っ盛りだった。ここには、北の国の荒涼さはなかったが、でもつくづく美しい所だと思った。

この山の美しい秋色をよそに、私たちには忙しい日が続いた。ここでもまた、土工から始めて一切の建設をしなければならなかった。しかし、こんどは麓の村に昔なじみの職人がいたので、大工も手伝いに頼むことにした。連日相当なアルバイトだったが、テントの生活も快適だった。朝、目を覚まして入口の幕を開けると、びっくりするほど、外の紅葉は赤かった。一生懸命働いては、庭の木蔭の仮のテーブルで食べる食事もうまかった。風が吹くとご飯を食べてる茶碗の中へ、紅葉した木の葉の舞い込むようなこともあった。すると、子どもたちは面白がって、大きい風の来るのを待っていて、ハラハラとテーブルの上へ散りかかってくると、鬨の声を上げて喜んでいた。

子どもも毎日土方の真似をしたり、落ち葉を集めたりしてよく遊んでいた。母親が、おやつを分けてやりながら「今にまたすぐ、古丹消のような小屋ができるよ」というと、千夏が「ねえ兄さん、小屋でなくっても、このテントでもいいね」などといったのでみんな笑ったことがあった。子どもたちは、小屋場の近所を通る人があると、誰にでもおじちゃんといっては話しかけた。古丹消には知らない人というものはなかったので、やはりそのつもりだったのであろう。こうした私たちの生活は健康そのもののようで、明朗な楽しいものだった。

千夏の死　ところが突然、まったく私の油断から、この優しくって素直だった、千夏の小さい命が、ここでもう終わりを告げなければならないようなことになってしまった。

一日中駈け回っていた子どもたちは、夕方になるともう眠がった。早く食事をさせて寝かせようと思っていたところへ、麓の村の知り人が通りがかりに寄ったので、つい話にまぎれて時間が遅くなった。山の秋の日暮れ時はもう寒かった。お客さんが帰ったあとで、食事を始めた頃は、子どもたちはもう半分居眠りをしていた。そして、千夏は風邪をひいてしまった。その夜中から熱が出たので、妻は驚いて、テントの中で看病していたが、それでもまだ私たちは、ふだん丈夫だったのでちょっとした風邪くらいと思って油断していた。しかし、二日目の晩になると、どうやら肺炎らしい徴候が見えてきたように思ったので、私たちは少し慌て出して、医者を呼ぼうか、それとも背負っていこうか、と相談した。しかし町が遠いので、いずれにしても手っ取り早くはいきそうもなかった。連れていこうとすれば冷たい空気の中へ出さなければいけないし、結局テントの中へ暖かくして寝かせておいて、もっと悪くなりそうなら、お医者さんに来てもらうよりほかあるまいと思った。しかし、それでもまだ、私たちは、それほどまでに急にくるものだとは考えなかった。ところが三日目の夜に入ってから、病勢はにわかに進んでたちまち絶望状態に入り、その夜のうちに、もう、テントの中で母親に抱かれたまま息を引きとってしまった。

ふだんから兄よりも利巧でおとなしい子どもだったが、病気になってからも、熱に苦しみ、咳に喘(あえ)ぎながら、本当に呼吸の絶えるまで、ついにその素直なものわかりのいい態度を変えようとしなかった。それがまた、私たちには何としても、いじらしく思えてならなかった。息を引きとるすぐ前だった。のどが乾いて、水気のあるものが欲しそうだったので、私たちはもうせめて、少しでも楽にしてやろうと思って、梨のひと切れを口へ入れてやると、さもうまそうにそれを食べていたが、非常に喜んで「お母さん、とても、おいしいよ」とかすれた声で、繰り返し繰り返しいっていた。その時の言葉の調子が、あんまりいたいたしかったので、それが私の耳の底へ、強く強く焼きつけられて、いつまでたっても消えなかった。

千夏の生涯は、千島で生まれて赤城山のテントの中で死んでいくまで、わずかに二年と三カ月ほどだった。とても優しい、本当に女のような性質で、どこへ行ってもどんなふうをさせておいても、男の子と見られたことはほとんどなかった。寿命だったといえばそれまでだが、私がもう少し賢明であったらと思うと、悔恨(かいこん)の情堪(た)えがたいものがあった。

だが、そのあとの悲歎に暮れる妻の姿にも、まことに見るに忍びないものがあった。折りに触れて思い出すらしい、茫然として手を休めてるその様子を見ると、気の毒でしようがなかった。

また、急に遊び相手の弟をなくしてしまった千春も、しばらくの間は寂しそうだった。まだ死ぬということの意味が辛うじてわかるくらいだったろうが、つい三、四日前まで、一緒に赤い木の葉を並べていた楢の木の根っこや、石を投げて遊んでいた湖の岸に、味気なさそうに、一人で、しょんぼりと立ってる姿もまた、涙なしには見られなかった。

湖畔の小屋　それでも、私たちは諦めてまた仕事を続けていった。やがて木の葉も散り、湖の岸には薄氷が張り、庭に雪かと思われるような霜の下りる頃になって、どうやら小屋も使える程度には仕上がった。

テントにいて、庭いっぱいに月の光の美しかった晩や、大きい楢の木の梢に、キラキラと光る冴えた星の瞬きを、寝ながら眺めた時などは、大いに感激して、こんどは木材でこのテントと同じ形の小屋を、半永久的なものにこしらえてみようかと、私たちはよくそんな相談をしていたが、一カ月に余るテント住まいからいよいよ小屋へ移ってみると、「やはり小屋の方がいいね」としみじみ話した。

小屋の居心地はよかった。そこへ落ち着くと、また新たに千夏のことが思い出された。すると妻は「せめて、この小屋で死なせてやりたかった」と愚痴をこぼしていた。そういわれてみると、私も本当にそんな気がした。

やがてまた、静かな山の新しい小屋で、私たちのしんみりとした生活が始まった。もしも千夏さえ元気でいたら、賑やかな山の生活が始まった、ということになったのだろう。

でも、この湖畔の小屋の位置は本当に美しい所だった。寝ながら、楢の梢越しに黒檜山が眺められ、起き返れば、目の下に湖の波が見えた。

月は対岸の駒ヶ岳の尾根の端から上がってきた。あんまり外が明るいのでランプを消すと、一度湖水の波に反射した月の光が、窓越しに小屋の天井へ映ってきて、ゆらゆらと揺れながら微妙な斑紋（はんもん）を描いていた。すると妻が、静かに立っていってレコードをかけた。細いソフトの針を使っているのだが、狭い小屋の中はたちまち豊かな楽音の流れに満ちた。暗い部屋の向こう側の板壁に、薪ストーブの焚口（たきぐち）から洩（も）れる、かすかな赤い光がチラついていた。じっと聴いてると、壁際にちらつく赤い火影（ほかげ）も、天井に揺らぐ月影の動きも、みんなリズムに乗って躍っているように見えた。こんな時ほど蓄音器というもののありがたさを、しみじみと感じることはなかった。

妻はシューバートの室内楽が好きで、よくそれをかけた。それからベートーベンのものが好きだった。私たちは元来二人とも、まったく音楽の素養はなかったので、聴くのは好きだったが、あまりむずかしいものはわからなかった。だから私たちの持っていたレコードの八割までは、ベートーベンとシューバートのものだった。私たちには、それがまたよく山小屋の生活に合うように思えた。

レコードをかけ直す時、ほんのちょっとだけつける懐中電灯が、いやに明るく感じたので、ハンカチを畳んで紐(ひも)で縛りつけて光を弱めて使った。

曲が終わると、妻は元の腰かけへ落ち着いて、「千夏はレコードが好きでしたね」といい出した。私は半ば気休めの気持ちで「千夏は案外近いところで聴いてるかもしれないよ」といったが、自分の言葉に釣り込まれて、本当にそんな気がして、暗い天井の一隅をじっと見つめるようなこともあった。しかし、そのあとは、また、当時のことを思い出して、やるせない悔恨の念が私の心いっぱいに拡がっていくのだった。

第一の冬　やがてまた、久しぶりに赤城の冬が訪れてきた。私たちが七年前に赤城山を去って以来、長い間、ほとんど飛ぶ人もなかったシャンツェは、みんなもう荒れ果てた感じになっていた。手入れして飛んでみたいとも思ったが、やっと治ったばかりの膝(ひざ)の脱臼が心配なので、この年はまだやめとくことにした。

小屋の前の庭に、三〇メートルほどの急斜面があった。私たちは、そこを秋から手入れしておいたので、狭いながら山スキーの部分的な練習はできた。そのうちに追い追いと雪も増えてきて、湖尻(こじり)にある青木のゲレンデが使えるようになると、湖水の氷の上を渡っては毎日そこへ通っていった。

やがていよいよ本格的なシーズンに入った。私は、ジャンプを諦めて暇ができたのと、久しぶりに帰ってきた内地の冬なので、留守の間に盛んになった近所のスキー場や山をひと回りしてみようと思い立った。

そうして、一月に鹿沢（かざわ）温泉へ行ったのを手始めに、二月に志賀高原、三月に霧ヶ峰、菅平（すがだいら）、四月に乗鞍（のりくら）岳、五月に立山、六月に谷川岳と、それからまた、十一月には立山、十二月には鹿沢と、この年は随分よく出て歩いた。

その間妻は赤城山の小屋にいて、千春を相手に山スキーの練習をしていた。無論私も時々は帰って、そのお仲間入りはしていたが、私がずっと出歩きがちだったせいか、このシーズンは、妻も千春もあまり進歩はしなかった。

二　湖に親しむ

関口氏の小屋　夏になると先輩の関口さんが遊びに来た。この土地以外の人で関口さんくらい赤城が好きで、赤城に長く親しんできた人は少ないと思う。関口さんも昔から、この清水の辺の湖畔を非常に好まれていた。それで私たちがここへ住むようになったのを幸い、こんどは湖でスカールも漕ぎたいから、ぜひここに艇庫を兼ねた小屋が一つ欲しいというのだった。それからまた、私の小屋のお隣へ、私の小屋よりももっと小さいのを一つこしらえることにした。それはまず、下をスカールの置き場所にして、その上へちょっと人間の住むところを作ったという恰好(かっこう)のものだった。

もしもそこへ畳を敷くとしたらわずかに七畳半ほどのところへ、玄関を作り、奥へ寝台を兼ねた二畳と、それに続いて一間(いっけん)［一間は約一・八メートル］の押し入れをこしらえ、湖水のそばの窓際へ作りつけのテーブルを置き、ほかの一隅へちょっとした副食物の調理くらいできる台に、抽斗(ひきだし)になっている流しをつけてお勝手とし、それからストーブ、食卓用の丸テーブル、腰かけ等を配置して自分ながらもよくこしらえたと思うような小屋になった。でもそのほかに割合広いベランダがあったので、どうやらその中で二、三人の生活はできた。

三つの舟　私たちが昔赤城にいた時は、宿屋をしていたので、忙しくもあったし、湖水からたとえ一〇〇メートルでも離れていたので、舟を出そうとしても多少のおっくうさを感じることもあった。しかしこんどは時間の余裕もあったし小屋が本当の水際だったので、心ゆくまで水に親しむことができた。部屋の中から湖の波をぼんやり眺めていると、遊覧船の窓にいるような気のすることもあった。またよく晴れた日の朝、裏の高いバルコニーへ出ると、湖の岸からら一〇メートルも先の水底まで見透すことができて、魚の泳ぐ姿などが見られることもあった。

舟も三つあった。旅館から、形が細すぎるためにローリングして、水に慣れないお客さんを乗せて出すのが心配だという、割りにスピードの出る小さいボートを借りてきて、乗り心地のいいように改造したものが一つ、友人から借りてきた大型のファルトボートが一つ、それから関口さんが持ち上げてきたスカールと、それをみんな小屋の下の岸に舫っておいたので、こんどはいつでも気軽に漕ぎ出すことができた。それで私たちは、夏の間のいいトレーニングにもなると思って精々湖へ出ることにした。

湖に親しむ　朝起き抜けにスカールを出して、夜明け頃のさざなみ一つない油を流したような水面を、水澄ましのように走らせてみたり、夕焼けの美しい西の空を眺めながら、親子三人でボートに乗って出て、代わるがわる漕いでいくようなこともあった。

そのうちに妻がスカールに乗れるようになり、千春が一人でファルトを漕げるようになったので、三人で一つずつ乗り出して湖水中を漕いで巡ることもあった。

夜のファルトはことに気持ちがよかった。朧月の靄の立ち込めてる静かな晩に、一人でそっとファルトを漕いでいくと、水の上を走っているというよりも、軽く宙に浮いていくような感じのすることもあった。

またよく晴れた満月の夜、みんなでファルトへ乗って出て、音もなく水の上を滑っていく舟を操りながら、丸いお月様の影を追うこともあった。舟足が鈍ると、自分で立てた波のうねりで月の影はたちまちこわされて散ってしまう。すると、千春と妻が見ていて、こわれたこわれたというからまた漕ぎ出す。舟が軽いので調子に乗って力任せに漕いでいくと、水面に浮いている微細な塵（ちり）の一つひとつが、月影の近くを通る時だけ浮き上がるように光ってきて、矢のようにあとへあとへと流れていった。

激流か、荒い波浪の中だけが面白い舟かと思っていたら、ファルトにもこんな半面があるのを知った。

やがて漕ぎくたびれて小屋の近くまで帰ってくると、細くして点（とも）しておいた石油ランプの灯が、繁みの間から赤くチラチラと水に映っていた。

静かな夜の水面は、驚くほどよく人の声を伝えてきた。闇の夜に、じっと黙って舟を止めておくと、三〇〇メートルぐらい離れている先の舟から、人の小声でする話まで、はっきりと聴き取れることがあった。

湖の向こう側の入り江の間に可愛らしい小島が二つあった。私たちはよくそこへボートを着けて遊んだり、石の上へ着物を脱ぎ捨てておいて泳いだりした。

また、風の強い日の舟は痛快だった。押し流そうとする波と闘って、頭からびしょ濡れになって頑張りっこをすることもあった。危険の心配のある時は千春にだけ浮き袋をつけて乗せてやった。

春が来て、湖の氷のとけていく時、半年ぶりに雪の下から顔を見せて動く水面が珍しく、氷の割れ目にボートを乗り入れて漕いで回るようなこともあった。

秋になると舟で湖の岸を伝いながら、流れ着いている小さい薪を拾って回ることもあった。

冬以外の赤城の小屋の生活は、湖に親しむ生活でもあった。

三　万座(まんざ)、白馬(しろうま)

山スキーを始める　二度目のシーズンは、友人に誘われてスキーのフィルムを作ろうというので、こんどは赤城山の小屋を戸締めにして親子三人で出かけていった。そしてまた一月の鹿沢を振り出しに、二月は万座(まんざ)、三月は白馬(しろうま)、四月は立山とほとんどひと冬中歩き回っていた。
なお私はほんのちょっとであったが、この年から始められた全日本の新複合を見にアイモ〔映画用カメラ」を持って伊吹山へも行き、燕温泉へも行った。

　このシーズンは妻も千春もほとんど一緒だった。私の膝の脱臼もようやく心配のない程度に恢復したし、千春も数え年七つになった。私たち親子の山スキーは、この年からやや本格的な練習を始めかけたといってもいいと思う。仕事の関係上この年の一行はいつも大勢だった。そのうえ随分方々の人とも会った。したがっていろいろな滑り方を見たり、それぞれ違う理論もたくさん聴いた。

　七つになったばかりの千春は、大人と一緒に草津から万座へ越していったり、白馬の神の田んぼの早稲田の小屋にいて、そこから白馬乗鞍を越えて大池辺りまで行って滑っていた。でもまだ身体が軽かったので風の強い時に尾根へ出たりすると、一人では歩けないようなことがたびたびあった。

　白馬乗鞍の頭で突風に吹き飛ばされ、シカブラ［風雪紋］に引っかかってやっと止まったというようなこともあった。年を考えれば無理もなかったかもしれないが、随分まだ子どもだった。生意気なことをいいながら滑っているかと思うと、転がってすぐ泣き出した。でも泣いたと思うとまたいつの間にか笑いながら滑っていた。

千春の痛さ四段階　千春が転んで痛くした時の度合いが四段に分かれていた。少し痛い時にはやせ我慢して顔だけで笑っていた。中くらいに痛い時には黙り込んでじっとしていた。大いに痛い時には「わーん」と泣き出し、極度に痛い時には「お母さーん」といって泣いた。多くの場合、この最後の「お母さーん」の時だけ気をつけてやればよかった。

ある日の夕方、栂池（つがいけ）の小屋の脇で小さいジャンプ台をこしらえてみんなで飛んでいた。千春もその中へ交じって飛んでいたが、そのうちにジャンプでは立ったのだけれども下の斜面が悪かった。大人のスキーなら無事に通れたのだろうが、スキーが短かったので、人のジャンプストップの穴へ斜めに引っかかって、ひどく身体をよじりながら放り出された。この時も無論「お母さーん」だった。早速行って抱き上げてみたら、右足の膝を相当に捻（ひね）ったらしかった。私は例によって、これは何日くらい休んだら滑れるだろうかと判断してみた。自分の身体ではないからよくわからないが、たぶん五、六日だろうと見当をつけた。でも子どもだから四、五日かなとも思った。ところが見事見当がはずれて、その晩はだいぶ痛そうだったが、翌日の午後になるともうまた滑り出したので、子どもの恢復の早いのに驚いたことがあった。

それから一度こんなこともあった。これはその前の年、赤城山の青木のゲレンデで滑っていた時のことだった。何でも友人が来て私たちと一緒に千春もいい元気でお喋（しゃべ）りしながら滑っていた。すると突然、恐ろしく大きな音がして浅間（あさま）山が爆発した。この時もびっくりして「お母さーん」だった。だから千春の「お母さーん」は必ずしも痛い時ばかりとは限らないで、これは最大級の場合をあらわす呼び声であったらしい。

雪崩の話

この一シーズンには随分いろいろなことに遭った。だが、つまらない話は抜きにして、雪崩について見たり考えたりしたことを、一つ二つ書いておいてみよう。

三月になって、白馬乗鞍の大きい斜面で撮影していた時だった。天狗原から少し登りかけた斜面の途中へカメラを据えて、長谷川さんが写していた。そこの場所は上の方に急斜面があるので私たちは心配したが、土地の人夫たちも、その辺の雪の様子にとても詳しい白馬の主といわれていたスキー家も、口をそろえてそこは雪崩の心配は絶対にないといっていた所だった。私たちはスキーをはいたままで見ていたが、カメラのそばにいた四、五人の人たちは無論スキーを脱いで、ほぼ半日もそこで仕事をしていた。その日は珍しいくらいいいお天気だったので、みんなも朗らかな気分になって夕方までのんびりと滑っていた。

しかし、その翌日は吹雪いてきて登れなかった。その次の日も風の勢いは衰えたが、まだすっかり曇っていて、とても写真になりそうなあてはなかった。それでみんなは小屋の近所で滑っていたようだったが、私たちは親子三人で大池へ行ってみようと思って登っていった。やがて天狗原へ出て乗鞍の斜面へ取りつこうとして向こうを見ると、どうも様子が変だった。時々薄い霧の間から見え隠れしているのがどうやら雪崩の跡らしいので、もしやと思って近寄ってみたら驚いた。ちょうど前々日カメラを据えていた所へ大きな雪崩が出ていて、しかもカメラのあった場所から、まだ六〇メートルくらい下までデブリの先端はいっていた。それは板状雪崩のすごいやつで、厚さ五〇センチ、大きさは畳半分くらいなのが累々と積み重なっていた。

　あれからいつ出たのかわからないが、これがもしも前々日の昼のことだったとしたら、スキーをはいたまま遊んでいた私たちは、うまくいけば逃げられたかもしれないが、スキーを脱いでカメラについていた人たちは、みんな埋められてしまったに違いないと思った。

　ともかくも雪崩というやつは厄介なもので、私たちの常識では扱いきれない場合がたくさんあるから用心のうえにも用心すべきものだと思う。

　なおこれはその逆な場合の経験だが、予想のはずれたという点では一致していた。赤城山の東側から登る水沼道の途中へある年の春、底雪崩が出たことがあった。それがその翌年から雪崩の道が出来てしまったので、だんだん大きいのが出るようになり、四年目ぐらいには、随分大きい木を折ったり根こぎにしたり、森林もだいぶいためられ、登山道も追い追い危険に瀕してきた。私はそれを見て、来年はどんなに大きいのが出て、どのくらい下まで谷の林がなぎ倒されてしまうだろうと思った。

次の冬になってそこを通る時、私は真っ白に雪のついた邪魔もののなくなったその斜面を見上げて、春の大底雪崩を想像した。ところが事実はまったく違って、あまりきれいに掃除ができて道があいてしまったものだから、春まで待たずに冬のうちから少しずつ小出しになだれるようになったので、春の底雪崩の大きいのはかえってそれっきり出なくなってしまった。

この予想はずれは私の頭の悪いせいだったろうが、いずれにしても雪崩を甘く見たり、軽率な判断で片づけたりすることは危険だと思う。

シーズンは済んだ。私たちとしては珍しいひと冬の生活だったが、顧みると大勢の集まりというものは、いいこともあるが、またいろいろと人事的な面倒も多くなるので、それを見るだけでも辛いことだと思った。来シーズンからは柄にもない人の仲間入りなどすることはやめにして、私たちは私たちらしく、自分だけのスキーをやっていくことにしようと、そんな相談をしながら赤城の小屋へ帰った。

四　山歩きとゾロ

山歩き　私たちが赤城へ帰った時はもう雪の影もなかった。ひと冬留守にしておいた小屋を開けて入って裏の窓から湖水を見下ろした時は、心の浮き立つようなうれしさを感じた。それは自分たちだけの混じり気のない生活に帰ったという喜びもあったろうが、赤城はやはりいいところだった。

　こんどはせっかく親子して山スキーを始めたのだから、来シーズンからはまた、新しい目標に向かって大いに頑張ろうというので、夏のうちに一生懸命身体を鍛えておくことにした。それで私たちはこのひと夏中赤城山にいて、山と湖を相手に随分根気よく出て歩いた。お天気のいい日はリュックにお弁当を入れて山歩きをした。もう山中ほとんど知らない所はないのに、それでも地図を見ながら、今日はこの山、明日はあの谷と、計画を立てては回っていった。

　赤城山は最高峰の黒檜山でも千八百余メートルで、山として高い方ではないが、関東平野の北端にそびえているので、南と西へ長く美しい裾野をひいた、高さの割りに非常に見晴らしのいい山だった。尾根へ出て、間近に数えられる顔なじみの山々は、東に日光、白根、袈裟丸の連山、それから北寄りに会津境の燧ヶ岳が目を惹くが、その辺から西へ至仏、武尊、谷川岳、さらに上、信、越国境の山々から続いて、西の空には浅間山が煙を吐いている。近いところでは利根の流れを隔ててお隣の榛名山が泰然と腰を据え、やや離れて南に妙義山の岩山が見える。お天気でもいいとその後ろに八ヶ岳らしいのがわずかに頭を並べ、秩父連山の上には一段高く富士山がそびえている。この赤城山の頂上附近一帯が富士見村に入っているくらいだから、晴れてさえいればいつもよく見える。それから南の平原には山はないが、やや東へ寄ってはるかに筑波山のつつましい姿がある。

しかし私の好きなのは、よく晴れた日に広い関東平野をひと目に俯瞰する気持ちだった。数限りのない田畑、森林、村落、沼池等々の毛せんのような美しい絵模様の間を、利根川と渡良瀬川がクッキリと浮き出して南へ走り、その先ははるかに地平線の霞の中に消えている。広い平原の間に、すっとひと筋真っすぐに棹でも立てたように見えてるのは、町から町をつなぐ国道か何かだろう。麓の森と畑の間を、白い煙を曳いてわずかに動いていく汽車の見えることもある。桐生、伊勢崎、前橋、高崎というような都市でも、ここから見下ろすと、チカチカと屋根や白壁の尖る、小さな黒っぽいひとかたまりの場所にしかすぎない。しばらく見ていると、それらがみんな何もかも、おもちゃの箱庭のような気がしてくることがある。

私たちは山歩きのついでに、蕨や蕗のような山菜を集めてくることもあったし、またまったく予期もしていない谷あいでリュックがふくれるほど、椎茸を見つけてきたこと等もあった。

ゾロ　山歩きも面白かったが、さらに愉快なのは「ゾロ」下りだった。ゾロはこの辺の方言で、信州辺りではガレといい、ナギということもある。もろいザラザラと崩れ落ちる岩と砂礫の急斜面をなす崩壊地のことである。慣れない人が、ちょっとのぞくと恐ろしそうに見えて、その実怖がりさえしなければ、思いのほか危険の少ない、しかもなかなか興味の深いものである。ピッケルの欲しいような所もないではないが、まあ不要な所が多く、靴も夜光鋲程度で大丈夫だった。

面白いことは斜面を横切る場合にも、曲がりながら走り下る場合にも、スキーと同じくフォアラーゲ（前傾）や、アウセンラーゲ（外傾）が絶対に必要なことだった。したがって後傾姿勢と内傾過度は禁物だった。すべてこの種のことは、思いきりと、とっさの間に正確な判断を下すことと、それに応じられる身体の柔軟さがないと歯ぎれのいい行動はとれない。なおスタートしてしまってから躊躇するようなことは最も危険である。だから自信の持てないうちは出ない方がいいし、いったん踏み出したら勇敢な方が安全だということになる。

次から次へと変化の多いさまざまな谷あいの地形を、その場その場で適切な処理をしながら下りていく気持ちは、人の心を子どもにかえったように楽しませる。そしてたまには少し手ごわい、持て余し気味なところなどが出てきて緊張するのもかえって張り合いがあっていいものだ。千春はまだ背が小さかったので、時々は私たちが手を貸してやるようなこともあったが、それでもできるだけは一人で工夫させることにしていた。

だんだん慣れてくると、このゾロ下りもなかなか面白いことができるようになるもので、例えば乗れば落ちるにきまってる石を、中継ぎの足場にして、先へ飛びついたりすることもあった。つまり向こう側までいっぺんには飛べない距離があるその間に、乗れば落ちるにきまっているが、充分な大きさの石があるという場合、思いきっていったんその石へ飛び乗り、石を踏み落とす反動を利用して向こう側へ飛ぶというようなことのできることもある。また、とても一度には飛び下りられない高さの崖などの向こう側にちょうど都合のいい急斜面でもある場合、それを利用して下りられることもある。その時は踏みきって飛び下りながら、途中で身体の向きを換(か)わして向こうの急斜面へ飛びつく。この着陸した時の姿勢は、初め踏みきった時とは反対の方向へ向き、しかも充分な前外傾をしていなければいけない。そしてどうせその場所には立っていることは不可能なのだが、再び踏みきって飛び下りるまでの瞬間的な足場としては立派に使えるものだ。なおもしそこが非常に適当な地形ならばそれが繰り返してできるわけで、最初見た時は、とても駄目かと思われるような高さが無事に下りられることもある。そんな時は振り返ってみて何ともいえないほどうれしいものだった。

でも決してそんな芸当までしないでも、充分面白く登ったり下ったりして楽しむことができるので、私は知っている人が遊びに来るとよくゾロへ連れていった。相手を見て多少コースを換えたことはもちろんだが、いつも大概喜ばれたし、すり疵くらいより大きい怪我はさせたことがなかった。

よく行ったのは、小沼の下のおとぎの谷だったが、地獄谷の地蔵岳寄りにも面白い場所があるし、長七郎山の東裏にも、姥子峠の西の桜沢の奥にもいい所がある。

なおそのほかに、やさしい岩場としては、猫岩や、鈴ヶ岳の南側辺りにも面白い所があった。

おとぎの谷　私が最初にこの「ゾロ下り」をやり出したのはもう随分昔のことで、ある夏、元気のいいのが四、五人連れで、山へ出かけていったことがあった。だが小沼を越して少し行くと赤城名物の深い霧がいっぱいになってしまった。霧の中で山へ登ってもつまらないからというので、小沼の流れ出しに沿うて下りていった。すると谷川はだんだんすごいゾロになってきて、私たちの行く手を阻んだ。それを何とかして下りていくとまた崖の上へ出て行き詰まった。途中滝になってる所もあったし、オーバーハングでまったく足がかりのない所もあった。しかし、それを迂廻したり飛び下りたりしていくうちに、みんなあんまり面白いのですっかり感激してしまった。そして霧のおかげで思いがけない所へ来てみられたしあわせを喜んだ。くたびれたので谷底の岩に腰を下ろして見上げると、白灰色の谷の両壁が高く濃霧の空へ消えてしまっている。真夏だというのに緑色の草一本目に入らない。まるで、知らない間にお伽話の国へでも迷い込んできたような気がしてきた。すると誰かが、これはおとぎの谷だといい出したので、一同即座に賛成した。

それからその帰り途に、その谷の東側の岸へ登ったら、ここはまた谷の中とは似ても似つかない優しい平和な感じのする美しい緑の楢林だった。そこでこっちは、おとぎの森だということにした。その後、谷の名の方はいつとはなしに忘れられてしまったが、おとぎの森の方はその地になってしまって、今では案内の地図等にもそう書かれるようになった。

五　闇夜の山下り

山頂の夕暮れ　こんなことをわざわざやる者は、私たちよりほかあんまりないかもしれないが、とても面白い山歩きの一つに、闇夜の山下りというのがある。それは言葉の通り真っ暗闇の中で山頂から下りてくるのだが、普通のいい道のある所では興味が少ないし、灯火の用意をしてはまったく意味がなくなってしまう。もしも途中で一度でも懐中電灯などをつけたら最後、すっかり勘が悪くなってしまってかえって歩けなくなる。

これをやる時には、大概夕食持参で午後から黒檜山なり、鈴ヶ岳へなり出かける。頂上には水がないから水も用意して背負っていく。頂上へ着いたら明るいうちに、みんなで薪などを集めておいて、見晴らしのいい地点へ陣取って、ゆっくりと夕食をする。それから焚火を囲んで、思い思いに歌を歌うこともあるし、一緒に集まって遊ぶこともある。また時には怪談めいた実験談に花が咲いて賑わうようなこともある。だがそれは一行が大勢でお天気のいい時だけのことである。

私は山頂の夕暮れほど、迫力のある景色は少ないと思う。日没直前の、何とも形容のしようもないほど大きな洩れ日が、はるか上越国境の山の方から動いてきて、それが自分たちの立っている山の上を照らすと、一瞬その影が遠い東の山の中腹へ映り、それからまた、次第に南の平原へ移っていく、長さ数十キロに及ぶ光線の束の動きを、私は目頭の熱くなるような思いをしながら見送ったこともあった。

また日の沈んだあとの、周辺を金色にくま取られた雲の魂がだんだん色あせて、冷たい灰色に変わってしまうまで、じっと眺めていたり、子どもでもいると「こんどは猫の形になった」「ほら、あそこには人の仰向(あおむ)いて寝てる顔がある」等といいながら、刻々に変わっていく雲の形に飽かず見入っているようなこともあった。

しかし西の空に夕焼けの名残も消えて、辺りが急に薄暗くなってくる頃、一人か二人で山の上に立っていると、冷え冷えとしてくる山の空気の肌触りとともに鬼気身に迫る思いのすることもある。

また大概大丈夫だろうと思ってきたお天気が夕方から急に崩れ出し、南の方の外輪山の鞍部（あんぶ）を越えて、濃い霧が何本も流れ込んでくるようなことがある。しばらくするうちにそれがだんだん大きくなって外輪山をのみ、目の前の尾根続きの峰を隠し、やがて中空へも拡がっていって、せっかく見え始めた星影を一つ一つ掻（か）き消していく。すると足下の遠い崖下から、ざわざわという風の音がにわかに大きくなって、それが谷川の流れの音に混じって聞こえてくる。このような時は何ともいえぬ慌（あわただ）しい心細さを感じてくるものである。

しかしまた、予想した通りよく晴れ渡った穏やかな晩などは、気持ちもすっかり落ち着いて、つい山の上にいる時間も長くなる。目の下の三里［一里は約四キロメートル］も五里も遠方の麓の町の電灯が、そっちにひとかたまり、こっちにひとかたまりと地上の星のように瞬いてるのを眺めていると、何となく人里の懐かしいような暖かい心持ちのすることがある。そのうちに、時々鋭くパッと光る電車のスパークや、町はずれのカーブの多い田舎道を、静かに動いていく自動車のヘッドライトが見えたり、たまには汽車の汽笛がかすかに風に乗って聞こえてくることもある。

望遠鏡でものぞいているような気持ちで要所要所を細かく見ていくと、それらの町の中に目立った明るく見える直線がある。それはきっとあの町の大通りに違いないと思う。すると植木の鉢を並べている夜店や、その前に立って見てる人の顔まで想像できるような気がする。そしてそこでは今、どんな人たちが何を話し、何をしようとしているのだろう等と考えてみているうちに、いつの間にか自分が、人間と神様の中間的な存在にでもなったような気になることがある。するとだんだん想像をたくましくして、それらの小さい人間というものが、ああいう狭い所で生まれて、生活して、そして老いて死んでいくその生涯が、ちょうどどこから見るあの灯火の群れの小さいように、時間的にもまた短いものであるかに感じられ、しまいには人の世のはかなさというようなことがひしひしと身にしみてきて、限りなく寂しい感傷に浸ったりすることもある。

闇の道　さていよいよ暗くなりきってしまうと、辺りに散らかった包み紙などを拾い集めて火に入れて、それが燃え終わると火のあと始末を丁寧にする。そうしてもしもその時の一行の中に慣れない者でも交じっていると、一応は暗闇の歩き方から、危ない場所を通る時の心構え等を注意したうえで、慣れた者を先頭にして極めて徐々に下り始める。

暗闇の山道を歩く第一の秘訣は、落ち着いて歩度を遅くすることである。――秘訣だなんていって、何だ馬鹿馬鹿しい。と思われるかもしれないが、本当の話で、山道に行き暮れて道を間違えたり、崖を踏みはずして怪我をしたりする大半の原因は、暗くなるというので気忙しくなり、平静を失って先を急ぐことにある。では実際問題として、どれくらいまで歩度を遅くするかといえば、無論その時のコンディションにもよるが、道が悪いと明るい時の三倍から六倍くらいもかかることがある。

　第二の秘訣は目の位置を高く保つということだ。たとえ急な下り坂でも水平以下にはしない方がいいと思う。森林の中などでは、上方四〇度から六〇度くらいに視線をおいて歩くことさえある。そして注意力の大部分を足へ集中する。そうするとだんだん慣れてくるにしたがって、厚い靴底を通して驚くほど足の裏の感覚が鋭敏になってくる。これが大事な問題だと思う。もちろんその場合によっては耳や手の力も大いに借りなければならないし、目だって全然使わないわけではないが、ただ明るい時ほど目の役割が大きくないのと、使ってもその使い方が多少違ってくることだ。視線を上方へ保つということもまったくそのためで、それによって三半規管の働きを容易にするとでもいうことになるのか、つまり垂直線に対する身体の姿勢を、常に明確に意識することができてなかなか転倒しないようになる。これに反して視線を足下に落とすと、かえって足への注意力が減じ、したがって足の裏の感覚が著しく鈍り、そのうえ垂直線に対する意識が不明瞭になるので、ちょっとしたはずみにもすぐ転がるようになる。なお見えない足下を一生懸命凝視し続けるので神経が非常に早く疲れてしまう。

それから山の急斜面で、しばしば両手を使う必要のあるような所ではかえって邪魔になるが、細いやや長い杖をついて、あんまさんのようにして歩くことが有利な場合もある。こんな時でも目の位置は無論高い方がいい。なお杖を用意してもなるべく常には使わないで、いよいよ必要な時だけ触角の役目とするのがいいと思う。

一般の人に話すと、無茶な無駄事としか思われないような暗闇の山歩きだが、一度やってみるとなかなかどうして、とても面白いものであるし、また実際の役にも立つものだと思う。たびたびやって自信がついてくると、例えば何か旅行中、途中の出来事のために予定の地点まで行かないうちに日が暮れてしまったような場合でも、慌てたり、まごついたりしないでも済むし、また都合によっては灯の用意のない時でも、夜道を予定に入れることもできるようになる。

一つの例　かつてこんなことがあった。それはまだ赤城山へバスの通れるような道の出来なかった頃のことで、ある夏の末の午後遅く、あまりまだ山慣れない一人の男が、前橋を出て山へ向かった。するとまたそのあとから山慣れたもう一人の別の男が、二時間ほど遅れて同じ道を登っていった。もちろん途中で日が暮れたが、その日はお天気もよく旧［暦］の十八、九日の頃だったので、数時間後には月の出ることがわかっていた。そこであとから行った男は、道が暗くなるにしたがって歩度を緩め、たまには道端の石に腰を下ろしたりしながら静かに登っていくうちに月が上がってきたので、美しい夏の夜の景色を悠々と眺めながら、涼しい山道を何の苦もなく山の家へ帰り着いた。

ところが、先へ着いているはずの男がまだ来ていなかった。どうしたのだろうとみんなで案じていると、翌朝かなり遅くなってから、やっと帰ってきたが、その男の話すのには、昨日はとてもひどい目に遭った。途中で日が暮れそうになったので大急ぎで登ってきたら、木の根につまずいて転んだり、石で足の爪を痛くしたりしながら這うようにして、やっとのことで一里ほど下の鉱泉宿へ辿り着き、もうとても駄目だと思ってそこで泊めてもらってきたというのだった。

これは少し極端な例かもしれないが、実際にあった話で、夜道というものを心得ている者と、いない者とではこんな差のできることがある。このあとの男というのは実は私で、先の男は私の家にいた男だった。

実際、勘のいい時には厚い靴底を通して、同じ土、同じ草、同じ落ち葉の上でも、人の踏んだところと、踏まないところとがはっきりと感じられたり、足先がちょっと石に触っただけで、その石が安定かどうかの判断がつく。また手や顔に当たる冷たい微風や、急に変わってくる谷川の音の調子等で、崖の上へ出たことや道の曲がり目がわかったり、林の中で見上げる空に、かすかに浮いて見える梢の形等から、およその道の方向が直感できたりするようなことがある。

なおこんな場合には耳の働きも非常に重要さを増してくるもので、足音から道の判断をしたり、風の音や、木から落ちる雫の音で斜面の様子を知ったりするのは普通のことだが、霧の深い晩などにやまびこを利用して、知りたい方向の山の有無やその遠近高低のあらましを知ったり、谷の深さや対岸のおよその距離を計ることも、場合によっては不可能ではない。

ボートの顚覆　前年赤城山の大沼湖で、ある高等学校の生徒が霧の深い晩にボートを漕ぎ出してあやまって顚覆し、三人も一緒に溺れたことがあった。しかもそのうちには水泳に相当自信のある人もいて、ちゃんと着物も脱いで長い間泳いだらしく、そこからは遠い位置から死体の上がった話等を聞いて、私はその人がもし、この音の反響を利用するという簡単なことを心得ていたならば、苦もなく岸へ泳ぎ着けたであろうものをと、まことに気の毒に思ったことであった。その場合まず立ち泳ぎしながら、四方へ向かって呶鳴ってみて、一番近い岸をやまびこで見当をつける。そしてその方へ少し泳いでいっては、また同じことを繰り返す、というようにすれば、たとえ湖の真ん中で顚覆したとしても、この湖では三〇〇メートルも泳げばどちらかの岸へ着けるはずなのだが、泳ぐ時の癖で霧の中で大きな円を描いてしまったのでは、いくら泳いでいっても限りがないことになる。

だから反響の利用ということも一応は知っておいていいことだと思う。私自身も霧の夜、山の頂上で迷ってしまって方向がわからなくなった時、このやまびこのおかげで隣の山のありかを確かめ得て、野宿を免れたようなこともあった。なおついでにもう一つ、霧の夜の、あるかなきかくらいの微風の来る方向を知る方法は、水筒の水等で人差し指をいっぱいに濡らし、もし手近に水がなければ口の中で濡らしてもいい、それで静かに頭の上で天を指差すと、風の来る方が、すうっと冷たくなるのでよくわかる。前後の事情や地形等を注意深く考慮に入れて判断すれば、風もまた場合によっては磁石の代用になることがある。なおだんだん夜道に慣れてくると目がきくようになり、夜中でも空に星さえ出ていれば、林の中でもない限り自分の腕時計の針の見えないようなことは決してなくなるものだ。

暗夜行路　だいぶ余談が長くなってしまったが、話をまた前へ戻すことにする。山頂を出発してだんだん下りてきて、やがて道が急になってくると、先頭が「段があるよ」とか「木の根だよ」等と次に来る者に注意する。そうすると次の者はそこを通りながらまたその次の者に知らせて、順々に気をつけさせる。そのうちに「こんどは少しい段が高いよ」とか「そこの岩は左の方へ足を伸ばすと足がかりがあるよ」とかいうような注意も出るが、それ以上危ない所へかかると、下から手を貸して手伝ってやる。

初めての人たちはしばらくの間、目が見えないので勝手が違って困っているけれども、だんだん様子がわかってきて目の位置も高く保てるようになると、みんな足取りも軽くなり、それにつれて口も軽くなってきて、賑やかな暗夜行路が始まり出す。もしもその一行のうちに、若い女や子どもでも交ざっていると一層賑やかで、流星を見つけておとんきょうな声を出したり、もう安全地帯へ来たと思って油断して道を踏みはずし、熊笹の急斜面へ転がり込んで悲鳴を上げたりするものが出てくる。疲れてくると尾根の芝原や、石の上に腰を下ろして、キャラメルを頬張り（ほおば）ながら、北極星の講義が始まったり、時にはしんみりとした身の上話などの出ることもある。

辺りの開けた所はたとえ道が急でもまだいいが、やがて谷間へでも入り込むと、慣れた者でも相当緊張して道を探すようなこともある。でもそのうちに山を下りきっていよいよ普通の登山道へ出ると、急に足下が楽になって思わず歩き方が弾（はず）んでくる。そんな時に誰か歌でも歌い出すと、みんなそれに合わせて合唱しながら帰ってくる。

しかし、帰り道で大夕立にでも遭うと、みんな濡れ鼠（ねずみ）になって惨（みじ）めな姿になることがある。

でも案外気になるのは初めのうちで、心(しん)まで濡れきってしまうともう平気になって、頭から襟(えり)を伝って背中へ流れ込む雨が面白いような気がすることもある。そして子どもなどは眠気が醒(さ)めてはしゃぎ出す。なお夜道の雨は道のところどころに出来る水たまりや、濡れた小石などにかすかながら空が反射するのでかえって歩きよくなるものである。

　だがそれが雨だけでなく、猛烈な雷でも加わるとすごいことになって、子どもが怖がるだけでなく、本当に谷や窪地(くぼち)等の安全地帯にしばらくはびしょ濡れのまま、避難して待たなければならないようなこともできる。

　しかしそんな時に、ようやく小屋へ辿り着いて、ストーブを焚いて暖まり、熱い紅茶でも沸かして飲む時の気持ちはまた格別で、とても、ただ家にいたのでは味わえないうれしさがある。蘇生(そせい)の思いとはこんな時の気持ちをいうのだろう。

　帰ってからもまたひとしきり、下る途中の面白かったことや怖かったことで話が弾むが、睡眠不足をしないように早く切り上げて、明朝の起床は特別に、みんな目の覚めるまでということにして床につく。

六　雷

雷の名所　夕立の話の出たついでに、その思い出も少し書いておいてみよう。赤城山は、いや上州は日本における雷の名所として有数なところであるに違いない。そのうちでも、南に広大な関東平野を控えて地の利を占めている赤城山は、その代表的な場所であるかもしれない。私はいつも、赤城山の夏を思い出すたびに必ず雷のことも連想する。

世の中に、俺は雷が好きだ、という人は少ないかもしれない。けれども全然ないことはない。私なども子どもの頃は嫌いだったが、途中から、いくらか好きになった。しかし好きになってからでもやはり怖いことは怖いが、まあなるべく安全な、と思うところへ陣取って、聴いたり見たりしているのには、こんな張り合いのいいものはないと思う。誰でも夕立が始まって、大きな雷がだんだん近づいてくる時は、怖いとか壮観だとか、何かそこに感情が動くもので、よほど図抜けたえらい人でもない限り、全然無関心ではいられなくなるだろうと思う。しかし同じ関心を持つ自然現象でも、嵐や吹雪は、時間的にもあんまり長いし、それに少し深刻すぎる感じがある。けれどもこの点、雷は、時間も手頃だし、時に多少の危険は伴うにしても、程よいスリルを感じさせてくれるし、だいいち景気がいい。

夕立の前　町の中を歩いていたり、山の宿屋の広間に大勢人が集まっていても、大概の場合みんな自分たちの仲間だけで話していて、銘々別れ別れの気持ちになっている。だがそんな時に、今までよく晴れていた空の一方から、急に真っ黒な雷雲が湧いてきてそれが頭の上いっぱいに覆いかぶさり、にわかに辺りが暗くなってくる。やがてサッと冷たい風が吹き下ろしてくると思うと、大粒の雨がポツリポツリとすごい速さで落ちてくる。

こういうことになると、期せずしてそこに居合わせた人たちが、みんな同じ気持ちになって同じような動作をし始める。それまではあまり懇意でもなかったような人たち同士が、何となくなれなれしい目で顔を見合わせるようになり、みんな同じような恰好をして窓から表をのぞいたり、道を通る人は空を見上げて雲の動きを見守りながら心配そうに急ぎ足になる。そしてみんな怖いながらも何事かを心待ちにする時のような気持ちになって、誰の顔にも生き生きしたものが動いてくる。私は、この時の緊張した気分からすでに好きだ。

赤城で、山を歩いたり、湖畔の細い道を散歩しながら少し注意すれば、楢の大木などに、根本から枝の先まで引き裂かれたようなひと筋の生疵の通ってる落雷の跡を、いくつも数えることができる。幹の途中から新しく剝がれた皮がぶら下がっていたり、根の近所へ剝がれ落ちてそれが散乱していたりするのを見ると、いかにも生々しい感じがする。

入道雲の崩れかぶさった、真っ暗な東の空を背景に、この引き裂かれたような疵痕(あと)のある楢の大木が、午後の日をいっぱいに受けて毅然(きぜん)として白く輝いている風景は、まことに壮観なものであると思う。そしてはるかに、峠の向こう側辺りから遠雷の響きでも伝わってくれば一層この景色を引き立たせる。こんな時、そばの林の中で、幹の中ほどで自然にむけた白樺(しらかば)の皮が一つだけ、風もないのにハタハタと動いていたりすると、それが何か目に見えない妖気の仕業(しわざ)でもあるかのような気がしてきて、薄気味の悪い思いのすることがある。

赤城の雷　雷が壮観なものであるという考え方をすれば、赤城の山の上はとても恵まれた場所だと思う。真ん中に程よい大きさの湖水があって、その周囲をぐるっと外輪山が取り巻いていて、いざという時にはその上空を、厚い雷雲が覆(ふた)いかぶさって蓋(ふた)をしてしまう。そうすれば、まるで巨大な楽器をこしらえておいてその中で雷を鳴らしているようなものだと思う。

鳥居(とりい)峠の方から押し寄せてきた密雲が空を覆い、それがだんだんと垂れ下がってきて、やがて大沼の向こう側の黒檜山も駒ヶ岳も、胸の辺りから上は隠されてしまう。残された中腹以下の山肌には、濃い紺色の空気が淀(よど)んででもいるように見え、暗い湖水の面には鉛(なまり)色のさざなみが立ち騒いでいる。まだ外輪山の裏の方から遠雷の音が聞こえてくるだけだけれども、もうこうなっては、どうしてもただ事では済まないという気がしてくる。それはいかにも満を持しているという感じである。

怖くもあるがみんな何か大きい期待に胸をふくらまして世の形勢を観望している。こんな時に、もしも案外何事もなく霽れていってしまったとしたら、私でなくっても、怖い思いをしないで済んでよかったと思うより、何かもの足りない一抹の不満の残るのを感じるものではないだろうか。しかし実際は、ここまできてはもうこのままで済まないことは、晴れた朝、太陽が東の空へ昇るほど確かなことになる。

やがて突然、この場合突然は少し合わないような気もするが、見ているとやはりそういう感じがする。猫岩の断崖の辺りに突如として、ピカッと半月形に金色の長刀を振り下ろしたような閃光が立つ。「来たなッ」と思う間もなくバリバリッと鋭い爆音が鼓膜を打ち、それがゴーゴーと外輪山にこだまして轟き渡る。するとその一瞬ののち、一度空の分厚い雲に衝突した爆音の反響が、頭の上からドドンドシーンと、途方もなく大きな音の塊になって大地に叩きつけられてくる。この時は、戸や障子がビンビンと鳴り響き、私の下腹の中でも何かグウグウと共鳴するものがある。こうなってくると本格的で、この下腹に応えてこないうちはまだ何か飽き足らない感じがするものだ。しかし、そのあとはもの足らないどころの騒ぎではなく、猫岩から駒の麓へかけて次々と何本も金色の長刀がひらめき、山全体が爆音に震動して、附近一帯に紅の気が漂うように見えてきて、雷特有の匂いが辺りの空気に満ちる気がする。そうして矢継ぎ早に襲いかかる大音響に障子は鳴り響き、私の下腹は共鳴し続ける。怖いには怖いが、こんな迫力を持つ壮観がほかにあるだろうか。しかもそれでいて、決して殺伐（さつばつ）でもなければ粗暴な感じもない。私は、自然の底知れない美しさが、こういうところからもうかがわれるような気がしてならない。

霧の中の雷　それから非常に凄味のあるのは夜道をしながら霧の中で見る稲妻だと思う。私も滅多に遭ったことはないが、それでも二、三度は命の縮むような思いをした経験がある。

パッと光ると、すぐ目の前の岡の線がクッキリと浮き出し、まぶしいばかりの閃光が空一面の霧に拡がって消える。岡のすぐ背後の土の上で光ったような感じだった。すると間髪（かんはつ）を容（い）れない次の瞬間には、耳を聾（ろう）するばかりのすさまじい爆音だ。ハッと思う途端に身体がすくんでしまうが、あいにくその近所は広い地形で身を潜めるような窪みもなかった。

普通の場合、私たちの考えでは、近い雷は大体いつも自分たちの頭の上にあるという感じなのだが、それが自分たちと肩を並べて、というより自分たちの脚のまわりにもいっぱいそれがいるような、油断も隙もならないという、とても不気味な思いがする。

雷と尺取虫（しゃくとり）　私が子どもの時大嫌いだった雷を、なぜ途中から好きになれたかと考えてみると、子どもの頃嫌いだったのは母が嫌いだったからだと思う。母親の気持ちが子どもに影響を及ぼすことはまことに絶大なものがある。

私のもう一つ嫌いなものは尺取虫（しゃくとり）だ。これはまったく、私にとっては絶対不可抗力といってもいいくらいで、この年になってもとても好きにはなれない。この原因も母が大嫌いだったからだと思う。それが、その後いつの間にか雷の方は好きになれても、尺取虫の方は依然として大嫌いなのは、両者の性質の違いとも思えるが、実はもう一つ考えさせられる原因があるような気がする。それは母の雷嫌いは生来からのものではなく、若い時分は平気だったのが、ある時赤城山の鳥居峠の尾根で、目の前数間の岩の上へ落ちたのを見て目がくらみ辛うじて家へ逃げて帰ったことがあって、それ以来急に「雷怖がり」になったのだということだった。だが尺取虫嫌いの方は母も本当に子どもの時からだったそうだ。それでは母の母がどうだったか、それまでは聞かなかったが、私が雷だけ好きになれて、尺取虫の方はついに駄目なのは、そんな辺に原因があるかもしれないと、そこまで考えては、ちょっと詮索が過ぎるということになるだろうか。

昔ばなし一つ　私は雷のことをいうと、もう一つすぐ思い出す子どもの時分聞いた話がある。

それは祖父が昔、赤城神社の神主になってきていた頃のことで、当時はまだ大沼湖一帯がまったくの神域と思われていた時代だった。その頃でも湖水に魚はいたが、それを捕って食べることなどはもってのほかと考えられていたのだった。そこへある時、麓の村のがむしゃらな元気のいい男が二人で相談して密かに網を持ってきて小鳥ヶ島の辺りへ張っておいて、何食わぬ顔で祖父の家へ泊めてもらいに来ていた。

　ところがその二人が座敷へ上がって休んでいると、間もなく名物の雷が鳴り出してそれがだんだんと猛烈になってきた。それが例によって、この湖畔の雷の音はことに大きいので、脛(すね)に疵持つ二人の耳には特別なもののように感じたのであろう。さすがに傲岸(ごうがん)な男たちも良心にとがめてか戦々兢々(きょうきょう)として互いに寄り添うようにしてうずくまっていた。すると折りも折り、特にすごいのがバリバリッと来た途端に、その震動で窓の障子が敷居からはずれて二人の頭の上へ倒れかかってきた。びっくりして肝を潰した二人は「神主さん、打たれました」と悲痛な叫び声を上げて救いを求めたという。祖父がおかしさを耐えて様子を聞くと、恐縮しながら実は魚を捕るつもりで湖に網を入れてきたと、血の気のなくなった顔をして申し立てた。それでは、わしが早速行って赤城神社へ祝詞(のりと)を上げてお詫びしてきてやるから、早く網なんか上げてきて再びそんな不心得をするなと、戒(いまし)めてやると、よほど恐ろしかったものとみえて、夕立が済むと早々に網を上げてきて、翌朝はほうほうの態で逃げて帰ったということだった。私は子ども心に、この大人が障子を背負って、「神主さん、打たれました」といった時の恰好をいろいろに想像してみては、一人でおかしくってたまらなかった。

七　ヒマラヤ入りの計画

地味な計画　私たちは二、三の友人と一緒に、いつの頃からか、ヒマラヤ行きについて熱心に考えるようになっていた。数年前、インドから帰ってきた長谷川さんの飄然とヒマラヤを歩いた話を聞いて、一層強い関心を持つようになったのだが、もうずっと前から一種の憧れは持っていた。

私たちの計画は、普通のヒマラヤ何々峰登攀隊というような景気のいい派手なものではなかった。ごく地味に小人数で、そしてできるだけ長い時間を持っていこうという方針だった。だから今まで繰り返されてきた数多くの探検隊等とは、その心構えや準備についても自然多少の違いはあるように思った。

なお私たち同志の目的も、必ずしも全部同じではなかった。長谷川さんたちは主として写真の撮影、特に映画の製作ということを第一にして考えていたし、私は家族連れで主としてスキーを持っていって、ヒマラヤの山の中で生活してみたい希望を持っていた。しかし実際問題としては、当分の間その目標はほぼ完全に一致しているとみてよかったので、できるだけ同じ行動をとることにした。

私たちは、長谷川さんが六〇〇〇メートルを越してるだけで、まだ高い山に対して経験がないのだから、初めから大物を狙うような考えは決して持たなかった。行ったらまずパンチチュリ辺りの、四〇〇〇メートル近い山奥の夏の部落へ入って小屋を作り、そこにそのまま居残ってスキーをしながら冬を越してみようと思った。そして一年か二年、土地にも高さにもできるだけ身体を慣らしておいて、自信がついたらその次の夏頃から適当な時期を選んで、附近の六、七〇〇〇メートル級の山へ足慣らしかたがた登ってみるつもりだった。その結果によって、幸いもしもさらに大きい自信が得られたら、新しい経験を土台にして準備を進め、徐々に大物に向かうという順序に考えた。

私の受け持ち　大体の計画は、インドの様子に詳しい長谷川さんを中心にしていろいろと組み立てられたが、私は自分の経験から、服装、用具、小屋等について、ありったけの智慧（ちえ）を絞って考えを進めてみた。

小屋は、向こうの山には材料が少ないからというので、あらかじめ日本でこしらえて、簡単に組み立てられるようにして持っていく方法も考えてみたし、先方にある材料で作る場合も考えてみた。だが、結局、事情の許す限り、こちらで作っていく方がよさそうに思えた。何しろ四〇〇〇メートル近い所の吹雪の中で冬を越すことを考えると、生やさしい方法では駄目らしく思えた。

そのほかの用具、例えば、便利なテントや、特殊な形のピッケル、これも長谷川さんの経験ではヒマラヤの氷は軽いものではかえって労力を浪費するというので、持ち運びには不便だが、場合によっては縦にも使える重いものを作ってみた。なお氷を切るための鋸もこしらえてみた。

ヒマラヤの着物　しかし、私の何より興味を持って試作してみるつもりで心血を注いだのは、テントとシラフサックを兼ねた登山服だった。それは奇想天外で、したがってまた夢のような考案で、どうも誰に話しても、真面目に相手にはされそうもない代物なのだが、万が一にも役に立つものが出来たとしたら、とても素晴らしいと思ったので一生懸命案を練ってみた。初めは雲をつかむような問題なので往生したが、それでも長いこと、ああか、こうかといろいろに考えてみた挙げ句、どうやら、おぼろ気ながら頭の中へその形が浮かんできた。そこである運動具屋へ行って相談してみたところが、面白いからともかくもこしらえてみてもいいということになって、いよいよ一回の試作に取りかかろうとして準備を進めているうちに、シナ事変の勃発をみたのでそれどころの騒ぎではなくなってしまった。もう今からでは、いずれにしても望みはないと思うが、ただ当時を回想する記念の意味で、その考案の外郭だけでも書き残しておいてみたいと思う。

その登山服の目的は、最後のキャンプから頂上を目ざす時のもので、それには、たとえその服を着るために半日や一日の時間はかかってもいいから、一度着たらその中で十日か半月くらいはテントも何もなしで、そのまま雪の上で生活のできるような性能のあるものでなければならないと思った。

最初に考えた上側の着物――ズボンも一緒につながってあるのだが、以下単に上着と呼ぶことにする――の形は途方もなく胴体の大きい潜水服のようなものだった。外観は、外側にある数本のバンドを全部締めてしまうと、ようやく人間の形らしくなる、というようなものになりそうに思われた。だからそれはきっと、登山服等という感じではなく、化け物みたいなものになったかもしれない。そして、その上部のバンド二つほどを緩めると、上着の中の腹の前にテーブルが拡がり、胸にある窓の明かりで、食事を始め、図面を見るとか、書きものをするとか、そのほか一切の仕事ができるというような構造で、全部のバンドを緩めてしまうと、着物の中で下着の着がえから、靴下のはきかえまで何でもできるようにするつもりだった。山へ登っていけば、どうせ暑かったり寒かったりするに違いないのだから、上着の中で常に下着の着脱が楽に行える必要があると思う。

着物の種類は大体二種で、つまりテントとシラフサックを兼ねたような上着と、順に大きさの違うラクダのメリヤスシャツとズボン下のような地質の、もう少し特殊な形の着物の幾組かが、下着ともなり中着ともなり、そのほかにも毛糸のチョッキのようなものはあるにしても、普通の服らしい形のものや、ラシャ類の生地で作られたものは不要になりそうに思われた。

上着の生地は、グレンフェルのようなものを重ねて使うか、またはもっと厚いものにするかいずれにしても完全防水の布で作り、その厚さは場所によって同じではなく、例えば襞になる間は薄く、外股、腰部、脇腹、背中、肩辺りには、それぞれの形で、氷や雪の上へそのまま寝ても冷たさの通さないような厚くって硬く、そして軽い、例えばセロテックスのような質のものの入っている部分をこしらえておくことにする。

持ち物は、上着の外へも小さいリュックを背負うが、上着の内側にもたくさんなポケットをつけて、下着類の大部分と、相当量の食糧その他必要品を入れておけるようにする。

それから、温度の高い時には上着の窓を開けて、着物の中へ直接外の空気も入れられるようにし、ごく低温の時はすっかり窓を閉めきってしまって、ろ過した空気を呼吸することができるように工夫する。飲料水は雪または氷を順序を経て着物の中へ採り入れて作り、低温度の場合の両便はいずれも着物の中で不都合なく用が足せるように工夫する。なお着物の中がそのまま暗室にもなり、必要があればフィルムの操作くらいできるようにしておく。それからでき得れば、目の前に曇らないように工夫された非常に優秀なガラスの小窓をつけておいて、必要な場合には着物の中からの撮影もできるようにする。

それからアイゼンは足へはくもののほか、膝や脛用のものも用意して、条件によっては立って歩くよりも、登りは這って進むことの方を常態とすることができるようにしておく。なおそれにはふだんから坂道を這って登る身体の方の練習もしておく。腕は中途からでも分けて少なくも左右に二本ずつは作り、立って歩く時の手と這う時の手を別にする。なお必要な時は、中から下着だけの本当の手を出して仕事することができるようにもする。

ざっとこんなものだが、もしも出来たらさぞ面白いことだろうと思う。それはどうせはなはだしいスローモーションにはなるが、でもテントへ帰らなければならないという心配がないのだから、迂廻したほうがいい所はいくらでものんきに遠回りをする。そして夜昼の制限もないのだから、広い尾根筋や月のいい晩などは、一行の身体の調子さえよければ「もう少し這おうじゃないか」というような相談もできるし、いよいよ疲れたら大概の所へはそのまま、ごろりと横になって寝ることもできる。それに場合によっては匍匐用の手の爪を岩の割れ目に引っかけて、南洋のコウモリが岩穴の天井からぶら下がって寝るような真似もできないとも限らない。

ともかくも、五回六回と試作を重ねていって、だんだん自信がついてきたら、乗鞍か立山の頂上辺の岩蔭へ、真冬のなるべくひどい吹雪の晩、泊まりがけに登っては試験してみたいと思って楽しみにしていたのだったが、せめてもう二、三年前から試作にかかっておけばよかったのに、惜しいことをしたと、今でも考え出すと残念な気がする。

八　最後の冬

山スキーへ精進　やがてまた待望の雪が来た。これが、こんど赤城へ帰ってから三度目のシーズンだった。私が膝の脱臼でジャンプを諦めて以来、私たちのスキーは一時目標を失って、あてもなく低いところをさ迷っていた形だった。それがどういう原因で治ったのか、その膝もすっかり恢復してしまったので、また元気も取り戻した。しかし赤城山で前のように大きいジャンプをするためにはもう人手が不足だったし、それに千春にはまだジャンプは無理だった。

そこで親子して調子を合わせていけるようにと思ったので、前シーズン以来、当分山スキーに転向することにして、こんどは新しく発足したのだった。だがいよいよ山スキーに腰を入れて始めてみると、今までのジャンプとは勝手が違って、同じスキーでも新しく入門したような感じだった。しかしまた、その初心者に返ったということは私たちの気持ちを多分に若返らせた。それからまた、毎日毎日青木のゲレンデへ通ったり、地蔵へも登ったり、少しの間があると小屋の前の斜面で滑ったり、随分と精出して練習した。ちょうど当時、甥の大熊も赤城でスキー学校をしていたので、よく一緒になって滑ったり、時々は議論も戦わした。

去年の冬は大勢で賑やかに歩いていたが、こうして親子三人だけで小屋にいてみると、この方が自分たちの性格に合って、はるかに、しっくりと雪に親しむ生活ができるように思えた。したがって練習の時間も比較にならないほど多かった。

新雪　久しぶりに新雪が降ると、その日はとても忙しかった。朝、床の中で目を覚まして、梢に積もっている新雪を見つけるとみんな歓声を上げて飛び起きた。銘々スキーにワックスを塗り換えて仕度をすると、朝食もそこそこにして飛び出してしまう。出るとまず、先を争って小手調べに小屋の前の急斜面を荒らし始める。狭い庭がたちまちシュプールでいっぱいになってしまうと、その次は青木の斜面へ出かけていく。そこのゲレンデが軽い粉雪でであればまさに有頂天だが、雪がべたついたり、重い深雪ででもあったりすると四苦八苦で、みんなたちまち白熊のようになってしまう。それでもどんなに滑りにくかろうが、そこら一面シュプールがいっぱいになるまでは一生懸命に滑り回る。

やがてそこも荒らしてしまうと、こんどは赤城神社の前の小さい斜面へ行ってみるが、ここはもう大概この辺の人たちに荒らされてしまっているので、そこから八丁峠を登って地蔵岳の南斜面へ取りつく。しかし、この斜面はなかなか二人や三人では、とても荒らしきれないので、シールをつけて頂上まで登り、帰りに銘々一本ずつのシュプールを残すだけで大概諦めて小屋へ引き上げてくる。こうして暴れ回ると、かなりな運動になるのだが、連日ずっとやり続けてきているので、その割合にはくたびれもしない。

冬の山歩き　冬になると、ゲレンデの練習の方が忙しいので、滅多に山歩きには出ないが、それでも時々はお弁当を持って出かけることもあった。赤城山は雪の量が少ないので、夏のように広くは歩けないが、でも雪のない時は相当な藪(やぶ)でやっと潜って歩いていたような斜面を、雪煙を舞い上がらせながら悠々とボーゲンを描いて下りていくのは、何とも快適な感じだった。

雪のない時は、何度も行って見慣れている、夏ならば気軽によじ登ったり飛び下りたりしているようなちょっとした崖に、思いもよらない巨大な氷柱(つらら)が、一面に垂れ下がっていたりしてびっくりすることもあった。それはちょうど、いつもふだん着のままで親しく遊んでいた友達が、急に厳めしい礼服でも着て威儀を正している時のような気がして、近づきがたい気持ちになることもあった。しかしその大氷柱の下を通って逆光の方へ回ってみると、無数の氷柱の一本一本に日の光が微妙に反射して、水晶宮のような美しさがあった。それがあまり見事なので、岩が出ていてスキーが使えないような所があると、杖だけ持って谷へ下りて見に行った。

それから、お天気がいいとたまには午後からシールをつけて、小屋の前の林の中を通って地蔵岳へ登っていくこともあった。厳冬の夕暮れ近い頂上の景色は、標高の低いこの辺の山でも、ほかの季節には決して見られないような厳粛な美しさがあった。しかし、いくら美しくもそのまま長くはとどまれなかった。スキーをはいて烈しい運動を続けている間は寒さもあまり身にこたえないが、じっと立っていてはとても我慢ができなくなる。いい気になって美しい夕映えの眺めに見惚れていると、たちまち手も足も冷えてきて震え上がってしまう。すると千春たちが、もう帰ろうとせがむので、名残を惜しみながら一気に滑り下りて帰るのだった。

湖上の散歩　滑り飽きてというわけでもないが、夕焼けの美しい雲に誘われて、小屋の前の斜面から直滑降で湖水の上へ滑り出し、そのまま夕映えの広い雪原を、夏ならば、毎日のように舟を漕いでくる小鳥ヶ島辺りまで、のんびりと散歩するようなこともあった。すると湖の上から見る景色は、黒檜山も地蔵岳も、昔のままの懐かしい様子をしていた。

まだスキーというものの存在なんか知らなかった子どもの頃、この同じ雪原の、ちょうどこんな日暮れ時に藁靴に輪かんじきといういで立ちで、一人で、もそもそと歩き回っていたことなど思い出した。そして昔の輪かんじきより、今のスキーのほうが軽快でどんなにいいかわからないと思うと、スキーを知らなかった自分の子ども時代が可哀そうだったような気がした。そんなことを考えていると、こんどは逆に若かったその頃が懐かしく、年をとった今の自分の方が可哀そうな気がしてきた。そしてだんだんつまらない感傷的な気持ちに誘い込まれたりすることもあった。

さんざん歩き回って、たそがれる頃帰ってくると、小さな私たちの小屋は、大きい楢林の間に、いつもよりも一層小さく、いやにしょんぼりした姿に見えることがあった。

湯沢　二月には「登山とスキー社」から湯沢で競技会をやるから来ないかと誘われたので、久しぶりにまた人の滑るのを見るのもいいだろうと思って親子して出かけていった。

湯沢は、いつも汽車の窓から見るだけで、下りたのは初めてだったが、下りて見て雪の多いのに驚いた。しかし、それよりも、よく降り続くのにはなお呆れた。三日ほどいるうちにたった一度だけ、三時間ばかり霽れたことがあったきりだった。だから競技の係の人たちは、競技に使う斜面の踏み固め等に随分苦労していた様子だった。赤城山のように雪のないのも心細いが、こんなにまたありすぎてもやはり困ると思った。

競技は、やや本格的な旗を立てたスラローム等があってなかなか面白かったし、見ていていい参考にもなった。私たちは大体見物のつもりで行ったのだが、勧められて、ちょいちょい出てもみた。そしてこの競技会の後援の日東紅茶から、親子三人して自分たちの飲む一年分くらいの紅茶をもらってきた。これは私たちがこの種の競技会に顔を出した最初のものだったが、この日の一番稼ぎ高の多かったのは妻で、その次は千春だった。

大会の途中で余興半分に、火を点した提灯（ちょうちん）を持ってスタートして、それを消さずに早くゴールインする子どもの競技があった。大勢の土地の小学生の間へ交じって出場した千春が、出しなに、早く着いても灯を消しては駄目だよと教えられたものだから、それだけが頭へ入って、スタートするとすぐ提灯の中をのぞきながら、ついにゴールまで悠々とオール全制動で入ってきて、ストップウォッチを持っている係の人に「おじちゃん、ホラ消えないよ」といいながら提灯を出して見せたので、みんな笑ったが、それでも三等かになってまた紅茶をもらった。

スキー学校の大会　その後赤城へ帰ってから、スキー学校の競技会にも誘われるままにまたみんなして出てみた。滑降のコースは地蔵岳の頂上から八丁峠へ出て、赤城旅館の前まで下るのだったが、私は体重のおかげで自分でも全然予想しなかったようなタイムを出して優勝し、千春はスラロームの何回目かで、全日本へも出てる選手よりも一秒といくらか速かったというようなことがあった。

こうしている間に友人に誘われて、私だけ一人でまた三月には乗鞍へ、四月には立山へ登った。

でもこのシーズンは、結局、相当得るところがあったと思う。それはうまくなったという意味ではなく、技術的にはおぼろ気ながら「外傾」というものの重要性を知り、それに関連して用具の方では「踵(かかと)の引き締まる締め具」の必要を痛感したという、むしろ根本的な問題についてであった。しかもその時の、この根本的な考えはその後少しも変わらないばかりでなく、ますます発展して現在に及んでいる。

九　千春入学

登校　四月になると千春が学校へ入ることになった。その第一日は久しぶりで新雪の降った朝だった。空はよく晴れて、真っ白にお化粧された楢林に美しい朝の太陽の差しかけた頃、小さいリュックに本とお弁当を入れて、古いスキー靴をはいて、一〇センチほどの新雪を踏んでいそいそとして出ていった。

学校は、山の麓の小さな部落にある分教場で、生徒は一年から六年までで合計二十四人、先生は一人という極めてひっそりしたものだった。それはいいのだが、小屋からの距離は五キロあまりで、標高差四〇〇メートル、なお途中の峠の上と学校とでは四五〇メートル、つまり毎日五〇〇メートルを上り下りするわけで、一年生にはちょっと可哀そうなくらいだった。それでもまだ、夏の間はまあいいとしても、冬の吹雪の時のことを考えると、どうも一人では少し無理なように思われた。そこでどこか、雪もあり小学校もあるというところへ引っ越したいものだと思った。

移転問題　もっともこのことは、一年くらい前からの私たちの懸案で、そのため、方々心当たりを物色していたのだった。二月に湯沢へ行ったのも、一つはあの辺りの雪の様子を見てきたかったためでもあった。越後の清水辺りなら雪も多いし小学校もあるだろうと話してくれた人があったので、都合によったらそこへも回ってみるつもりで行ったが、湯沢にいた三日ほどの間、ほとんど降り込められ通しだったので、いくら雪が欲しくってもこの調子で降り続けられたのでは、親子三人で毎日雪こねばかりしていなければならないから、練習する暇も何もなくなってしまうと思って恐れをなしてそのまま帰ってきた。

三月乗鞍へ入った時も、四月の立山の時もその下心はあったので、土地の案内人といろいろ相談したり小屋場によさそうな所をそれとなくのぞいてみたりしたが、どれも実行には相当の困難がありそうだったので、どちらも惜しいところだとは思いながら、決定するまでの決心もつかず、空しく赤城山へ帰ってきたのだった。

それからも私たちは、折りに触れてよくその話をした。一番いいと思われたのは北海道だった。ことに小樽には最も心を惹かれた。小樽なら秋野さんもいるし、話せば小屋くらい見つけてもらえそうな気もしたが、当時は東京と遠くなるので都合上その決心もつきかねていた。近いところでは上越辺りから、飯山の話も出た。そして最後には菅平が有力な候補地に挙げられて、前年行った時知り合いになった人に問い合わせてみたら、幸いに空いている手頃な家もあるし学校も近いという返事だったので、それではいったん菅平へ行って何年か暮らしているうちにあとのことを考えることにしようという話にほぼ相談がまとまって夏になった。

しかしそれでもまだ確定したわけでもなかったので、赤城にもう一年いても大丈夫なようにと思って、薪採りをしたり、練習場の斜面を少しでもよくするために、お役所の人たちと相談したりしながらトレーニングを続けていた。

千春の思い出ばなし　千春が麓の学校へ通い始めてから幾日かはついていったが、間もなく一人で行くようになった。毎朝リュックを背負って前の坂を登っていく恰好を見ると、私たちは大きくなったものだと思った。ついこの間千島から来たばかりの時は千夏と一緒に遊んでいて、背広姿の人さえ見れば誰でも秋野さんと呼んでいたのに、ともかくも一人で麓の村まで通えるようになったのだから早いものだと思った。しかし無論ここまで一足飛びにきたわけではなく、その間にはその時々の段階もあり、いろいろと思い出される話もある。

これはまだ赤城へ来た翌年の夏あたりのことだったと思う。私たちのいつも住んでいるところは山の中の一軒屋だし、したがって似た年恰好の友達があるわけでもなかったので、千春にはお金というものの概念もなかった。ある日、誰か小屋へ遊びに来た時お金の話が出たことがあった。するとそれをそばで聞いていた千春が、何にするものかわからないが自分でも欲しくなったのだろう、突然「お父さん、こんど東京へ行ったらお金を買ってきてちょうだい」といい出したので、みんな吹き出してしまったことがあった。

これもその秋頃のことだったと思うが、ある時スキーの連中が集まって、ストーブを囲んで雑談しているうちに泥棒の話の出たことがあった。この時も千春はそばでじっと聴いていたが、やがてそのうちの一人に向かって「おじちゃんは動物園で泥棒を見た？」と問いかけた。初めはそこに居合わせた誰にも、その質問の意味がわからなかったが、よく聞いてみるとこういうわけだった。前の年、内地へ帰ってきた時、ちょっと東京へ出て千春たちを動物園へ連れていったことがあった。動物園には絵本にもないような動物がたくさんいたし、聞いたことのない名前もたくさんあった。そのことが頭にあったので、今みんなの話している泥棒という言葉も、考えてもわからないものだから、これは、てっきり動物の名だろうと見当をつけて、そして前のような質問をしたのだった。この時もそれとわかるとみんな笑ったが、あとで泥棒というものを教えようとしても説明のしようがなくて困ったことがあった。

　またこんなこともあった。それはその年の冬、大勢の友達と一緒にスキーで歩いていた時、鹿沢温泉の二階で、ひどい吹雪に閉じ込められてみんな集まって話していたことがあった。千春もそのそばで遊んでいたが、やっと片仮名が読めるようになった時なので、絵本も見飽きてそこにあった新聞を見て仮名で書いてある広告を読んでいた。するとその中に口続きのいい、気に入った文句があったとみえて、大きな声で繰り返して読み上げた。ところがそれは何か花(か)柳(りゅう)病［性病］の薬の名だったのでみんな気がつくと笑い出してしまった。しかもその座には若い女の人たちも交じっていたので笑いはなかなか止まらなかった。千春の方は得意になって読んだのに笑われるものだから怪訝(けげん)な顔をして母親の顔を見たり、隣にいたおばちゃんの顔を見たりしていたが、照れくさそうにしてまた新聞に目を落とした。すると誰かが、「千春さんはよく読めるね」といったのでまたみんな笑い出した。私たちは仕方がないから笑っていたが、ただ、そんなものを読むなといったって駄目だし、教えようにも何ともいいようがないのでその時も弱った。

これはずっとあとの私たちが番所(ばんどころ)へ越したばかりの時のこと、千春が、借りた仮の家のそばの畑道へ出て一人で遊んでいたら、近所の子どもが集まってきて、お前の名は何というと聞いたので、千春だと答えたら、それからは姿を見せると、千春、千春と皆に呼ばれた。すると今まで親たちよりほかの者に自分の名を呼び捨てにされたことがなかったので、子ども心にもすっかり悲観してしまって、「僕は名を聞かれた時、千春さんだと、さんをつけて教えておけばよかった」といい出したので、私たちは笑いながら、「これがこの辺の言葉なのだよ」といっておいた。ところがそれから学校へ通い始めるようになって一カ月もすると、いつの間にかすっかり慣れてしまって、自分よりも三年も四年も上の級の子どもの名を「何々ッ」と、もう板についた調子で呼び捨てにするようになってしまった。

その後また半年くらいしてからのこと、家の前で近所の子どもたちが遊んでいたことがあった。その中に千春も一緒にいるはずなのにちっとも声がしない。変だと思って戸を開けて見ると、いないどころか夢中になって騒いでいる。家の中では私たちと同じような言葉を使っているのに、子どもたちの仲間へ交じるともう完全な番所弁になってしまっているので、私たちにもそれが聴き分けられなかったのだった。私は何の苦もなく環境に順応していける子どもは簡単でいいなあと思いながら、また何かそこには将来のために注意を要する問題があるような気もした。

十　湖で溺れた人

助けてください　この夏にはまた一つ悲しい事件があった。八月の初めの、南風の強い、いいお天気の日の午後だった。私ともう一人やはり赤城山に住んでいるスキーに熱心な、斎藤さんという人と二人で、私の小屋の上の川で、燃料用として役所から払い下げてもらう枯木の下調べをしていた。

するとが突然湖水の向こう側の小鳥ヶ島の辺りで、「助けてください――」という女の人の叫び声がした。私たちは驚いて聴き耳を立てたが、ちょうど登山者の一番多い頃で、その辺にはキャンプの人たちも大勢いたので、ほかの人たちの吸鳴る声も騒がしく混じってきて、そのいってることがよく聴き取れなかった。そのうちに「オールが流れた」という声もあったので、何だ馬鹿馬鹿しいとも思ったがそれでも気になった。ちょうどそこの場所からはよく見えるはずなのだが、木の葉がいっぱい繁っていたのでのぞいてみてもわからなかった。私たちは顔を見合わせ一瞬躊躇していたが、また女の声で「助けてください――」とこんどははっきりと真剣な調子が聴き取れた。それで私たちはすぐ山を飛び下りていった。私は小屋の前を駈け抜けながら「誰か湖へ落ちたらしいよ」と妻にいい残して、すぐ小屋の裏のボートに飛び乗って二人で漕ぎ出した。でも大勢して騒いでるのはわかるが、じきそばへ行くまでは、どうしたのだかちっとも様子がのみ込めなかった。

その現場は小鳥ヶ島の北端近くで、島からほんの三〇メートルくらいのところだった。岸に集まっているキャンプの学生たちの話で、大体この辺で男の人が一人溺れて沈み、一緒に乗っていた女の人は舟に乗ったまま、ずっと風下へ流されていったことがわかった。見るとその舟は二、三〇〇メートルも離れて、乗っている女の人はもう叫ぶ気力もなくなってじっと舟の中へうずくまっているようだった。

まだほかの舟は一艘も来なかった。岸にいる学生が、たしかにその辺だというから私たちは一生懸命教えられる辺りの水の中をのぞいてみた。だがどうしても見えないので、まずその女の人を助けに流れていく舟を追いかけた。ようやく追いついたので女の人をこちらの舟へ乗り移らせた。そしてまた現場へ引き返しながら途中であらましの話を聞いてみた。

女の人の話　溺れたのはその女の人の弟さんだった。漕ぎながらあやまって櫂（かい）を一本流したのでそれを取りに飛び込んで、心臓麻痺を起こしてしまったらしい話の様子だった。女の人は舟にも水にもまったく経験がなかったので、残った一本の櫂では何ともしようがなかったのだという。女の人は極度に歎き悲しんで興奮してしまっているので、私はそれを見るのも辛かった。舟がだんだん現場へ近づくと、自分を忘れて弟さんの名を呼び続けながら、どうせ泳げるはずのないのに舟べりから半身を乗り出して水の中をのぞき込むので、こんどはこの小さい舟が顚覆しそうで危なくってしようがなかった。

そうしているうちに、急な知らせを受けてほかの舟も集まってきたので、旅館の大きい舟にまた女の人を乗り移らせた。それからしばらくの間はその女の人の話と岸にいる学生のいうことをもとにして、みんなで随分水の中をのぞいて回ったが、何の手がかりも得られないうちにだんだん夕方になってしまった。それで舟の人たちはいろいろと相談していたようだったが、別にこれという方法もないので、ついにその日はそのまま切り上げることになってしまった。どうしてもまだ諦めきれない様子で、後ろを見ながら帰っていく女の人のいたいたしい姿を見ると気の毒でならなかった。私たちは小屋へ帰って気の毒なことをしたものだと、見てきた様子を妻に話した。それから私は寝床へ入ってからも、女の人の歎き悲しんでいたありさまが目について、何となく他事（ひとごと）のようには思えなかった。

友人　翌朝また斎藤さんが来たので、妻と三人連れでボートに乗って現場へ行ってみた。そしたらもう旅館や売店辺りの舟がたくさん集まって、錨（いかり）を曳いて水底の捜索を始めていた。近寄ってみると、大型な和舟の舳先（へさき）に旧（ふる）い友人のSさんがいた。意外なところで逢ったので驚いていると「実は昨日ここで死んだのは僕の家内の弟でした」というので二度びっくりした。友人のほかに、死んだ人のお母さんも、友人の娘さんも来ていた。それで初めて詳しく昨日ここで溺れるまでの話を聴いたが、聴けば聴くほど気の毒な気がした。

実は、私はまだ自分たちが千島から帰ってきてまた赤城山にいるということを、この友人に通知しておかなかった。それで友人は、こんど二人が赤城へ登ろうということになった時、湖畔から少し離れた山の方にいる私の姉のところへ紹介状を持たせてよこしたのだった。二人はいよいよ来てみると、姉の家は旅館よりもまだ先だったので、ともかくもと旅館へ着いて、荷物を置くとすぐ湖畔へ出てみた。岸へ立つと弟さんは水泳が好きだったのでしきりに泳ぎたがった。しかし姉さんは心配して、危ないからといって強（し）いて思いとどまらせ、その代わりにボートを借りて二人で乗って出た。ところがそのボートのオールがもう多少擦れて減っていたのかもしれなかったが、小鳥ヶ島の北端辺りまで来た時、その一本がクラッチからはずれて流れてしまった。この場合、無論、残った一本の櫂で舟を戻して流れた櫂を拾う手はあったはずなのだが、泳ぐことに自信を持っていた弟さんは、かえってそれをいい潮にして、シャツを脱ぎ捨てていきなり飛び込んでしまった。弟さんはまだ十八で若かった。それにいい身体もしていたが、泳ぎは達者でもまだ経験が足りなかった。山の湖の水温は思ったより冷たかったに違いない。そのうえ一日中暑い中をバスに揺られたり坂道を登ってきて疲れている身体は、決していいコンディションではなかった。それをいきなり飛び込んだのでたちまち痙攣でも起こしたのか身体の自由がきかなくなってしまった。舟で見ていた姉さんも案じてはいたものの泳ぎのうまい弟さんが、まさか入ったばかりでこんな状態になろうとは夢にも思わなかった。弟がかすかな声で助けてくれと言ったので、仰天した姉さんは夢中になって救いを求めた。恐らく飛び込んでいって苦しんでいる弟を抱き上げたい衝動を感じたに違いないのだが、泳ぐことも舟を操ることもまったく知らなかった姉さんはただ気があせるばかりで何と手の下しようがなかった。そのうちに心臓麻痺を起こして波にのまれて沈んでいく弟さんの姿を目の前に見ながら、姉さんは身を切られる思いで、気もくるわんばかりに助けを呼んでいたが、泣き叫ぶ姉さんを乗せたボートは、そのまま強い南風に吹き流されて刻々と現場から離れていくのだった。すぐ近い岸にキャンプしていた都会の学生が十人ほどで、この出来事を最初から目撃していたのだったが、しかし飛び込んでいって救い上げるだけの自信のあるものはいなかったのであろう。折り悪しく近所に舟も出ていなかったので、時間にしたらわずか一分か二分の間に突発した出来事は、すでに決定的なものとなってしまったのだった。

私はその話を聴いて、もしも私が筆不精をせずに、この友人に自分たちが赤城へ帰っていることを知らせておいたらと思った。Sさんはその四、五年前私が千島から出てきた時、やはり赤城で逢って、長いこと千島の話などしたことがあるので、私たちがまだ千島にいるとばかり思っていたのだった。だからちょっと知らせてさえおけば、Sさんは私宛てに紹介状を書いたに違いないし、私の小屋は旅館への通り道だから二人は必ず私の方へ先に寄ったに違いない。そして私たちと一緒に小屋の下で泳いだか、それとも、ここからオールのはずれる心配のないボートに乗って出たか、いずれにしても結果はもっと別なものになっていたかもわからない。そう考えると残念でたまらなかったし、取り返しのつかない手落ちが自分にもあったような気がした。

捜索　それから私たちも錨を借りて、十あまりの舟と交じって、見ていた人たちの話をたよりに捜してみたが、なかなかどの舟の曳く錨にも手応えはなかった。

そこで私はいったん岸へ上がっていって、昨日目撃していた学生たちに詳しくその位置を聞いてみた。聞く人ごとに多少の違いはあったが、そのうちに、僕はここへ立って、この木とこの枝の間から見たというのがいた。そのおかげでやや正確な一つの線を得られた。なおそれに交わるもう一つの線が欲しかったのだが、みんな同じ場所で見ていたのでその望みはなかった。しかし溺れながら笑ったような気のする顔を見たという話をあてにして、舟にいる人の顔などを見ながら、およその見当をつけて、そこへ斎藤さんに重い石に、綱をつけて沈めてもらってその先へ浮木をつけた。それで大雑把ながら、いくらかでも場所のあてができた。

改めて、その辺の水の深さを計ってみると大体一〇メートル足らずだったが、この湖水の透明度六メートル強ではのぞいても見えないはずだった。それで私は途中まで潜っていったら、見つけられはしないかと思って提案してみたが、誰もやろうという人がなかったので、斎藤さんと二人で相談して大きい舟から勢いつけて飛び込んで潜ってみた。すると初めのうちはそんなでもなかったが、深くへ入るにしたがって急激に水の温度の下がるのが感じられた。そのうちに錨を曳いて濁した中へでも入ったのか、にわかに辺りが暗くなった。その上耳へ何も詰めていなかったので、水圧のために鼓膜に刺されるような痛さを覚えた。何だか急に気味が悪いような気がしたと思ったら、いつの間にか身を返して、もう上へ向かって泳いでいた。まだ息が切れてしまったというわけでもないのにと考えると、自分が誠意の足りない意気地なしのような気がしてきた。その次は誰か着物の綿か何か出してくれたので、それを耳へ詰めて、こんどこそはと決心して潜ってみた。そして大いに頑張ってはみたが、その時もまた暗い中を泳いで回っただけで空しく上がってきた。それからさらにもう一度潜ってみた。しかし、ついに発見できなかったばかりでなく二度とも暗さと冷たさのために妨げられて、とうとう思うほどの活動もできなかった。どうも、こう濁ってしまっていては遠くが見えないから、とても無理だろうというので、これもついに諦めた。あとで妻はその時のことを思い出して、舟の上からのぞいていて、私の身体が濁った水底へ隠れてしまうと何となく心配で、再び見え始めるまでの時間がとてもも長く感じたといっていた。

錨を研ぐ　そのうちに昼時になったのでみんなひとまず引き上げることにした。私はやや大型の一番いい錨を借りて小屋へ帰った。そして赤く錆びてるその先をグラインダーで研ぎながら、ぜひ一刻も早く引き上げてやりたいが、この光った先が裸の脇腹へぐっと突き刺さって血を流しながら上がってきたらどうしよう、そんなことまで考えていた。

昼ご飯を済ますとすぐ、こんどは斎藤さんと二人で現場へ行った。まだ早かったとみえてほかの舟は一艘も来ていなかった。先刻の浮木を目当てにして、まず私が漕いで斎藤さんが錨を曳いた。

二人とも極めて慎重な態度でろくに口もきかなかった。するともう一回目に手応えがあったが、すぐはずれた。注意深く四回ほど繰り返すとまた手応えがあった。こんどこそはと二人とも緊張したが途中でまたはずれてしまった。そのうちに賑やかに話し声がして旅館の方からたくさん舟が来た。大勢来たな、と思ったらすっかり勘が悪くなってしまって、もう何度曳いても、ちっとも手応えがなくなってしまった。

それからはまた大勢で、思い思いに見当をつけて、やたらに錨を曳いて回ったが、たまに上がるのは木の枝くらいのものだった。私たちはもう一度舟を岸へ着けてしばらく相談しながら、みんなの舟の仕事を見ていたが、また考え直して出かけていった。

死体上がる　最初また斎藤さんが錨を持っていたが、しばらくして私が代わった。すると間もなくしっかりと手応えがあった。櫂を操っている斎藤さんに小声で合図をしながら、全身の注意を手元に集めて静かに手繰(たぐ)り上げてみた。どっしりとした重みのある綱の張りから、たしかにそれと感じられたので、どうかこんどははずれないようにと私は祈りたい気持ちがした。のぞいていると、やがて頭を斜め上にした青白い死体が暗い水底からだんだんに浮き上がってきた。

見ると軽く肱（ひじ）を折り曲げた左の二の腕に、錨を持っていって丁寧に差し込みでもしたように、その爪が一本だけちゃんと巻きついていた。それと気づいて緊張して見守っていたほかの舟から急にざわめきの声が起こった。私たちのボートは小さすぎて死体を上げることができないので舟べりで支えていると、すぐ大きい和舟が来てそれを引き上げてくれた。その舟の中でこの様子を見ていた年配の村の駐在巡査が、言葉はもう忘れたが何でも「死体の方で、私の錨を選んで引っかかってきたろう」という意味のことをいった。そんなことのあろうはずは無論ないのだが、肌へ錨の爪が刺さって血を流しながら上がるだろうと心配していたのに、意外にもその爪の一本がそっと二の腕へ、うまく巻きついただけで上がってきたのを見て、私も何となく不思議な思いがして目頭の熱くなるのを感じた。白いパンツ一つだけの裸で、向こうの舟へ引き上げられる背の高い立派な、若々しい身体を見て、私は何てもったいないことをしたものだろうという気がした。

その時は、それでもまあ上がってよかったと思ったが、それからはなお辛かった。

死体はやがて岸へ上げられて、草の上へ蓆（むしろ）を敷いて寝かされた。お母さんは大変気丈な人だったが、その気丈な人の歎き悲しむ様子は顔を背（そむ）けずにはいられなかった。身内の人たちもさぞみんな少しでも早く上がってほしいと思っていたのだろうが、いざ目の前に、変わり果てたその姿を見ると、悲しみは急に倍加されたに違いない。昨日から身も世もあらず一夜を泣き明かした姉さんの顔は、お面をかぶったように赤黒く腫(は)れ上がっていた。

小屋へ引き取る　そのうちに横たわっている死体のそばで、この場の気持ちとはおよそかけ離れた調子で、その晩の死体の置き場所が問題になった。一年中で一番客の多い時期なので、怖がる人があるだろうからというような理由で引き取り方を円滑に敬遠した。私はこのままらない相談を、いつまでも身内の人たちに聴かせるのが辛かったので、私のとこでもよければと申し出て、結局小屋へ引き取ることにした。

やがて荒木の長い箱が作られて死体はそれに納められ、その箱は小屋の下の岸へ舟で運ばれた。しかしいよいよその箱を持ってきてみたら、小屋の入口が狭すぎてどうしても室内へ入れることができなかった。それで致し方なく庭の一番大きい楢の木の根元へ台をこしらえてそこへ安置した。

不満足ながらともかくもこれで一段落はついた。この間ずっと斎藤さんは、自分では何の関係もないのに、終始一貫実に気持ちよく純真な態度で手伝ってくれた。

ひと通り面倒なことが済んで夜になると、身内の人たちが狭い私の小屋へ引っ越してきた。

みんな集まって落ち着くと、話は自然、亡くなった人の生い立ちや、逸話や、またこんど赤城山へ来る前に、みんなに話したといういろいろな言葉などが、あとからあとから話し出されて、そのたびにみんなハンカチで涙を拭いていた。何でもお父さんはずっと外国へ行っていられるので、男勝りのお母さんは自然父代わりもしながら、子どもの教育にあたっていたのだという。

時々部屋にお母さんの姿が見えなくなるので、どこへ行ったのかと思うと、小雨の降る中を傘も差さずに樒の木の下へ行ってしゃがんでいた。そして「今こうして死ぬと知っていたら、あんなに厳しくして育てはしなかったものを、どうぞ許しておくれ」といっては声を上げて泣いていた。姉さんは姉さんで「私が不注意で殺したのです」といって繰り返し繰り返し泣きながら、あやまってばかりいた。私たちもそのたびにもらい泣きさせられた。

私たちはみんなを送り出してしまったあとも寂しい気持ちが続いた。

間もなく夏も終わり、登山の客足も減り、キャンプの学生たちも全部引き上げてしまって、山はだんだん静かになっていった。やがて乾いた北風が、山の樒の葉を白く裏返しながら吹いて通るようになり、猫岩の頭や、黒檜山の肩の辺りに紅い色が見え始まってくる頃、私たちはまた、どこへ引っ越そうかと同じ問題を、しかし真剣に考え始めていた。

映画撮影にも挑んだ六合雄（1943年）

雪の壁に落書きする（1940年）

小沼附近の見事な氷柱（1938年）

小沼附近での放牧（1936年）

番所の小屋の下にある畑で作業する妻・サダ（1940年）

秋の大沼湖畔の散歩（1937年）

千春、一本橋を渡る練習（1943年）

ゲレンデの藪払い（1941年）

ゲレンデの石割り（1942年）

ブッシュを回る千春（1938年）

千春のゲレンデ・シュプリング（1939年）

湖上の散歩（1937年）

千春の深い屈身姿勢（1943年）

ファルトボートを漕ぐ千春（1937年）

庭での落葉焼き（1937年）

志賀直哉宅で（1936年）

第四篇　乗鞍（のりくら）時代

一　番所へ移る

冷泉の吹雪　十一月の末ちょっと用事があって東京へ出たら、友人に誘われたのでまた乗鞍へ入った。雪はまだ少なかったが、それでも冷泉からはスキーがはけたし、大雪渓辺りにはもうかなり広い新雪の斜面があった。半年ぶりで足につけたスキーは、いやに長い気がして、滑り出して曲がろうとしても何となくぎこちなかったが、しばらく滑っているうちにだんだん足に慣れてきた。それに何しろ久しぶりの粉雪の感触だったので、一行は皆大悦びだった。だが途中で遊びすぎてしまったので、その日は上まで登れず、肩まで行っただけで冷泉へ帰った。

皆明日を楽しみにして寝たのだったが、夜中から猛烈に吹雪き出して朝になってもやまなかった。午後になったら、ちっとは静かになるかもしれない、などと話しながら、ゆっくりと床を離れたが、吹雪はますます烈しくなる一方で、その日一日駄目だったばかりでなく、とうとうそれから三日ほど荒れ通してしまった。小屋の前の斜面には、まだ楽しめるほどの雪はなかったし、仕方がないので下の囲炉裏端で煙い目をこすりながらあたってみたり、二階のこたつへ潜り込んだりしていた。そうしている間に退屈なものだから、また案内人をつかまえて、番所（どころ）辺に私たちが引っ越してこられるようないい小屋場はないかと、根掘り葉掘り聞いてみた。結局ほかのことは何もかもいいらしいのだが、番所にはゲレンデになるようなスロープがないというのだった。

私はそれまでに、何度となく乗鞍へ登って、スキー地としての山の素晴らしさはよく知っていたし、往復に通過するだけだったが番所の部落の感じも好きだった。鈴蘭まで入れば無論いい斜面もあるのだが、千春が学校へ通うのに遠くなりすぎて都合が悪かった。

番所の斜面を探す　とつおいつ考えながら、つくづく惜しいところだと思ったが、ついに諦（あきら）めきれないで、帰りには一行と別れて番所へ残り、一晩泊まって翌日は朝から部落の附近の斜面を見て回った。

いくら歩いても案内人のいう通り、南向きならいい斜面もあるのだが、この辺の標高では日向斜面はまず役に立たないと思わなければならない。半ば失望しながらも根気よく巡って見ているうちに、やっと一カ所ものになりそうな場所を見つけた。欣（よろこ）んで近寄ってみると、そこには岩石も多く随分猛烈なブッシュでいっぱいだったが、日向きも風向きもよさそうだったので、手入れ次第では立派なゲレンデになると思えた。早速宿へ帰って必要な条件を尋ねてみると、土地は村の共有でスキー場として手入れすることも自由だし、積雪の量もほぼ充分そうな様子だった。そのうえ私たちがすぐ引っ越してきても、ひと冬ぐらい過ごせそうな空いてる小屋もあった。どうせどこへ行ったってそんなにいい条件ばかりあろうはずもなし、自分たちの骨折りでいいゲレンデが出来るのなら面白いと思った。

私はここへ引っ越してくることにきめて、村の人にも約束しようかと思ったが、考えてみると時期が少し遅かった。もう間もなく十二月になる。番所もこのうえ雪が降ればトラックが通わなくなるし、赤城山の方もひと雪来れば荷物が下ろせなくなるので、今から強いて決行しようとするのは少し冒険的な仕事のようにも思われた。

引っ越しの早業

しかしともかくも相談してみようと思ったので大急ぎで赤城へ飛んで帰り、妻に詳しく番所の様子を話してみた。妻は話があんまり急なので最初は少し呆れ気味だったが、だんだん説明していくとたちまち喜んで賛成したので、たちどころに事がきまってしまった。

さあそうなると善は急げとばかりに、早速荷造りに取りかかり、必要なものだけを取りまとめて、呆れている山の人たちにあとのことを頼むと、時を移さず荷物と一緒に山を下りてしまった。それから少し用事があったので東京へ出て、ほんの二、三日用足しをしただけで、十二月の半ばには番所へ落ち着き、二十日頃からはもう新しいゲレンデの開拓に取りかかっていた。

いいあんばいにその間、雪に妨げられることもなく、ここまではすらすらと事は運んだが、いよいよゲレンデの手入れを始めてみると、それは容易な仕事ではなかった。さすがに土地の山案内人さえ気のつかなかったような所だっただけに、最初見た時も岩石の多いことは気がついていたが、実際は思ったよりもはなはだ多かった。それにブッシュもひどいとは覚悟していたが、いざ鋸（のこぎり）を持って切り始めてみると、想像したよりもはるかに大仕事だった。相当に骨は折れたが、しかし仕事の大きいことは私たちをかえって元気づけもした。

そのうちに千春は午前中だけ、二キロあまり下の大野川の小学校へ通うようになったので、私たちはその間ずっとブッシュの切り開きをした。大概の場合、私が切り倒すとそれを妻がスキーで運んで捨てた。そして午後は千春の帰りを待って、まだ窮屈な狭い斜面だったが、三人で猛練習を始めた。なお千春の休みの日には鈴蘭へも滑りに行き、冷泉（れいせん）まで三人で登ったこともあった。

千春たち頂上へ登る　間もなく冬のお休みになったので、三人して乗鞍へ行くことにした。私だけは何度も来ているので、まだ雪の少ない上の方へまで強いて行ってみたいとも思わなかったが、妻も千春も初めてだったので、登れるところまで行ってみようということにして、朝早く番所を出た。

お天気はよかったし、冷泉まではもう初めての道ではなかったので、昼前に早く着けた。しかし冷泉で中食を済ませてから出てみると、もう振子沢の辺りは午後の日差しが傾きかけていた。この辺から屋根板坂へかけての粉雪は素晴らしかったので私はカメラの仕事に忙しかった。

位ヶ原へ出ると、もう十一月来た時とは場所が違ったのではないかと思うほど、雪の量は増えていた。広々としたその雪の斜面には、まだそんなに遅い時間ではないのに、乗鞍岳の大きな影がもういっぱいに拡がっていた。でも正面右側の摩利支天［岳］にはよく日が照っていて、その尾根の岩場についている樹氷が美しかった。

私たちは、そこを横ぎってスキーをはいたまま、肩の小屋の方へは回らずに、大雪渓から旭岳の鞍部へ向かって登っていった。雪渓に続く急斜面をやっと登りきると、そこには非常に大きく発達したシカブラの群れがあった。実に見事なものだったが、あんまり大きいので子どものスキーでは横ぎれない所があった。そんな所は仕方がないから横を向いたまま階段登りをした。それもしばらくしてなくなったが、目ざす旭岳の一〇〇メートルくらい下まで行くと、もう岩石の露出しているものが多くって歩けなくなってしまった。やむなく岩の蔭にスキーを置いて、そこからは杖だけついて靴のまま頂上へ向かった。

珍しくよく晴れたいいお天気だったが、風が少し強く気温は低かった。私たちは、体重の少ない千春が、突風に吹き落とされはしないかと案じて、油断なく注意し続けなくてはならなかった。それでもやがて、暮れやすい冬の日が西の空へ沈みかけようとする頃、やっと頂上へ着くことができた。

千春が数え年九つになったばかりの正月の三日だった。なお、冬山の三〇〇〇メートルは妻にも千春にも、これが初めてだったが、番所から一気に登ってきた割合に二人とも元気だった。しかし頂上へ登る時間としては、少しもう遅すぎたかもしれなかった。でも頂上からの眺めは、それだけまた素晴らしかった。逆光の空に浮き上がる御岳（おんたけ）や、夕陽を受けて輝く北アルプス連峰のたとえようもない立派さに、妻たちの感激もひと通りではなく、思いきって乗鞍へ越してきたことを心から喜んだ。

本当にいつまでいても尽きない美しい眺めだったが、寒さのために長くとどまっているわけにはいかなかった。急いで記念撮影をすると、惜しい景色をあとにして山を下ることにした。帰りの道は、一歩一歩実に慎重な足取りで下りてきた。千春がまだ小さかったためでもあったろうが、私たちは、こんなにまで緊張して山を下りたことは滅多になかった。それがわずか数年後のこの頃、たとえ千春の体重が増し、私たちのスキー技術が幾分進歩したとはいっても、この辺一帯の急斜面が好適なゲレンデとなってしまおうとは、その時には到底考えられもしないことだった。

その晩は遅くなったので、肩の小屋へ泊まったが、次の朝起きてみたらもう吹雪いていた。私たちは無理しても昨日登っておいてよかったが、昨日途中で一緒になった二人の大学生は、もう遅いから明朝頂上へ登ろうといっていたので、ついに機会を失し、諦めて下りていった。

半日開拓、半日練習　千春の冬休みが済むとまた、半日開拓、半日練習の日課が、正しく繰り返されていった。一日一日と拡げられてゆくゲレンデの仕事は、かなり烈しい労働でもあったが、またとても楽しみなものでもあった。私たちはしまいにだんだん欲が出てきて、練習を済ませてからも、暗くなる頃まで頑張って藪払いをしていたこともあった。

私たちの番所へ来たての頃は、村の人たちも、変なやつが来て物好きなことを始めたくらいに思っていたらしかったが、そのうちに近所の子どもたちが、ゲレンデへ集まってきて滑るようになり、やがて大人も暇があるとスキーを担いで出てくるようになった。そして時々は私たちの仕事を手伝うようにもなった。

このシーズンも、働いていた割合には相当な収穫があったと思う。ことに千春の進歩は多少見るべきものがあったし、妻も進んだ。ただ、その中にあって年のせいか、自分だけ遅々として思うように進まないのが、我ながら歯痒くてならなかった。

鈴蘭の大会　三月になると、鈴蘭小屋附近で、例年の乗鞍岳アルペンスキー大会があるという話を聞いたので、私たちは楽しみにしていた。それも初めはただ見物に行くつもりでいたのだが、だんだん様子を聞くと面白そうな話なので、その間際になってから、千春だけ出してみることにして申し込んでおいた。ところがいよいよ当日になって出かけていってみると、妻も出場することになって、すでに番組の中へ入っていた。妻は初め弱っていたが、みんなに代わるがわる勧められるのでついにお仲間入りさせてもらうことにした。しかし私たちはスラロームでも、こんな旗らしい旗を回るのは、これが初めてだった。私も勧められて前走をしてみたが、出場する選手の中には、元気な大学の選手もいたし、全日本で活躍するような名のある人たちもいたので、きっと二人が一番びりだろうと思って見ていた。ところがいよいよ競技が始まってみると案に相違して、運がよかったのか二人とも頭から数える方に近い成績だったので私たちはむしろ意外だった。でもこれで幾分か自信もついたし、練習の目当てもついてきたような気がした。

その翌日は、滑降レースだったが、千春はまだあんまり小さすぎて、途中の道も心配だったし、ほかの選手の邪魔でもするといけないと思って二人とも棄権させて、その日は一番むずかしい鳥居（とりい）尾根の途中で、みんなの滑降ぶりを見学していた。選手たちが、それぞれ個性にしたがっていろいろ特色のある滑り方をしてきたので、見ていてとても面白かったし、いい参考にもなった。

私たちは、その後も何度か乗鞍へ登っていったが、富士見の沢や、鶴ヶ池の沢や、里見岳の南斜面等は、とても面白い所でいつも私たちを悦ばせてくれた。

番所のゲレンデの雪は、四月の中旬頃までで使えなくなった。しかし、この一シーズンの経験で、ここのゲレンデのいいことが充分わかった。欲をいえば規模の少し小さいことだったが、斜面の角度、変化、日向き、風、温度、雪質等々は、まず申し分ないといってよかった。それに元気を得た私たちは、次のシーズンに備えて夏のうちに大いにゲレンデの手入れに専念しようといって張りきっていた。

二　野麦へ

夏山の頂上へ　六月になると、山麓(さんろく)一帯は新緑に飾られて、村の景色も生々としてきた。ある日久しぶりに友人が訪れてきたが、ちょうどその翌日が日曜だったので、みんなで頂上へ登り、下りは飛騨側の野麦の部落へ下りてみようということになった。

あくる朝早めに起きて番所をたち、冬以来しばらくぶりで雪のない夏道を登ってみたら、ついこの間まで滑っていた鳥居尾根の下辺りが、思いのほかひどいブッシュだったので、よくもこんな藪の上が滑れたものだと私たちは感心した。尾根筋を伝わっていく道端は、ちょうど鈴蘭の盛りで、辺り一面にむせぶような花の匂いが漂っていた。

もうどうせ上へ行ったって、大した雪はないものと思ってスキーは持っていかなかったが、冷泉小屋の辺りから、道端にもちょいちょい残雪を見るようになり、位ヶ原まで出るとまだ案外残雪の多いのに驚いた。この様子では、まだまだ滑れるのに残念なことをしたと思った。この日も肩の小屋の方へは回らずに、位ヶ原を横ぎって、頂上から東南へ伸びてる高天ヶ原寄りの尾根へ取りついて登っていった。途中ところどころに雪の消えた場所があるので、隣の沢へ移ろうとして這松の中へ踏み込むと、歩きにくいので往生した。

昼頃ようやく頂上へ着いた。しかし朝のうちはお天気がよかったのに、しかもつい位ヶ原辺りまでは、どうやら雲の間に青空も見えて、時々日も差していたのだが、追い追いと曇ってきて、すでに遠望はきかなくなっていた。頂上でしばらく休んでいると、いっぱいに霧がかぶってきて何も見えなくなってしまった。

雪渓のグリッセード　致し方なく諦めてこんどは南側の崖を下りて、高天ヶ原の裏側の谷へ向かっていった。案内が一緒だったので道の心配もなく、途中で残雪の上へ出ると皆でグリッセード［ピッケル等で制動しながら靴で滑り下りる技術］を始めた。大してよく滑るわけでもないのだが、それでも面白いものだから、千春と妻はせっかく下りた斜面を、また登っていっては滑っていた。

前日の夕方案内人を頼みに行った時、昔ガイドをしていたという人に道で行き逢って、明日頂上から野麦へ下りようと思うと話したら、まだアイゼンが要るかもしれないといった。私はその時、まさか今頃の雪でと思っただけで忘れてしまったが、今日来てみて、なるほどと思わせられた。

谷へ入るとまだずっと雪が続いていたので、その雪伝いにグリッセードしながら下りていった。初めはただ直滑降だけだったが、だんだん慣れてくると、靴でもスラロームができるなどといいながら、みんな子どものような気持ちになって打ち興じていた。しかし、いい気になって滑っていると、靴の踵が雪に引っかかっては、いやというほど前の方へ放り出された。

前傾の問題　もうだいぶ下へ来てからだったが、少し谷が狭くなって三〇度前後の斜面の続いている所へ出た。急になるとよく滑るので、私も面白くなってどんどん先へ下りていった。しかし調子に乗ると靴が引っかかってたちまち放り出された。最後にまた勢いよく投げ出されたが、一五メートルほどずり落ちて止まったので、立ち上がってそこで皆を待っていた。

そこから二〇メートルばかり下は、もう雪渓に大穴があいて雪どけの水が音をたてて岩の間を流れていた。振り返って上の方を見ていると友人が下りてきた。急斜面へ出て少しよろけたなあと思うと、足を滑らせて軽く尻もちをついた。最初は別に気にもしないで見ていたら、滑り落ち始めてから、一度少し止まりそうになったようだったが、そのままた滑り始めた。するとこんどはみるみる加速度がついてきて、頭が下になったり上になったりして、本格的な墜落の体勢になってしまった。そしてもう自力では何とも策の施しようがなくなってきた。私は驚いてその下側へ回り、一生懸命靴で足場をこしらえておいて滑り落ちてくるのを受け止めてみた。幸い友人は小柄な方だったのでどうやらうまく止められたが、もう少し下まであの勢いで滑っていって、あの谷川の岩石の中へ落ち込んでいったらと思うと私はゾッとした。

そのうちにさんざん登ったり下りたりして遊んでいた千春と妻が、前後して滑ってきた。危ないからと呶鳴（どな）ってやめさせようかと思ったが、落ちてきても受け止められる自信がついたので黙って見ていたら、案の定二人とも見事に放り出されてずり落ちてくる。二人同時では困ると思ったが、一〇メートルかそこいらでまず千春が止まり、続いて妻も起き上がった。そしてまた、キャッキャッと笑いながら滑ってくる。やがてまた転がるが何とかして立ってしまう。

私はそれを見ていて、雪の斜面では、倒れてからでもフォアラーゲ（前傾）が要るものだということを、つくづく感じた。この場合、フォアラーゲという言葉ははなはだ不穏当な、理屈に合わないものではあるが、経験のある人には感じでわかると思う。つまり墜落していく身体よりも、先回りする体勢になればいいのであって、反対に遅ればせの姿勢になってしまうと収拾がつかなくなるのだと思う。だからスキーのフォアラーゲも「前傾」という文字にとらわれないで、それを「先回り体勢」という意味に解釈すれば、非常にわかりがいいのではないかと思った。

下り道　案内人が首をかしげているので、どうしたと聞いたら、あんまり夢中になって雪ばかり伝ってきたので、少し下りすぎたらしいという。それから右側の山の斜面に踏み込んで、ブッシュを掻き分けて無茶苦茶に登っていった。しばらく行くとやっとかすかな踏み跡があったので、それをたよりにあるかなきかの道を探しながら森林の中をしゃにむに下りていった。その途中にどうしたわけか、おびただしい針葉樹の大木の倒れている所へ出た。枯れてはいるがまだ少しも朽ちていないところをみると、二、三年前くらいの嵐の時にでも倒れたものだろうと想像された。累々と散を乱して倒れ重なっている木を見て、私たちはつくづくもったいないと思った。妻は、こんな木が二本もあれば番所の家で一年中ストーブに焚いても余るだろうといった。私はこんな木が二、三本あれば、小屋が出来るのになあといったが、今ならばきっと造船資材になると考えたろう。こんな立派な材木が、この山奥でただ朽ちて、再び土に帰るよりほかないということはいかにも惜しい気がした。

そこからまた同じような林間を下りていくこと、一時間あまりで野麦の裏山の牧場へ出た。そこは広い台地の美しい高原になっていた。見ると正面にいい恰好(かっこう)の御岳がゆったりとそびえていて、実に素晴らしい眺めだった。友人が、御岳はここから見る形が一番立派ではないだろうかといって感心していた。附近には冬になって雪がついたらさぞよさそうなと思われるスロープがたくさんあった。

野麦　牧場を下る途中で、もう時期遅れの蕨(わらび)を採ったりしながら、夕方近い頃野麦の部落へ入った。時間のせいもあったかもしれないが、美しい新緑の山々に囲まれたこの村の様子は、かえってひどく寂しい感じだった。

村の中ほどを横ぎる小さな流れに沿って、丸木舟のような感じのする、大木をくり抜いてこしらえた水槽がたくさん並んで、みんなそれに水が満たされてあった。どういうわけか、どう見直してもここの水場の感じは、千島辺りの海辺の村のような気がしてならなかった。何をする場所かと聞いてみたら、蕨の根を砕いて洗って沈澱(ちんでん)させて、「ワラビ粉」を採るところだという話だった。

やっと宿屋へ――宿屋といっても普通の家とちっとも変わってはいなかった――着いて友人だけはそこへ泊まり、私たちは翌日千春の学校があるので、番所まで帰ることにした。

この辺の家は、雪が多いためか、みんなとてもがっちりと出来ていて、材料等も立派だったし、軒端(のきば)の庇(ひさし)の持ち送りに彫刻のしてあるのもあった。だから昔はきっと、いわゆる信州街道でさぞ栄えた村であったのだろうが、今はちょっと想像も及ばないくらいさびれた感じで、住む人の生活状態等も思いやられた。私たちはみんな疲れて甘いものが欲しかったが、持っていたお菓子は途中で食べてしまったので、キャラメルでもと思って村中探してみたが、ついに何もなかった。それから宿屋へ行って砂糖湯をくださいといったら、五人の一行に対して茶碗に一杯だけ赤い砂糖湯を出してくれた。もっと欲しいと思ったが、何となく気がとがめてもうそのうえは頼めなかった。これが昭和十四［一九三九］年の春のことで、番所辺りの店でさえも、砂糖どころかお菓子でもかなり自由に買えた頃だった。

この辺では、砂糖やお菓子はふだん使うものではないのだそうだ。だからこの頃の配給制度なんか何の痛痒(つうよう)も感じないどころか、贅沢すぎてかえって困るくらいだろうといっていた人もあった。通りがかりに逢う、さすがに栄養のよくなさそうな老人等をみると、いかにも浮世を離れて、ただ細く長く生きてきた人という感じがした。

私たちが出かけようとして仕度をしていると、夕立がしてきた。しばらく雨をやりすごしておいて村を出る頃は、もう黄昏時だった。それから足下の悪い道を探し求めながら、また峠を越して一五、六キロの行程を、いよいよわかりにくい所へ来ると裸ろうそくに紙を巻いて、それをたよりに歩いてきた。朝早くからの長い坂道に、もうくたびれて歩きながら居眠りをする子どもを騙しながら、番所へ辿り着いたのは夜の十時半だった。

番所の標高が約千三百余メートル、頂上が三〇〇〇メートルあまり、野麦が一三〇〇メートル、途中の峠が一九〇〇メートル、距離にしても四〇キロはこすだろうから、雪渓のグリッセードで暴れ回らなかったとしても、あまり楽な行程ではないはずだ。

三　小屋を作る

小屋の計画　いよいよ当分は番所に落ち着こう、ということになると、何よりもまた欲しいものは小屋だった。この一シーズンは番所の村はずれの、作小屋を半分だけ借りて過ごしてみたが、生活の目的が違うのでどうも落ち着きが悪く、せっかく万力などを取りつけてみても手元が暗くって仕事に困った。それにその家からゲレンデまでは往復十五分ほどかかるので、その時間も惜しいと思った。一度このことを都会のある友人に話したら「贅沢をいってる」と笑われたが――なるほど東京から、はるばる夜行に乗ってくることを考えれば、往復十五分は問題じゃないかもしれないが――欲にはきりがないもので、私たちは一日に二往復、一人が三十分ずつ貴重な時間を無駄にしていくのは、いかにももったいない気がした。それに私たちはよくスキーやビンディングの試験をすることがあった。そんな時は、庭に各々二、三台ずつのスキーを持ち出しておいて、一度滑ってみてははきかえたいようなこともあったので、離れているとそんな場合に非常に不便を感じた。

それで冬のうちによく小屋場を見ておいて、シーズンが終わるとすぐ、何とかしてゲレンデの下に小さな小屋を作りたいものと考えた。しかしもう時節柄で材料も不足、金もなしという状態だったので、なかなかうまい案も浮かばず、毎日いろいろと思案して図ばかり引いていた。

廃屋をもらう　ところがちょうどそこへ、ある親切な案内人が訪ねてきて、「二里［一里は約四キロメートル］ほど下の村に、昔発電所の工事に使ったもので、今は不用になっている破れ家があるが、それを見てきたらどうか」といって、わざわざ知らせてくれた。そこで早速見に行ったら、だいぶいたんではいるがどうにか役に立ちそうに思えたので、その買い受け方をその案内人に頼んでおいた。するとその話がだんだん進んでいくにつれて、意外にも私の知人がその電力会社の人を知っていたので、その厚意から無償でもらい受けることができた。

そこで時を移さず、その取りこわしにかかったが、始めてみると、何しろもう二年あまりも雨漏りのするままに放ってあった家だけに、思ったより損傷がひどく、桁（けた）や梁（はり）の折れているのもあるし、柱の根はほとんど全部朽ち果てていて、これが再び家になるだろうかと心配になってきた。しかしともかくも解体してしまって、番所の村の入口まで運び上げてもらうことにしたが、古材ながら二十坪あまりもある小屋組みなので、トラックにたっぷり三台あった。なおそのほかに新しく買い足した材木や、屋根板、ガラス等々がおよそ二台、合計五台分はあったと思う。

材木背負い　ところが、ここでまた弱ったことになった。というのは、この時すでに農繁期に入ったので、ただでさえ人手不足なこの山村では、あてにしていた大工も当分は駄目らしく、そのうえ材料運搬の人夫さえ容易に得られそうもないことになってしまった。致し方ないので思いきってそこから一キロ近くもあるゲレンデまで、それを親子三人で担いだり、背負ったりして運ぼうということになった。

だが、やってみると、これもあまり慣れないことなので、思いのほか根気のいる仕事だった。

初めのうちこそ「重いリュックを背負う時のために、いい稽古になるよ」なんて負け惜しみをいっていたが、毎日毎日朝から晩まで、長い重い古材料を運び通すのは、そう生やさしい仕事ではなかった。いくら肩を痛くして運んでも、運んでも、堆い古材料の山は目に見えるほど小さくはならなかった。しまいにはだんだん疲れも出てきて、オーバーワークにならないようにと心配しながら働き続ける始末だった。

この頃途中で逢った、村のあるお婆さんが、曲がった腰を大げさに伸ばしながら「まあまあ、お前たちは滑ることよりほか知らない衆だとばかり思っていたに、こんなことまでするとは、ほんとに驚いた人たちだ」といって慰めてくれたこともあった。

それでもやがて、親切な村の人たちは、通りがかりだといって柱を担いできてくれたり、畑仕事の帰りだといっては、よくみんなで板の束などを運んでくれた。なおしまいには小さな小学校の生徒たちや、近所のおかみさんまで、忙しい仕事の合間を見て、出てきて手伝ってくれるようになった。

削み直し　そのおかげで、さしものガラクタの大山も、ようやく征伐することができたので、こんどは、その古材料に合わせていろいろとまた設計をしてみた。それから毎日スライドルール「計算尺」と首っ引きで計算しながら、苦心惨憺、あれこれと材料をあんばいして、梁や桁の不足分も作り足し、柱等も適材を適所に振り当てて、ともかくも削み直しも出来上がった。

　それからいよいよ、土台を組むことになったのだが、元の家のものは、すっかり朽ちていてまったく用をなさなかったので、その場へ捨ててきてしまった。困ったと思ったが幸い近くの山でから松の間伐材を譲り受けることができたので、それを利用することにした。

　そこでこんどは、その山へ入り込んで樵夫の真似をした。まず根返しから始めて、必要な長さに切ったり、削ったりしたうえ、これもまた幾日もかかって山から運び出してきた。

　その次は土方だった。小屋の敷地は小さい小山の上だったので、縁の下を薪置き場等に使いたかったため、わざと地ならしはしないで水盛り［水平測量］をした。だから地盤の高い方は、じかに岩石の上へ土台を据えることにしたのだが、低い方は七尺［一尺は約三〇・三センチ］ほどの高さになった。

　それがきまると、こんどは一つひとつ丹念に穴を掘っては地固めをして、から松の丸太を埋め込み、その上に、大根太を渡し、さらに小根太を切り合わせて、全部丸太組みとした。いくら針葉樹でも、本当に真っすぐというものはなかったので随分厄介だった。丸太と丸太を組み合わせて平面を作るという仕事の、いつかむずかしいものであるかということをつくづく知った。

とげ　それに、もう一つ弱ったのは、木のとげに悩まされることだった。から松にとげがあるということは前から聞いていたが、まさかこんなにまで多いとは思わなかった。そしてそのとげは皮の部分に最も多く、それがまた非常に細いうえに、褐色または白茶色の保護色?を持っているので、私はまったく持て余した。最初慣れない頃は、毎日働く時間のたっぷり二割ぐらいはとげ抜きをしているような始末だった。そこでいろいろと考えた挙げ句、ルーペと毛抜きを紐(ひも)でつないで一組としたものをポケットに用意しておいて、痛いところを横から透かしてみると、割合楽に見つかるようにはなった。しかし、それからルーペを離して、毛抜きと持ち換えて、いざ抜こうという段になると、遠視の私の目のピントははるかに奥へいってしまって、辺り一面ただもやもやとしてどこがとげやらということになり、結局は二人がかりでないと駄目ということになってしまう。

そこでこんどは、そのルーペに針金の柄(え)をつけて、適当な角度にして口にくわえ、その先に手をかざしてとげを抜くようにしてみた。これはたしかに名案だったが、ただしその恰好たるや、我ながらそぞろ憐(あわ)れを催す態(てい)のものであったと思う。

やがて長い間の努力が報いられて、どうやら土台も出来上がった。そこで順序が逆なようだが、まず床を張ることにした。その理由は、縁の下との縁を切って、床下から風の入るのを防ぐことと、建て前の時の足場をよくしておきたいためでもあった。

こんなにして仕事を続けているうちに、七月になったので、一三〇〇メートルをこしているこの辺でも、日中はかなり暑く、かつ紫外線が多いためか、直射する日光が、メリヤスのシャツを通して背中の皮膚が焼けてくる。そして、しまいには皮がむけかけてきて、痛くて仕事にも困るようになった。仕方がないから土地の人の真似をして、楢（なら）や、白樺（しらかば）の小枝を切ってきて、葉のついたまま自分の背中に差して日除けにしてみた。これで多少働きにくくはあったが、よほど楽になった。実際この頃は、妻が毎日、大きな三升も入ろうかと思うやかんに、甘い紅茶をいっぱいこしらえて持ってくるのだが、いつも、それを足りないくらいに飲んでしまった。

建て前　さて床も張り終えて、いよいよ建て前というところにまで漕ぎつけた。最初、建て前の時だけは、慣れた人に手を借りるつもりでいたし、それに村の人たちも、知らせてくれれば、いつでも手伝うからと、親切にいってくれていたのだったが、その間際になってから考えてみると、どうやらこれも、自分たち二人の手でできそうにも思えてきた。そこでどうせ村の人たちだってみんな忙しいのだから、ともかくもやれるところまでやってみようということにして、いろいろと工夫しながら慎重に建て始めてみた。無論、相当以上に骨も折れたし、重い梁を高いところへ渡す時などヒヤッとさせられるようなこともあったが、それでも、どうにかこうにかまとめ上げることができた。でも柱をようやく立て回した時、妻は材木の倒れ落ちるのを心配して、私がいくら大丈夫だといっても聞かず、縄きれを集めてきてはきりもなく、ぐるぐると縛りつけてしまい、あとで建て前が済んでからその縄を解く時になって、妻は自分でもつくづくと呆れて、大笑いしたようなこともあった。

その頃、私たちのこの仕事ぶりを村の方から眺めていて、「あれはきっと、大工の古手がスキーヤーになったのに違いない」といっていた村の人もあったということをあとで聞いた。

危なかったこと　なおこの小屋を建てて、特に危ないと思ったことが二、三度はあった。一度は、土台を組みながら、長さ四間「一間は約一・八メートル」ほどの丸太の端を持って、七尺くらいの高さの杭の頭へ載せようとした時だったが、重かったので、やっと顔の上まで支え上げて、もう一息と思って揺り上げた途端に、足台が滑って私は仰向けに倒れてしまった。無論丸太も抱えたままだったので、丸太は胸の上へ落ちてきた。とても手だけで支えきれる重さではなかったので、一瞬ヒヤッとしたが、幸いなことに材木が長かったのと、地ならしがしてなかったので、途中に小高い土の段があったため、それに丸太が支えられて、胸の上の際どいところで止まってしまった。片方の端を支えて、これを見ていた妻は驚いて飛んできたが、血の気のない顔色をしていた。

もう一度は、大根太も上げ終えて、小根太を切り合わせていながら、六尺あまりの高さのところで、足を踏みはずして後ろへ倒れかかったことがあった。落ちたって高さは何でもないのだが、右手に大型な両刃の鋸を持って、左手には研ぎ澄ました広幅の鑿を持っていた。はっと思って道具を遠くへ放ろうとした時、足がうまく丸太に絡まってくれたので、両手に鋸と鑿を持ったまま、逆さにぶら下がってしまった。この時は妻は、向こうの方で何か仕事をしていたので知らなかったが、大声で呼んだら慌てて駈けてきて、両手の道具を受け取ってくれたが、妻はびっくりしたり、おかしがったりして、私が道具を手から放さなかったのを、道具を放り出していためない用心のためと思って、感心して賞めていた。しかし実際は、うっかりしたところへ落とせば危ないと思っているうちに、うまく足が絡まったので手放さなかったまでのことだった。

それからもう一つ、これは大したことではなかったが、実に馬鹿馬鹿しい痛い目に遭ったことがある。こんなことは普通の場合にあることではないので、その時はきっと連日の過労で、精神的に少し参っていたのだろうと思うが、もう小屋もだいぶ出来上がって、西側の妻に足場をかけて、下見板を張っていた時だった。だんだん板を切り組んでは釘を打っていって、もう屋根に間近い所だった。新しい板をあてがって釘を打ち始め、ちょうどその釘を打ち込みきった時、チラッとその下の板の釘がまだ少し打ち込み足りないでいるのが目についた。すると、トントンと上の板の釘を叩いていた右手が、その釘を打ち込み終わると同時に、今までの調子を続けて、下の板の釘の頭を打ちに、金槌を振り下ろしてきた。そんなことは、急いで仕事をしている時は、いつでもすることなのだが、その時は、その下の釘に接して左手の親指が、そこにあった。それに気がつかなかったともいえないし、どうも少し変なのだが、はっとして、「あっ、左手の親指が打たれるぞ」と思いながら、その時は右手の金槌を止めることもできず、左手の親指を逃げることもできず、目の前に見ていてしたたか親指の爪を叩いてしまった。無論とても痛かった。たちまち内出血をして爪の半分ぐらい赤紫色になってしまい、その後の仕事にも差し支えたし、本当に治るまでには四、五カ月もかかった。たしかにこんなことは、精神疲労の結果だったたと思う。

引っ越し　やがて屋根も葺け、家半分ほどの外羽目も張れた時、私たちは思いきって引っ越してしまった。初めのうち、雨や風を防ぐためには、窓にただ板を並べて打ちつけておいた。そして風の向きによって、寝床をあちらこちらと移したり、お勝手なども、造作の進むにしたがって、幾度かその場所を変えた。

無論お便所も作る暇がないので、前の斜面のブッシュの間に穴を掘って間に合わせ、雨の降る日などは傘を差して用を足すといった始末だった。

それでも、この時分からは追い追いと楽しみも増してきた。日一日と造作は進み、あるいはガラス戸を作って窓の板張りを取りのけると急に部屋が明るくなったり、寝室がまとまって長々と身体を伸ばして寝られるようになったり、また仕事台に万力が取りつけられると、たちまち便利になったりする、そんな時の気持ちは何か子どもの頃のことを思い出されるような喜びであった。

なお高い二階のような、まだ囲いも出来ない床の上にお風呂を据えて、久しぶりで月を眺めながら湯に浸(つ)かった時は、温泉でこそないが、千島の小屋のお風呂場の気持ちを思い出した。

やがて、電灯線も引けて、暗い石油ランプが電灯に替わり、ラジオが天気予報を知らせてくれるようになり、未完成の暗室ながら、夜だけでも写真の引き伸ばしもしてみられるようになった頃は、私たちの気分にもだいぶ落ち着きが出てきた。今まで長い間、尺取虫(しゃくとり)のように、目の前の材木の寸法ばかりとっていた小屋の全体を、夕方の散歩がてら、遠方からそれを景色の中に眺めて見るのもうれしいことだった。

工作の途中では、どうなるものかと思っていたが、だんだんと仕上がっていくにつれて、初めの設計の時の感じが出てくるものだということを、また改めて体験したような気がした。

造作　その後は、少しずつ細かいところの仕上げにかかり、明るい電灯の下で夜業もできるようになったので仕事もはかどり、お勝手、暗室、お風呂場等と、一つひとつ工夫を凝（こ）らしながら順々に仕事を続けていった。

暗室も狭いながら、従来の経験からいろいろと考えて、自分に都合のいいように道具の配置をした。まず自分の脛（すね）の長さを計り、それに寸法を合わせて部屋いっぱいにコの字型の台を作った。その台は、膝頭（ひざ）がその下で自由に回り得るように、足も根太もない構造にした。そして正面に引き伸ばし機械を置き、左側にカッター、右側にバットを並べ、その中央に回転する椅子を据えつけてみた。使ってみるとなかなか手順がよく、長い時間、仕事を続けていても足がだるくなるようなこともなく、割りに落ち着きのいいものになった。

なお、お勝手その他、主として妻の立ち働く領分の、流し場や棚等の寸法は、一切妻の背の高さ（あるいは低さ？）に合わせてこしらえた。

ただ子どもの部屋は、テーブルも、本棚も、年ごとに育っていくことを考慮に入れて、将来改造しやすいように簡単に取りつけておいた。

それから、居間を兼ねたストーブの部屋の一方の窓際に、幅三尺、長さ十二尺の頑丈な仕事台を作り、それに板万力一つ、鉄の万力二つを中心に、グラインダー、ドリル、鋸、鉋（かんな）等々一切の大工道具を、暗闇で手を伸ばしても、欲しいものが取れるように整頓した。

なお、ここの窓からは、特によく乗鞍岳の全貌が眺められるようにしておいた。「私たちはこれからここで、乗鞍の雪を見ながら、スキーを削ったり、ビンディングを直したりしていくのだ」と思うと楽しかった。

何しろ考えてみると、設計から材料の運搬、樵夫、土方、大工、屋根屋、電工、建て具屋、それに経師(きょうじ)屋までほとんど自分たちの手でやってきたわけで、このうちで多少とも他人の助力の加わったものは、材料運びと、屋根と、電線引き込みの時の各一部分とであった。

随分とよく、みんなして働いたつもりだったが、着手してからやがて半年近くにもなり、もうじきにまた雪が来るという頃になっても、まだ仕上がりきらなかった。気がついてみると私たちは、そういつまでも、いい気になって大工ばかりしてはいられないので、風の入りそうな隙間には板を打ち、紙を貼りつけて間に合わせ、あとは来年回しということにして、ゲレンデの手入れに取りかかった。

そして長いこと持ち慣れた、差し金(がね)、鑿、金槌等を、大鋸、鉈(なた)、鍬(くわ)、石玄翁(げんのう)等々に持ち換えて前の斜面へ出た。

しかし、この夏は結局、私たちの力は小屋を作ることだけで手いっぱいになり、残念ながら思ったほどゲレンデの手入れに回す余裕がなかった。

四　第二の冬

庭のゲレンデ　間もなく第二の冬が来た。こんどはもうゲレンデは目の前だったし、滑れる場所も広くなっていたので、前の年に比べると、初めからずっといい練習ができた。しかしまだ、半日開拓、半日練習は、この年も依然として続いた。小屋が近くになっただけに、かえって夕方練習をやめてからも手入れをしたり、月のいい晩には夜になっても出て藪を切っていたこともあった。

私たちはこの年から、やや本格的な旗を立ててするスラロームの練習を始めた。時々は乗鞍へも登り、番所にいても小さい台や自然の岩を利用して、ゲレンデシュプルングの稽古くらいはしてはいたが、ふだんはただ滑っている時でも、旗を念頭においてやることが多いようになった。

しばらくすると、それぞれ多少は調子が出てきたが、進歩の目立つのはやはり千春だった。これは技術だけではなく、体力のついてくるということにもあった。まだこの前の春までは、乗鞍の帰り道で、私たちが先へ滑り下りてきては、時々待っていてやったものが、同じ年の暮れにはもうあまり待たせるようなことはなくなっていた。これは夏の間にスキーがうまくなったからではなく、体重と体力が増加したためであったと思う。

反射神経　それに見ていると、子どもの神経はうらやましいほど素直だった。ほかのことでも同じ場合が多いだろうが、スキーの滑走技術も、理論を知るだけでは駄目だということが、特に強調されなければならないと思う。大人ではいくらそのことの必要を知っていても、長い間の本能的な習慣が邪魔をして、やすやすとはできない前傾姿勢等が、子どもには比較的短い期間の新しい経験ですぐできるようになる。年をとると身体が硬くなるせいもあろうし、また、万一怪我でもしてはという雑念がいけない場合も少しはあろうが、私はそれよりも、反射神経の働き方というようなことが、一番問題なのではないかと思う。

一例を考えてみれば、ジャンプの場合、前に野麦行のグリッセードの時ちょっと書いたように、飛行し、落下していく身体よりも、先回りする体勢（前傾）になれば安定な着陸ができやすいが、反対に身体より遅ればせな体勢（後傾）では着陸が不安定になる。これははなはだ明瞭であるにもかかわらず、多くのジャンパーが前傾不足に陥るのはなぜかと思うと、結局、知らず知らずの間に、着陸の際、もしも間違って、前下方へめり込むと怖いというような気がするからだと思う。

つまり同程度の前傾の過不足なら、不足よりも過度の方が体勢の挽回(ばんかい)が容易であるという、そんなことは誰でも知っているのに、いったん空中へ出ると前が怖くって思うような行動がとれなくなってしまう。それはジャンプをやらない前からの、頑迷な反射神経の働きに加えて、最初の頃、小さい台の練習で転んだ時、尻もちよりも前のめりの方が、危なっかしかったというような経験が（大きい台ではあまりその区別がなくなるのに）新しい事態に順応しようとする努力の邪魔をしてしまうのではないかと思う。事実、台が大きくなって、速さが増せば増すほど、斜面が急になればなるほど、空気の抵抗その他の理由で前傾による前倒の割合は減り、反対に前傾不足による後倒が多くなる。したがって小さい台の時に比べて、一層深い前傾が安全で、前傾の不足が危険となるのに、かえって本能的な気持ちは「この速さで、この急斜面で、前へのめってはたまらない」というような逆な考え方をしてしまうのだと思う。

理屈は誰にでもすぐわかるが、理論がのみ込めただけでは、まだ反射神経が承知しないから役には立たない。言葉を換えていえば、この反射神経に承知させるということが先決問題で、実際においても、滑降技術の練習は、多くの場合この反射神経の訓練が行われているのではないかと思う。

こう考えてくると、私は大人と子どもの一番大きな違いは、この反射神経のかたさ、もしくは頑迷さの差にあるものだという気がする。

火の粉　私は昔、こんなことをしたことがあった。それは十年あまりも前、まだ赤城山にいてジャンプをしていた頃のこと、ある晩、ジャンプの仲間が囲炉裏のそばへ集まって、同じような話の出たことがあった。ちょうどその時、燃えながらよく跳ねる木が炉にくべてあったので、時々周囲にあたっている人たちの手にその火の粉が飛びついた。するとみんな「アツイ」といって手を引っ込ました。これも反射神経の働きだと思う。だが考えてみると、この場合「アツイ」といいながら手を向こうへ伸ばしたって、横によけたって、結果において大して変わりはないはずだ。私はそう思ったので早速提案して、誰か「アツイ」といって手を伸ばすことができないか、それのできる者は、ジャンプでも早くいい前傾姿勢のとれる人に違いない、といって、みんなでやってみたがなかなか駄目で、こんどこそはと頑張って力んでみても、いきなりパチンと跳ねて赤い火の粉が手の上へ落ちてくると、「アツイ」という途端にみんな手を引っ込ましてしまう。よほど負け惜しみの強いのでも、一度引っ込ましてから思いついたように出すくらいだった。

こんなことは、無論その場の思いつきの遊びみたいなもので、大して意味もないが、もしも何か科学的にこういう反射神経の訓練法が考案されて、そこいらから練習していくことができるようになったら、スキー技術の進歩も、非常に早いものではないかと、私はいつもそんなふうに考えている。以上のような意味で、フープの練習等は、夏の間のトレーニングに最も適したものだと思っているが、残念ながら心がけているというだけで、まだその機会に恵まれないでいる。

この二度目のシーズンに入ると、私たちが番所へ来たことを知った友人たちが、だんだん練習に来るようになったので、ゲレンデも賑やかなことが多かった。それらの人々の中には西村さんのようなうまい人もいた。子どもの神経は不思議なもので、うまい人が来るとよく懐いてそのあとをついて歩いて、真似をしたり教わったりしていた。したがって氏のフォームからは得るところがはなはだ多かったと思う。

二度目の鈴蘭の大会　やがてまた三月になって鈴蘭の競技会がきた。この年も千春だけ参加させることにしたが、千春ももう数え年十になったし、身体も少しは大きくなってきたから、大概大丈夫だろうと思って、スラロームだけでなく滑降にも出してみた。大会の第一日目はひどい風だった。でもスラロームの一回目には、かなりいいタイムを出したが、二回目の時、スタートに待ってる間に風が寒いので、アノラックの頭巾をかぶっていて、番がくるとそのまま出てしまった。するとその頭巾が、だんだん顔の方までかぶさってきて目が見えなくなったものだから、とうとう旗のない方へ滑っていってしまった。そしていったん止まって、また歩いて帰ってきたりしていたので、何秒か大きな損をした。それでも翌日の滑降の成績と合わせてどうにか入賞して、小さなカップをもらってきた。そして二度目のスラロームの時、もしも頭巾を脱いで出たら、もっと大きいカップがもらえたものをと残念がっていた。しかし結局競技というものは、そうした細かいところまで、いろいろと苦い経験を舐めたあとで、ようやく己の持つ実力を発揮できるようになるものだから、かえっていい勉強ができたわけだといって私たちは笑った。

しばらくして二度目のシーズンも終わった。競技的に見て、この年が親子三人が一番同じ程度だったのではないかと思う。私は体重でいくから、やさしい荒い旗を回る時比較的いいタイムを出した。千春は反対に技術でいくから、むずかしい細かい旗の時よかった。妻は体重、技術ともに中間だったので、旗も中くらいな時がよかった。

五　乗鞍とスキー

土地の人の協力　二度目のシーズンもついに終わって、また春が来た。小屋のまわりで小鳥が鳴くのを聞き、目にしみ入るような爽やかな新緑の山を見ることはいい気持ちには違いないが、私たちは雪が消えてしまうと、何となく寂しかった。雪のない間に、今年こそはできるだけ頑張ってゲレンデを拡げておいて、新しくまた来る冬を待とうと、そう考えて働き出した。

私たちが最初番所へ来てゲレンデを作りながら滑り始めた時、村の人の多くは、もの好きな人間が来たと思っていたということは、前にもちょっと書いたが、その後の話によると、中には私たちがあとで何か山小屋の経営でも始める下準備をしているのではないかと思っていた人もあったということだった。

でもこの頃になって、土地の人たちも、ようやく私たちが何をしに来ているかを理解するようになってきた。そのうちに乗鞍保勝会や、松本電鉄等でも、この山のスキー開発ということに注意し始めてきた。そして地元の村の人たちともいろいろ相談した結果、麓（ふもと）のゲレンデを開拓するための予算を作り、私のやりかけている仕事に協力するという機運にまでなってきた。

これで私たちも大いに助かりもしたし、張り合いもよくなったわけだが、さてせっかく予算ができても、この時節柄で頼もうにも人夫はなく、致し方ないので、女たちや老人連中を集めて、できるだけ仕事を進めてみた。無論自分たちも精いっぱい働いた。その結果ゲレンデも今までの二倍あまりの七千坪ほどになった。それに番所から鈴蘭へ通うスキー道も新たに測量して刈り払い、途中の谷川には橋も架けた。

秋になってから、鈴蘭のゲレンデの刈り払いも始めた。この時は大野川の小学校の生徒も応援してくれたし、ほかにも手伝ってくれた篤志家(とくしか)もあった。結局人手不足のため、いずれも初めに予定したほどはできなかったが、それでもようやく全体としての恰好がつき始めてきた。

乗鞍とスキー

私はここへ来た当時から、乗鞍のスキーについて、こんな考えを持っていた。今となっては、的をはずれた閑(かん)問題の感を免(まぬか)れないが、将来再び取り上げられることがあるかもしれないし、また記念の意味になってもいいと思って書いておく。

中部日本における三大山岳スキー地は、白馬(しろうま)と、立山と、それにこの乗鞍だということは、大体異論のないところだろうと思う。私は番所へ越してくる前に、そのいずれへもたびたび出かけてみた。各々勝(すぐ)れた特徴があって、いずれもみんな好きなので、軽々しく、そのいい悪いもいえないし、また、この程度の標高とスケールの大きさを持つゲレンデだったら、それをいう必要もなかろうと思う。ただ麓の部落と連絡のいい点と、吹雪や、雪崩の心配の少ない点は乗鞍のいいところであり、これが多くのスキーヤーに親しみやすく思われる原因でもあると思う。乗鞍は現在のままでももちろんいい山だ。しかしこのうえわずかな手の入れ方で、もっともっとよくなるものを、このままにしておくのはいかにも惜しい気がする。

乗鞍は、例えば上衣は立派だが、まだ足の仕度のできていないような山だ。乗鞍の二四〇〇メートル辺りから上は、スケールも大きく、素晴らしいゲレンデだが、しかし、それは風の神が手入れを引き受けてくれるからこそのことであって、まだ人の力は加わっていない。上の方の手入れは神様にお任せしておいてもいいが、麓の方ぐらい人間が手入れをしなくっては申し訳ないと思う。今でも天候に恵まれる運のいい人たちだけは、上の方で十二分に山の醍醐味を体験して帰れる。けれども、一行のうちに精進の悪い人がいて、吹雪かれでもするとまったく気の毒な結果になる。せっかく骨を折って登ってきても、練習することさえできず、煙い思いをしながら、山小屋の二階のこたつに潜り込んで、貴重な時間を空費してしまわなければならない。なおそればかりではなく、もう一つ、現在のままの乗鞍では初心者に向かない。

乗鞍開拓案　そこで大いに慈悲心を出して、それらの憐れな人たちにまで平等に大乗鞍の恵みに浴させてやるためには、どうしたらいいかといえば、まず麓から順々に三つか四つの、その地形、高度等に適したゲレンデを作る。つまり、下の方のは広く、明るく、開けたものとし、上へ行くにしたがって、吹雪の場合や、風致（ふうち）等も考慮に入れて、むしろ規模の小さい林間ゲレンデとする。そしてそれらを立派なスキー道でつなぐのである。立派といってもそれは実質的な問題で、スキーは電車や自動車とは違うのだから、道幅は何メートル、カーブの半径はいくらというような、むずかしいことの必要はちっともない。緩（かん）斜面や、短い直線のコースは、いくら狭くもいいから、ただ曲がり角や、特別な急斜面は、不慮の危険を避けるために、必要に応じられるだけの広さにすればいい。なおスキーの場合の道は、同時にゲレンデでもあるのだから、充分に意を用いる要もあり、また意を用いる張り合いもあるわけである。

　そうすれば、上にいて運悪く吹雪かれても、快適なそのコースを楽しみながら下りてきて、麓のゲレンデで練習していればよく、何も煙い思いをして、退屈な山小屋に蟄居（ちっきょ）していないでも済むことになるし、また初心者は、自分の腕前に適当な、途中のゲレンデで足慣らしをしておいて、天候と、雪質に恵まれたら上へ登ればいいわけだ。私たちのいる番所からでさえ、朝早く出かければ、少し達者な人たちなら昼までには頂上へ着ける。だから途中にいたって、決しておっくうに考えるほどのことはない。

　要するに、天候の悪い時と、真冬と、初心者は麓寄りのゲレンデで待機し、静かな日と、春と秋は気軽に上の方へ根拠を移す。こうなれば、ちっとは精進の悪い人でもこたつに転がって、身の不運を歎くような心配もなく、またどんな初心者でも、安心して冬の乗鞍礼賛(らいさん)のお仲間入りができるというわけだ。

なおこの方法は、何も乗鞍に限ったわけではない。上に標高の高いゲレンデを持っていて、麓との連絡のいい山ならどこでもいいはずだ。だが幸いに乗鞍はその点、地形的にもはなはだ恵まれている。

それからもう一つ、乗鞍では、七、八月の夏期のスキーも可能であるから、これも適当な案を立てれば、充分有益に利用できることと思う。

ザイルバーン（リフトやケーブルカー） 今時こんな言葉を持ち出したら頭から叱られそうだが、何もこれから計画しようというのでもないし、また、考え方によっては、将来日本が世界をリードして、新しい理想のもとに国際競技を再開するというようなことも考えられないではないし、そんな場合に、この問題もまた新しく検討されることがないとも限らないと思う。

日本が競技方面で、最初に世界を押さえたものは、水泳と、陸上ではジャンプとマラソンであった。スキーで世界的のレベルに肉薄したものは、やはりジャンプであった。しかし滑降回転の技術においても、近年長足の進歩をしてきたことは確かだと思う。とはいうもののまだ日が浅いだけに、中央ヨーロッパの一流どころに対しては、残念ながらまったく歯が立たないというのが現状なのではないだろうか。ただしそれも、今は、であって、断じて将来は別であると信じる。我々日本人に彼らを追い越せないはずは、絶対にあり得ないと私は思う。

だがそうなるまでには、まだまだこれからみんなして、どれくらい血の滲むような精進を重ねていかなければならないかわからない。そのうちでも日本の選手が特に恵まれていない滑降技術の立ち遅れについて考えてみるならば、練習する斜面のスケールが小さいということもあろうが、もう一つ大きいハンディキャップは、ザイルバーンの問題である。癪な話だが、これなくてはついに中欧の滑降技術と、容易に太刀打ちできないのではないかとまで気づかわれる。

今、私たちが番所を出て頂上へ登り、一気に滑り下りて帰れば、まだ日は高いに違いない。しかし仮に時間があったとしても、もう一度それを繰り返すことは、体力的に見ても、到底不可能に近いことであると思う。だがそれが、スキーもろともケーブルで運ばれて登り、帰りだけ滑って下るのなら、日に三回でも、四回でも練習ができる気がする。それに何といっても、一足一足自力で登った斜面と、機械で登った斜面では、同じ滑るにしても気前が違うだろう。登った時の労苦を思うとついもったいなくなって、ちっとは丁寧に時間をかけて下りてもみたくなるのが人情だと思うが、それでは滑降の練習にはならない。そんな話は別としても、ともかくも限られた時期の短い雪を相手の練習には、非常な差のできてしまうことは免れない。

スキーの登りが身体のいい鍛錬になることも確かだが、下りだって長時間にわたれば相当な鍛錬にもなるし、登りに相当する鍛錬法も特殊な場合には、ほかにいくらでもある。

なおケーブルによる練習をした者は、アマチュアとして認めないことにして、国際競技には参加させないという規約でもできない限り、向こうでは必ずケーブルを利用して練習するだろうから、日本がスキーの国際競技というものを考慮する限り、いつかは必ずそれが問題になる時期がくるものと思う。

では、将来もしもそのザイルバーンを作るのに乗鞍が最適であるかどうか、ということになると、私にはまだ自信を持っていうことはできないが、少なくとも内地としては、非常にいい候補地の一つであることは断言して差し支えないと思う。

六　ゲレンデの藪払い

藪切り　最初見渡したところでは、それほど大した藪でもなさそうに思えたが、さていよいよ鋸を持って入ってみると、なかなかひと通りの難物ではなかった。元来この辺一帯の山は、村の人たちが昔から、柴や、薪を採っていたところなので、二度も三度も、切った根株からまた出ているのが多かった。それで遠見には細い木の藪にしか見えないのだが、実は途方もなく大きい根があるのだった。それに見かけよりも厄介なのは、葡萄（ぶどう）の蔓（つる）のおびただしいことだった。密生した藪から藪へ、どこまで伸びていって絡みついているのか、切っても切っても、なかなか木から離れようとはしなかった。でもそれに山葡萄の青い実が房々として垂れ下がっているのなどを見ると、何か懐かしい気もした。千春たちは切るのを惜しがったが、とてもそれどころではなかった。それにこの辺には、とげのある木も随分たくさんあった。その下へ潜って根を切っていると、身体の方へ倒れかかってくるので、ついうっかり手で支えようとして、とげでひどい目に遭ったこともたびたびだった。

鋸の目立て　藪払いには、何より道具がよく切れないと駄目だった。私はいままで刃物を研ぐことには慣れていたが、大きい根株を切るような鋸の目立てにはまだ経験がなかった。赤城山でも、千島でも、薪等を切ったことはたびたびあったが、いつも誰かが来て、鋸の刃をすり込んでいてくれた。しかし、こんどは毎日烈しく使うのだから、そんなに人に頼んでばかりはいられない。それで自信はなかったが、少しずつすり始めてみた。だがこれも始めてみると、なかなかどうしてむずかしいものだった。しかしそれだけにまた面白くもあった。別に教えてくれる人もないので、しばらくは随分困ったが、だんだん熱が出てくると例によって夢中になって稽古した。いろいろと工夫して新しい道具もこしらえてみたが、そのうちに、ふとこんなことを思い出した。それは大昔私がまだ子どもの頃、赤城山の私の家で炭焼きをしていたお爺さんが、鋸の目立ての名人だったので、その小屋へ遊びに行った時、子ども心に何のつもりもなく、鋸の目立ての要領を聞いてみたことがあった。そうしたら、人のいいお爺さんは言下に「スッキリと涼しそうに見える刃にすれば、きっとよく切れるよ」といって教えてくれた。当時の私にはその意味がよくのみ込めなかったが、不思議と四十年近くもその言葉を忘れずにいて、鋸の目をすり始めたらそれが頭に浮かんできた。なるほどと思って、そのつもりでやってみると、最初はとてもそう註文通りにはいかなかったが、しかしこれはたしかに名言だったと思う。おかげで少しずつ慣れてきたらこの頃は、涼しくとまではいかないにしても、暖かくないくらいにはすり込めるようになって、人様のご厄介にならなくっても、ひと通り不便を感じない程度には漕ぎつけられた。

それから、鉈や鎌も仕事しながら時々は研ぐ必要があった。初めのうちは妻たちの使う道具も、いちいち私が研いでいたが、離れて仕事している時など不便なことがあるので、勧めて稽古させてみた。ところがこれも最初のほどは見ていて「これはちょっと無理かな」と思われるような恰好をしていたが、だんだん説明しながら教えていくと、どうにか切れ味の出るようになってきた。要するに、やる気さえあればで、上手にはいかないでも、間に合うくらいなことは誰にだってできるものだと思う。

そんなふうにして、どうやら一応道具こしらえの方は困らないようにはなった。だが岩石の間の藪払いという仕事は、まったくの根気仕事だった。その一つひとつは決してむずかしいことではないが、やってみると、本当にうんざりするほど藪が多い。ちょうど頭の毛を一本一本切っていくようなもので、うっかりしていると根気負けがしそうになる。私は腰が痛くなるので時々立ち上がって、何か巨大なバリカンみたいなものでも出来ないものかと、つくづく考えることがあった。

それからまた、一生懸命にまめをこしらえながら汗を流して、切って切って切りまくり、今日はだいぶ広く刈ったとやや得意になって帰ってきて、さて小屋の前で振り返って見ると、そこがあまりにも小さい場所にしか見えないので、がっかりするようなこともあった。

山漆　それから私の一番苦手なのは、山漆と蔦漆の多いことだった。どういうものか、私の皮膚はそんなにお上品な出来ではないと思うのに、漆を切るとすぐカブレるのでこれにはまったく閉口した。春、芽の出る頃切ってカブレたので、秋になったらいいかと思ってやってみたら、やはりまたカブレてしまった。幸いに妻たちはそんなにカブレないので、刈り払いながら漆があると切りに来てもらう。癪にさわるから、何だこんなものがと思ってにらみつけて見るが、一体漆にカブレるということは、何が原因なのか、それからして判断がつかないのだから、喧嘩してみようにも力こぶの入れどころがわからない。ばい菌作用でないことは確かだろうが、その木の汁のようなものに触れるといけないのかと思うと、弱い人は木の下を通っただけでもやられるという。すると何か目には見えない、毒ガスのようなものでも発散させているのだろうか、何にしても一度カブレたら、夜昼の区別なく我慢ができないほど悪痒い。薬屋へ行って聞いてみても、どうもこれには適当な薬はないものらしい。一番辛いのは目のまわりがふくれて痒くなることだ。まったくしまいには、気が変になりそうなほど憂鬱になることがある。それでもまた、漆と戦うのも、結局は冬滑るためだと諦めて、また辛い仕事を続けていく。

山漆は赤城山にも千島にもあったが、乗鞍へ来るまでは、秋になると真っ先に鮮やかな赤い色に紅葉するので、美しい木だと思っていたくらいだった。でもしばしばカブレるようになってからは、その幹を見ても、葉を見ても何となく敵(かたき)のような気がしてきた。

畑を作れば、可憐だと思っていた蝶々が憎らしく見えてきたり、親しみを感じていた烏(からす)に敵意を持つようになったり、またゲレンデの開拓をすれば、美しいと思っていた山漆が、見ても不快を感じるようになったりする。山の中の人はみんな純朴だなどと概念的に見て、甘く考えていると案外なこともある。要するに人間は、ものに交渉を持つと自然こうした半面にぶつかることのあるのもまたやむを得ないことであろう。

しかしまた逆に、交渉を持ったおかげに、今まで知らなかったいろいろな世界が見えてきてうれしいこともないでもない。

匂いの類似　ゲレンデの刈り払いをしながら、不思議に思ったのは、ものの匂いに似寄りのものの多いことだった。私は、匂いなどというものは、まったく独特なもので、無制限に種類の多いものかと思っていたら、ちょうど人間の顔に他人の類似があるように、木や草の匂いが、ほかのものの匂いと、あまりにもよく似ているのが多いのに驚かされた。今、前の斜面にあるものだけでも、いくつか勘定することができる。一番はっきりしているのは、この辺の方言で、

「ウスホゾ」という木だ。これを鋸で切っていくと、実に鋭く香りの高い、モカのコーヒーの匂いがする。この木の枯れたのはとても硬くって、よく鉈や鋸の刃を欠くことがあるので、私たちは「それはコーヒーだから気をつけろよ」等というようになった。それからお砂糖の匂いのするのはいくつもあるが、特にはっきりと黒砂糖の匂いのするのもあった。中には楢の種類で切るとお味噌そっくりの匂いのするのもあるし、すこし高いところにある「まいづるそう」の熟れた実は、リンゴのジャムと寸分違わない匂いがする。どうも意地がいやしいとみえて、つい食物ばかり連想するが、薬の匂いのするのもたくさんあるし、洗濯シャボンの匂いのするのもあった。もう一つこれは前の斜面にはないが、白い小さな花でサロメチールと完全に同じ匂いのものもあった。もっともこれらは、実際にも何か関係があるのかもしれないが、もしないとすれば驚くべき一致だと思う。なお千島の話のうちにちょっと書いたと思うが、魚のくせに野菜物のきゅうりの匂いのするような例もある。きゅうりといえば、春この辺の山にもたくさんある「コゴメ」という食べられる野草も、同じようにきゅうりの匂いがする。

それから、これもこの辺にたくさんある「ヨツヅミ」か「ナナカマド」みたいな木なのだが、村の人たちが薪を採りに来ても、手頃なのがあるのに、不思議にこの木だけは残していく。試しに切ってきて燃やしてみたら、お便所の臭いのような、いやな臭気を発散したのでなるほどと思った。しかし私のところはストーブなので家の中はそんなでもないが、この木をストーブに入れてからゲレンデへ出ると、風の向きによっては滑っていてもとても臭い。

　この臭いで思い出すのは、この頃南洋で果物の王だなどといって騒がれているドリアンも、この系統の臭いだ。食べて美味なことは確かだが、日本から行って、すぐ食べられる人は恐らく稀(まれ)であろう。一度その臭いが手にでもついたらしみ込んでしまって、湯で洗おうが、シャボンで洗おうが、二日や三日は落ちやしない。でもドリアンの臭いの方は、だんだん慣れるにしたがって気にならなくなるが、この木の燃える臭いの方はどうも駄目らしい。

　だが一体この木の燃える時の臭気が、人間に不快の感を与えるのは、偶然の一致か、それとも、漆のカブレ、薔薇(ばら)のとげ、烏賊(いか)の墨、イタチの何とかのような、自己または種類の保全を考えてするつもりなのだろうか。触ると痛いぞ、近寄るとカブレるぞはまだわかる気がするが、燃やせば臭いぞというに至っては、いかにも近代の人間の、それもある一部分だけを相手にしているようで、しかもその考え方の手続きに、少々念が入りすぎているようにも思われる。だがまた、これは完全な自己犠牲によって、種族の保護を企図(きと)するものとみれば、感心だとも思えるし、なお、こうも思える。

虻(あぶ)と蜂　私の書斎は山の中なので、こうして何か書いていても、窓を開けておくと、時々いろいろな闖入者がある。ある時は大きな虻が、またある時は蝶々が入ってくる。しかし忙しいから、来たなと思うくらいで別に追い出そうともしない。ところがまたある時は獰猛なスズメバチがまぎれ込んでくることがある。さすがに強力な武器を持っているだけに、堂々と自信に満ちた羽音を立てて、悠々と飛び回っているが、これはどうも忙しくても放ってはおけない。追い出そうにも空手では危ないから、そっと仕事場から小型な大工用の鋸を持ってきて、それを正眼に構えて敵の動静をしばし見守っている。こちらにも別に積極的な害意はないのだから、蜂のほうでおとなしく退散すれば、そのままで事は済む。しかし大概の場合、彼らは自己の力をたのんでか、なかなか出ていこうとしないばかりでなく、反対に軽々しくこちらに接近してくることもあるが、そんな場合にはもちろん一撃のもとに叩き落とされてしまう。だからこの場合、少なくも私の部屋へ闖入するのには、蜂が武器を持っているということは、自己防衛の点から見て逆効果にしかならない。

　同じような意味において、鋭いとげを持つ木などは、人間に対してはスズメバチに似た運命に終わる場合の相当多いことが考えられないでもない。別に今切る必要もないのだが、こいつ触ると痛いから切ってしまえ、という気になることがよくある。こんな場合にはとげもまったく逆効果になる。そして考え方によると、漆のカブレるぞの方が、いくらか頭がいいかもしれないが、まだ五十歩百歩だ。そこへいくと燃やせば臭いその方ははるかに頭がいい。そのままにしておいても、別にどうもないのだから、よくよく邪魔にでもならない限り、誰も面倒して切ろうとはしない。私はそう考えて一応敬意を表しておく。

尺取虫　だが私は、植物ではないが、この種の行き方の念の入ってる保護色ではなく、保護形の傑作なのを見たことがあった。動物でこの保護形の奇抜なのは無数にあるであろうが、私の見たその傑作の尺取虫は、完全に鉄器以後の人間の仕種を目標にしていた。その身体は普通の木の枝のような色で、それが木の幹にたかって、斜めに立ち上がってるところは、桑の木等でよく見かける尺取虫の恰好なのだが、その頭の先が実に愉快な思いつきで、ちょうど人間が細枝を鋭利な刃物でスパッと斜めに切り落とした形になっていて、よく見ると、ちゃんと木の年輪まで出来ていた。私は元来、尺取虫が大嫌いなので、怖くってそれ以上観察する勇気は出なかったが、その奇想天外な思いきった考案には好意が持てた。すると何だか急に造化のおじさんとも、虫とも、木とも仲よしになれるような朗らかな気持ちになった。

しかし、そんなにまで巧みに工夫を凝らしておきながら、なぜやすやすと私たちの目に触れたかというと、それは必ずしもその本人の頭がよくってそうなったのではなく、頭のいい前人の考案の、ほんの受け売りにすぎなかったためだと思う。その証拠には、丸い立っている木にいればいいのに、木でさえあればいいと思ったのか、四角に削られた材木の横腹にたかって、済まし込んで突っ立っていたのだから、これではかえって、「オヤ変だな」と人の注意を惹く逆効果になってしまう。こうなるといくら妙案でも、使うものの頭が悪くっては結局役に立たないものだと思った。

こんな尺取虫が、ほかにもたくさんいるものかどうかしらないが、私は六、七年前、赤城山の清水(しみず)の小屋の周囲で三匹見ただけだった。

どうも話が、乗鞍のゲレンデから、大変なところまで滑り出してしまった。いい気になって考えていくときりがないからこのあたりでやめておく。

七　石割り

老石工(いしく)　ゲレンデの藪払いも相当なものだったが、それが進捗(しんちょく)するとこんどは石割りだった。ここのゲレンデにはまた、とてもたくさんな岩石があった。それもなかなか巨大なものが多くて、私たちが石玄翁を振り回したくらいでは、到底何ほどのこともできなかった。といってそのままにしておいたのでは、せっかく骨を折って木だけ切り払っても、危なくって滑ることができない。それで、ダイナマイトで割ることにして、その手続きを依頼しておいた。ところが、そこへある人の紹介で、いい石屋が来てくれた。その人はもう六十に間もないほどの年だったが、まったく天才肌の男だった。石割りも上手だが、人間もよくできていた。たしかに特殊な性格で、いわゆる職人根性というような気持ちは、薬にしたくもなかった。本当に、石を割るということだけに、心から生き甲斐を感じているという様子だった。

朝は早くから仕事にかかり、夕方も遅くまで、煙草（たばこ）も吸わないで、ただ石を割り続けていた。私は他人から日給をもらって仕事をしている人間に、これほどまでの熱心が続くものとは知らなかった。私も昔から大勢の職人も使い、中には随分感心した男もいた。しかしこれほど、一緒に働いていて気持ちのいい男には、今まで出逢わなかった。お茶の時間に呼ぶと、すぐに来はしたが、割りかけたむずかしい石でもあると、おちおちとお茶も飲んでいられないらしく、早々に切り上げて表へ出ると、石のところへ小走りに駈けていく。私たちは、お爺さんの走る後ろ姿を見送っては感心した。

そんな工合（ぐあい）だから、その仕事ぶりがまた実に鮮やかで、自分でもいつか、石を割るのが好きで石屋になった、といっていたが、実際何か衝動を感じて、石と取り組んでいくように見えることがあった。それに長年の体験の結果でもあるのだろうが、非常に勘がよく、一つの石を見回して、この点から矢を打ち込もうと見当がつくと、猫が鼠(ねずみ)を食べ始める時の恰好を連想させられるような感じで、その石の急所に穴を掘っていく。軽く石鑿を押さえた左手首が、その穴の周囲を、うねるような滑らかさで動いていると、右手の玄翁が巧みに、その石鑿の頭を追いかけながら、これも大して強く叩いているようにも見えないのだが、そのたびに鑿の刃は鋭く石の肌へ、ぐんぐんと突き刺さり、砕かれた石のかけらは、辺りへ飛散して、見る見る何かほかのもっと軟かいものででもあるかのように穴が掘れていく。

いよいよ穴が出来上がると、普通の場合は、矢の先へ枯草か藁(わら)を少し巻いて差し込み、不安定な岩石の上へ立ち上がって、十数キロの大玄翁を大上段に振りかぶる。そして一度伸び伸びと腰を前へ持ち出してから、力いっぱいに振り下ろす。それが矢の頭を打ち込む時の力は、瞬間的には、計算したら数千キロということになるのではないかと思う。大概の石は往生して一撃ないし数撃で、おとなしく素直に割れてゆく。

腰

私はその大玄翁を打ち下ろす時の姿勢を見て、「やはり腰だな」と思って感心した。その動きは、力強い半面に、舞踊でも見るような柔らかさと、美しささえあった。私は五、六年前、たった一度だったが、誘われて国際劇場へ練習中のレビューの写真を撮りにいったことがあった。その時、あれがターキー「水の江(みずのえ)瀧子(たきこ)」だと友人が教えてくれたので注意して見ると、やはり、ほかの大勢の踊り子たちの中で、一際目立ってしっかりした腰の美しい動きがあると思った。

腰はスキーにばかり重要な問題なわけではなく、どんな業（わざ）にでも普遍的に重要な役割を持つものだと思う。そう考えてみれば日本にも昔から「腰を入れてやる」という言葉もあるし、また未熟な業を形容して「及び腰」といい、もっと卑近（ひきん）なのでは「へっぴり腰」というのもある。

腰はバランスの中心をなすところであり、気魄（きはく）のこもるところでもある。本当にこの腰をマスターできるスキーヤーは、名人のうちへ入るものだと思う。要するに、フォアラーゲといい、アウセンラーゲ（外傾）といっても、問題はみんなこの腰にあると思う。

石屋入門　まだゲレンデの石が退治できたわけではないが、この石屋が三年ほど来たおかげで、ダイナマイトを使う面倒もなく、大事な斜面の大石は、あらまし片づけることができた。だがまだ随所にこわしたい岩石が無数にある。自分でも石屋の真似ができれば便利だと思ったので、私もやや本格的にその稽古がしてみたくなった。しかし石屋を習うのには、まず鍛冶屋（かじや）から稽古して、毎朝、石鑿の刃に焼きを入れなければならない。

それで早速、中古品の鞴（ふいご）を見つけてきたり、不足ながら金物の道具類も寄せ集めてきて、やり始めてみたが、覚悟はしていたものの、想像していたより以上にむずかしい。これこそよほど、腰を入れてかからなければ望みがないと思われた。せっかくこしらえた鑿の刃先の焼き入れが、硬すぎれば先が折れて飛んでしまうし、軟らかければたちまち潰れて頭が丸くなってしまう。その的確な焼き色を見るだけでも、駈け出しの素人には容易な仕事ではない。

　でも道具さえ出来れば、私にも、目のいい石ならどうにか割れる。どうせ本職の十分の一もできないのだが、それでも面白い。大玄翁を打ち込んだ瞬間、下腹に応えるようないい音がして、うまく割れた時の気持ちは、また何ともいえない味がある。

　大玄翁で矢を打ち込んでも、手応えのない時、石は反撥(はんぱつ)するような、シャンとした高い音を響かせる。しかし打撃に耐えかねていよいよ割れる時、石は明らかに「参った」という感じの諦めの声を出す。だが、いい気になって割っていたら、この間はこっちがひどい目に遭った。一生懸命石の肌へ鑿で穴を掘っていると、鑿を石へ当てる角度が拙(つたな)いものだから、石のかけらが盛んに自分の顔へ飛びついてくる。しかめ面をしながらも続けて叩いているうちに、とうとうその小さいかけらの一つが、猛烈な勢いで飛んできて、私の右の目の玉の瞳の脇へ突き刺さってしまった。どうもふだん目に塵(ごみ)の入った時の痛さと少し違うように思ったので、鏡の前へルーペをあてがってのぞいてみたら、細長い三角形の石の小片が、軟らかい寒天のような感じのする眼球へ八分通り埋まって、その突き刺さっている穴のふちが凹(へこ)んで、凹んだ向こう側が半月形に光っていた。何とかして妻に抜いてもらおうとして苦心してみたが、これはから松のとげより始末が悪かった。とげが悪いのではなく、刺さった場所が悪かったのだ。そこへちょっとでも何かが触れると痛いものだから、眼球は私の意志に反して逃げて回る。どうにも手におえないので、とうとう松本まで出かけていって、専門のお医者さんの手を煩(わずら)わして出してもらった。途中眼帯をして山を下りながら、もしもこれで妻のように、私も片目になってしまったらどうなるだろうと、そんなことを考えてみた。どうも新米の片目では、ジャンプはおろか、ただの山スキーでもはなはだ心もとなく思えた。そして改めて妻の片目に同情した。それでも石片の刺さり方が斜めだったので、しあわせに無事に済んで助かったが、怖いからもうこれからは、眼鏡をかけて用心してかかることにした。

八　大町の大会

第三の冬　私たちは三度目のシーズンを迎えて、ようやく刈り払いをしないで、一日中滑ることができるようになった。

この年になると、小屋へ訪ねてくるお客さんは一層多くなった。暮れのうちから友人たちが押しかけてきたが、私の小屋は親子三人分の寝台と、ほかにほんの少し畳の場所があるだけだったので、大部分の人は村の宿屋へ行ったり、附近の民家へ泊まったりした。

それにこの年は私たちの小屋の生活に、若い女がもう一人仲間入りしてきた。それは私の長男の嫁で、長男が前の年の秋、応召(おうしょう)して戦地へ行ったので、私たちのところへ来たのだった。それでまた小屋は一層賑やかにもなったし、私たちも時間にも余裕が出てきたので、前の二シーズンよりは、ずっと落ち着いた気持ちで、みんなと一緒に練習ができるようになった。

大町へ　一月の中旬、前シーズンの春、鈴蘭の大会で懇意になった松本スキー倶楽部の人たちに勧められたので、この年、大町にあった長野県の予選大会に千春を連れていってみた。しかし、みんなうっかりしていたが、スキー聯盟(れんめい)の規定には満十四歳以上となっているのに、千春はまだ満で数えれば、九歳といくらかなので、年の点で問題にはならなかったが、それでも、滑降、回転とも、前走をさせてみられたので、いい参考にはなった。

滑降のコースは、大体雑木林の多い尾根筋で、スタートの直後に一〇〇メートルばかりの、ブッシュの多いやや急な斜面があっただけで、そのあとは全部緩斜面の連続だった。そのうえ、たまには逆斜面もあったりして、滑降のコースというよりは、むしろ長距離コースの一部分みたいなものだった。だから滑降の技術よりも体重と体力がものをいうので、目方の軽い子どもには、最初からいいタイムは望めなかった。

私たちが、競技会の前日、ゲレンデで滑っていたら、コースを見に行ってきた選手たちが、口々にとても悪い場所だと話していたので心配だったから、私たちも午後になって登っていってみた。ところが話ほどでもなかったが、上の方はいかにもコースの幅が狭く、私の長いスキーで全制動してみたら両方のテールが木につかえる所があった。一番上の急な坂だけ、試みに二、三度滑り下りてみたが、別に危ないという気もしなかったので、安心して帰ってきた。

滑降　いよいよ競技の始まる時、私もいったんスタートまで登ったが、また少し下りてきて、その一番急なむずかしい坂の途中で見ていた。すると大勢の選手たちが、同じ道を通ってくるのに、こんなにも個性が出るものかと思うほど、その恰好はまちまちだった。それにほんの二、三の選手だけは、充分な前傾姿勢で滑り下りていたが、大部分の人は遅ればせな後傾姿勢で、倒れたり、起きたりしながら下りていった。その中でも場慣れしていると思われる人たちは、同じ転ぶにしても、気持ちに余裕があるとみえて、すぐ起きられるような体勢にして転ぶが、慣れない人にはそれができないので、起きるのに手間どって、そばで見ていてももどかしいほど、無駄な時間を費やしていた。なお、時々は無理だと思われる程度の人も交じっていたし、見ていてハラハラさせられるような勇敢なのもあった。でも全部で五、六十人の選手がスタートしてきたが、結局、この坂を無転倒で下りたのは、選手のうちで一人と、前走の千春だけだった。

穏やかな、いいお天気の日向の斜面に立っていて、次々と斜面の上へ現れては、緊張して滑っていく若い選手たちを、声援しながら見送っているのは、まことに愉快なことだったが、そのうちに私は、ここで怪我をした気の毒な人を見てしまった。

私が立っていたすぐ前に、根本から二本に分かれた、径一五センチくらいな栗の木があった。「悪い場所だなあ」と最初から気になっていたが、大概の人はここでは倒れていた。たぶん八、九番目に出てきた人だったと思うが、ここでひどく放り出されて、バッケンのところからスキーを折ってしまった。どこかの中等学校の選手らしかったが、非常に残念がっていたけれども、仕方がないので、この人も、すごすごと私のそばへ来て一緒に並んで見ていた。すると来る人も来る人も、私たちの目の前で転んでいたが、しばらくして非常に元気のいい選手が来た。いいスピードで下りてきたなと思っていると、どうしてやりそこなったか、その栗の木の上で急に姿勢が崩れてしまった。「危ないっ」と思わず二人で叫ぶ間もなく、右足のスキーをその木の間へ突っ込んだが、そのまま外側の身体の方へ、無理に半回転しながら、はるか前方へ投げ出された。その時、私たちの耳へ、実にいやな、腐った木を叩いたような音が聞こえた。ハッと思って下を見ると、放り出された人の右足は、スキーをつけたまま膝の下で、あらぬ方向へもうひと曲がりしていた。脛が折れたのだった。転がったまま痛そうにうめいていたが、役員もすぐに駈けつけてきて、みんなでいたわりながら、コースのそばの安全な場所へ移して寝かせておいて、その役員が患部へ雪を載せなどして看護していた。そしてもう一人の別な役員が、すぐ下の方へ知らせに走った。

怪我をした人は、それからもしばらくの間、痛そうにうめき続けていたが、何とも気の毒でならなかった。私の隣に、折れたスキーを雪の上へ挿して立っていた選手は、「俺のは折れたのがスキーでまだよかった」と独言（ひとりごと）していた。

それでも、いいあんばいにお天気がよく、暖かい日だったのでまだしあわせだったが、もしも吹雪いてでもいたら、凍（こご）えるという別な心配も加わってくるわけだ。競技にはこうしたことも時にまたやむを得ないことかもしれないが、何とかして、この種の怪我は、滑る方も、コースを作る方も、ともに研究して可及（かきゅう）的少なくする工夫はつかないものかと思った。

競技が終わってから下りていったら、途中で怪我人を迎えに登る橇（そり）に逢った。

スラローム　翌日のスラロームの日も、いい競技日和（びより）だった。場所は宿の前のゲレンデで、ここは前日からよく踏み固めて手入れされてあったので、いいバーンになっていた。そんなにむずかしい旗ではなかったが、面白い立て方だった。ただスタートから六、七〇メートルの緩(ゆる)い斜面と、ゴール間際の五、六〇メートルの平地に近い斜面が、目方の軽い千春には不利だった。

この日も千春は二回とも前走したが、タイムもまあまあ相当だったと思う。私も途中の小高い逆斜面の上で、ストップウォッチで時間を計りながら見ていたが、もしも前後の緩斜面の分を除外するとしたら、優勝した人のタイムとほぼ同じくらいだった。

この種の競技と体重の問題は、なかなか軽視できないことだと思う。千春はまだどうせ、ちっとは大きくなるだろうから、そのことではなく、日本人と欧州人との間の、この問題はどうしたらいいものだろう。

研究会　私たちは昔、赤城山でジャンプをしていた時以来、住む場所の関係もあったろうが、常に孤立していて、スキーや、山の倶楽部とか、研究会のようなものに籍をおいたことはもちろん、あまり近づいたこともなかった。

しかし、子どももだんだん大きくなっていくので、それを指導していくには、なるべく多くの人の技術に接した方がいいと思うようになった。ところがちょうど乗鞍へ来てから、熱心な研究家の西村さんたちとも懇意になって、時々は雪の上でも顔を合わせるようになったので、理論的にも、技術的にも、大いに啓蒙されるところがあった。

そしてできることならみんなして、助け合いながら大いに研究していきたいものだなどと話していたが、この春ようやく機運が熟して、西村さんや馬場さんが中心になって、研究会を作ることになった時、私たちも誘われてそのお仲間入りをした。

それから三月の末には、十数人の熱心な若者たちが、乗鞍の上へ合宿して、夜は討論し、昼は猛練習をする愉快な研究会が開かれた。

この合宿は非常に面白かった。人員こそ少ないが真面目な人が多く、片桐、中沢両君のような優秀な選手たちもいるので、前途には明朗なものがあると思う。なおこの会の、おごらず高ぶらず、あくまでも地味に切磋精進して、やがては、日本スキー界の礎石となろうという若人たちの意気は、このうえもなく頼もしいものに思えた。

九　乗鞍のスキー春夏秋冬

秋　番所の小屋の近所に毎朝霜柱が立ち、乗鞍の肩の辺りに新雪が朝日に輝いて見えるようになるのは、いつも十一月の上旬だと思う。しかし、スキーを担ぎ上げて、ともかくも粉雪の上で滑ってみられるのは、大概その月の半ばからだろう。

この頃に、位ヶ原辺りへ出てみると、ところどころにまだ岩が出ていたり、ブッシュもたくさんあるけれども、半年ぶりの粉雪の感触は、私たちの渇を癒してくれるのに充分なものがある。

しかし、帰りの狭い夏道伝いは、まだ隠れきらない木の根や岩石で、相当には悩まされるが、それはまたそれでなかなか興味もある。途中まで下りてくると、スキーの長さほどの幅もない急な斜面もある。「スピードを出すと危ないぞ」というと、「何のこんなところが」とみんな元気はいいが、各々怪しげな恰好で頑張っている。そのうちに、岩の角へ、ガリッとエッジを引っかけて、「あ痛っ」とスキーをかばう気持ちとから、自分が痛くでもしたような叫び声を上げる。するとこんどは誰か、道の曲がり角でブッシュにスキーの先を取られて、もんどり打ってのめり込み、白熊のようになって這い出してきて、笑われたりする。しかし、それでも大概は何とか頑張って、冷泉小屋くらいまで滑ってくる。

初冬の山　初冬の午後の冴えかえる空に、寒々とそびえている高い山々の雪景色は、真冬になっていっぱいに雪の積もった時よりも、かえって厳しく、ひしひしと胸に迫ってくるもの寂しさがある。全体として調子が強く、冬の画題としては面白いと思う。

私も、ちっとは写真の勉強もしたいのだが、困ることには、スキーと写真は、どうしても両立させにくい。写そうとして気を使えば、滑る気持ちの調子が乱れるし、いい気になって滑っていれば、写す方はお留守になってしまう。私はいつも、虎の子のようにしてカメラを胸に持っているくせに、かつてろくなものの写せたためしがない。

私はよく申し訳のように、「もう十年もたって六十をこして、身体がきかなくなったら、滑る方はいい加減に諦めて、写真係になってやる」などと負け惜しみをいって、いつも妻たちに笑われるが、まだどうも当分の間は、幸か不幸か、そこまでの悟りは開けそうもない。

前の年の暮れに、屋根板坂の上の、富士見岳寄りの急斜面で、久しぶりの深い新雪を滑ったことがあった。その時も、逆光を受けてものすごい雪煙を巻き上げながら滑ってくるのを見ると、「きれいだなあ、もう一度滑ったら写しておこう」と、そう思って下りてくるのだが、みんなが、さっさと登っていくのを見ると、また、つられて一緒になって歩き出してしまう。それにこの日は、自分たちのほかにも、十人ばかりの元気な学生たちがいて、だんだん上の方へスタートをせり上げていくものだから、ついこれにも引かされて、上へ上へと登っていった。しまいには雪崩を心配しながら、内心は、びくびくものなのだが、それでもまだ登るのをやめなかった。

そうこうしているうちに、とうとう吹雪きかけてきたので、慌ててカメラを取り出してみたが、もう手遅れで、急いで適当な位置に陣取って、モデルたちが滑ってくる頃は、逆光なんか厚い吹雪の煙幕に覆われて、ついに機を逸してしまった。あとでは後悔するのだが、いつもそんなことばかり繰り返している。

その後、数日おいてまた同じ場所へ行ってみたら、この日心配しながら登っていたその斜面いっぱいに、大きな表層雪崩が出ていた。私たちはびっくりして顔を見合わせたが、スキーで怖いものは、雪崩と吹雪で、この辺は雪崩が出ない所だと聞いていたのに、まったく油断のならないものだと、その時はちょっと、しんみりとした気持ちになった。

冬休み頃　十二月に入ると、だんだん吹雪く日が多くなってきて、日に日に雪の量も増えていく。そして暮れのお休み頃から正月へかけては、もうあらまし岩も埋まり、木の根も隠れて、狭い夏道を伝う苦労もなくなってくる。この頃からは冷泉の上の振子沢（谷の左岸、右岸と乗り上げながら、スラロームして下りられるので、こんな名がある）も通れるようになり、帰りの道の楽しみも多くなる。

風の少ない静かな日なら、肩の小屋までスキーで行って、そこでアイゼンとはきかえて、割合楽に頂上へ登ることもできる。

暮れやすいこの頃の夕方、肌を刺すような冷たい風を片頬に受けながら、朝日岳から頂上へのやせた尾根筋を伝っていくのは愉快なものだ。標高三〇〇〇メートルあまり、高いというほどでもあるまいが、さすがに下界とはかけ離れた感じがある。晴れていれば、ここからのパノラマはとても素晴らしい。いよいよ頂上へ辿り着くと、正面の明るい西の空に、クッキリと美しく、富士山を思わせるような御岳がまず目を惹く。遠く日本海寄りには、加賀の白山が目立ち、北の方一帯には、厳めしい顔をした北アルプスの連山が控えている。そこからだんだんと目を東へ移していくと、地平線上はるかに、なだらかな浅間山が噴煙をたなびかせている。さらに南へ、八ヶ岳から南アルプスへと、細かく勘定したらどれだけ数えられることだろう。私たちはたびたび登るので、すっかり慣れてしまっているのだが、ここからの雄大な眺めには、さすがに新たな感激を覚えることがある。

真冬　一月の半ばから三月へかけての約二カ月間は、冬山の本格的なシーズンで、最も魅力の大きい時期なのだが、高山地帯の常として猛烈な吹雪が多く、よほど幸運に恵まれない限り、のんびりとスキーを楽しんだり、頂上から夕方の景色を眺めたりできるような機会の少ないのが残念だ。それにこの期間は、麓のゲレンデも雪のいい時なので、つい練習練習で日を過ごし、友人でも来て誘われないと、私たちも滅多に上へは出かけないようになる。でも二月の紀元節あたりには、大概誰かやってくるので、一度や二度は登ってみることになるが、登ればやはり、さすがにいいと思う。

春山　三月も中旬を過ぎる頃から、だんだんと穏やかな日の続くことがあるようになる。それにこの頃はもう日も長くなってくるので、それから四月いっぱいくらいの間は、割合に安心して山を楽しめるいい時期になる。

上の方へ出てみると、長い冬の間中、風の神が丹念に手入れしておいてくれただけあって、あの広大なゲレンデは、夏見ると大きな岩石や、岳カンバの林などもあるのだが、何もかもみんな埋めつくされて、見渡す限り、白一色の大スロープと化してしまって、いたるところ、私たちスキーヤーの滑り回るに任せてくれる。この頃の好天気に恵まれると、手袋もはめずに頂上まで登り、裸になって、乗鞍岳ハイキングの記念撮影だなどと、不心得な真似をすることもある。さんざん上で遊んでいて、肩の小屋まで下りてきてみても、まだ帰るには早い時間なので、こんどは飛驒側へ越えて、五の池を渡り、里見岳の塵一つないようなきれいな斜面を、ジグザグに登っていく。登りつめると裏側の急斜面の雪庇から、一応は恐る恐る下の谷間を、怪しげな腰つきでのぞいてみるが、そこは敬遠して安全な場所へ引き返す。戻ってくるとまた、すっかりのんきな気持ちになって、スキーを脱いで大休止をする。

しばらくはそこで、思い思いの恰好をして、降り注ぐ春の陽光を全身に浴びながら、自慢話に花を咲かせているが、いざ帰ろうという段になると、銘々一本、五の池目がけて直滑降をぶっ飛ばそう、というような朗らかな気分になれるのも、春なればこそと思われる。

次の日も快晴なら、シールをつけて富士見の沢を登りつめ、上の方の急な大斜面で、半径五〇メートルを越えるような気前のいいスラロームをしてみたり、また鶴ヶ沢の鞍部から、連続四十いくつかのクリスチャニヤを、ご苦労にも一つひとつのんびりと勘定しながら描いてみたりする。春の天候と、雪質に恵まれると、しばしばこんなこともあるので、つい有頂天になって、鹿沢の亀さんではないが、「だからスキーはやめられない」という気にもなる。かつてある友人が、鶴ヶ池の沢をクリスチャニヤで下りてきて、あんまりその斜面の長いのに悲鳴を上げ、「今まで途中で転がって滑走を中止したことはいくらもあるが、転がりもしないうちに、脛が疲れて滑れなくなったのはこれが初めてだ」といったことなどもあった。

しかし、春だといって、いつもこうだとばかりは無論限らない。時には真冬にも劣らないような、猛吹雪に襲われることもあるし、また吹雪がないまでも雪が悪く、せっかく登っても、上の方は荒波のようなシカブラで、やっとそれを抜け出すと、こんどはブレーカブルクラスト［表面のみ薄く凍り、下がやわらかい状態］で、下へ下りたら腐ったベタ雪だったというようなこともあって、初めから、しまいまで悩まされ続け、そんな時は四苦八苦、我ながら惨めな姿で下りてきて、こんどは反対に「スキーは辛いものだ」と、つくづく歎くようなこともある。

しかしそれなら、もうそれで懲りるかと思えば、一度病みついたスキーマニアには、なかなかそういい諦めはつけられない。辛いと思うのもほんの一日か二日、疲れでも治ると、またすぐに出かけてみたくなってくる。これではしょせん救われるあてはないものと、諦めるよりほかないことになる。

初夏　そんなことを繰り返しているうちに、麓では雪の姿も見られなくなり、白カンバや楢の若芽もふくらんでくる。そうなってもまだ上半身は白い乗鞍を疎林の向こうに眺めながら、のんびりとした麓の岡のそぞろ歩きと、たまには柄にもないしゃれ気を出してみるのだが、これはどうも板につかない。登りはひと冬中毎日の訓練のおかげで、割合平気なのだが、下りに向かうと、膝の辺りが変にがくがくして、少々勝手が違う。それにせっかくの下り斜面を、一歩一歩と下へ歩を運ぶのが、何としても馬鹿らしくなり、「この坂に雪があったらなあ」と、つい、さもしい考え方をして、しみじみと斜面を見やって、立っているようなこともある。するとまた次の瞬間には、「こんどの日曜には登ろうぜ」という相談になる。

そんなにしてまた登ってみると、六月いっぱいはまだ、位の小屋辺りから、かなり幅の広い残雪があって、富士見の沢や鶴ヶ沢辺りは相当に楽しめる。しかし、何といっても、もう日中は温度が高くなってくるので、滑り疲れて身体がだるくなると、風通しのいい尾根へ出て、這松を褥（しとね）に昼寝をしてみたり、気が向くとスキー靴のまま、附近の岩に取りついてみたり、さすがに遊び気分が多くなってくる。

この頃でも、不消池（きえず）辺りには、まだ厚さ六、七メートルの残雪があって、ところどころに大きな深い雪の割れ目が口をあいている。珍しいので初めは一つひとつのぞいて歩いているが、そのうちに子どもたちは、ご苦労にも割れ目のふちを伝ってその中へ入り込み、雪の壁に人の似顔や、へのへのもへを描いている。

盛夏　やがて真夏になる頃は、さすがにスキーのことも忘れがちになるが、八月に入っても上にはまだ、かなりな面積の残雪が見える。五十倍の望遠鏡を小屋の庭へ持ち出してのぞいてみると、どうやらまだ滑れそうな雪面なので、子どもの夏休みを幸いまた久しぶりに登ってみる。冬はそんなにも感じないのだが、薄い夏シャツ一枚の肩へ、スキーを担いでいくと、いやに重く、スチールのエッジが肉へ食い込むような気がしてくる。そして「俺のスキーは、こんなに長かったのかなあ」と思わず見つめるようなことがある。

しかし汗を流しながら登ってみると、その甲斐があって、二八〇〇メートル附近の肩の小屋の脇辺りには、まだ長さ二〇〇メートルくらいな、幅の広い立派な斜面が残っている。滑ってみると、表面の波形の凹凸（おうとつ）が邪魔になるが、狭い地形の谷の雪渓と違って、落石や砂もほとんどなく、唐鍬（とうぐわ）を持っていって、少し波の頭を削りならして手入れをすると、案外いいコースになって、まだ相当な練習ができる。はきたてには、いやに長い感じがしたスキーが身体になじんできて、いい気持ちで滑れるようになると、「こんどはもっと本格的に用意をしておいて、夏の練習もやろうじゃないか」というような相談が持ち上がる。

初秋　そのうちに九月になると、いよいよ残雪も小さくなって、だんだん心細い形にはなるが、それでもまだ長さ五、六〇メートルの斜面は残り、旗でも持っていけばいい練習になると思う。

そうこうしているうちに、山は紅葉で赤くなり、やがてその紅葉も散って灰色に変わってくる頃には、またその残雪の上が初雪で薄化粧されるようになる。春、床の中で目を覚まして、カーテンを引いてみると、近くの山の尾根の雑木に、時ならぬ白い木花が咲いていることがある。こうなると、もうまた私たちの敏感な皮膚の神経は、新しい冬の訪れを身近に感じ、心はひたむきに粉雪の感触を恋（こ）うようになる。

小屋の前のゲレンデの斜面も、草はきれいに刈り集められ、できる限りの小石も取り片づけられて、今はただ雪を待つばかりの姿となる。

十　新コース

新コースを探る　三シーズン目の春だった。私はいつも乗鞍へ登るたびに、鳥居尾根の辺りから南の方の広い森林の斜面を見渡すと、番所から直接位ヶ原へ出るいいコースがありそうな気がしてならなかった。村の人たちに聞いてみても、かつて位ヶ原から迷い込んで遭難しかけた人があったというような話はしたが、誰も普通の人の通れる所とは考えていないようだった。

小屋の前の斜面の残雪が残り少なになってきた四月半ばのある日の午後、私たちの間には、ゲレンデの頭から、まだ真っ白い乗鞍の連峰を仰ぎながら、このコースを登ってみようかという話が出た。そこで早速山の遠望の写真を撮り、それを大きく引き伸ばして、ルーペでのぞきながら五万分の一の地図と引き比べてみた。それでいよいよ登れそうな気がしたので、ちょうどいいお天気続きだったのを幸い私たちはある日曜日の朝早く、いつもよりは厳重な身仕度をして小屋を出た。しばらくは雪のない所があるのでスキーを担いで、山の小径(こみち)伝いに登っていった。途中まで行って、ちょっとした坂を登りつめると、正面に真っ白な乗鞍の連峰が、新鮮な朝日をいっぱいに受けて、微笑みかけるように輝いていた。三キロほど行くと雪のある小さい谷へ取りつけたので、そこからスキーをはいて登り始めた。私たちはみんな割合に大きい重いスキーが好きなものだから、担ぐ時は辛いが、足につけてしまうと急に元気になるのだった。

熊笹（くまざさ）スキー　しばらく登ると、谷が尽きて、雪もまたなくなってしまった。だがそこにはもう山道もなく、附近一帯は、身の丈ほどもある長い熊笹（くまざさ）の藪だった。一度スキーを脱いでみたが、足場が悪いために、なかなか思うほど進めなかったものだから、またスキーをはいてみた。これは登り道の熊笹スキーだった。無論歩きいいはずもなかったが、それでも靴だけの時よりはましだった。

間もなくまた雪の斜面へ取りつけたので助かったが、この熊笹の登りスキーで、だいぶ余計な時間を費やしてしまった。でもそこから先はもう、ずっと雪の絶える心配もなく、やがて大きい唐檜（とうひ）の広い森林地帯へ入った。

麓の方の景色は、時々木の間から眺められるところもあったが、先の見通しはまったくきかず、致し方なく大体の見当で登っていった。

しばらく行くうちに、高い滝のかかっているすごい急傾斜の谷のふちへ出たり、急な斜面に突き当たって迂廻(うかい)したような所もあったが、しかし別に困るほどのこともなく、そのまま広い尾根を伝って、どんどん登っていった。だが、いくら登っても、あんまり先が見えないので、随分この森林地帯が長いような気がした。それでも道は思いのほかはかどった。ひと冬中スキーをはいていたおかげで、女や子どもの一隊なのだが、小気味のいいほど馬力がある。いくら登っても誰一人休みたそうな顔もしない。

そのうちに追い追いと、尾根や、谷の様子も変わり、木の背丈も低くなってきて、灌木(かんぼく)帯の近いことを思わせるような場所へ出た。なおもしばらく登ると、やがて行く手の間から、チラチラと頂上の姿がのぞかれるようになり、さらに進むと、右手はるかに、槍(やり)［ヶ岳］や穂高［岳］が見え始めてきた。

位ヶ原へ出る　この辺りからは、位ヶ原の位置もおよそは判断がつき、登るにしたがって、おなじみの乗鞍の連峰が、次々と姿を見せてきた。やがて十一時ちょっと前頃には位ヶ原の下端に達した。ちょうどそこには、小さい島のようになって這松の一群が出ていて、そのそばに一本の太い岳カンバの立ち枯れがあった。そろそろ腹も減ってきたので、まだ時間は少々早いが、そこで中食ということにした。

スキーを脱いで這松の中へ入り、銘々勝手のいい所に陣取って、辺りの景色を眺めながら、ゆっくりと休息した。空はよく晴れ渡っていたし、風もなし、それにもう道を探す心配もなかったので、みんな朗らかな気持ちだった。

頂上へ　ここで一時間ほどの大休止をしたのち、位ヶ原を斜めに横ぎって、乗鞍の本谷(ほんだに)の斜面へ取りついた。そこからは、登るにつれてだんだん急になってきたが、シールはつけないで、ただ番所のゲレンデにいるのと同じような気持ちで足を運んでいた。でもさすがに登りではあった。大きくジグザグにコースを採っていくと、キックターンをするたびに限界は開けていった。ちょうど登っている斜面の逆な正面に、穂高や槍が見えていて、こちらが登るにしたがって、向こうもだんだんせり上がってきた。

私たちは何十ぺんキックターンをしたか、昼を食べた所から一時間半ほどで、本谷を登りつめて尾根の鞍部へ出た。途中で何度も写真を撮って時間を費やしたが、それでも頂上へ着いたのは、二時ちょっとすぎだった。

この日は、春といっても珍しいくらい静かないいお天気だった。目の届く限り山にも谷にものどかな春の陽がいっぱいに照り渡っていて、冬のような鋭さはもうなかったが、私たちは大きな展望台にでものぼったような晴れ晴れとした気持ちで周囲の景色を眺めていた。帰るにはまだ時間が早かったので、スキーの裏を乾かしながら、自分たちも日向ぼっこをして、今登ってきたコースや、山の話などをしていた。

私ははるかに麓へ続く樹海を見下ろしながら、下りのコースのことを考えると楽しかった。

本谷を下る　三時になったので、みんな、きりっと身仕度をして帰途についた。スタートしてみると、雪は苦にならないほどのフィルムクラスト［とけた雪が再度凍り、表面に氷の膜が出来た状態］だったので、一気に滑り下りて、本谷の尾根の鞍部へ並んだ。見下ろすと初めて滑る大斜面だったので、みんなちょっと緊張した気持ちになった。そこで万一転がって滑り落ち始めたら、というような注意をしておいて、元気いっぱいに滑り込んだ。二つ三つ回ってみると、雪の状態がよかったので何のこともなかった。小屋の前の斜面よりも幅が広いだけ、むしろ楽なくらいだった。私はみんなを待たせておいて、一足先へ下りていては写真を撮った。私たちはとても朗らかだった。本谷は、斜面のスケールが大きいのと、周囲に大きな岩があったりして厳めしい感じなのと、それに、一般にはスキーで下りる場所でないと思い込まれていたことなどで、そこには何か私たちの知らないむずかしさでもあるのかと思っていたのが、予想外に楽だったので、すっかり喜んでしまった。今までにこの谷を、頂上から滑って下りた人が何人あるかと、案内人に聞いてみたことがあったが、ほんの一人、二人の名を数えるにすぎなかった。しかもその名は、私たちのような年寄りや、女、子どもでは無論なくて、皆一流の元気盛んな人たちばかりだった。

でも、さすがに大きい斜面だと思った。随分いろいろな回り方をして下りてみたが、相当長いこと楽しめた。下の方へ来てから直滑降で位ヶ原の中ほどまで滑り出して、振り返って見たら、逆光を受けてまばゆいばかりに照り輝いている本谷のフィルムクラストの上に、ペンでぐるぐると落書きでもしたような自分たちのシュプールが、鮮明に残っていた。私は早速カメラを取り出してみたが、あんまり明るいのでちょっと面食らった。カメラには、中くらいの感光度のフィルムが入れてあったのだが、それに二倍ほどのフィルターをかけて、F9に絞って、千分の一で撮っておいたが、帰って現像してみたら、それでもまだオーバー気味だった。

新コースを下る　それからの帰り道も実に快適だった。大体登った時のコースを逆に下りたのだったが、普通の登山道とは違って、たとえ林間の急な斜面があっても、横幅が広くって、好きなところを下りられるので、とても面白かった。みんな旗でも回るつもりで、勝手な木の間を思い思いに回りながら下りてきた。あんまり愉快なので私たちが感激して「こんないい道はないね」と話していたら千春は、「僕はもう乗鞍へ来たら、帰りは断然こっちばかり下りるんだ」といって興奮していた。

下の方へ来てからは、熊笹の藪を避けて、ずっと南へ迂廻して山道へ出たが、小屋へ着いてもまだ日があった。

ストーブにあたりながら、窓越しに乗鞍を眺めて、あそこを下りてきたのだなと思うと、また楽しかった。

その後も私たちはこのコースを十数回も往復し、そのたびに少しずつ違ったところを歩いてみることが多かったが、いたるところほぼ似たような愉快な道があった。それでも山を知らないと、途中に滝のある深い谷などもあるから、慣れない人には決して勧められないが、今に林道でもできて、雪の上の標識でもついたら、とてもいいコースになって、乗鞍礼賛のスキーヤーたちを歓喜させることであろう。

十一　頂上のゲレンデ化

頂上ゲレンデ　乗鞍で一番面白いスキーゲレンデは頂上附近である。私たちは三シーズン目の春、新しいコースから、スキーで頂上へ登った時以来、いつもスキーをはいたままで、頂上へ行くようになった。

乗鞍は現在でも普通の場合、肩の小屋からアイゼンにはきかえて登るのがこの山の掟のようになっている。だが一般のスキーヤーのレベルが上がってきた今日では、もう雪の状態によって自信のある人は、肩から上もスキーで登るということになってよさそうなものだと思う。これが立山の一ノ越から上のような西向きの斜面で、岩が隠れない場所ならやむを得ないが、乗鞍の場合は、冬中真っ白に雪がついているのだから、せっかく乗鞍までスキーを楽しみに上がってきて、一番面白い所をアイゼンにはきかえてしまうのは、人のことでも少しもったいなさすぎるような気がする。

スキーで頂上へ登ったからといって、下りは本谷を下りなければならないわけではないし、肩から登って同じ道を肩へ下りれば、大して危ない所もない。またその時の雪の状態によっては、朝日岳の鞍部辺りまでスキーで登って、そこからアイゼンにはきかえるという手もあると思う。事実、その後私は何人かと一緒に登ってみたが、普通の雪では誰もそんなに困らなかったようだった。

それから本谷も、三、四人は一緒に下りた人があったが、その人たちはみんなとても喜んでいた。私などは、十日間に四回も下りたことがあった。無論スキーが拙いのだから、雪でも悪いとヨタヨタしながら下りてくるが、それでいささかの危険も感じない。

だがしかし、いかなる場合、誰にでも危険がないのではないから、あまり風の強い日や、特に雪の悪い時は、やはり今まで通り、肩でアイゼンにはきかえられる方がいいと思う。

それに私がこんな話を書いたからといって、自信のない人が無茶をするようではははなはだ困る。ただ相当山慣れたスキーヤーにとっては、肩から上が面白いゲレンデであるということと、近い将来には一般の山岳スキー家の水準が上がって、せめて冬の登山者の半数くらいは、スキーで頂上へ登るような時代がきてほしいと思うことである。そういうつもりで書いてみたのだから、どうかこの点は、くれぐれも誤解のないようにしていただきたい。

杖制動の問題　なおはなはだ失礼な話だが、頂上へ登っても心配ないと思われるスキー家の技術の程度は、かたい雪に慣れていて杖制動なしに山を歩ける人なら大丈夫だと思う。だからこの頃の、滑降、回転の選手なら誰でも登れるだろうと思う。もっとも山を歩くスキー技術にもさまざまな方法があるだろうし、したがっていろいろな意見を持つ人があることと思われるが、私は乏(とぼ)しい自分の体験から、かたい雪の急斜面へ出て杖制動をする癖のある人は一番危険なことだと思う。上手な人なら杖制動をしても、必要な前傾は保っていけるだろうが、かたい雪、急斜面、高速度等の重なったような場合に、絶対必要な外傾姿勢は、困難ではあるまいか。それに杖制動では、体勢が概して苦しく、不安定になりやすい場合が多い。

それに私たちの目的は、スキーを用いて無事にこの坂だけを下りようというような方便的な気持ちではなく、限りない愛着の念を持って山の斜面と親しみ、これと取り組んでいきたいと思うのである。こういうといかにも実用方面と遊離してしまうように聞こえるかもしれないが、実際問題としてはかえって雪の斜面に対して心から親しみを感じられるだけの情熱を持ち、これと取り組めるだけの技術を体得してこそ、間に合わせでない本当の役に立つ実用スキーに合致してくるものだと思う。私たちは及ばないながらも、そうした境地を理想として精進を続けていくつもりでいる。

これは一昨年の春だったと思うが、久しぶりに、昔の友人がリーダーになって五、六人のスキーヤーを連れて、乗鞍へ来たことがあったので、私も一緒についていった。冷泉に泊まっていたが幸いいいお天気だったものだから、一行は大悦びで二日ばかり、頂上へ登ったり、鶴ヶ池辺りを滑って回った。その友人は、山の急斜面へ行ったら杖制動をすることが安全確実だと考えていたらしく、急な所へさしかかると「杖を使って、杖を使って」と、一行に注意を与えていた。すると注意された人たちは、慌てて杖にすがりついていたが、体力を空費するばかりで、どう見てもそれが有効適切な方法だとは思えなかった。しかし私は、リーダーがいるのに余計なことをいうのは失礼だと思って黙っていたが、その晩、こたつでいろいろなスキー技術の話が出たので、ついでに、私の杖制動に対する意見も述べておいた。

帰途は冷泉から一度位ヶ原まで登って、新コースを案内して下りた。もう雪も少ない時期だったので、急な所もあると思ったが、一番南のコースを採った。それでも途中は、それぞれ腕前相当な楽しみ方をして下りてきたが、そのうちに麓近くまで来ると、案内役の面目丸潰れで、森林地帯の広い尾根でコースを南へ採りすぎて、かたいザラメの急斜面を一〇メートルばかり横ぎって滑らなければならない所へ出てしまった。しかし、そこはたとえスリップしても、森林の中だから、下まで落ちていくような心配のある所ではなかった。今さらあとへ戻るのも癪だから、みんなと相談してそこを通ることにした。それから私が先へ滑り抜けていってみていると、次の人が出てきたが、たちまちエッジをさらわれて一〇メートルあまり滑り落ちて、倒れ木へ引っかかって止まった。これはいけないと思ったので、私はすぐその斜面の下側へ回って番をしていて、横に滑り出すとすぐとらえた。そこは三〇度はこしていたろうが、大した急斜面ではなかったが、みんな杖にたよって内傾（この場合回転ではないのだから、不穏当な言葉かもしれないが、山側へ身体を近づける意と思っていただきたい）してしまうものだから、エッジが浮いて足をさらわれていた。

そこでまたひとくさり外傾の説明をしておいて出かけたが、やがて最後の急斜面へかかった。

ここも適当なほどブッシュがあるので、危険な所ではなかったが、斜面は四〇度に近いところもあった。雪はザラメの幾分とけかかった程度のものだったが、ここではもう杖は絶対に無効だった。さすがのリーダーも山側へ二本の杖をまとめて突いたまま、いくら力を入れても支えきれないで、「なるほどなるほど」といいながら横にずり落ちていった。しかし外傾姿勢で滑っていれば、私のような年齢の身体のきかない人間でも、別に不自由を感じないで下りられるのだった。

初心者の女　前シーズンの初めに、私の長男の嫁が小屋へ来たことは前にちょっと書いたが、私たちのところへ来たのは、長男が戦地へ行ったということのほかに、もう一つ目的があった。それは嫁が前年の夏、大病で長いこと入院していたのが、やっと治ってきたので、その健康恢復の仕上げを、ひと冬雪の中でやろうというのだった。だからスキーも初めは気が向けば滑るという程度で、強いて稽古させようとはしなかった。

年は二十五だったが、スキーはまだまったく初めてだったので、最初は小屋の前の平地を、行ったり来たりして歩いていた。しかし、まんざら他人でもないので、私はどんな進歩の仕方をするものか、ひとつ試験台に使ってみてやろうと思ったので、最初から、ヒッコリーのスチールの入った重いスキーをはかせて、ビンディングも踵のしっかりと引き締まるものをつけてやった。だから道具だけは初めから一流だった。やせた小柄な女だったが、運動神経はややいい方かもしれなかった。そのうえいつも滑る時は私たち三人と一緒だったものだから斜面の下の方で怪しげな腰つきでもしていると、すぐ上の方から「腰が引けてるぞう」などといわれた。それに私はことさらに外傾姿勢を強調して練習させていって、およそ杖制動などということは言葉さえも教えなかった。だからたまに乗鞍へ行ったって、転がりながらも、ともかくも私たちと同じような滑り方をしていた。

やがて、始めてから一カ月あまりもたった頃は、健康もほぼ恢復していたし、スキーもだいぶしっかりしてきた。ちょうどその時厚生省の乗鞍岳ツアーがあったので、一緒に連れていってみた。ところがもうその時は、都会から参加してきた六十人ほどの男の人たちの間へ入って、どうやら人並みには滑っていた。

それからさらに一カ月ほどして、新コースから頂上へ登った時の帰りには、ともかくも私たちのあとについて怪我もしないで本谷を下りた。

私はこの経験から、このようなことが考えられると思う。日数こそ多かったろうが、初めてスキーをはいた病気上がりの女でも、一シーズンの精進によって、雪のいい時の乗鞍の本谷を下りられるくらいには進歩するものであるということと、もう一つは、決して杖制動をしないで外傾姿勢で最初から練習していくことが、上達も早く、結局、実用的なスキーに到達する近道であるということである。

なおまだ細かく見れば、一つの例として、こんなことも考えられる。それは、弱い女でも初めから、スチールの入った重いスキーの方が上達が早い。また踵のしっかりと引き締まるビンディングは、一人の初心者が続けて百日あまりはいた結果、技術の上達にははなはだ好都合だったが、心配されるような捻挫（ねんざ）の原因にはならなかった、等々である。

しかし、以上はたった一つ、二つの例でしかないし、私は決して自分の貧しい経験から、軽々しく人にものを勧めるつもりは毛頭ないが、もしも将来、高山地帯のかたい雪のゲレンデでスキーを楽しんでみようと思う人は、決して杖を制動に使わない、上体の外傾姿勢を基調とする滑降技術の習得を心がけるべきであろうと思う。

外傾の問題　なお外傾という言葉は、その意味が誤解されやすいので、とかく一部の人に毛嫌いされる傾向があるが、これは理屈から出た言葉ではなく、やる人の気持ちや感じからきたものであると同時に、内傾過度の弊害を回避しようとする意味からも、特にそういわれたものであろうと思う。だから、字では外傾でもやはり内傾の一種であり、ただ、その度の少ないことと、内傾の任務を下半身に任せておいて、上体をくの字型に外傾させ、それによってある技術的な姿勢の堅実さを増そうとするところが、従来の内傾と違うといえば違うので、これを「進歩した型の内傾」であるといっても差し支えないと思う。

条件が異なるから無論同じではないが、自転車の場合を想像してみると、多くの人にわかりがよくはないかと思う。つまり、自転車へ乗って、内傾しないでハンドルだけ回してみても、結局、大きなカーブしか描けないが、それを、内傾しながらハンドルを回せば楽に急回転ができる。けれどこの場合、自転車と身体を直線にしたままの内傾をすると、砂利でも敷いてあれば、横にさらわれて内側へ倒れる危険がある。つまりこの型の内傾は、ともすれば過度になりやすく、回ることはよく回るが、内側に弱い姿勢であるということになる。ところがこんどは、自転車だけぐっと内傾させて、上体を外傾気味にしながらハンドルを回してみると、同じように急回転ができるうえに、内傾の過不足の調節も楽で、内側へ対して非常に丈夫な姿勢になる。これが、いわゆるスキーでいう外傾姿勢によく似ているものであるが、自転車は、平地もしくは緩い斜面で用いるものであるに反し、スキーは常に斜面で使用することが多いのだから、一層これが強調されなければならない場合が多くなるわけである。なお、ハンドルのないスキーは、自転車よりも初めは回り出しにくいが、いったん回り出すと、こんどは慣性で回りすぎる傾向が多分にあるし、またシャープなエッジを持つために、外傾姿勢の利用効果も大きいので、余計にこの問題が重要になってくるのだと思う。

だが、外傾にもまたピンからキリまである。せっかく外傾の練習をしても、腰を引いてしまう「及び腰外傾」では効果の少ないこともちろんである。内側に強いからといって、きりもなく下半身の内傾を深めていって、全身的に内傾過度になってしまえば、やはり横滑りも起こるし、ガタも出る。だがしかし、それでも、外傾と同時に外向するように努力していれば、内傾しながら肩を内側へ回し込む従来の内傾よりは、回りすぎが起こらないだけ危険が少ないと思う。ただし、外向して及び腰になると、回転力がはなはだ弱くなるから、できるだけ内傾の度を少なくするように努力するとともに、回転の原則である「回転中は、遠心力を含む全体重を、外側スキーの内エッジに落とす」ということを忘れないようにしたいものだ。これさえできれば、そんなに体力は用いないでも、回転力は非常に強大となるし、それでいて回りすぎもしないし、横滑りも少ない。

だが何といっても、外傾姿勢の最も必要な場合は、かたい雪の、ことに急斜面で、浅い粉雪はそれに次ぎ、ベタ雪や、ブレーカブルには、原則的には大して違いはないとしても、またそれぞれに回り方のコツがある。それらのことはあまり専門的になるし、今ここでは述べないけれど、いずれまたお話のできる折りもあろうと思う。

本谷を滑り落ちる　前年の春、本谷を一緒に登ったうちの一人が、頂上近くの尾根で、あやまってちょっと尻もちをついたら滑り出して、それっきり止まらないで、とうとう位ヶ原まで滑り落ちてしまったことがあった。杖が飛び、スキーが片方ずつ脱げて身体だけになり、矢のように転落していくのを、見下ろしていた私たちは、自分の身が立ちすくむような思いがして、本当に一時はどうなることかと心配した。しかし幸いに岩もたくさん出ていなかったし、よほど運がよかったとみえて、怪我らしい怪我もなく無事に済んだので、ほっとしたが、くれぐれも山を甘く見てはいけないと私は痛感した。

あとになって、この時のことを考えてみたら、それにはこういう、いくつかの原因があった。念のため、山に慣れない人のご参考に少し書いておいてみよう。

この時の一行は五人だった。私たち親子三人と、もう一人スキーのうまい女の人と、それからその落ちた人で、その人は年も若く、スキーにはあまり慣れていなかったが、いい体格をしていて、とても馬力の強い元気な人だった。

私たち三人と、その女の人は、本谷の急斜面にかかった時、雪がかたかったのでシールをはずしてしまったが、その人一人だけは、まだ斜面のところどころにやわらかい雪がまだらに見えていたものだから、それを利用して登るつもりだったのか、勧めてみてもはずそうとしなかった。これもあとで考えると、その時もっとよく説明して、無理にもはずさせてしまえばよかったのだと思う。大体かたい雪の急斜面で、シール、ことに取りつけシールを張ったまま登ることは、何ら効果がないばかりでなく、危ないことだ。ところどころに粉雪があったくらいなのだから、この場合ははずすのが当然だった。

やがてもう八分通りほど登った時だった。見ると、どうも雪の上に尻を下ろしかけている恰好が怪しげだったので、危ないなと思っていると、スキーのエッジが浮いて横に滑り出した。するとそれを止めようとして杖を下側へ突っ張ったので、たちまち一本は折れてしまった。それでもその時は下の方にやわらかい雪があったので、二〇メートルほど滑り落ちただけでいいあんばいに止まった。しかし、これがもう精神的にいけなかったのだと思う。私はすぐそばへ行って、手伝ってシールをはずさせ、もうここから下りた方がいいと、何度か勧めてみたのだが、どうしても聞かないので、それからは、私がその人の下側にぴったりとつき添って登り、ようやく鞍部までは無事に出た。

ところが、尾根の雪はほとんど蒼氷(あおごおり)に近かった。そのうえ風が猛烈なので、みんなアイゼンを持っていたのだが、はきかえようとしてもその場所がなかった。見回すと、頂上寄りの尾根の風陰に、岩がひとかたまり露出している所があった。その岩の間へ行ってスキーを脱ごうというので、私たち四人は氷のような急斜面を斜めに滑って岩の所へ来た。するとあとからその男が滑り出そうとしたので、誰だったか、「危ないな」といった。私も何とかしてやらなければならないと思って、出るのを待たせようとした時、その人はもう滑り出してしまった。みんなハラハラして見ていると、間もなく横に少し流されかけて、ふらふらとしたと思ったら、山側へ軽く尻もちをついた。みんなびっくりして、あっと叫んだが、たちまちすごい勢いで滑り始めてしまったので、もう私たちの所からでは、どうしようもなかった。

私もいい経験をした。これからは滅多な人は連れていけないし、連れていったからには、もっと遠慮なく積極的な注意の仕方をしなければいけないということを知った。

それからなぜこんなことになったかを考えてみると、私の不注意だったことはもちろんだが、その人はまだ本谷へ登るだけの技術を持っていなかったこと、雪質が悪く、風が強かったこと、早くシールをはずさなかったこと等を数えることができる。だが最後の尻もちは、やはり外傾姿勢の重要さを知らなかったことが直接の原因だったといえると思う。

十二　盗人君を泊める

道連れ　昨年の十二月初め、東京へ用足しに行った帰りに、松本から島々（しましま）［松本市の集落］行きの電車に乗り換えたら、学生風の男が一人、スキーを持って乗り合わせていた。

島々でバスに乗ると、ちょうどまた隣り合わせになったので、「どちらへお入りですか」と聞いてみたら、乗鞍へ行くというので、それからだんだん話すようになった。年の頃は二十くらいと思われる、話好きの、とても如才（じょさい）ない男で、自分はT市の高等学校のスキー部の者だが、こんど部で乗鞍へ合宿練習に来ることになったので、自分だけ先発してきたが、あとの連中は二、三日遅れてくるということだった。そしてその男は、T市の私の知人N氏の友人で、自分の家はN氏の筋向こうだといい、事実、N氏のこともよく知っていたし、N氏から聞いたといって、私たちのことまで知っていた。

奈川渡（なかわど）でバスを下りて歩き出すと、しばらく行ってから、足が痛いといい出した。そしてその足の痛い理由を説明して、先日立山の藤橋附近で、大勢の友人と一緒に兎追（うさぎ）いをした際転がって痛めたのだと話していた。それで私は、痛い足をして、一人で乗鞍へ登るのは気の毒だと思ったから、私のところへ来て、前のゲレンデで足慣らしでもしながら、仲間の来るのを待ったらどうかと勧めて、一緒に小屋へ連れてきた。

小屋へ来ても、初めは遠慮していた様子だったが、だんだん慣れてきて、しまいに「それではご厚意に甘えてご厄介になる」といって、その晩から私の小屋へ泊まることになった。

小屋の一週間　ちょうどその日の午後、私たちよりはひと汽車遅れて、私の友人、Y氏と、T嬢がスキーを担いで訪ねてきた。それで小屋の中は急に賑やかになった。ゲレンデには、まだほんの少ししか雪はなかったが、早速みんなして練習を始めた。その男も一緒に出たが、足が痛いからといって立って見ていた。でもしばらくすると、滑ってみたいけれども、自分の持ってきたスキーは弟ので、バッケンが靴に合わないから、スキーを貸してくれといい出した。なるほど、見ると杖なども、小男のくせに途方もなく長い、六尺近くもある人に、ちょうどいいようなのを持っていたので、私たちが驚くと、自分は背が低いが、弟はとてもノッポだといった。そして自分のスキーは弟があとから持ってくるのだといっていた。

あとで考えれば、実に辻褄（つじつま）の合わないことだらけだったのだが、その時は、誰も何の疑いも持たなかった。夜になっていろいろな話が出ると、自分の父は軍医で、今スマトラへ行っているが、そこから送ってくれたのだとかいって、コーヒーなどを出して、みんなにご馳走していた。

その翌日から私たちが（千春だけは学校があるので行かなかったが）四キロほど奥のノド小屋というスロープへ練習に通うようになったら、その男も私のスキーをはいて、一緒に通っていた。

それから二、三日すると、市の学校へ電話をかけてくるといって、下の村へ行ったが、帰ってくると、部の都合であとの連中は二、三日遅れることになったといった。

そして結局、一週間ほど泊まっていて、いよいよ明日は部の連中が来るという前の日の午後、足が痛いから途中までひと足先に行くといって、私たちより一時間半ほど前にノド小屋を出た。私たちが帰ってみると、その男はまだ、小屋の前の池の氷の上で、サブリュックを背負ったまま、スキーをはいて遊んでいた。まだ小屋へも入らなかったのかと思っていたら、実はその前まで、ずっと小屋にいたのだが、私たちのいつも帰る時間にまた出ていたのだった。その時は、千春も学校から帰ってきて、家にいたのだったが、鍵だけ開けてやって、自分はゲレンデへ出て一人で練習していた。

出発　翌朝になって、いよいよ、今日は島々までみんなを迎えに行ってくるといって出ていったが、あとで思えば、さすがにその時の態度には落ち着きがなかった。それに、リュックのふくれ方は、来た時とは比較にならないほど、たしかに大きかった。それでも、まだ何も気がつかなかったのだから、私たちも随分おめでたかったのだと思う。

妻が、いつも誰にでもいうように、どうせまた登ってくるのなら、重いものは置いていったらどうかと勧めたら、人夫に背負わせる都合があるから、大野川まで持っていっておくとかいっていた。そして、そわそわとして出ていった。

発見　その晩にはまた帰ってくるというのが、次の日も、またその次の日にも姿を見せなかった。それでも私たちは、たぶん何かの都合で、寄らずに上へ登ったのだろうなどと噂をしていた。

すると二、三日たってから、T嬢が下着を着がえようとしながら、どうもワイシャツがないといって探していたが、しばらくして、そういえば毛糸の靴下もないし、棹に掛けておいた麻のハンカチもないといい出した。それではというので、妻も心当たりのものを調べてみると、私の新しい、大型のリュックもないし、麻のサブリュックもない。上衣のポケットに入れておいた金もない。その他気のついたものだけでも、十数点は数えられた。しかしそのうちで何よりも困ったのは、私が友人から預かっておいた、大事なスキー靴のないことだった。今までこの小屋へは随分いろいろな人が出入りしていたが、こんなことはまったく初めての出来事だった。

私たちは友人からの預かりものまで持っていかれたので、すっかりしょげてしまったが、結局、自分たちが間抜けていたのだから、どこへ尻の持っていきようもなかった。だが思い出すと、つくづく困りもしたが、困った以上に非常に不愉快なものだった。私は物を盗まれるということが、これほどいやな気持ちのものだとは、今まで気がつかなかった。これが例えば、火事とか、洪水とかで、この十倍のものがなくなったとしても、恐らく、これほどいやな気持ちにはなるまいと思われた。

私たちは常に、あらゆる人に対して混ざり気のない好意を持つなどと立派なことは、決していえないが、こんどこの男に対する場合は、まったくただの好意だけで、何の混ざり気もなかったと思う。そして考え出すと、暗い気持ちがした。

あと始末　しかし考えてみると、なくなったものの中には、友人の靴などもあるので、そのままにしておくわけにもいかず、それから日ごと、筆不精で手紙嫌いな私が、靴を盗まれた詫び状やら、T市のN氏その他に念のための問い合わせを出すやらで、むずかしい手紙を、その関係のものだけで合計十八通ほど書いた。無論それはいっぺんにではないが、その先々の人たちにも、それぞれ随分ご迷惑をかけた。それから、ともかく黙っていてはいけないというので、村の駐在所へも届けておいた。

ところが一月になって、駐在所から、その男が上田の警察に留置されているから、印を持って出頭するようにとの通知があった。早速手紙だけ出しておいて、三日ほどして行ってみたら、その男は釈放されたあとで、幸いに友人の靴はあったが、そのほかのものは、私たちの気もつかなかったような、くだらないものだけおいて、大事なリュックや、T嬢のものなどは、そこでまた、うまく警察の人たちを騙して、持って出たまま行方をくらましてしまった。

だがまたなぜそんなに早く上田の警察へあげられたかというと、その男の帰ったあとで、T嬢のほかにも、また私のスキー仲間の友人が何人か練習に来ていたので、自然その男の話も出て、顔こそ知らないが、その人たちもよく事情は知ってしまっていた。その後そのうちの一人が菅平(すがだいら)へ行ったら、その男らしいのが来て、ちょうど、私にT市のN氏の話をしたように、こんどは番所や、私たちの話を、その人たちにもしたものだから、すぐ感づかれてしまったのだった。

あとで様子を聞くと、相当な資産家の次男坊なのだそうだ。だから必要で欲しいのではなく、一種の盗癖とでもいうのだろう。若いのに惜しい気もする。向こうでは大した悪気ではないのかもしれないが、今時かけがえのない必要品を持っていかれたりしては、こっちははなはだ困る。

その後、N氏からの紹介で、その男の兄さんから挨拶の手紙がきたので、文通するようになったが、事情を聞いてみると、兄さんにもお気の毒な点もあった。

それから春になって、行方不明になっていたその男が、百何日ぶりかで実家へ帰ったとかで、その兄さんから、まったくもう見る影もなく破れてしまった私のリュックと、ほか二、三点が届けられてきたが、なぜかT嬢のものなどはいまだにどうなったのか、まるではっきりしない。

あとで来たもの　そんなことがあってから、私たちはすっかり懲りてしまって、それからは、ただ友人を知っているというくらいな人が来ても、あまり構わないことにしようということになって、その直後に来た知らない人たちには、今までのような扱い方をしなかった。ところがそれがまた、意外にも楽なことではなかった。今までなら、小屋の前の寒いところに立って、私たちの練習を見ていたりする人があると、たとえ知らない人でも、ストーブでも燃えている時は、入っておあたりなさいといったりしたのが、あてでもらいたいことがわかっているのに、強いて知らん顔をしてしまったり、またわざわざ吹雪の晩などに訪ねてきて、名刺を出して、泊めてもらいたくて来たのがわかっているのに、無理に遠い宿屋を教えて出してやったりするのは、私にも、妻にも思いのほか辛いことだった。そしてそんなことがたび重なるにつれて、私たちは、そのたびに顔を見合わせては、どうしようと、目で困ったという意味を伝え合うのだった。こっちも、いい気持ちではないが、来た方の人も、さぞ愉快ではなかったろう。

こうして私たちはまた、思いもかけない新たな難題にぶつかってしまった。だいいち来た人を疑いの目を持って見るということが、すでにたまらなくいやなことだった。これが町の中でもあるのなら、別に商売も何もしていない、ただの住まいなのだから、知らない人を家へ入れないことなどは、当然すぎるほど当然のことだろうが、こうして山の中の一軒家みたいなところで、知らないとはいえ、お互いにスキーというもので何ほどかのつながりはあるのだから、寒い時はお暖まりなさいくらいはいう方が自然であると思う。

そこで、さんざん困った挙げ句、最後にまた妻と相談をした。その男のようなのは、どうせ滅多にあるものではなく、もしあったとしても何百人かに一人だろう。そうすると、何百人目かにいっぺん馬鹿な目に遭うのと、それを警戒するために、何百人かの人と、何百回にわたって気まずい思いをするのと、どちらが損か、得かということになった。

そしてその結果は、こんどは間抜けないように注意して、人に預かった大切なものなどは奥深くしまっておくことにして、やはり今まで通り、寒い人にはお暖まりなさいということにしようということになった。そうきまるとまた、その辺に人の姿を見かけても、朗らかな気持ちでいられるようになった。

十三　日光の大会

飛躍台の番人　今年の神宮スキー大会は、奥日光にあった。しかし栃木県は、必ずしも雪に恵まれている県ではなく、したがってジャンプに経験のある人も少なかったので、せっかく、伊黒氏の設計で、立派なシャンツェは出来上がったが、それの手入れをする人がいなかった。

そこで、ぜひ私に出てきて、そのジャンプ台の番をするようにと頼まれた。私は、昔はたしかにジャンプをしたことはあるが、今はもう長いことやらないので、すっかり時代遅れになっているから駄目だといって断ったが、それでもいいから、どうしても出てこいといって勧められるので、柄にもないとは思ったが、ともかくも承知しておいた。

しかし本当をいうと、この頃の私たちの関心は、ジャンプよりは回転にあった。せっかくのいい機会だから、千春たちにも一流どころの滑り方を参考のため一度見せておきたいと思ったので、一月の末に親子三人で出かけていった。

私は仕事の都合で、主にジャンプ台の方へ行っていたので、スラロームバーンの方へ行く時間は比較的少なかったが、それでも時々はのぞいてみた。なおジャンプの方は自分の役目ではあったが、時代遅れでいう資格がないから、ここには書かないことにする。

練習の時　日光のスラロームバーンは、なかなかものすごい急傾斜の連続だった。少し単調なきらいはあったが、緩い所でも三〇度くらいはあったろう。それが、五、六〇〇メートルも壁のように続いているのだから、気の弱い人は見ただけでたくさんになりそうな場所だった。

ふだんは、その斜面の下の方を一〇〇メートルか、せいぜい一五〇メートルぐらいを使って、選手たちが回転の練習をしていた。見ていると、みんなさすがにいい元気で滑っていた。少々くらい引っかかろうと、たまには倒れようと、そんなことには一切お構いなしといったふうで、ものすごいスピードを出して飛ばしてきた。私はつくづくその旺盛な元気に感心したが、実は少々うらやましい気もした。

いつもそれらの仲間へ交じって千春もいたが、しかしその滑り出すのを見ると、まるで感じが違っていた。ゆっくりとスタートして一つひとつご丁寧に深回りしているうえに、体重が軽いので、みんなと同じ距離を下りてくるのに、たっぷり二倍くらいの時間は費やしていた。実は、番所を出る時には、もしも千春を一流の選手たちの仲間へ入れて滑らせたら、どの程度のタイムを出すだろうと思って多少の興味を持っていたのだったが、これではとてもお話にならないと思った。それにまた、一緒にタイムを採ってみられるような機会もあるかどうか、それも無論わからなかった。

記録会　ところがそのうちに、選手たちもあらまし集まってきたので、大会の前景気をつけるためでもあったのか、ジャンプと回転の記録会をやるということになったので、はからずもその機会に恵まれることになった。

いよいよ当日になると、会場は見事に整備され、ゴール前の小舎（こや）には、数名の時計員が、各々ストップウォッチを持って仰々（ぎょうぎょう）しく控えていた。やがて、千春も今日は前走ということで、大人の選手たちと一緒に登っていった。

名は記録会だったが、この日の回転競技は堂々たるものだった。事実、旗も本大会の時よりもむずかしくもあったし、距離もまた長かった。それに出場選手の顔ぶれを見ても、前年のスラロームの覇者をはじめ、新複合の優勝者、前々年の優勝者、それに本年のインターカレッジの優勝者等々、完全に現代全日本の一流どころを網羅していた。千春はこんな仲間入りをして滑るのは、無論生まれて初めてだった。まことに光栄の至りだが、いわば田舎の国民学校の児童と、えりぬきの大学選手との走りっこだ。野球、庭球、陸上、水上と見回しても、こんなことがスキー以外の競技に考えられるだろうか。私は練習の時のスピードから判断してみて、こんどは旗を回るのだし、たぶん転がりはしないだろうから、二倍まではかかるまいが、果たしてどの程度に食い込めるタイムが出せるかと思って、その点に興味を持っていた。

ところが、そのうちに時間になって、いよいよスタートしてきたのを見ると、練習の時と違って、先に旗門（きもん）という目標があるために、深回りばかりはしていないので、いつもよりはスピードもあったし、思いのほかスラスラと下りてきてむしろ呆気（あっけ）なくゴールインしてしまった。そのあとから選手たちが、次々とスタートしてきたが、これはまた逆に、練習の時とは違って、行く先を旗門に制限されているものだから、自重して押さえすぎてしまってるのか、誰一人、いつものようなスピードを出さない。そのうえ大概どれかの旗で多少のつまづきを見せていた。私は案外な気持ちでいると、一流どころは、多く若い番号にいたので、バーンの荒れということもあろうが、あとになるほど、タイムも悪いように思われた。

　そのうちに、ぽつぽつとタイムが発表された。その結果、さすがは回転技術にかけては我人（われひと）ともに許す若尾、片桐の両君が、偶然にも同タイムで一等となり、以下三秒、四秒と遅れて、一流どころがそのあとへ続いた。ところが千春のタイムは意外にも、一等の若尾、片桐の両選手を、六秒も離して最短のタイムを出していた。

　その時千春は、母親と一緒にゴールのずっと脇の方で見物していたが、そこへ誰かが「千春ちゃんと若尾さんと六秒違ったよ」といってきた。すると千春が「残念」といった。本人は自分が六秒負けたつもりでいたのだった。

しかし考えてみると運もよかったのだろう。それに前日旗を立てる時、その旗はあとで聯盟の人たちの手によって多少直されはしたが、それでも一緒に登って、そこで滑ってもいたし、だいいちここの斜面は、まったく千春向きのバーンだった。前にも書いたように、オール急斜面で緩い所はゴールの近所だけだった。だからここは体重よりも技術がものをいうので、この点まったくお誂え向きなわけだった。

千春の体重は、せいぜい三〇キロで、大体優秀な選手たちの半分程度だったと思う。私たちも無論悪い気持ちはしなかった。千春がこの競技でいいタイムを出したということよりも、今までの私たちの精進が、一部報いられたと思われる点がうれしかった。

ともかくも、急斜面の回転技術に関する限り、十三歳にして、どうやら一流に追いつけたわけだった。

十四　最後のシーズン？

新たな苦労　私たちは千春が一年生になった年、雪と小学校を求めて番所へ越してきたが、それ以来ここで五シーズンを送った。その間、かなりいろいろな労苦はあったが、そのおかげで、ゲレンデも立派になったし、自分たちのスキー生活も、どうやら軌道に乗りかけてきた。いよいよこれから落ち着いて大いに頑張ろうと思う時、私たちの行く手にまた一つの大きな障碍が見えてきた。せっかくいい乗鞍へ来て、雪と小学校が両立できたと思って喜んだのも、ついまだ昨日のような気がするのに、もう余すところ一年で、またこんどは、雪と中学校の両立する所を探していかなければならなくなった。

これだけ心血を注いで開拓してきた番所を、今またあとにして去っていくことは、何としても惜しく、考えると行き先の不安とともに、限りない哀傷の気持ちの耐え難いものがある。

私たちは、新しい移転先を、なるべく近いところで、スキーの可能な場所をと思って考えてみた。結局、松本、長野では雪がなくって駄目だし、飯山か、高田かと思ってみたが、どちらにも難点が多く、いっそ、小樽か、札幌にしたらという相談も出たが、学校とスキーには申し分ないとしても、いかにも遠すぎる気がして、それと決定するだけの決心もつかず、またしても、六年前に赤城山で、千春が尋常［小学校］一年に入学する当時、さんざん迷ったのと同じ迷いに思い悩んだ。

私たちは、迷いながらも、こんどの日光行きで新しく得られたいろいろな経験を頭に浮かべながら、猛烈な練習をやり始めた。開拓五シーズン目の、ゲレンデのコンディションは素晴らしいものがあった。シーズンも半ばを過ぎて、私たちの身体の調子もようやく整ってきたので、面白いほど、毎日の練習にも身が入った。私たちの今年の研究題目である「堅雪(かたゆき)上の回転後半におけるガタ征伐」も、実際的にも理論的にも、幾分の進歩は見えかけてきたように思えた。そして緊張した精進の生活は快く続いていった。

湯沢行　三月に入ると、千春をゲレンデに近い懇意なお百姓屋に預けておいて、親たち二人は湯沢の指導者講習会に出かけていった。私たちは無論二人とも、今まで、こうした講習会には一度も出たことはなかったのだが、従来のように、強いて孤立していくよりは、大勢の人たちのお仲間入りをさせてもらっておいた方が、今後の千春の技術の進歩のためにもいいと思われたからであった。

湯沢へ行ってみたらば、お仲間の講習生が九十何人という盛況であった。こんなにも希望者があるとは思わなかったし、あんまり賑やかなのに驚いたが、また、スキー界のために大いに頼もしい気もした。その中でも、さすがに五十何歳等というのは、無論私一人だったに違いないと思うが、それでも、スキーは拙かったが元気のよかった点では恐らくひけを取らなかったと思う。フリーな練習をしている時でも、人が五回登るところは大概六回くらい登ったような気がする。その元気のよかったおかげでか、どうやら私だけはパスできた。しかし、番所で滑っていると私よりはまだましのように思える妻が、やっと一級だったのは、一つには乗鞍の雪と湯沢の雪との違いがはなはだしかったということもあるかもしれないが、もう一つは心臓の問題だったと思う。やはり、気の弱いのはあまり得でない場合が多いようだ。

赤倉行　湯沢から帰ってくると、私たちの小屋へ思いがけない通知があった。それは、李王殿下の若宮様が、学年末のお休みに赤倉へスキーのご練習にお出でになられるので、千春にそのお供をしてほしいということであった。そこで早速学校へ行って受け持ちの先生に相談すると、「よろしい。光栄だから喜んで行け」といわれたので、三月の中旬に赤倉へ出かけた。田口の駅を出て、雪の沿道に堵列してお迎え申し上げる村人や学童たちの間を、妃殿下や、若宮様が静かにお歩きになる。そのご一行の中に従う千春の後ろ姿を見た時、私は、並んでお迎えするはずのものが、抜け出して歩いているような感じがした。私はかつて十数年前の冬、赤城山で千春の兄が、今の千春と同じくらいの年頃の時、秩父（ちちぶ）、高松両宮殿下の間に従って、ありがたいお言葉をいただきながら、このようにして歩いた時のことなどを思い出し、たびたびの光栄に感激の念を新たにしたのであった。

若宮様は、十三歳で、ご学級も同じく学習院の初等科の五年であった。若宮様は意外にも、ご身長に対する割合のとても大きな、私たちの使っているくらいの長いスキーをおはきになっていられたので驚いたが、まだご練習の日も浅いように承っていたのに、とても見事なボーゲン等をなされていた。

私は最初、山の中育ちの千春が、若宮様のお供をしても、ゲレンデではまだいいとして、お部屋ではさぞ困ることだろうと心配していたのに、よくしたもので、そこは、小さい同士で、たちまちお親しくなられ、五年生の手工で作るグライダーのお話などに打ち興じられていらっしゃったが、同じ五学年でも、どうも学習院と番所の国民学校のそれとは、多少の開きがあるらしく、時々話がちぐはぐになることがあるので、私は、一人で微苦笑を禁じ得なかった。

北海道行　赤倉から帰ると、こんどは、小樽のスキー聯盟から、北海道の春雪を見に来ないかと招かれたので、ちょうど、小樽、札幌の中学校と雪の様子を一度見ておきたいと思っていたところだったし、学校もまだお休みだったので、千春を連れて久しぶりに北海道へ渡ってみた。千春は、初めて千島から出てきて小樽へ寄って、サイレンの音を聞いて「牛だろうか」といった時からもう九年目だった。

そしてまた、秋野さんや、スキー倶楽部の人々や、先だって日光で顔なじみになった選手の人たちにもいろいろとお世話になりながら、田中山［現・上富良野・日の出公園］や、天狗山の美しいスロープで毎日面白く滑っていた。もう三月もごく末だったので、雪はよくなかったが、さすがに北海道人の一般のレベルは上信越から東京辺りのそれよりもだいぶ高いように思われた。ことに、うらやましいと思ったのは、札幌と小樽のO・Bばかりの、まことに朗らかな対抗競技会のあったことだった。場所は小樽の天狗山で、何とものんびりとした大回転だった。何しろ、ゼッケン番号の半数以上が前走で、そのあとの二十五、六人が選手で、しかもゼッケンをつけない前走者のまた前走が何人かあったのだから愉快なものだった。そしてその結果は、個人の成績ではなく合計のタイムで採ったのだが、札幌の方が少し速いようだった。だが、それでまた、その発表の仕方が賑わっていた。発表をしたのは秋野さんだったが、優秀な個人のタイムだけを少し発表したあとで、「競技の結果は、残念ながら札幌より小樽の選手たちの方が、一分と二十何秒とかだけ、余計に滑っていました」といった。なるほど時間のかかるのは、余計に滑っていたためだなと思って私は感心した。

それに私たちも誘われて、前走してみたのだったが、この長い緩い坂に、やさしい旗がポツリポツリと立っているのでは、千春の体重では何ともしてみようもなく、それでも私より何秒か速かったくらいで問題にはならなかった。しかし、その私は、生まれて初めて大回転の旗を回ってみたのだったが、それでもO・Bの選手達の中へ、もし割り込むとしたら、たぶん二番くらいなタイムだったかと思う。O・Bとはいっても、久慈、柴田両氏のようなお歴々が何人かいたのだから、私の心臓はもとよりだが、タイムだってヨタヨタ滑っていた割合にはよかったと思う。もしも来年北海道へ越してくるようだったら、私も、こっそりと大回転の旗の秘密練習をしておいて、O・O・Bで大いに活躍してやろうと思った。

それから、私の感心したことは、ここの女の選手たちの優秀なことだった。私はよくは知らないが、これだけは現代の日本で、小樽に及ぶ所はあるまいと思う。南、白岩、市岡嬢などと数えられるが、ことに白岩嬢は、私たちがこんど北海道で見たうちで、男女を通じても、断然群を抜いていたと思う。私はこれらの優秀な人たちを育ててこられた、いつもゲレンデで寒暖計を肩からぶら下げている熱心な清水先生の姿を思い浮かべて、その功績に敬意を表しておく。

それから札幌へも出かけていって、こんどは、ここの人々にお世話になって、三角（さんかく）山のスラロームバーン辺りを見学させてもらった。

そしてもう、ぼつぼつ帰ろうかと思っているところへ、妻から、こんどは、李王殿下と同妃殿下が乗鞍へお登りになられることになり、しかも、そのおついでに、番所の私たちの茅屋（ぼうおく）へもお立ち寄りになられるよしだから至急帰宅するようにという通知を受けた。

急いで帰る途中、ちょっと青森へ寄って、真っ白に雪のついた八甲田山を眺めながら、そして青森スキークラブの方々にさんざん八甲田行を勧められたのだったが、浅虫（あさむし）で一日滑っただけで、山は割愛して帰途についた。

光栄な思い出　番所へ帰ってきた私たちは、また親子三人して、乗鞍へ殿下のお供をして、明朗な頂上附近の春山を、大勢の人たちと賑やかにご案内した。

それから、新コースのお話を申し上げたところ、大変ご興味をお持ちになられたよしだった。だがこの道は、私たちのほか、普通の登山者はほとんどまだ通ったこともないようなところだったので、土地の人たちが、とても心配して、ぜひにとまでいってお引き止めしようとしたのだったが、ついに新コースをお下りになられることになった。

私は先に立ってご案内しながらも、道の悪い所へさしかかると、心配になってたまらなかったが、両殿下には、道のない山の中の険阻（けんそ）な場所も意に介されず、麓の方へ下りてからは残雪に阻（はば）まれてたびたび道を迂廻するようなことがあっても何の気にされることもなく、多少余計な時間はかかったが、非常にお元気で新コースをご踏破されて、ご無事に番所へお着きになられた。

そのうえ、むさ苦しい私たちの小屋でしばらくお休憩になられたうえ、両殿下ともご機嫌麗しくお帰りになられたのだった。重ね重ねの光栄に、私たちは悦んだが、私たちも千春の学校のためにこの夏はもう乗鞍を去ることになるかもしれない。

五年前に、自分たちの労力で建てたこの小屋も、三年前から私たちが通り始めた新コースも、はからずも、このうえもないいい思い出となった。

十五　子どものしつけ

生活の規則化　小さい子どものうちから特にスキーをやらせてみようなどと考えると、いろいろなところに苦労も出てくる。自然、近所の子どもよりは、スキーの練習ということだけ余分に仕事を課せられているわけだから、それだけよほど、時間に無駄のないように工夫をしなければならない。だがまた、それと同時に、できるだけ心の負担を軽くしてやりながら、多少のしつけもしていきたい。それには毎日の生活を単純化し、規則化できるのは、なるべく規則

昭和16年　　時間の表の例

	1	2	3	4	5	6	7	8	9	10
10月	水	木	金	土	日	月	火	水	木	金
出家	6.20	7.12	7.20	7.14		7.20	7.25	7.20	7.32	7.20
登校	7.38	7.55	8.15	8.30		8.17	8.14	8.16	8.24	8.18
時間	1.18	.43	.55	1.16		.53	.49	.56	.52	.58
出校	2.31	2.38	11.45	11.05		0.25	1.38	2.10	3.12	1.05
帰宅	3.30	3.47	4.30	1.30		1.32	2.40	3.08	4.15	2.15
時間	.59	1.09	4.45	2.25		1.07	1.02	.58	1.03	1.10
			今日ハ栗拾イヲ許シマシタ	今日ハ栗拾イヲ許シマシタ						

的にしてしまって、定めた通りにさえしていけば、親も子も、一つひとつそのたびに神経を使わなくても済むようにした方がいいと思う。

それで朝はやや早く起きて、みんなでラジオ体操をして、そのあと十分ばかり、気持ちを落ち着けるために静坐（せいざ）をすることにした。それから順次に、都合のいい時間割りをしようとしたが、困ったのは学校の遠いことだった。道のりは二キロ半ほどなのだが、帰りが登り坂で、そのうえ、土地の子どもたちの大半が、いかにものんびりとして、遊びながら歩いてくる習慣なので、それと一緒に帰ったのでは、家へ着いてからの時間があまりに少なくなってしまう。

時間の表　朝、家を出る時に「今日も早く帰れよ」といっただけでは効き目がない。そこで、先生とも相談して、時間の表を作って持たせておいた。それには、家を出た時間と、学校へ着いた時間、それから学校を出た時間と帰宅した時間と、その所要時間を書き入れられるようにしておいて、毎日自分で記入させることにした。初めの頃は、途中で面白そうに遊んでいる仲間と離れて、自分だけ先へ帰ることは、単に本人が、みんなと一緒に遊びたいということのほかにも、多少工合の悪いこともあるようだった。そのために、初めはなかなか思うように、すらすらとはいかなかったが、それでも我慢して続けているうちに、だんだんそれが本人にも習慣になってきたし、しまいには、まわりでも、それが当然と思うようになってきた。その後、それをもう、まる四年ほど続けているが、最近では、自分でもいくらか、毎日の学校の往復をトレーニングに利用するという気持ちにもなってきたらしいので、時計を持たせてやって、途中のタイムを見させたり、また帰ってからの時間の余裕の、少しでも多くなるようにと思っている。

日記の表　そうして得られた時間を、あまり窮屈にならないようにあんばいしていっぱいに利用し、冬はスキーに、夏はトレーニングに、できるだけ振り当てている。なおお互いの神経の負担を軽くする一つの案として、子どもの生活のうちの大事なことの日記を、点数にして記入できるような表を作り、毎晩、親たちと相談しながら書き入れさせることにした。その表のうちには、前の話の「登校帰宅」という欄もあって、往復とも、その所要時間が定められた時

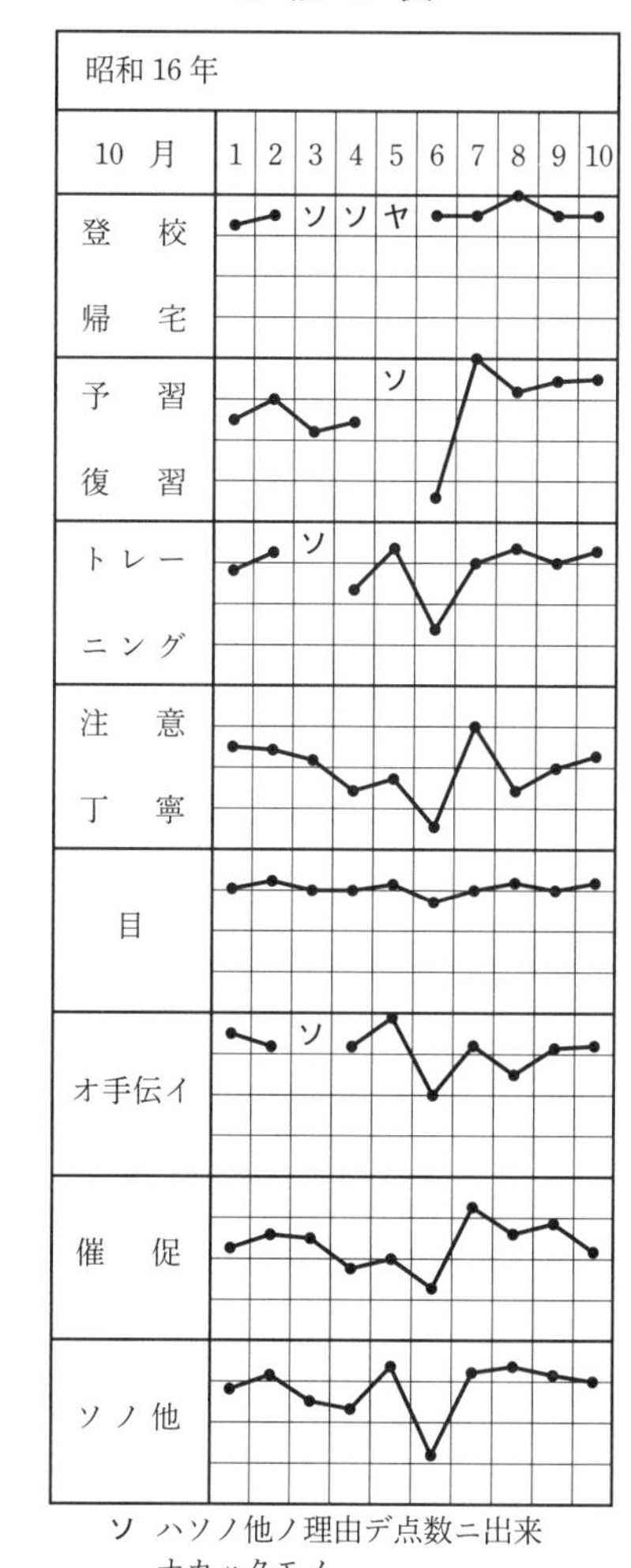

間以内の時は十点とし、遅れるにしたがって減点して記入させる。そのほかに「復習」という欄もあれば「お手伝い」という欄もあるし、場合によっては臨時の欄も作ることがある。例えば、この頃、どうも返事の仕方が面白くないというような時には、その表のうちに「返事」という欄を新設して、毎晩、その日一日中の返事の仕方の平均が、五点だったとか、七点だったとか、相談しながらつけていく。そうすると比較的、小言の数を少なくして直していけるもののように思う。またもしも、将来近眼鏡でも掛けるようになると、スキーでは大いに困るから、

「目」という欄を設けておいて、その日の、本を読んだり、字を書いたりした時の、目の距離も点にして記入させている。それからもし、箸の持ち方を直そうとしたら、「箸」という欄を臨時に作り、それを何カ月か続けていって、直ったらまた別な欄に取り換える。なお最近は、逆立ちの稽古をしたり、小屋の廊下の柱に鉄棒を取りつけて懸垂の練習もしているので、張り合いのいいように、その点も臨時の欄をこしらえてつけさせている。臨時でない欄は、初めの「登校帰宅」「予習復習」「お手伝い」、物事の「丁寧さ」等で、最後にその日の合計点の欄がある。結局、この欄の点がいいと賞められるし、悪いと小言も出たり、家の中の気分が朗らかでないことにもなるが、それでも、一つひとつの場合に小言をいうよりは、いくらかましで、かつ簡単だと思う。

それから、その点の記入方法は、特殊なミリ目の方眼紙を利用して、一ミリを一点として黒点を打ち、それを病院の体温表のように線でつないでいって、ひと目でその成績が見えるようにしておく。そうすると便利でもあるし、また張り合いもいい。

それから体力を作っていくために、体操や縄飛び等をはじめ、重い荷を背負う薪運びや、薪割り、水汲み、それからゲレンデの刈り払い、畑仕事等々、役に立ちそうなことは、その時々に何でもやらせている。しかし過労や、睡眠不足にならないようには注意しているし、一人では続けにくいから、できてもできなくも、私たちも一緒にやる。だが、縄飛びや体操はまだいいが、逆立ちや懸垂は、親たちにはなんとしても苦手だ。

一本橋　それから、これはうまくいった例だが、こんな方法で一つの癖を直したこともあった。ある時、子どもを山へ連れていったら、谷川に架けてある一本橋を怖がって困ったことがあった。それから、これは何でも丸太を渡る稽古をさせなければ駄目だと思ったので、小屋の裏の床の高い方へ濡縁（ぬれえん）を作り、そこから六メートルほど先の岩の上へ、やや高いのと低いのと、二カ所へ一本橋を架けて、ぐるっとひと回りして帰れるようにした。そしてそれを毎日、日課のようにして渡らせたら――もちろん親たちも渡った――だんだん要領をのみ込んできて安定になり、その後は谷川の一本橋も怖がらないようになった。

このような単純なことは、こんなことでうまく直せることもあるが、またいろいろに工夫してみても、性質でなかなか直らないで困ることもある。それにまた、家庭以外の環境の影響ということも考えられるし、なかなかむずかしいものだと思う。例えば、千春のすることが、私たちの目には、何となくそそっかしく、何かやりっぱなしという感じがあるような気がするので、相当綿密な注意のいるスキーには、それを早く直しておかないと心配なのだが、日記の表の「丁寧」という欄に毎日点をつけさせていっても、これはほかの欄ほどにはなかなか点が上がらない。それでもまんざら効き目がないというわけでもないらしいから、ともかくも諦めないで続けてはいる。なお、だんだん大きくなるにしたがって、ちっとは直っていくものかとも考えて、その点にも希望をつないでいる。

技術か人格か　しかし、それらのことはまだ、丁寧な態度になれるように根気よく仕向けていきさえすればいいのだから、事は簡単だが、どっちにしたらいいか、私たちにもわからないようなことができてくるのでなお困ることがある。例えば、スキーをはいて三人で山へ行って、クラストしている斜面の上を通りながら、「この中で回るのはむずかしそうだね」などと親たちが話していると、千春が脇でそれを聞いていて、「僕なら回れる」というようなことをよくいい出すことがあった。私たちは、どうもこの言葉の調子が気に食わない。もっと謙虚な態度の人間になっていってほしいと思う。でも時々「それでは回ってみろ」といって回らせると、子どもの単純な、無鉄砲な自信で、何とか頑張ってしまうことが多い。しかしこんな場合、その軽率な言葉を大いにたしなめておいてからやらせてみると、失敗することのほうが多くなる。クラストのようなデリケートなむずかしさのある斜面では、自信ということが、紙一重のようなところで際どい働きをする。だからちょっとでも雑念を多くしたら、それが失敗の誘因になる。そして、一つの失敗は次の場合の自信にまで影響するし、また、せっかくのファイトを殺すことになる心配もあるのではないかという気もする。こんな時に親は、少しでも早く技術の上達することを主眼とすべきものか、また技術はあと回しにしても、小さい時から奥ゆかしい性格を作り上げるように心がくべきものかというような問題に迷うこともある。

子どもの神経　それから単にスキー技術という点だけから見ても、大きくなってからで間に合うものと、なるべく小さいうちに体得させてしまいたいこととがあるように思う。概して、努力や工夫に待つものはあと回しでもいいが、直感的につかむことの有利なものは、できるだけ小さいうちの方がいいと思う。

私たちは子どもと一緒にスキーを始めて、五、六年たつうちに、自分たちには、それまでのような方法で教えていくことの、困難を感じるようになってきた。それは練習中、子どもが調子に乗ってくると、自分の無意識的な感覚で、親たちの常識にないか、または反するような滑り方をやり始めることがしばしばある。それが明らかに不合理なことなら、少しでも早く、悪い癖のつかないうちに、やめさせなければならないし、もしもいいものならば、助長していかなければいけないのだが、いくら見ていても、そのどちらだか判断がつかないで、持て余すことがある。すると私たちは、ゲレンデに立って、「やめさせようか」「やらせようか」「それとも、もう少し放っておいて、様子を見ようか」というような、至極曖昧(あいまい)なことになってしまう。

そこで仕方がないから、この頃は、そうした場合、「どういう気持ちでそうするのか」、また「そうした結果自分では、以前のものと比べて、どんな得失があると思うか」というように、相談しながら善い悪いを定めていくようにしている。

なお、子どもには、大人が、その子どもの持っているほかの知識の程度から判断して、まさかと思うような神経が敏感に働くことがある。千春にもこんな例があった。それはまだ千春が数え年でやっと六つになった時の春のことだった。赤城山の小屋の前の坂に、いくつかの小さいシャンツェをこしらえておいて、私たちが飛んでいたら、千春も真似をして、小さいのを飛ぶようになった。ある時、スキー界で相当名の知られた人が来て、その台の一つを飛んだ。その人はもちろんスキーの上手な人だったが、ジャンプにはあまり慣れていなかったとみえて、踏みきってフライトへ出ても、膝が充分伸びきらなかった。すると、それをそばで見ていた千春が、「あのおじちゃんは、怖いものだから膝を曲げて飛んでたよ」といい出した。そばにいた母親がびっくりして、「そんなことはないよ」とたしなめるつもりでいったら、「ほんとだよ、僕はちゃんと見ていたんだもの」と、ムキになっていい出したので、私たちは、工合の悪い思いをして、すっかり閉口してしまったことがあったが、それでいて、同じ台を、ゲレンデシュプルングのうまい人が膝を折って飛ぶと、「おじちゃんの膝がお腹へ入っていった」などといって喜んで見ていた。当時まだ右と左の区別もまったくわからなかった子どもに、曲げた膝と、緩んだ膝の見分けがつくということは、ちょっと想像できないことだった。私はその時、子どもに、知識というものに先立って、こんな神経が働き出すものなら、身体に無理のかからないようなやり方で、こんな頃からうまく導いていく合理的な方法が考えられたら、スキーの上達等は非常に早くなるものだろうと思った。

この年頃の音感教育などの問題も、きっとその辺を狙ったものではないかと想像されるが、当然これは、もっとほかのことにまで押し拡げられていいものではないかと思う。

十六　私と鏡

人間と鏡　人は誰でも、鏡を見ることに多少の興味を感じるものではなかろうか。それは顔の美しい人が、自分のきれいさに見惚(みほ)れる悦びや、お化粧するために見るのとはいくらか違う意味合いで、ともかくも自分の姿を向こうへ映して已れの目でそれを見るということに、何かしら関心を持つもののような気がする。大概の人が写真を撮ると、自分が美しいとは思わないでも、早く見たがるのは、同じような心理からではないだろうか。そしてこれは、自分という生きているものの「形」を、そこへ映して見る興味なのだが、そのほかにもう一つ、自分の目に見えない「力」を、ものに映してみる。同じような、しかしはるかに大きい意味の興味があるように思う。そして、この方の興味は、多くの場合、その人の生涯をまで支配していくことになるような気がする。

子どもの時の思い出　私はごく小さかった五つか六つの頃、赤城山の上にいて、ほかに子ども遊び友達もなかったものだから、よく一人で湖水のふちへ行き、その砂浜の奥に湧き出している清水の流れを相手にして遊んでいた。その清水は、湖畔の雑木林の間から湧き出して、六、七メートルの幅の砂浜を、斜めに流れて湖水へ注いでいた。私はその砂浜の上を流れる小さい川を、あちらへ回したり、こちらへ回したり、それを堰き止めて池を作ってみたり、またある時は、その池の川下に橋を架けておいてから、池の水を一度に流し出して、橋を流失させてみたり、毎日毎日、飽きずにそんなことを繰り返していたのを覚えている。これもその頃、子ども心に目に見えない自分の力が、砂浜の運河や枯枝の土橋に映って現れてくるのに興味を感じて、一生懸命やっていたものではないかと思う。あまり古いことなので、今はもう、はっきりとは記憶にないが、いずれその時分相当な工夫も凝らし、努力もしていたような気持ちがする。そしてそれは幼い子どもの遊びであったことに間違いない。

遊びと仕事　それでは、それから四十何年かたった今、番所で小屋を作ったり、ゲレンデの開拓をしたりするのも遊びだろうか。もしも遊びというものが、こたつでトランプをしたり、酒亭で高吟（こうぎん）乱舞をしたり、また同じ汗をかいても、野球や庭球のようなものであって、仕事というものが、山で炭焼きをしたり、畑を作ったり、また工場で汗水流して働いたり、研究室でむずかしい問題の試験に没頭したりするようなことであるとすれば、番所の生活は後者の仕事と一致する点がはなはだ多い。それは、大人になったため、することの手続きがだんだん複雑になってきてはいるが、その自分の力を、ものに映して、そこに現れてくる姿を見ることの興味という点では、子ども時代の砂浜の水遊びとまったく同じ気持ちの行き方であると思う。

　実際のところ、私には遊びと仕事の区別が、本当によくわからない。どうも私がやると、たとえこの頃の増産のため、隣組で割り当てられたジャガ芋を作るための畑を、山の荒地に、手にまめを作りながら掘っていても、それがどこやら、「お百姓ごっこ」のような感じがするし、夢中になって夜の目を寝ずに、靴下の目数の計算に没頭していても、それは「編み物ごっこ」のような気持ちがする。昔、赤城山で、大真面目で宿屋の経営をしたり、ジャワの南海岸の無人境へ高瀬貝を見つけに入ったりしても、それぞれ「宿屋ごっこ」に近かったり、「探検ごっこ」であったりしたように思う。家を建てれば「大工ごっこ」になり、子どもにスキーを教えながら育てていけば「教育ごっこ」になってしまいそうだ。なお私たちの生活も、この頃いろいろな理由でだんだん貧困の度が深刻になってきた。この分でいくと、いつ乞食にならないとも限らないが、しかしそうしたらやはり落ち着いて、「乞食ごっこ」をしていくかもしれない。

私たちは働くことが好きで、よく働いている。人でも来て話し相手になっているか、山へでも入っている時のほか、一年中何か働き続けている。トランプでも、碁でも、やればとても好きなのだが、スキーを始めてからは、時間が惜しいのと、夜ふかしでもすると、身体のコンディションが悪くなるから、もう十何年かほとんど手を触れたことがない。どうかすると、人に、「あなた方は、雪がなくなると退屈するだろう」などといわれて、びっくりすることがあるが、事実はまさにその正反対で、あとからあとからと、いくらでもやることがありすぎて、いつも追われ通しでいる。しかもそれが、やってみたいことばかりの連続で、いやいややる仕事というものは、絶対にないとはいえないかもしれないが、ちょっと思い出せないくらいだ。自分で働きながら、どうにも骨が折れて「これくらいが体力の限度かな」と思われるような努力や根気のいることはあるが、それでも鏡の興味はやはり砂浜の運河の場合と、あまり違いはないように思う。私がもしも、何かのきっかけで、ある山村の改革というようなことに携わることでもあるとすれば、恐らく身命を賭して「改革ごっこ」をしていきそうな気がする。

二通りの性格　截然（せつぜん）と区別するわけにはいかないが、私は、働き好きと見られる人の生き方に、二通りあるように思う。一方は最終目的を目ざして奮闘努力を続けていくタイプの人と、他方は与えられた環境の中で、一つひとつ手近なものの持つ価（あたい）を理解して、次々と最善を尽くして働きかけていくタイプの人である。

第一の人は一心に山の頂上を目ざして登っていき、いつも最短距離を選んで強引な努力を続けようとする。この人の希望は、ただ頂上へ達することであり、喜びは頂上へ接近することである。だから場合によっては、その巧拙（こうせつ）は問わないという傾向があらわれる。

第二の人は、必ずしも頂上ばかりを目ざさないで、ただ一生懸命、登ることが好きな種類の人である。この人の希望は、現在歩いている坂の上に、いかに見事に達するかであり、喜びは最善を尽くして登ることにある。

第一の人の長所は、頂上へ近道することであり、その短所は、登るのに苦闘の多いことである。

第二の人の長所は、同じ奮闘努力をしても、そのこと自体が喜びであることであり、その短所は迂廻したり、道草の懸念の多いことである。

したがって第一の人は、仕事以外に娯（たの）しみを求める傾向があり、第二の人は、仕事のうちに楽しみを見出す場合が多い。だから重要なことを選ばない場合がある代わり、土方をしても、大工をしても、ズボンの穴に継ぎを当てても、全身を打ち込んで安心してそれができる。

私は一つの物事を取り上げてみた場合、それ自体の価値を認めない限り、ただ方便では、そのものの持つ本当の味は出てこないと思う。単に今、自分のしていることは、自分の生涯にとって、果たして、いくらいくらの価があるだろうという打算的なものの見方では、仕事の面白味はわかるものではない。例えば私が靴下を研究しながら編むとする。その場合、このことは、自分が将来、えらくなるためにどれだけの役に立つだろうかと考えたとすれば、興味どころか、馬鹿馬鹿しくてやれるものではない。しかしそんな靴下でも、いかにしたらより完璧に近いものに仕上げられるかというところに目標をおいて、がっちりと四つに取り組み、真剣に工夫を凝らしていくならば、それこそ、無人境の探検にも似た、苦心、努力と、緊張と、悦びがあるものだと思う。

この差はもちろん極端な場合の話で、初めにもいったように截然と区別するわけにもいくまいし、また第一のタイプの人と、第二のタイプの人と、どちらがいいとか、また、どちらが国のため、民族のために必要な性格か、などということはまったく別な問題である。

第一の方でも、頂上ばかり血眼（ちまなこ）でにらんでいて、足が地につかないような人間では、職域奉公などは思いもよらないし、第二の方でも、ただ登ることばかりが好きでも、手当たり次第に、頂上へ背中を向けて這い上がっていくような人間では、邪魔になるくらいなもので役には立たない。

なお第一の人は、目ざす頂上へ辿り着いたら、あるいはそれで満足できるかもしれないが、第二の人は、どこまでいっても満足できないで、さらに上を求め続けるであろう。だが、しかし、第一のタイプに近い性格の落伍者（らくごしゃ）は、第二のタイプに近い性格の落伍者よりも、余計に悲惨なものがあると思う。もしもそうだとすれば、それは子どもの時持っていた鏡を置き忘れてしまったせいではないだろうか。もしも頂上をにらみ続けて歩き疲れたような人があるならば、かつて自分が子どもの時に持っていたはずの鏡を捜し出してみるべきではなかろうか。

私は、自分自身を省（かえり）みて、少し極端な、第二のタイプの人間に属するものだと思う。したがって、うっかりしていると、頂上へ背中を向けて登る場合が多いかもしれないから、時々は立ち止まって、しっかりと方向を見定める要があると思う。

番所の小屋・新しい考え方の薪ストーブ（1942年）

●千島第一の小屋・滝の下の小屋（千島時代）

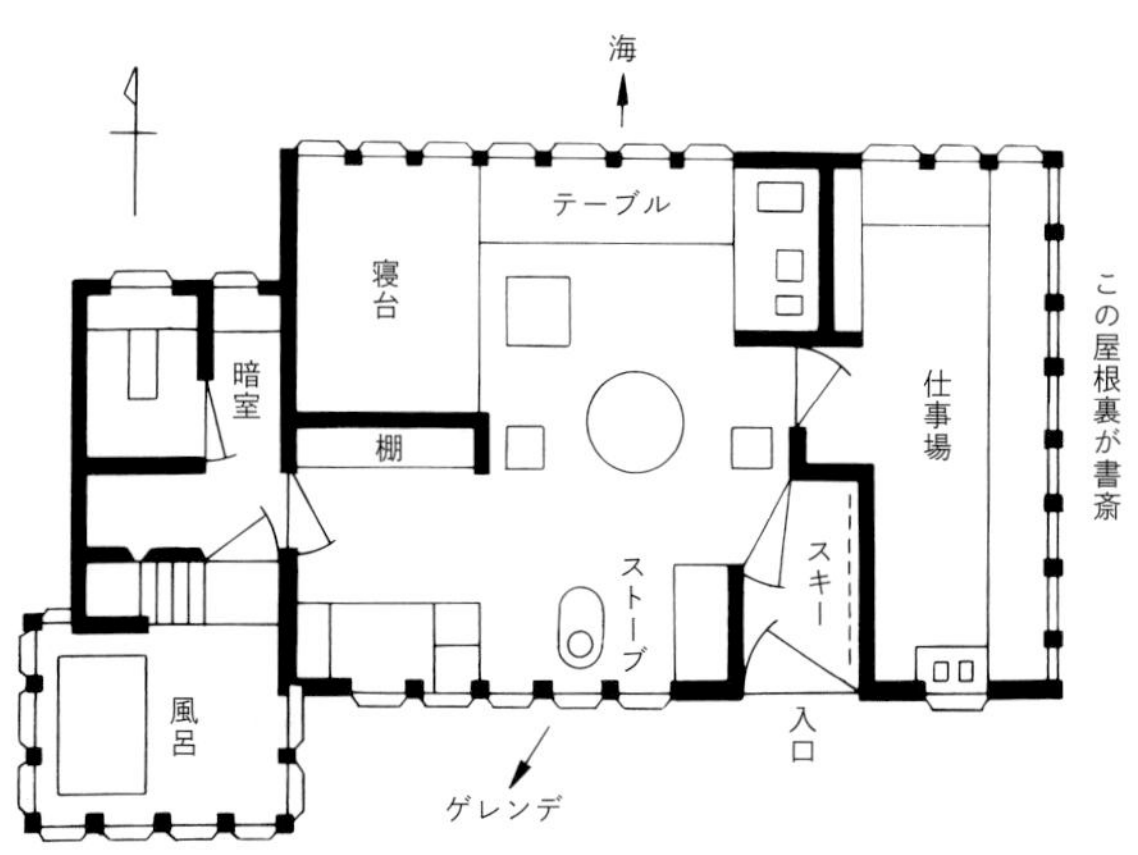

千島第一の小屋平面図

千島第一の小屋（1929年11月〜）

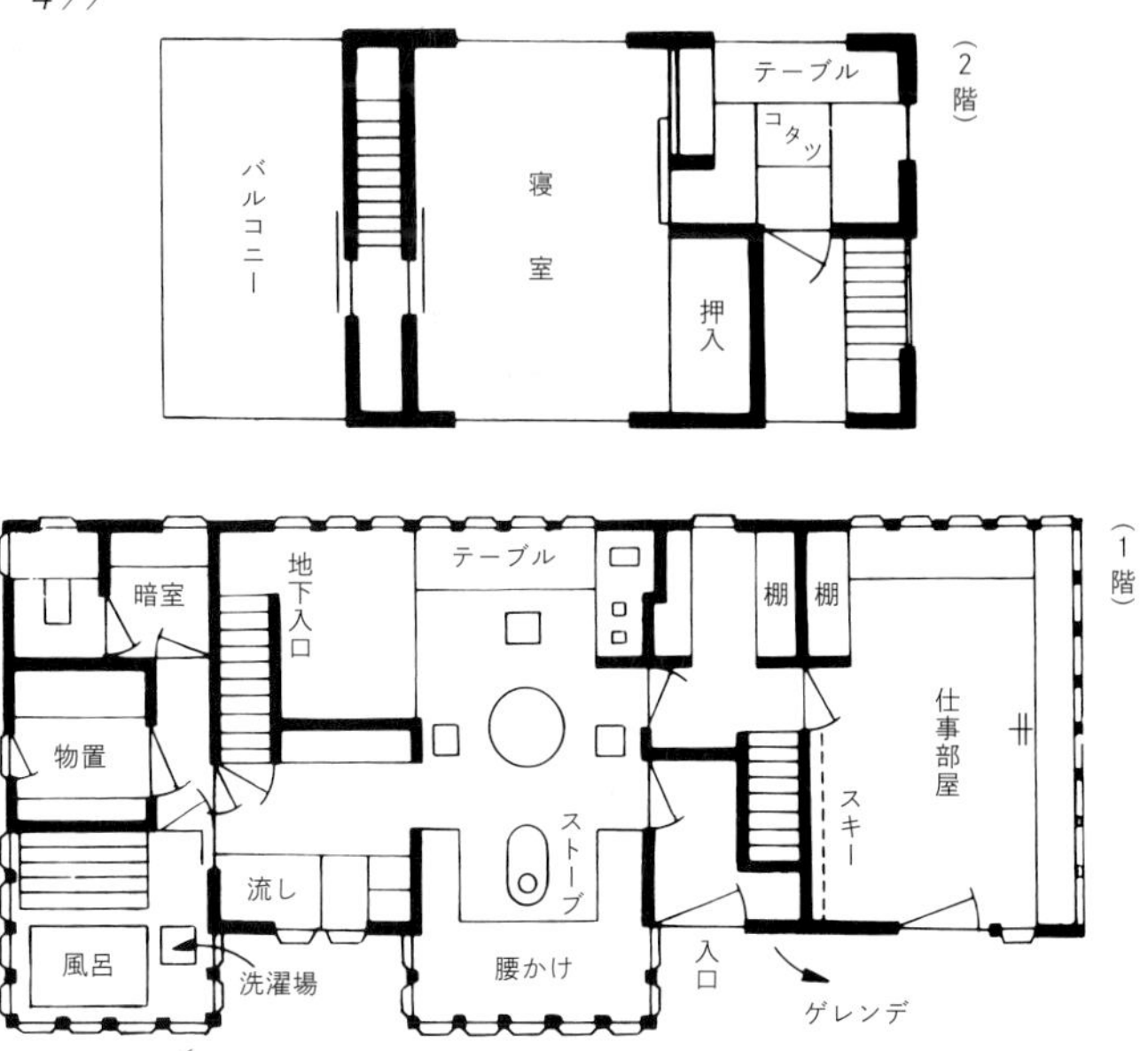

千島滝の下の小屋平面図

千島滝の下の小屋（1934年7月〜）

●清水の小屋（再び赤城山時代）

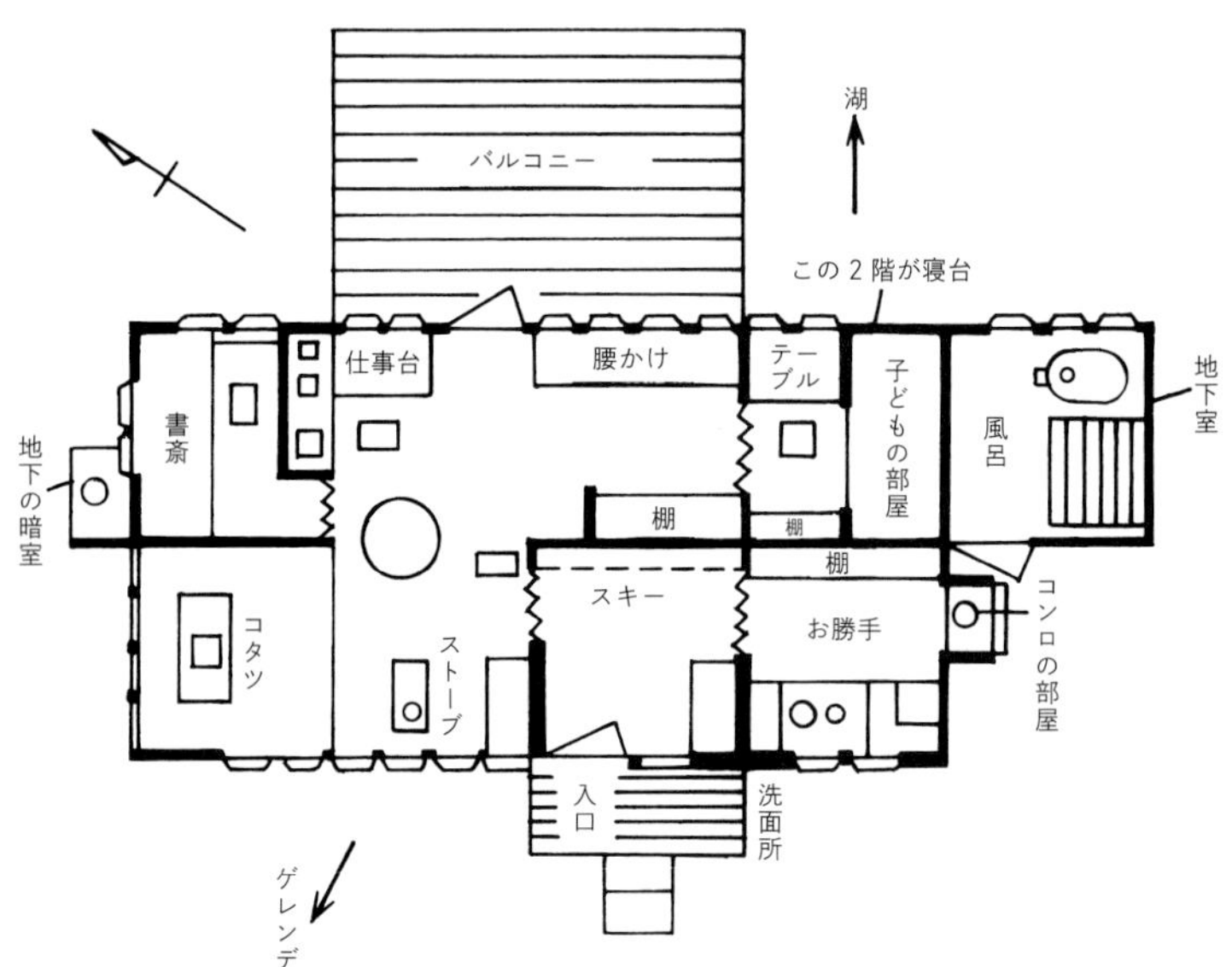

清水の小屋平面図

清水の小屋の便所と千春

大沼湖西岸・清水の小屋
（1935年10月～）

清水の小屋のバルコニーにて
妻・サダと千春

関口さんの小屋の骨組み（1936年）

●番所の小屋（乗鞍時代）

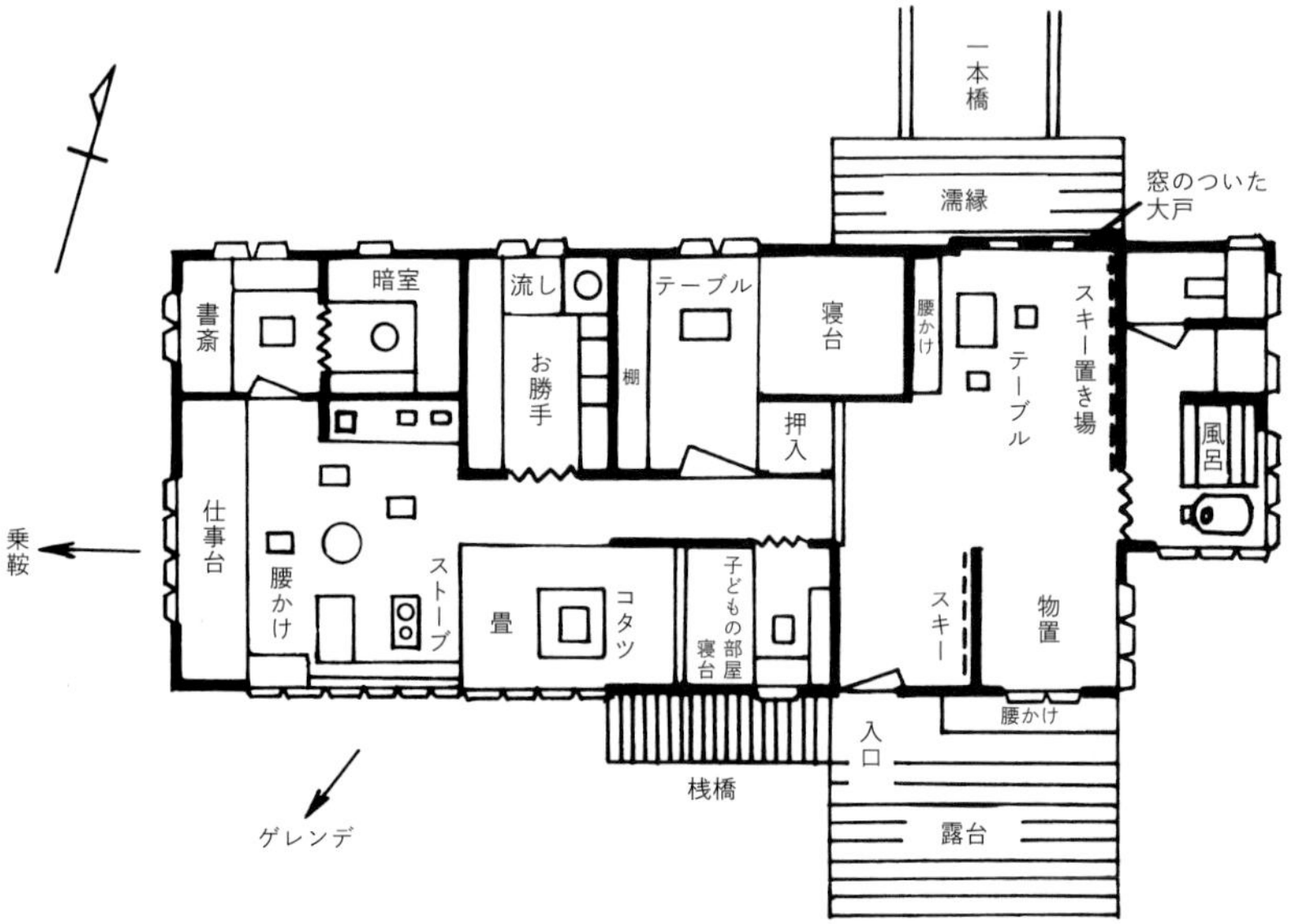

一本橋
濡縁
窓のついた大戸
暗室
流し
テーブル
寝台
腰かけ
スキー置き場
書斎
お勝手
棚
テーブル
風呂
押入
乗鞍
仕事台
腰かけ
ストーブ
畳
コタツ
子どもの部屋
寝台
スキー
物置
腰かけ
入口
桟橋
ゲレンデ
露台

番所の小屋平面図

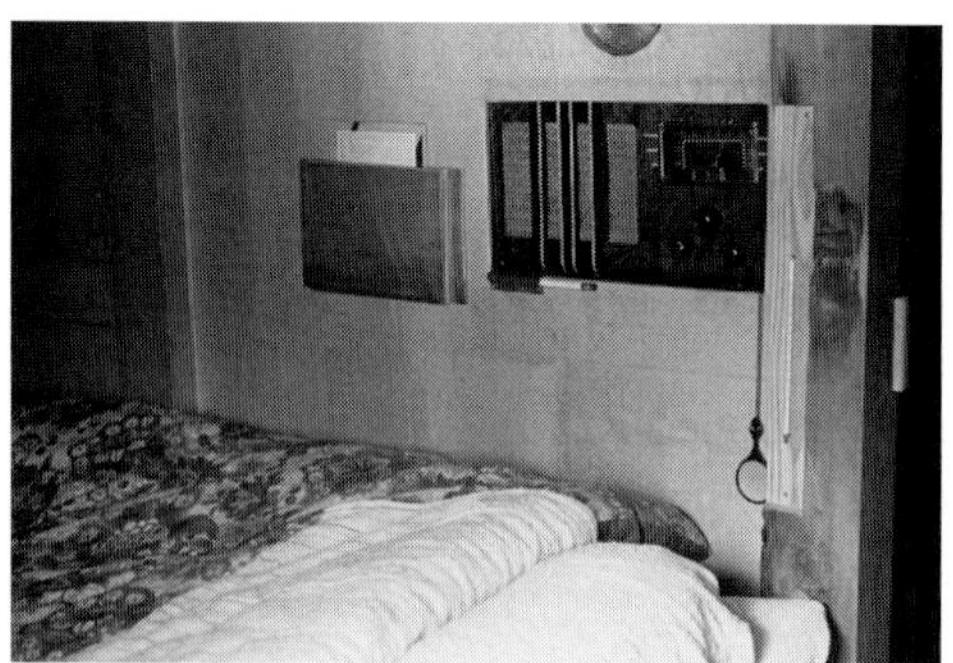

寝室（1942年）

番所の小屋（1939年7月～）

働く人の背丈に合わせて作ったお勝手（1942年）

掘りごたつ、薪ストーブ、三本脚テーブル（1942年）

工具室（1942年）

六合雄の書斎（1942年）

便所（1942年）

薪切り台（1943年）

特殊な構造の窓（1942年）

千春の部屋（1942年）

風呂場（1942年）

第五篇　山小屋その他

一　私の山小屋について

小屋場　山小屋といっても、私の考えるものは主にスキーを目的としたもので、それが、また同時に、自分たちの住まいでもあるものだから、大人数の合宿等を目的としたものではない。なお私は、いつも、できるだけ金をかけないでこしらえる工夫ばかりしているから、贅沢な小屋のことは私にはわからない。

今まで私が小屋場を選ぶ時は、ゲレンデに便利な所であることはいうまでもないが、一般的には、普通の場合と同じく、日当たりのいいこと、風通しのいいこと、水の便利なこと、それから、吹雪の風の強く当たらないこと、雪崩（なだれ）の心配のないこと、景色のいいこと、静かなこと等を条件にして考えてきたが、そのほか、道も便利な方がいいし、温泉などもあれば無論それに越したことはない。

構造　それから構造は、なるべく小さくって、自分たちのスキー生活に便利なように、室内と外との連絡のいいものにする。だからできるだけ靴で歩ける範囲を広くして、各部屋の配置を考える。ことにストーブの前まで靴ばきのまま入れることは、スキーのための小屋には、絶対的といってもいいくらい必要な条件だ。

次にガラス窓を多くして小屋の中を明るくする。ごく寒い時の煖房(だんぼう)には、多少の不利な点があるかもしれないが、明るい方が便利だと思う。なお私たちは、どうせ故意に光線を遮(さえぎ)って薄暗くしたベランダのソファーに埋まってくつろぐなどというような時間の余裕は夏冬を通じてないのだから、仕事のしよいように遠慮なく明るくしておく。

床の高さ　床の高さは、でき得れば、小屋の前の最大積雪量によって定めるが、たとえ雪が少なくとも、夏、外を歩く人の目の位置が、窓の下端より高くならないようにはする。ストーブの前に腰かけて外を見る時、庭の積雪面が目よりも高くなると、穴へでも入っているような、落ち着きのない感じになる。

窓の高さと形は、部屋の感じに一番大きな関係がある。腰かける部屋の窓の下端が低すぎれば、不安定で散漫な感じになりやすく、高すぎれば窮屈な感じになる。窓の上端は天井の高さや部屋の広さと無論関係があるが、これも高すぎると落ち着きが悪くなり、低ければ重苦しくなる。大体窓の形も天井の高さも、外の景色と関係があり、海岸や平地では幾分低いめに、高い山に接近したところや森の側は高めにするというくらいな注意は、山小屋にだって欲しいと思う。

私は元来、住宅にあまり高い天井は好まない。高いと煖房にも不便だし、部屋の感じが親しみにくいものになりやすいと思う。私は平らな天井を作る場合、多くは狭い小屋だから、ジャンプスキーの立てかけられる高さの、およそ八尺［一尺は約三〇・三センチ］を標準にしている。

煖房　煖房という点を考えると、私たちのできそうな範囲では、適当に部屋を区切って、風の入らないようにしておいて、ストーブで部屋を暖めるのが一番簡単な方法だと思う。なお私たちには、せっかく作ってもあまり似合いそうもないから、よく考えたこともないが、ファイアプレースというものは、寒い所ではその構造上効果の少ないものではないかと思う。それに金はかかるし、小屋の構造は複雑になるし、狭い部屋を使いにくくする。長所といえば、気分を出すくらいなものではないだろうか。私にもそのよさはわかる気はするが、これも夏の暗いベランダとともに贅沢なものの部類に入るもので、私たちにはむしろ縁が遠い気がする。

寒い時の隙間風は、どこから入っても辛いものだが、特に足下の床板から吹き込まれるのは一番気になると思う。私は、番所（ばんどころ）で作小屋を借りてひと冬を過ごした時、床から風が入るので、腰のまわりが寒くって困ったことがあった。夜、書きものをする時など、毛布を巻きつけたりしながら、もう年のせいで、こうなったのかと、すっかり悲観したが、次の冬、自分の小屋を建てて引っ越したら、まったくそんな心配はなくなったので、やっと安心した。

床板は粗末なものでもいいから、二重に張りたいものだ。上等な厚板を、手間をかけて実剝（さねはぎ）にしてみても、空気が乾燥してくれれば、風は板の間を回って入ってくる。これも金をかければ方法はあるが、そうでない場合は、薄い安物の板を二重に張るといいと思う。だんだん造作でもしているうちに、鋸屑（おがくず）等が板の隙間へ詰まってしまって、ほとんど風が入らなくなる。しかし板を重ねて張る時、真ん中で目違いにすると、継ぎ目と板の割れ目が合うことがあるから、下の板の幅の三分の一くらいのところに、上の板の継ぎ目がいくようにする。

外羽目（そとはめ）の下見も、できることなら、薄い板でもいいから、同じ幅のものを重ねて二重に張りたいものだが、それができない場合には、内側に桟（さん）を打って、紙でも貼らないと風が通していけない。

屋根下地も同じことで、上から暖まった空気がどんどん抜けていったのでは部屋は暖まらないから、どんな板でもいいからこれも二重に張りたいものだ。

ガラス戸も、二重にするに越したことはないが、ところによっては、夜カーテンを引くくらいでも、間に合わないこともないし、特に強い風の当たる方だけ二重にしてもよほど違うと思う。

窓の構造　私の小屋の窓の構造は、少し変わっているかもしれない。それは縦の細い柱をたくさん入れて、横の貫（ぬき）を使わない。私の小屋の作り方でないと、簡単に応用しにくいかもしれないが、大体、新しい汽車の窓みたいに、縦長い一枚ガラスの戸が、上へ開くようにしてある。開閉には金具を使わないで、細い綱と、天井裏に隠してある砂袋とでする。よくバランスがとってあるから、指一本で、一センチずつでも、二センチずつでも楽に調節ができる。滑車はわざと使わずに、桁（けた）や木に丁寧にあけた穴と、綱にパラピンを塗ったくらいの滑りと、摩擦で、意外に円滑にいくものだ。車よりは音もなく、故障も少ない。綱も戸の軽いせいか、思いのほか丈夫なもので、五年間毎日開閉していて、何ともなかったことがあったが、それ以上の経験はまだない。しかし上の桁等にあけた穴の、綱の通る両方の口は、丸やすりの細いので丁寧に擦っておく。

窓のガラス戸の下端は、閉めると羽目板の外へ下りるようになっているので、水ぎれはとてもよく、雨がいくら吹きつけても、内側へ流れ込むことはないし、風も割合に入らない。ガラス戸はあまり大きくない一枚ガラスの戸がいいと思う。中に桟があると、強い風圧を受けた時など、古いものは桟の十文字から折れやすいものでもあるし、途中に横桟のあるのは外の景色が見にくくなる。

入口　半穴居（けっきょ）時代のアイヌの住まいは、入口からずっと入ってから、直角に曲がって部屋があったという。それは無論吹雪の時の用意だったと思う。いくら小屋が小さくっても、戸を開けて、いきなり部屋になるのは感心しない。まず入口はスキー置き場で、その次が部屋というふうにしたいものだ。

なお入口は、吹雪の風の来る方へは作るべきではないし、風が横から来る場合には、風上の方へ戸の蝶番(ちょうつがい)を取りつけなければいけない。それから戸は、内側へ開くようにしておかないと、外へ雪が積もってしまって、朝開かないで、まごつくような心配がある。

掃除の問題　少し横着かもしれないし、潔癖な人からは何といわれるかしれないが、私たちは掃除の手数をいかにして省くかということに苦心する。これは毎日の問題だから大きいことだと思う。そして私たちは、練習の時間を五分でも十分でも多くしたい。今の私の小屋のお掃除は大概、雪を持ってきて床の上へ撒(ま)いて、ひと通り掃き出すだけで、普通の日は済ませておく。棚の上とか、ほかの場所は、何か都合のいい暇のある時、たまにするくらいだ。雑巾をかけるような床は無論なくしておく。寝室も寝台にしておいて、床は毎朝上げないで、その代わり、お天気のいい日には外へ持ち出して、しばしば日光に当てる。

話はそれるが、今の私の寝台の側面には、すぐ目の前に、夜見える時計、小型なラジオ、寒暖計などが壁に埋め込んであり、鉛筆や帳面は、暗闇でも手探りで取れるように、壁に納めてある。ラジオは夜早く床に入った時、天気予報等を聴くのに都合のいいためであり、帳面は夜中に、ふと頭に浮かんだことなどを書き留めておくための用意である。

居間　私の山小屋では、居間で何でも間に合わせている。ここが食堂でもあり、応接間でもあり、仕事場でもある。ストーブも、この部屋に一つおくだけで、大概は間に合わせる。ここでスキーの手入れもすれば、鋸の目立てもする。レコードをかけて聴くこともあるし、体操もする。私たちは小屋にいれば、大概ここで生活しているわけだから、日当たりをよくしておいて、景色のいい方へも必ず窓をつけ、正面にはゲレンデがひと目に見渡せるようにしておく。

余談になるが、ゲレンデに対する小屋の位置も大切なことだと思う。ぜひ近い所で、なるべくよく見える所がいいことは言うまでもないが、同じ近い所でも、小屋が斜面の下にある方がいい。上側にあるものは、何となく使いにくく、滑っていても、窓から見ていても落ち着きが悪い。一番いいのは、小屋が低い逆斜面の上にあるもので、つまり、スロープが、北東を向いた日陰斜面で、小屋場が南向きの、日向斜面であれば理想的であると思う。番所の小屋は、ちょうどそういう位置にあるので、とても工合がいい。

お勝手　お勝手は使用することが最も多いところだから、体裁などは顧慮せずに一番便利なところへおき、できるだけ工夫して、使いよくしておくことが肝要だと思う。棚や流しの高さなどは、できれば使う人の背に合わせ、流し場の脇の水槽や排水の構造に注意して、隅の方の湿けないようにする。

水は近い所に出ているような場合でも、冬、寒い所のお勝手で、流水を使うことはなかなかむずかしい。なお、水槽は少し場所をとるが、水甕（みずがめ）が衛生的で、夏冬とも一番気持ちがいい。しかし氷に弱いから注意を要する。ごく寒い時に凍る心配があったら、寝しなに相当量の熱い湯を入れておくのもいいし、甕へ火鉢の押し入れられるようにしておくのもいい。

食器用の棚の幅の広すぎるのなどは、塵（ちり）の積もり場所になるくらいで、かえって使いにくいものだ。

もしも、木炭用のコンロを使用する場合には、一酸化炭素をぜひとも室外へ出す工夫をする必要がある。それにはお勝手の外へ、内と外にガラス戸のついた、上に煙突のある、コンロの置き場を作ればいい。そしてお鍋に用のある時以外は、内側のガラス戸を閉めておくようにする。なお団扇（うちわ）を使って火をあおぐためには、ガラス戸よりも下に、もう一つ小さい窓を作って戸をつけておく。そうするとあおいでも灰が立たなくって都合がいい。

食料品置き場　食料品の置き場は、乾燥したものと、野菜類のようなものと分けて二カ所欲しい。寒い冬の間、凍りやすい食糧の貯蔵には、地下室を利用することが一番いいと思う。もしもそれができにくい事情があれば、室（むろ）でもないよりはいい。

千島の滝の下の小屋の地下室は、わずかに二坪にすぎなかったが、それだけでも非常に便利だった。その位置は、お勝手の後ろの食糧棚の脇にあるドアを開けると、階段で下りていけるようになっていた。上の部屋の床下を利用して、明かり採りのガラス窓をこしらえ、反対側の壁には、三段の頑丈な棚を作り、土間にはさらに、いくつかの小さい室を掘り、厚板の蓋をしておいて、凍りやすいジャガ芋や、大根や、にんじん等を、藁と一緒にそこへ入れておいた。出すのにもあまり手数がかからなかったし、外気が零下二〇度ぐらいに下がってもそこは大丈夫だった。地下室は、冬ばかりでなく、夏も野菜物の貯蔵によく、そこから出してくるサイダー等は、冷たくなっていておいしかった。

山小屋で乾燥しているものの貯蔵には、石油の空罐に蓋をこしらえたものが非常に便利だ。湿けることも防げるし、鼠等の心配もない。それに生物のほか、石油罐に入れられないものはほとんどないといってもいいくらいだ。お砂糖でも、お茶類でも、粉類、豆類、その他乾物類は何でも入れておける。それを棚の上にきちんと整頓して、正面に紙の札を貼って、内容をひと目でわかるようにしておけば、出し入れにも非常に便利だし、場所もとらない。お米一俵は、石油罐四罐に楽に入る。千島の滝の下の小屋の物置は、わずか四尺に五尺くらいの小さな場所だったが、その中に裏口へ出る通路をとったほか、石油罐が何と六十三個整頓できた。六十三罐といえば、白米の四斗［一斗＝十升］入り、十六俵が楽々入ってしまうわけだ。自分でも設計してみた時驚いたが、普通の人には計算してみなければ信じられない量だと思う。四尺に五尺といえば、ほぼ畳一枚の面積だ。もしも二畳の部屋に棚を吊って、きちんと整頓すれば、中央に充分の通路をとってなお、石油罐が百四十罐、四斗俵にして四十俵分が、（一罐に一斗一升五、六合入る）おとなしく入ってしまう。狭い場所も使い方では、こんなに広く使えもする。

間抜けた部屋　しかし、飛行機や潜水艦でない限り、居住する小屋には、利用するところはきちきちいっぱいに使っても、どこかに間の抜けた空地があって欲しいと思う。隅から隅まで、すっかり器用に使いきった家というものは、何となくゆとりがなくて使いにくい気がする。都会の郊外の安直な文化住宅などに、そういう感じのするものはないだろうか。

これを人にたとえては少し不穏当かもしれないが、友人などにしても、どこからどこまで一分の隙のないような者よりも、非常に頭はいいのだが、話し方とか、することにどこか間の抜けたところのある、といった型の人間の方が、親しみいいような気がする。

風呂場　働いたり、運動したりすると汗にもまみれるし泥だらけにもなるので、便利なお風呂場はぜひ欲しい。風呂場の位置は、なるべくなら、遠くもいいから、居間から焚口（たきぐち）の見えるところがいい。

燃やしよくもあるし、火の用心にもなる。水の便利なところにもしたいことはいうまでもないが、私は汲むのに少しぐらい骨が折れても、景色のいい方へ持っていきたいと思う。

田舎へ行って、農家の庭先にある据え風呂や、山の温泉の野天風呂に入ったことのある人はよくわかると思うが、何か晴れ晴れとしたいい気持ちのするものだと思う。冬のことを考えると、野天風呂というわけにもいかないが、私はいつも、景色のいい方へ風呂場を作り、最大限度の面積のガラス窓をつけて、その窓際へ湯槽を据えておく。そうすると半野天風呂のような感じになるし、明るくって気持ちがいい。場所に慣れれば夜でも灯はいらないし、月のいい晩などはなかなか風情のあるものだ。

千島の滝の下の小屋のお風呂場は、今まで私の作ったもののうちで一番快適なものだった。裏の山から、温泉と水を樋で引いてこられたので、好きなようにして使うことができた。湯槽の大きさなども、大体自分たちの身体の寸法に合わせて作っておいた。湯に浸かって足を投げ出した時、大きすぎて向こう側へ届かないと、浮き上がるような気がして不安定だし、小さすぎて膝が曲がるようではまた窮屈だから、湯槽の長辺は私が膝を伸ばして向こう側へちょうど足先が届く長さにし、短辺は妻の身体にちょうどよい長さにした。深さもそれぞれ身体に合わせて、底へお尻をついて、ちょうど水面が頤の下辺になるようにした。

湯の温度は、湯槽の脇に小箱を据え、いったんその中へ湯も水も流し込むようにして、その中へ寒暖計を入れておいた。その小箱のすぐ前で水量の調節ができるようにし、小箱の中の温度を自由に加減して、そこから湯槽の中へ落とし込んだ。

また余談になるが、私たちはぬるい湯が好きだ。それでこの湯槽の中の温度を常に三七、八度にしておいた。そうすると裸になって、いきなり飛び込んでも暖かさを感じるだけで、ちっとも熱くはならない。そして、のんびりとしばらく浸かってから水量を調節して徐々に温度を上げ、四〇度半から四一度くらいにして上がるのだった。この方法は、調節の自由のきく温泉か、完備した装置の整った風呂場でないと、ちょっとできにくいかもしれないが、とても快適な方法だと思う。なお私の体温は三六度二分くらいだが、三五度の湯槽へ飛び込むと、大概まだ、わずかながら温かさを感じた。三三度になるとお腹の辺りが冷え冷えした。

湯槽の手近なところに、楊子(ようじ)や歯磨きをおいたほか、髭(ひげ)を剃るための鏡はちょっと面白いところへおいた。それは目の前のガラス戸の一部を二枚ガラスにし、その間へ薄い鏡をぴったりと挟んで入れておいた。見たい時は、お湯をガシャッとそのガラスの戸へ注ぎかければ、いつでもはっきりと見えて、決して曇ることはなかった。

洗濯場　洗濯場も、この小屋のが一番よかった。位置は湯槽の隣に据えつけて、高さは正面から妻が立っていて洗いいいくらいにしたほか、その側面からは、湯槽の中にいて膝をついて立った姿勢で同じ洗濯箱が使えるようにもしておいた。洗濯箱の底は適当な傾斜をつけて、底板には洗濯板と同じような段々をつけた。そして水量、水温とも、自由に調節できるようにしたので、仕事も楽で洗濯の能率も上がり、文字通り湯水がふんだんに使えるので、とても気持ちがよかった。なおこの洗濯箱を利用して、納豆を作ると、とても簡単に楽々と出来たので、不便なこの辺では随分ありがたかった。

便所　臭い所、汚い所、としてとかく持て余されたり、設計の際やり場に困ったりされるものだが、それだけに苦心も多いが、また工夫の仕甲斐もあるものだと思う。場所はなるべく日当たりの少ない方の隅がよく、床はつながっていてもいいが、縁の下は母家の方と完全に縁が切れている方がいい。地上からは高い方が気持ちよく、床上はなるべく明るく、下は真っ暗な方がいいし、風も入らないようにしておきたいものだ。

便所も、千島の滝の下の小屋のものが、水が自由に使えただけ、一番快適なものだった。位置は小屋の西北の隅で風呂場から近いところだった。床の面積も充分広く、特別な形の腰かけ式で、下はガラス張りにして、その上を四六時中流水が走っているようにした。つまり本当の、かわやだ。前に新聞紙全紙大のテーブルを取りつけ、正面の景色のいい海に向かって大きい窓をこしらえた。そしてその窓の方の下端はやや低めに、左側にもう一つ幾分高いめに、テーブルの上の光線をよくするための窓を作った。それからテーブルの上には、いつも三角定規と方眼紙くらいは備えつけておいたし、そのほかに、よく新しい雑誌や、グラフなども置いておいた。

腰かけの上には、さらに木製の合い蓋を作り、蓋の上側に、毛糸の編み物の中へ真綿の入った厚いクッションを張りつけて、その蓋は常にストーブの後ろの壁の掛け金に掛けておくようにした。用足しの場合にそれをはずして持っていくと、冬などは、お尻がほかほかと温かくって、とても気持ちがよかった。また夏の暖かい日の午後などに、千春が家の中にも庭にも見えないので探してみると、自分の絵本を持ってお便所へ入って、用もないのに一人で遊んでいたようなこともあった。本当にここのお便所の窓から見る景色はなかなかよく、丸山の断崖に砕ける波の、ゆったりした動きなどを、私たちでも飽かずに眺めているようなこともあった。

今の番所のものは、小屋の東北の隅で、床面積は普通のもののおよそ二倍ほどある。地上からの高さは七尺あまりで、ほぼ二階という感じがする。テーブルの大きさや、窓の様子は千島のに似ているが、来客の多いことを予想して、腰かけ式でないようにしておいた。しかし腰かけ式でないようにした理由はもう一つある。それは毎日ここの何分間かを利用して、スキーの滑走技術に大事な、足首の曲がり方を多くしたいという考えからでもあった。

ここでも正面の窓を見晴らしのいい東方へ向けたので、夏の朝は、日が差し込みすぎて少々まぶしく、それでもカーテンを引いてしまうのは惜しいので、入口の壁に海水浴用の麦藁帽子を掛けておいて、それをかぶってしゃがんでいることにした。

ストーブ　まだ、寝室、書斎、子どもの部屋などもあるけれども、今は割愛し、私たちの山小屋生活になくてならない薪ストーブについて少し話しておいてみよう。山小屋に限らず、北海道、千島、樺太辺の家庭でも、都会地のほかは、ほとんどこの薪ストーブを使用していると思う。私たちも最初それを使っていたが、私たちには不便なところがあるので、だんだん改良して現在のような形になってきた。私たちの場合もそうだが、山小屋のストーブは、煖房とともに炊事にも利用する場合が多いから、どうしてもお釜やお鍋をかける穴が二つは欲しい。一つだと炭か、ガソリンのコンロがぜひ欲しくなるのでかえって厄介だし不経済でもある。穴を二つにするために自然ストーブが長くなって、その懐が大きくなると、その結果燃料が余計にいることになる。特に暖かい時期の炊事用として使う場合などははなはだ不経済だ。それで今私の使用しているような、上側の面積だけ広い、内容積の狭いものが合理的だということになる。

なお使用する時の便利さから見ても、構造上の強さからいっても、薪を入れる口が下の方にあるものは工合が悪いように思う。といっても、上部にはお釜がかかっているのだから、私は前の下側には空気の入口だけをつけておいて、薪は前側上方の斜めの位置に入口を作って、そこから投げ込むようにしている。これだと蝶番もいらず、したがって熱による薄板の戸口のくるいもなく、操作にも至極都合がいい。ただしこのストーブの厄介な点は、薪を短く（約一尺ぐらい）するための手数が幾分余計にかかることである。でもその手数も山から薪を集めて運んでくる手数に比べれば、小さい問題だと思う。

なお薪ストーブには、薪を立てた位置で燃やすか、横にして燃やすか、斜めの位置で燃やすかという問題もある。私は今斜めの位置にして燃やす方の都合のいい形にしているが、この次の時は横位置で燃やすように改良しようと思う。その方が薪のいい時でも、悪い時でも同じように使えるし、ストーブの背が低くって済むようになるから、一層燃料の節約にもなると思う。

それから、ドストルは薪用の家庭で使うものにはない方がいい。あると埋火（うもれび）がないし、開ければ燃えすぎるきらいがあり、閉めておけば、消えてしまいやすくってかえって面倒だ。なお側の鉄板を真っ赤に焼くことは、ストーブのためにもよくないし、一種の毒ガスも出るという。

それから煙突の問題だが、その太さや、高さがちょうどいいとしても、薪が必ず乾いた、いいものばかりと定まらない限り、部屋を余計に暖めようとして、横の長さを長くすることは、考えものだと思う。もしも薪が生だったり、濡れていたりすると、不完全燃焼をして、かえって効率を悪くさせてしまう結果となり、そのうえ煙が室内に漏れ出したり、手数もかかったり、不愉快でもある。

今の私の小屋の煙突は、真っすぐに屋根を突き抜いて出してある。この方法だと掃除も少なくって済むし、掃除する場合でもはなはだ簡単でいい。一番上の煙の出口の傘の下に、小さい滑車をつけておいて、十番線くらいの針金をぐるぐると巻いて提灯（ちょうちん）の骨みたいなものを作り、その中へ手頃な石を一つ入れて重りにし、下にいて、綱で煙突の中を上げたり下げたりさせると、それだけで何の苦もなくすぐ掃除できるようにしてある。それから私は、その煙突の下端にも曲がり目を作らずに、直接ストーブの中へ真っすぐに入れてしまっておく。そうすると煤（すす）は灰と一緒になってしまうから、曲がり目から煙突を掃除した際の煤を取り出す手数も省け、雨水等が伝わってきて曲がり目の腐蝕（ふしょく）を早めるような心配もない。なおこの場合、垂直でなくとも六〇度くらいまでなら、煙突の中の煤の自然に落下する割合は多いものだということだし、そのくらいの角度なら、滑車と石ころでする掃除もどうやらできそうに思う。

ついでに今私が使っている魚焼きのことも書いておいてみよう。手前の大きい方の、釜をかける穴に、ちょうどいい大きさのトタンのバケツのようなものを作り、その底を魚焼きの網にする。そしてストーブの中に炭火の出来た頃、燃えている薪を少し脇へ寄せておいて、そのバケツを差し込み、中へ魚を入れて蓋をしておく。こうすると、たとえサンマのような油の多い魚でも室内の煙るようなこともなく、しかも実によく焼ける。なおじか焼き、遠火焼きの加減をするのには、バケツの入る深さを自由にできるようにしておいて、火との距離を調節すればいい。なお必要な場合にはテンピ［火にかけるオーブン］代用にもなる。

こたつ　ものぐさこたつともいわれ、またこたつというと、お婆さんが鼻眼鏡をかけて継ぎ物でもしている脇に猫が丸くなって寝ているような情景を連想させられるが、誰でもちょっとは気持ちのいいこともあるし、少量の火で暖をとるということだけから考えれば、これくらい徳なものはあるまい。私たちは忙しくって滅多に使うことはないが、小屋に来客があったような場合、ストーブのまわりの混雑してる時は、食卓代用にもなるので便利なこともある。形は大きい方がいいし、腰かけ式の方がいい。坐るものより姿勢も楽だし、足の先から暖かくって気持ちもいい。それに布団と火の距離が遠いから安全でもある。なお櫓の背は低いめ（畳から九寸［一寸は約三・〇三センチ］くらい）の方が使いいい。

　こたつも、千島の小屋のが面白い構造だった。場所は二階で、寝室に続く私の書斎にあった。その部屋は靴のまま上がれるようにもなっていたし、寝室からは跣のまま行けるようにもなっていた。それでこたつも、跣でも靴ばきのままでもあたれるようにしておいた。まず火は、二階まで運ぶのは厄介だから、下の部屋から入れるようにした。そうして靴ばきの時は、そのまま囲いの中へ入って膝から毛布を掛けてあたり、跣の時は一方の高い床下から三尺角ほどの大きい抽斗を引っ張り出すと、その中にはまわりに柔らかい布団も敷いてあり、その抽斗の中心の底にある穴と、下の床の穴とが一致するようにしてあるので、その引き出しの中へ気持ちよく、跣のまま踏み込んであたることができた。

露台　山の小屋にも露台はぜひ一つ欲しい。物干しにもなるし、日光浴もできるし、夏の夜、星を眺めながら涼むのにもいい。そのほかスキーの手入れにもいいし、大勢人の来た時などは一時の居場所にもなるし、リュックの置き場所にもなる。それから靴を脱いで上がる二階の寝室でもある場合には、高いところの露台はまた別な意味でいいものだと思う。この方は幾分低めの手すりを回しておいて、腰かけはない方がよく、上履きもない方がいい。山の中には塵なんかないから、寝室から跣のままで飛び出して手すりへ寄りかかり、足を長々と伸ばして空を見上げる気分は、ちょっとほかの露台では味わえない楽しさがある。どうせそこからの景色はいいに定まっているから、親しい友人と打ち解けて話すのにもいいし、夏の夕方など、たまにはみんなでここへ夕食を運び上げてきて、車座になって食べるのもうれしいものだ。

暗室　これは特殊なものだが、写真機を持つ人なら、誰でも欲しいに違いない。ことに山の中では、現像や焼きつけを写真屋へ頼みに行くわけにもいかないし、友人の暗室を借りに行くこともできない。それも大型のカメラを使う人の暗室ならまだ簡単だが、カメラが小型で、引き伸ばしを必要とするとなると、なお事面倒になる。それでも今の番所には幸いにも電灯があるから問題はないが、電気のない山の中では相当厄介なものだ。

赤城山の小屋の暗室も電気がなかったので、いろいろと苦心して引き伸ばし装置を作ってみた。最初は欲張って夜でもできるようにと思って、あれこれと考えてはみたが、結局、手っ取り早い光源としては、昼間の空よりほかなかった。そこで部屋の壁に穴をあけて、その外側へ大きな鏡をほぼ四五度に固定し、それから室内へ光線を導き入れる箱を作り、その箱の奥にもう一つ斜めの鏡を取りつけて、光線を下方へ送り、その下へ電灯用の引き伸ばし器を置いて、布製の蛇腹（じゃばら）で継いでみた。セーフライトは直接壁に穴をあけて、黄色ガラスをはめ込んで、ともかくも引き伸ばしのできるようにした。これでひと通りのことは間に合ったが、困るのは光源の明るさが常に安定していないことだった。晴れている日でも、青空の映っている鏡へ白雲でも出てきて映ると、たちまち倍ぐらいの明るさになり、霧でもかかると、三分の一から五分の一ぐらいの暗さに変わってしまうので、せっかく試し焼きをしても一向役に立たないことがあり、自然露光の過不足ができて、そのため印画紙も時間も、無駄になることが多かった。

のちには、鏡をやめにして、引き伸ばし機械だけの小さな部屋を壁から外へ出して作り、直接曇りガラスの屋根から光を採るようにしてから幾分使いよくはなったが、やはり明るさの変わるのには悩まされた。

三本脚のテーブル　最後に一つ、三本脚のテーブルのことを書いて、小屋の話を終わることにしよう。私たちはもう長いこと、小型な丸テーブルをストーブの脇に置いて食卓にしたり、読み書きにも使っているが、気候の寒暖により、人の増減によって、少しずつ常にその位置を変えることになる。この場合四本足だと床がまっ平でないので、どれか一本の脚が浮いて、ガタついて不愉快なものだ。だから三本脚のものをこしらえて使っている。これならどこへ動かしたって、ガタつく心配がなくて工合がいい。少し器用な人なら、誰にでも山小屋で使うものくらい出来ると思う。脚は垂直にしないで下を開き気味に作り、なお、脚の床に接するところの切り方を多少斜めにして、その外側だけが床につくようにすると、一層安定度を大きくすることができる。

山小屋の感じ　これは小屋そのものの話ではないが、私は充分に念を入れて造った特色のある建物、たとえば帝国ホテルの中などには、何か楽しみないい感じがあると思う。しかし、それにどこやら似通った郊外の文化住宅などのうちには、どことなく、いや味のある、悪くいえば歯の浮くような感じのするものがある。私は初め、金のかかったものはいい感じになって、金のかからないものはいけないのかと思ったら、郊外の住宅等よりは、もっともっと金のかからない、山の中の百姓家などに、なかなかいい感じのものがあったり、さらに極端な例を挙げれば、このうえもない安物だけでこしらえた炭焼き小屋などに、いや味のあるものを、私はまだ見たことがない。それで私は、安物は安物らしく扱えばいいのだということに気がついた。それを安物で、高物らしく装うところに、いや味も出るのだろうと思う。また同じことが、その構造についてもいえるように思う。十二分に構想を練っておいて、むしろ控えめに工作をしておくのが一番いいのではないかという気がする。それを、考えることを少ししかやらないで、小器用な工作をしすぎると、また、いや味が出るのではないかと思う。

それから私たち素人は、必要をこえたものは作らないという考えを持つことが肝要だと思う。ある場所で、あるものが必要で、それをこしらえると非常にいい感じが出ても、ほかの場所で、必要でないのに同じようなものをこしらえても、ちっとも調和しないことがあるし、その調和しないものが集まると、またいや味が出るのではないかと思う。

例えば、ついでに角材を使った方がはるかに簡単なところへ、無理して自然木などを使うことは、非常にむずかしいものだと思う。

私は、山小屋の狙う感じは、すべてが簡素で、明朗なものでありたいと思う。

二　小屋二つ

組み立て小屋　これはいわゆる山小屋ではないが、多少興味があるものと思うから書いてみる。それは、近い所なら好きな場所へ運んでいって組み立てられるようにこしらえた学生用の、勉強室ともいえるようなものだった。とりえとしては、独立していて隣近所に人がいないから、落ち着いて仕事に没頭できる点にあった。目的が勉強するためのものであったから、食事、入浴等は、附近の宿屋か民家に依存するつもりのものだった。部屋の中には窓際に作りつけの大きいテーブルがあり、右に本棚、左に寝台、それに入口の脇の洗面所くらいのもので、せいぜい紅茶でも沸かして飲めるほどの場所しかなく、面積はわずか一坪半あまりで無論一人用だった。

組み立てる順序は、まず山の中でも森の中でも気に入った静かな場所を選んで、丈夫な杙(くい)を四本打ち込み、その杙の頭をそろえて切って、その上へ中央の「床」を載せる。それからその「床」の上へ「入口側の壁」を立てる。次に洗面所と本棚のついている「洗面所側の壁」を立てて、「入口の壁」の角と合わせて固定する。それから窓とテーブルのついている「窓側の壁」を立てて、「洗面所の壁」の角と合わせて固定する。そして最後に寝台のついている「寝台の壁」を立てて、一端は「窓の壁」の角に、他端は「入口の壁」の角に、それぞれ合わせて固定すると、それで四面の壁が出来上がる。

そしてその真ん中へ、上から「中央部の屋根」を、箱の蓋のようにぽんとかぶせれば、それで組み立て終わりで、すぐに本や寝具を持ち込んで勉強が始められるというわけだ。

つまり全体を、中央の床と、中央の屋根と、四面の壁と、六つに分けて別々に作り、それを組み合わせるようにしたもので、四面の壁はもう各々、床も、屋根も、ちゃんと持っているので、操作は簡単で仕上がりも丈夫、それに外観の感じもちょっと面白いものになった。寝台の下にはトランクや行李（こうり）くらい入るようにしてあるから、夏の一カ月や二カ月ぐらいをその中へこもって勉強するには好適なものだったと思う。

四分の一坪の小屋　これも山小屋ではないが、桁はずれに小さい、しかもちょっと変わった部屋だった。

私はずっと若い頃、今考えてみると、多少神経衰弱気味ででもあったのかもしれないが、赤城山の家にいて、八畳の部屋の窓際へ机を置いて本を読んでいると、どうも自分の坐っている位置から後方の空間が広すぎるような気がして困ったことがあった。いくら気にしないつもりになって頑張ってみても、どうにも、変な感じで、不安定で落ち着けなかった。それで机を部屋の真ん中へ持ち出してみたが、窓が遠くなるばかりで、やはり何か不釣り合いだった。それから板やカーテンで簡単な仕切りをしてもみたが、そんなことぐらいではやはり満足できなかった。

　どうしても気持ちが悪いので、いろいろと考えた挙げ句、不自由な大工道具を寄せ集めてきて、自分で苦心して、家の一隅に六尺立方の部屋を作ってみた。そして左光線の位置に大きい机を取りつけて、きちんと整頓してみたら、八畳よりはずっとよくなったが、それでもまだ、時々は後ろの広い感じがした。

　でもしばらくは、それで満足していたが、その頃家に、しゃがんでいても黒檜山（くろびさん）の頂上が見える私の好きなお便所があった。その大きさはほぼ三尺四方だったが、私はその中へしゃがみ込むと、不思議に気が落ち着いたので、それがなぜだかよくわからなかったが、こんどは、それと同じ大きさの三尺角の独立した小屋を作ってみることにした。天井の高さは、釣り合いのいいように六尺にしたので、総建て坪二合五勺（しゃく）「〇・四五」、容積にして四分の一立方間だった。これは、陸上のこの種の建物としたら、恐らく世の中で最小のものではなかったかと思う。したがって内の造作も、いろいろと苦心しなければならなかったが、結局テーブルが、小屋全体の面積の半分以上を占めることになった。そのテーブルの上の右棚に、菊判の本が並ぶ程度の本棚を作って、左側の窓とバランスをとり、上の方には大型の本の置ける、幅の広い棚をつけて、その間にやや縦長い長方形の壁を残した。それからその残った正面の壁の中央の、低い狭い棚の上に、割合に大きい鏡をはめ込んだ。そしてそのまた両側に、ごく小型な本や辞書等の置ける小さい棚を二段ずつこしらえて、さらにその鏡の前には、一輪挿しと筆立てを置いた。そして最後に、反対側の後ろの壁いっぱいに油絵具で森の壁画を描いた。

テーブルの前の椅子へ腰を下ろすと、正面の鏡に、まず一輪挿しの花と筆立ての水絵の筆等が映り、その間に自分の顔があって、その顔のバックは、後ろの森の壁画という順序だった。いくら何でもお便所とは目的が違うのだから、小さすぎて駄目だろうと案じていたところ、出来てみると、どういうわけか別に狭苦しい感じもなく、それでいて、後方のがらんとした広さが完全に消滅したので、こんどは大いに満足した。夕方暗くなり際などに、読みさしの本を伏せて、ゆったりと腰かけなおし、目を細めて、そっと鏡の上の辺りを見上げると、不思議にも、大きな寺院か何かの伽藍（がらん）の中にでも坐っているような錯覚を起こすことさえあった。

それから大いに悦んで、なお細かい造作を続け、腰かけにも、テーブルの下にも、上にも、たくさんな数の抽斗を作り、狭い小屋の空間を余すところなく利用した。それと同時に、足を伸ばした時の置き場所やら、腰の後ろに、角度の調節のできる寄りかかりや、両肱をもたせかけられる台等々を、次々と工夫しながらこしらえていった。そして、それらのものの高さや幅等をいろいろに変えてみると、しまいには寝椅子に半分寝たくらいな、楽な姿勢でいることもできるようになった。

いよいよ出来上がると、屋根を葺いて、外へ持ち出し、家の裏のやや高い石垣の上から、ずっと頑丈な露台を張り出して、その先の端へ載せた。それからその小屋の四隅に小さい鉄の車をつけて、中心には鉄の心棒を入れ、居ながら窓の向きを四方へ変えられるようにした。風が欲しければ風上へ窓を向け、月がいい時は月の方へ、暑い時には日陰の方へ、好きなように窓を向けた。たった一つしかない窓だったが、こうしてみると、思いのほか愉快なものになってきた。

なおその後、その窓に、桃色、橙、黄、緑、青の五色の薄い絹のカーテンを掛けてみた。そしてそのうちの桃色のカーテンだけを、窓の三分の一ほど引き出しておくと、部屋中が急に微妙な桃色を帯びてきた。ことにテーブルの上に拡げられた本などは、明るいところは別段変わりなくやはりほぼ白いのだが、中央の陰の部分は非常に美しい桃色になった。ふと見ると、鏡へ映る自分の顔色も、上気したようないい色になっていた。こんどは桃色を引っ込ませて、青色のカーテンに換えると、部屋中が青の影響を受けて、急に落ち着いた色調に変わってくる。

そんなふうにして、寒い時、暑い時、または気の沈んだ時、興奮した時、それから小説を読む時、むずかしい本を拡げた時等々、それぞれその場合に応じた色で、部屋の調子や気分を変えていく。これもなかなか面白いことだった。今からでもまた、余裕があったら、この窓の向きを変えられることと、色のカーテンで室内の調子を変えていくことはやってみたいような気がする。

三　薪切り台

薪　普通山から切り出してくる薪の長さは、三尺前後のものが多い。大概の場合、それより長くも短くも、運び出すのに不便だからである。しかし小型なストーブには、それを三つ切りくらいにしないと入らない。

山で長いままの木を切るのなら、どんなにでも切りいいが、すでに短くなっているものを、またさらに切ろうとすると、思いのほか厄介なものだ。いくら足で踏みつけていても動きやすいし、力は入れにくいし、それに薪を低いところに置いて切っていると、腰が痛くなってきて、仕事が続かなくなってしまう。そこでどうしても、薪を切る台が欲しくなってくる。

台は持ち運べるようなものにしてもいいが、一番簡単で、工合のいいのは、壁にでも、塀にでも、また庭の立ち木にでも、都合のいい便利な場所に固定してしまった方がいい。なお広い小屋なら家の中でも無論いい。

支柱　まず太さ二寸前後、長さ七尺くらいの丸太を二本、七、八寸の間隔に傾斜をつけて、並べて立てかけて主柱とする。根元は土の中へ深く埋め込み、先の方は適当なところへしっかりと縛りつけるか、また、板を当てて釘止めにする。

X型の支え台　それから、太さ一寸くらい、長さ四尺あまりの細い丸太を二本、主柱の向こう側へ斜めに打ち込んで、各々主柱の内側へX型に交叉（こうさ）させて固定する（高さは地上約三尺くらいに）。このX型の上側へ薪を載せるのだから、左右の高さは同じにする。なおこのX型を固定する時、太い主柱と細い丸太と、少しずつ切り合わせてしっかりと縛るか、釘止めにする。もしも縛る時に針金を使う場合には、露出させておくと鋸の刃をいためるから注意を要する。それからX型の、手前の方へ出た細い丸太は、五、六寸の長さにして切り捨ててしまう。これで、薪を載せる場所だけは出来上がったわけだ。

重し　こんどは、そこへ載せた薪を、鋸で挽いても動かないように、押さえつけておく「重し」を作る番だ。この押さえつけには、三貫目［一貫は三・七五キログラム］くらいの石と、綱の摩擦を利用する。まず手頃ないい恰好の石を持ってきて、丈夫な縄で十文字にしっかりと縛って「重し」にする。

重しの柄 次にその「重し」を使う三尺ほどの柄を作る。柄の向こう端の支点は、X型の台の間の奥、二尺五寸くらいの距離に、別な小さい柱を立てて、地上二尺あまりのところへ縛りつける。そしてその柄の手前の方は、主柱の間へ細い横棒を取りつけてその上へ載せておく。この横棒の高さは奥の支点より二寸ほど低くする。「重し」の石は、その柄が手前の支えに載っている時、地上すれすれくらいにして、柄の途中、薪の下辺りへぶら下げる。これで「重し」もできた。

押さえ綱 次は薪を押さえつける綱を作る。「押さえ綱」は、三尺くらいの丈夫な細引きの一端に「重しの柄」が掛けられるような木の鉤を取りつけ、他端を輪にしておく（金属製の小さな環でもつけておけばなおいい）。そして左の主柱の外側の下の方へ釘を打って、そこへ「押さえ綱」の輪を掛けておく。これで一切出来たわけだ。

使い方 使い方は、X型の台の上へ薪を載せて、「押さえ綱」をその上の向こう側から前へ回してきて、綱の端の鉤へ「重しの柄」を掛ける。そうすれば、石の目方が、薪に半分巻きついている「押さえ綱」の摩擦を大きくして、力を入れて鋸で挽いても、薪はおとなしく動かないようになる。

調節　それから薪の太さがあまり違う時の調節は、「押さえ綱」の端の輪を掛ける釘を、二寸おきくらいに五、六本打っておいて、それに掛け替えることによって簡単にできる。

なお薪を切り終えて、載せ替える時は、重しの柄を鉤からはずして、鉤は、主柱の上方の適当な高さに釘でも打っておいて、ちょっと掛けておく。次の薪を載せたら、押さえ綱の鉤をはずしてきて、重しの柄に掛ければそれでいい。

この方法なら、鋸を両手に持って力を入れて悠々切れるし、薪の位置が高いから、腰が痛くなるようなこともない。

かように説明すると面倒になるが、五〇九頁の挿し絵をよく見れば誰にだってすぐ作れると思う。

四　着物の順序

分類　私たちはいつも自分たちの服装を、ほとんど実用の方面からだけ考えていることが多い。ことに冬季、雪の山へ入るような時はなおそうだ。いかにして最小限度の軽い服装で、最大限度の寒さをしのぎ得ることができるか、ということに苦心する。

それにはただ、漫然と暖かそうな着物を順序もなく重ねて着たり、体裁のいいものを選んだりしたのでは無論いけない。肝要なのは、いろいろな地質の持つ着物の性能をよく見極めておいて、各々にふさわしい役目を持たせ、適材を適所に配するという工夫だと思う。

ではどんなふうにそれを分けて、各々役目を分担させたらいいかというと、場合によって多少の差はあるが、ごく寒い時の登山には、私は便宜上、第一肌着、第二下着、第三合着（あいぎ）、第四中着、第五上着、第六上覆い、の六通りに分けて用意する。念のため、これらに簡単な説明をしてみれば、第一に肌着。これは柔らかくって暖かい、しかも空気を通し、汗も通すものであってほしい。それには純毛の、メリヤスシャツ等が適当だと思う。

第二に下着。これもなるべく軽くって柔らかく、通気のいいもの、例えば毛糸のセーター等が適当だと思う。

第三に合着。これは、あまり目のつんでいない、ワイシャツ等でもいいが、私は頭巾のついた防水してない木綿の、小形なアノラックのようなものが適当だと思う。これだけなら、登りでも汗を発散するし、空気も通うから苦しいようなことはなく、それでいて、頭巾をかぶれば、襟首（えりくび）や頬（ほお）に直接当たる風ぐらいは一応除けられるから、少ないようだが、このままであまり寒くない日なら、大概は済ませられる。

第四に中着。だんだん寒さが加わってきたら、その上へやや部厚なセーターを着る。もっと寒くなりそうだったら、さらにチョッキ等を重ねて着ておく。

第五に上着。ここへきて初めて目のつんだギャバジンか、サージにバーバリーの裏のついたジャンパーのようなゆったりしたものを着る。

第六に上覆いで、吹雪いてでもきた時は、頭巾のある防水のごく目のつんだアノラックを着る。なお初めから非常に寒いことが予想されたら、第一のシャツや、第二の薄いセーターを重ねて着ていてもいいし、第四の中着に布製のチョッキを重ねてもいいわけだが、そんなにまでしなくっても大概の場合間に合うと思う。

それから、下は、毛メリヤスのサルマタ、毛メリヤスのズボン下、サージのズボン、とそれだけが普通の場合で、その上へは、必ず靴の上からはける大きさの、防水のアノラックのズボンを重ねていく。しかし、これも、前もって非常に寒いことが予想されたら、ズボン下を重ねてはいて出ることもあるし、アノラックのズボンをはく前に、スコッチかメルトンのような地の、だぶだぶの膝までのショートパンツを靴の上からはく。だが、実際問題として、これだけ全部着てしまうことは滅多にない。私は動いている限り、これで我慢のできないような寒さにはまだ遭ったことがない。なおメルトンを裏にして、防水布の表をつけた、膝の下で括るような大きいパンツをこしらえておいて、最後にはくのもたしかにいい方法だと思ってはいるが、まだ心がけているだけで実行してはみない。

ラシャは不適当　ちょっとよさそうに思えて案外不適当なものは、厚いラシャの類いである。重くばかりあって、運動に不便で、空気の流通は悪く、その割合には安全な風除けにもならない。

それから、肌へ木綿の夏シャツ等を着ることは、必要に応じて着がえられる練習場附近にでもいる時はいいが、木綿は汗を通さないで吸収して濡れてしまうから、登山等には不適当だと思う。

もう一つ注意を要することは、肌へ近く目のつんだ登山シャツ等を着て、空気の流通を悪くしてしまわないことである。

なお、強い風の中で、部厚いセーター等は、上へ着ただけではその割合に暖かいものではなく、その上へさらに防風の完全なものを着て、初めて暖かさを保つ大きな役割をするものであることを、当然なことながら注意すべきであると思う。

順序　それからいかに適材適所に、うまく組み立てられた地質の着物でも、着る順序が実際に即していなければ困ることがある。例えば山の上で急に吹雪いてきた時など、厚い毛のズボン下をもう一枚はけばいいということがわかっていても、そしてそれを、ちゃんとリュックの中に用意していても、その場合靴を脱いで、ズボンを脱いで、それからズボン下をはき足すということは到底不可能なことであり、したがってせっかく用意していても、荷物が増えるだけで、あまり役に立たないということになる。

私はかつて、雪の深い山の尾根で、試みにニッカーの下へズボン下を一枚はき足してみたことがあった。それはお天気のいい静かな日だったが、リュックからズボン下を取り出して、雪のつかないように用心しながら、靴を脱ぎ、靴下から、ニッカーホース、ズボンと順々に脱いで、その脱いだものにも雪をつけないように始末して、新しいズボン下を片足だけ注意深くはき、また順々に元のように上へ重ねていく。そのようにして両足ともはき終わって、リュックを背負って歩き出すまでに、およそ十二分ほどかかった。もっともこれは丁寧にやっていたからでもあろうが、いずれにしても吹雪いてきてからでは、まったくできない相談ということになってしまう。

だから雪の中の服装は、ただ寒いという日よりも、温度の差が大きいと思われる日ほど、むずかしくなってくるわけだ。要は、上へ上へと順序よく重ねていけるように工夫しておくこと、原則として上側へ着るものほど、風を通さない地質のものにするということが大切だと思う。それから脱いだ時、なるべく目方のかからない、畳めば小さくなってしまうものを選ぶことともぜひ必要であると思う。

なおもう一つ、これは特殊なものだが、そんなに寒いというほどの時でなくも、風でもあると男の前の風除けが必要なことがある。形は越中ふんどしの前後を逆にして、前の方だけを厚くしたようなものでいい。フランネルに真綿でも入れて作り、表は防水布にしておいて、強い風に向かって長く滑るような時、冷たいと思ったらズボンの上から越中のようにはくのである。

手袋その他　手袋は、私たちはいよいよ冷たくなるまで使わないことにしている。そして冷たくなると、中くらいの厚さの、毛糸製の二本指のものをはめる。それでも冷たいと、革製か布製の二本指を重ね、さらに冷たくなりそうな予想のついた時は、一番下に毛糸の薄いものをはめることもある。なお手袋はよく脱いだり、はめたりしたくなるものだが、そのたびにリュックへ出し入れするのは厄介でもあるし、忙しい時は間に合わないこともある。だから必要がありそうな時は、出して腰のバンドの前の辺りへ挟んでおくといい。ポケットへ入れるとズボンの脇がふくらんで歩きにくいし、しばしば落とすことがある。

靴下のはき足しも、途中ではなかなかできないことが多いから、今日は寒さがひどくなるかもしれないと思ったら、あらかじめ、小屋を出る時少し余分にはいていく方がいいと思う。しかし靴下の場合は、靴の大きさに制限されているから、冷たいといってもそんなにたくさん重ねてはくわけにはいかないし、またそんな時の用意にと思って、大きく作っておいて、ふだん薄い靴下をはいていたのでは、靴の中で足が躍って、うまい滑り方はできない。だから私たちは、靴をやや大きめにしておいて、ふだんは、靴下の中の足の甲に、厚い牛の舌のような形の毛糸の編み物の甲当てをはき込んで、その調節をしている。

最後に帽子は、頭の上が十文字になっているだけの、耳の覆える、毛糸製の軽いものが私は好きだ。大体スキーには、寒さに対する用意も無論必要だが、烈(はげ)しい運動を伴うものだから、暑さに対する用意も忘れてはならない。帽子もそのほかに、布のものもあってもいいが、あまり厚ぼったいものは感心しない。どうせ山へでも登る時は、頭巾のついたアノラックを持っているはずだから、大概の場合、特に厚い帽子はなくも間に合うことが多い。

なお紫外線除けの眼鏡のいることはいうまでもなく、予備の一つくらいは持っていた方がいいと思う。

五　靴下の表の説明

記号　今、私の使用している記号のうちから、ここに必要なものだけを拾ってみると、

記号		説明
〃	…	mm.25″は、25mm.。
メ	…	目。30メは、目数30のこと。
N	…	編針。
V	…	メを減らす。
Λ	…	メを増やす。
●──	…	糸を減らす。
──●	…	糸を増やす。
──𝓅	…	より移る。例えば、踵の部に。
─●𝓅	…	糸を増やして同時に移る。
S	…	段。38ˢは、38段。
◎	…	回。
♉	…	目を新しく作る。
:	…	間。例えば、8ˢ:は、8段間をおいて。
IIII }	…	これも間。IIIIは4段間をおいて。
═══	…	仕上がり寸法。例えば245″は、仕上がり245mm.

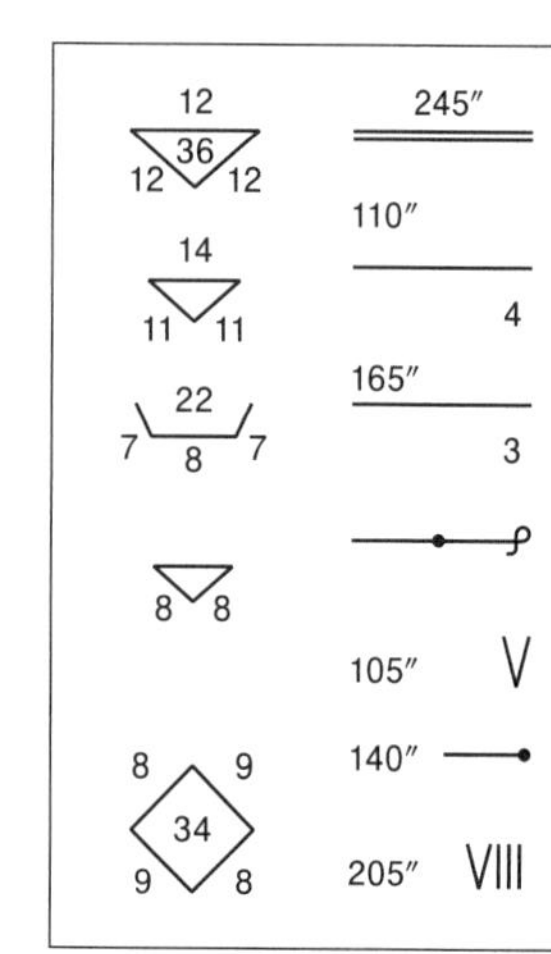

図の作り方　後掲の表によって、あらかじめ自分の編もうとする大きさの寸法図を、小紙片に書き抜いておく。順序はまず足底の全長（踵の後部、やや上方の一番突き出ているところから、指の先まで）を計り、五五四頁の表の第一欄を見る。

例えば、足長218〃くらいだったら、その下の第二欄、靴下の全長というところを見ると、245〃に仕上げればよいということがすぐわかる。なおこの通りに仕上げたものは、最初は多少大きめだが、二、三度洗濯してゆくとちょうどよくなる。それからその下の第三欄で、ゴム編みの長さと、踵へ移るすぐ前までの寸法がわかり、さらにその下の第四欄で、土踏まずで目を減らす場所と、糸を増やす場所の寸法がわかる。ここまで書き抜いたら、こんどは靴下の厚さを、つまり第五欄の左端の表を見て、針の太さと糸の数を決定する。そして自分の欲する厚さが、もしも中くらいのもので六号ときめたら、第五欄のうちの六号の段を見ると、36メでいいことがわかるし、205〃からⅧの方法で目を減らしていけば、仕上がりがきっちり245〃になることもわかる。

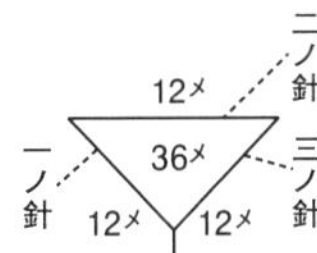

編み始めの目の分け方。下端が編み始めで、左回りする。

245″	仕上がりの全長が245㎜.
110″　6メ″	ゴム編の長さが110㎜.
——ρ V2メ	ゴム編から平編へ移りながら後ろの中心で6メおいて、2メ減らす。図にかけば、
4S:V2メ	それから、間を4段編んだらさらに2メ減らす。この4S:の数字は第三欄の左端でわかる。
165″ ——Λ2メ	編み始めからはかって165㎜になったら、減らしたところと同じ位置で2メ増やす。
3S:Λ2メ	それからまた間を3段編んだらさらに2メ増やす。この3S:の数字は、第四欄の左端でわかる。
——●ρ	その次は糸を増やして、踵へ移る。
●——	踵の終わる2段前に糸を減らす。
105″　甲　V2メ	踵が終わってから少し編んで、踵の一番後ろからはかって105㎜になったら、そこでまた2メ減らす。その位置は、分目図第四番目による。
140″ ——●	140㎜になったら、糸を増やす。
205″　VIII	205㎜になったら、分目図第五番目の位置で1段に4メ減らす。 その次は間を3段編んだら、また4メ減らす。 さらに間を2段編んで4メ減らす。 その次は、間1段で、4メ減らし、それからは続けさまに毎段4メずつ減らす。そして最後に10メ残った時（36メの時は10メ）メリヤスどめする。

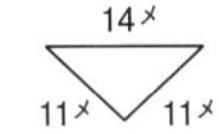

この三角の上の数字が甲の目数で、下の両側の合計が踵全体の目数。

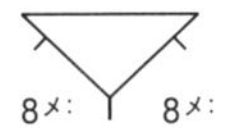

踵の合計を三分して、両側の7メが深さで中央の8メが底の広さ。

8メ:　8メ:

これが、土踏まずで、目を減らす時の位置。つまり底の中央から左右へ8メずつおいて、1メずつ減らす。

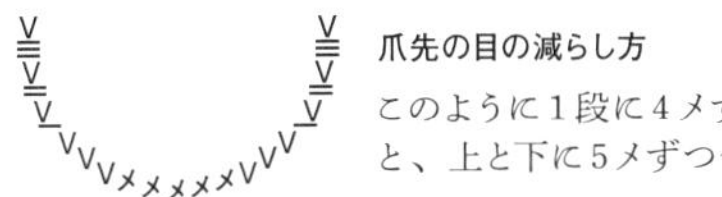

爪先の目の減らし方

このように1段に4メずつ6回減らすと、上と下に5メずつ合計10メ残る。

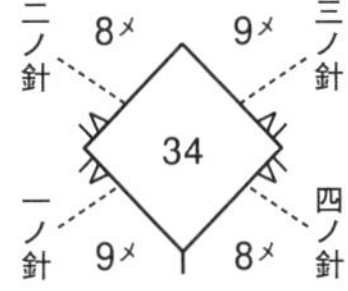

爪先近くなったら、針を4本に分けて、五本針で編む。
爪先の目を減らす場所は、第二の針からで、初め1メ編んでおいて、次の2メを一緒に編んで減らし、それから、第三の針の終わりで、1メ残してカブセ目にする。
次の第三の針は第一と、第四の針は第二と、いずれも同じで、1段で4メ減らす。

厚い靴下の目数と寸法　（″ハmm．メハ目数）

第一欄	足の長さmm	161	166	172	177	182	187	193	198	203	208	213	218	223	228	234	239	244	250	255	260	266	271
第二欄	靴下の長さmm	190	195	200	205	210	215	220	225	230	235	240	245	250	255	260	265	270	275	280	285	290	295
第三欄	ゴム編 第一 ∧メ mm	85— 115	85 120	90— 125	90 130	95— 135	95— 140	95 145	100— 150	100 150	105— 155	105 160	110— 165	110— 165	110 170	115— 170	115 175	120— 175	120 180	125— 180	125 185	130— 185	130 190
第四欄	甲 Vメ —• mm	80 110″	85— 115-	85— 115	85 120-	90— 120	90 125	95— 130-	95 130	100- 135-	100- 135	100 140-	105- 140	105 145	110- 150-	110 150	115- 155	115- 160-	115 160	120- 165	120 170-	125- 170-	125 170
第五欄	5号 目数 mm	29メ VIII 160″	30 VIII 164	31 VIII 169	32 VIII 174	33 VIII 177	34 VIII 180	35 VIII 185	36 VIII 189	37— VIII 192	37 VIII 197	38 VIIII 187	39 VIIII 191	40 VIIII 196	41 VIIII 200	42 VIIII 202	44 VIIII 206	45 VIIII 211					
	6号 目数 mm		28メ VIIIVI	29 VIII 169″	30— VIII 172	30 VIII 177	31 VIII 181	32 VIII 186	33 VIII 189	34 VIII 191	35— VIII 195	35 VIII 201	36 VIII 205	37 VIII 209	38 VIIII 198	39 VIIII 202	40 VIIII 206	41 VIIII 210	42— VIIII 215	42 VIIII 219	44 VIIII		
	7号 目数 mm					28メ-28 VIIIVI	29 VIII 179″	30— VIII 183	30 VIII 187	31 VIII 192	32 VIII 197	33— VIII 201	33 VIII 205	34 VIII 208	35 VIII 212	36— VIII 216	36 VIII 221	37 VIII 225	38 VIIII 213	39— VIIII 218	39 VIIII 222	40 VIIII 226	41 VIIII 231
	8号 目数 mm						27メ-27 VIIIVI		28—28 VIIIVI	29— VIII 194″	29 VIII 197	30— VIII 200	30 VIII 204	31 VIII 209	32— VIII 214	32 VIII 218	33 VIII 222	34 VIII 225	35— VIII 230	35 VIII 234	36 VIII 238	37 VIII 242	38 VIIII 230

足首後部V∧ノ段数

上V	31メマデ　3^{S}:	32メカラ 38メマデ 4^{S}:	39メ以上 5^{S}:
下∧	42メマデ　3^{S}:	43メ以上　4^{S}:	

		5号	6号	7号	8号
ゴム編1メノ糸ノ長サ（オヨソ）		18.5″	20.2″	22″	24″
目ヲ作ル時最後ノ4メニツキ（オヨソ）	外側	115″	125″	137″	150″
	内側	60″	65″	72″	80″

分　目　図

メ　数	27	28	29	30	31	32	33	34	35	36	37	38	39	40	41	42	44	45	46	47	48
編始メ	10 ▽27 8 9	10 ▽28 10 8	10 ▽29 10 9	10 ▽30 10 10	12 ▽31 10 9	12 ▽32 10 10	12 ▽33 10 11	12 ▽34 10 12	12 ▽35 12 11	12 ▽36 12 12	14 ▽37 12 11	14 ▽38 12 12	14 ▽39 12 13	14 ▽40 14 12	14 ▽41 14 13	14 ▽42 14 14	16 ▽44 14 14	16 ▽45 14 15	16 ▽46 16 14	16 ▽47 16 15	16 ▽48 16 16
踵　部	11 ▽ 8 8	11 ▽ 9 8	12 ▽ 9 8	12 ▽ 9 9	12 ▽ 10 9	13 ▽ 10 9	13 ▽ 10 10	14 ▽ 10 10	14 ▽ 11 10	14 ▽ 11 11	14 ▽ 12 11	15 ▽ 12 11	16 ▽ 12 11	16 ▽ 12 12	16 ▽ 13 12	16 ▽ 13 13	18 ▽ 13 13	18 ▽ 14 13	19 ▽ 14 13	19 ▽ 14 14	19 ▽ 15 14
踵　底	16 $5_{6}5$	17 $5_{7}5$	17 $5_{7}5$	18 $5_{8}5$	19 $6_{7}6$	19 $6_{7}6$	20 $6_{8}6$	20 $6_{8}6$	21 $6_{9}6$	22 $7_{8}7$	23 $7_{9}7$	23 $7_{9}7$	23 $7_{9}7$	24 $7_{10}7$	25 $8_{9}8$	26 $8_{10}8$	26 $8_{10}8$	27 $8_{11}8$	27 $8_{11}8$	28 $8_{12}8$	29 $9_{11}9$
甲　V	▽ 6 6	▽ 7 6	▽ 7 6	▽ 7 7	▽ 7 6	▽ 7 6	▽ 7 7	▽ 7 7	▽ 8 7	▽ 8 8	▽ 9 8	▽ 9 8	▽ 9 8	▽ 9 9	▽ 10 9	▽ 10 10	△▽ 10 10	△▽ 11 10	△▽ 11 10	△▽ 11 11	△▽ 12 11
爪　先	6 7 ◇25 6 6	6 7 ◇26 7 6	7 7 ◇27 7 6	7 7 ◇28 7 7	7 8 ◇29 7 7	7 8 ◇30 8 7	8 8 ◇31 8 7	8 8 ◇32 8 8	8 9 ◇33 8 8	8 9 ◇34 9 8	9 9 ◇35 9 8	9 9 ◇36 9 9	9 10 ◇37 9 9	9 10 ◇38 10 9	10 10 ◇39 10 9	10 10 ◇40 10 10	10 11 ◇41 10 10	10 11 ◇42 11 10	11 11 ◇43 11 10	11 11 ◇44 11 11	11 12 ◇45 11 11
爪先Vメ段数	VIII VI VIII VI		VIII								VIII	VIIII									
甲Vメ数	2メ																3メ				

編針ノ太サト糸ノ数			5号	6号	7号	8号
1. は中細 $\frac{1}{2}$ ハ極細 並太ハ中細2本	柔ラカク編ム時	編始め	3	4	5	6
		踵　部	4	6	7	8
		爪　先	$3\frac{1}{2}$	$5\frac{1}{2}$	6	7
	厚ク編ム時	編始め	$3\frac{1}{2}$	$4\frac{1}{2}$	$5\frac{1}{2}$	7
		踵　部	$4\frac{1}{2}$	$6\frac{1}{2}$	$7\frac{1}{2}$	9
		爪　先	4	$5\frac{1}{2}$	$6\frac{1}{2}$	8

それから、分目図によって、36メの目数のとり方を見ると、五カ所の目の分け方が、たちどころにわかるから、それもその小紙片に写すと、五五二頁の図のようになる。

慣れると、これだけで充分なのだが、少し細かく書いてみると五五三頁の図のようになる。これも初めて見ると、少し、ややこしく感じられるかもしれないが、すべてが規則的だから、ほんのちょっと我慢してのみ込めば、とても簡単明瞭なものになる。

まだこのほかに、踵の目のとり方や、編み始めに糸の尻尾を出さない法や、結ばない糸の継ぎ方、色糸の明快な換え方、それから踵や爪先のメリヤス留めをしたところの両側に角を出さないやり方や、あらかじめ特に締めて編んでおくと仕上がりがきれいになる場所の注意などもあるのだが、一般の人には興味もないだろうし、少しくらいの紙数では、とても書ききれないからいずれまたの機会にする。だが、これだけ書いておけば、やる気のある人には参考になると思う。

なおこの小紙片の図面の空地には、ぜひとも年月日から、人の名、足の寸法、足袋の文数、針の号数、糸の数と色、それから各々の場所の寸法の段数等を、忘れずに記入しておくといい。その時はよく覚えているつもりでも、あとになるとわからなくなるものだから、こうしておくと次のを編む時、非常な参考になる。

原書：猪谷六合雄『雪に生きる』（羽田書店／一九四三年）。本書は、『定本　雪に生きる』（実業之日本社／一九七一年）を再編集して適宜表記を変更し、新たな写真や図を加えて新装したものです。［　］内は編集上、新たに加えた補足です。なお、文中に一部、不適切な表現が含まれていますが、作品の時代背景とオリジナリティを鑑み、そのまま掲載しました。ご了承ください。

よく、「子は親をこえられない」といいますけれども、私は父のことをとても尊敬しています。学歴どうこうというわけではありませんが、父は中学しか卒業していないのに、ものの考え方が今でもまったく古びていません。そして、人生においていちばん必要な「夢」というものに向かって、何でもやってみるという精神で、つねに努力していました。そうやって、結果的には自分の考えたことをすべて実現しました。

自分で考え、いろいろな物を作っていましたので、父の昔の友達が「六合雄さんは現代のレオナルド・ダ・ヴィンチだ」なんて表現してくれたこともありました。それから、今の上皇陛下、上皇后陛下、天皇陛下にスキーをお教えさせていただきました。一介の田舎の男がそこまで上りつめたことは、尊敬に余りあると思っていますし、私はとてもそこまではいけていない。もう九十歳になりましたけれども、まだ父をこえられていません。

私たち家族は、友達から「猪谷家は遊牧民だね」ともいわれていました。それほど貴重な経験をしたのだと思いますが、反面、私には学友なんていなかった。仕事をするような歳になった時には、ほかの人たちにはみんな学友がいて、お互いに助け合って社会で成功していく様子をたくさん見ていたものですから、それはうらやましかったです。

私が親元を離れて留学したこと、そしてビジネスの世界に入ったことは、必ずしも父が描いた絵ではなかったでしょうから、そこはハッピーではなかったと思いますね。父は、私にスキーの世界にずっといてほしかったようです。本の中では私にやさしく接しているような場面もあったかもしれませんが、それはあくまでも筆の為すところであって、実際には大変厳しい父親でしたから、いつも鬼親父だと思っていました。それが、結果的に私にはよかったのですけれども。

父のあらゆるものごとに対する考え方は非常に前向きなものがあります。そういうところを、現代の、特に若い人たちに知ってもらえたらうれしいです。自分の書いた本が、読んでくださった方のお役に立つのなら、父もよろこんでくれるのではないかと思っています。

最後に、この本を復刊していただき、ふたたび今の世に送り出してくださった株式会社カノアの小島秀人さんに心より感謝申し上げます。

二〇二一年七月

猪谷千春

新版　雪に生きる

二〇二一年十二月一日　初版第一刷発行

著者……猪谷六合雄（いがやくにお）
装幀……有山達也　中本ちはる（アリヤマデザインストア）
装画……牧野伊三夫
写真（所蔵）……猪谷六合雄
編集……中島佳乃
校正……皆川　秀

発行者……小島秀人
発行所……株式会社カノア
〒二五三―〇〇五四　神奈川県茅ヶ崎市東海岸南一―六―二五　ラコスタデルソル一〇五
電話　〇四六七―三七―八八二九
https://www.ka-noa.co.jp/
印刷・製本……株式会社シナノパブリッシングプレス
カバー印刷（活版）……有限会社日光堂

乱丁・落丁本は、送料小社負担にてお取り替えいたします。
本書の内容の一部あるいは全部を無断でコピー、スキャニング等の方法により
複製することは、法令に規定された場合を除いて禁止されています。
©2021 Chiharu Igaya Printed in Japan　ISBN 978-4-910029-00-9